《悪魔のロベール》とパリ・オペラ座

19世紀グランド・オペラ研究

澤田 肇／佐藤朋之／黒木朋興／安川智子／岡田安樹浩【共編】

Robert le Diable à l'Opéra de Paris
Recherches sur le grand opéra au XIXᵉ siècle

上智大学出版
Sophia University Press

第5幕〈ベルトラン、ロベール、アリスの三重唱〉(レポール画)
1835年公演時の主役3人のルヴァスール、ヌーリ、ファルコン

イザベル役のサンティ=ダモロー
(ドゥヴェリア画)

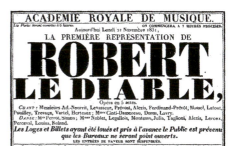

《悪魔のロベール》初演用のポスター
王立音楽アカデミー(オペラ座)
1831年11月21日

ル・ペルティエ街のオペラ座
(A. プロヴォ画、1844年)

マイヤベーアの神格化（19世紀後半の絵葉書）
四大オペラの主人公たちに取り巻かれる作曲家
左から《アフリカの女》《悪魔のロベール》
《預言者》《ユグノー教徒》

《「悪魔のロベール」のバレエ》
（ドガ画、1871年）
ニューヨーク　メトロポリタン美術館

まえがき

　21世紀は「グランド・オペラ」復興の時代となった。19世紀のフランスで流行した「グランド・オペラ」の作品は、イタリア語版に移し替えられたものは別として、20世紀初頭からほとんど上演されなくなった。ある時代の作品が後世の一時期に無視されるこうした現象は珍しいことではない。復興のきっかけは、パリ・オペラ座がマイヤベーア作曲《悪魔のロベール》の復活上演を1985年に行い、歴史的再評価を呼んだことだった。しかしすぐには各国での「グランド・オペラ」上演再開にはつながらなかった。転機は20世紀末のウィーン国立歌劇場で起こる。1998年にプラシド・ドミンゴ主演でマイヤベーア《預言者》、1999年にニール・シコフ主演でアレヴィ《ユダヤの女》の公演があり、圧倒的な成功を収めた。これで偏見と懸念が打ち払われたかのように、21世紀に入ると、ベルリン、ブリュッセル、ロンドンなどの大都市から、ヨーテボリ、ニュルンベルク、エッセンなどの地方都市まで、毎年のようにどこかの歌劇場で公演の演目に入れられている。近年は「グランド・オペラ」の代表作ばかりでなく、初演時には失敗に終わった作品の読み直しも進んでいる。グノーの《血まみれの修道女》（1854）はその一例であり、オペラ＝コミック座の2018年シーズンの演目となった。同年の秋にはパリ・オペラ座（オペラ・バスティーユ）でマイヤベーア《ユグノー教徒》の新制作の公演がある。2019年にはフランス国立図書館が、大々的な「グランド・オペラ」展覧会をガルニエ宮で行うことも発表されている[1]。

　では「グランド・オペラ」とは何であるのか。これがなぜ再評価されるのか、何を未来にもたらすのか。こうした問題を考察するためには、まずはこのジャンルを確立したマイヤベーアの《悪魔のロベール》について様々な角度から検討しなくてはならない。そもそもオペラとは、音楽、詩（文学）、

---

[1] 現在パリの国立歌劇場（オペラ座）は、パレ・ガルニエ（ガルニエ宮）とオペラ・バスティーユ（バスティーユ歌劇場）の2箇所である。

舞踊、美術の総体たる総合芸術であるが、グランド・オペラはそのなかでも、1830〜40年代のパリ・オペラ座が象徴する「もっとも豪奢な世界」のアイコンとして、オペラという総合芸術の頂点に君臨するかのように生まれ出た。19世紀のパリに渦巻く人間たちの思いが絡み合い、政治、建築、聴衆を含めた「時代の空気」が生み出したのである。その不可思議さを解き明かすには、今日の細分化された専門領域を結集させる必要がある。その最初の一歩として、本書では音楽と文学（主にフランス語圏とドイツ語圏を専門とする）、さらには美術、建築、比較文化の研究者が集い、それぞれの《悪魔のロベール》を語るという形をとることとなった。

全体の構成は序章と第Ⅰ部、第Ⅱ部、第Ⅲ部、そして参考資料からなる。オペラのDVDに見立てれば、序曲と第1幕〜第3幕、そして特典映像といったところだろうか。

序章では大まかなグランド・オペラの定義や時代背景、本書の位置づけを示している。マイヤベーアや《悪魔のロベール》になじみのない方は、まず巻末の参考資料で、あらすじや原作、作曲家について、またお薦めの音源・映像資料や文献について、基本情報を確認することができる。

第Ⅰ部「グランド・オペラという音楽の世界」の第1章におかれたマーク・エヴェリスト氏の論考は、グランド・オペラを生み出した19世紀フランスの様々な文化的事情を概観するのに最適であろう。これを導入として、第Ⅰ部では、《悪魔のロベール》を中心に、音楽批評、管弦楽法、バレエ、ピアノ編曲という、グランド・オペラにとって重要な諸要素に焦点を当てた論考が並んでいる。音源や映像とあわせると、楽しみつつ探究を進めることができるだろう。

第Ⅱ部「グランド・オペラを取り巻く文化」では、音楽だけでは解き明かせない《悪魔のロベール》とマイヤベーアの魅力を、悪魔表象の問題、文学的視点やドイツにおけるマイヤベーア、あるいは美術作品から読み解いていく。

第Ⅲ部「パリ・オペラ座という空間」では、グランド・オペラが繰り広げられた舞台である劇場という空間に焦点を当てる。最終章の第4章には、パリ・オペラ座で初演された作品一覧、すなわち19世紀にパリ・オペラ座に

まえがき

レパートリー入りした作品のリストを、簡単な解説と基本情報とともに掲載した。本文と合わせてこの一覧を眺めていただければ、今では忘れられた作品や作曲家の存在が浮かびあがるとともに、「グランド・オペラ」とは何であったのか、今日漠然と共有されているイメージといかに違うのか、さらにはこのグランド・オペラの盛衰も、感じ取っていただけるのではないだろうか。

オペラやミュージカルは私たち人間の世界からもはや消えることはないだろう。それは時代の鏡となり、時代が要求するものを掬い取って受け継がれていく。日本の若者たちの間では、ミュージカル『オペラ座の怪人』が人気を博す一方で、ヨーロッパではグランド・オペラ人気が再燃しようとしている。その理由を探りに、19世紀パリへの扉を開いてみよう。

凡　例

『《悪魔のロベール》とパリ・オペラ座 ——19世紀グランド・オペラ研究』というタイトルにもあるグランド・オペラは、フランス語では〈grand opéra〉と書かれる。これを原語での発音に忠実なカタカナ表記にすると「グラントペラ」となるのだが、本書では一般の読者に意味が理解されやすい「グランド・オペラ」と表記する。本文中で19世紀の文化的産物としての〈grand opéra〉が様々に読み解かれるので、この「グランド・オペラ」には、今日でも使われる、非常に豪華な舞台作りがなされた公演という意味以上のものが含まれる。また〈Robert le Diable〉という原題は、「悪魔ロベール」ではなく「悪魔のロベール」と訳す。フランス語文法のバイブルである朝倉文法事典に従えば、〈Robert, le Diable〉と固有名詞の後にカンマがあれば悪魔は同格になるが、なければ付加になる。それゆえ「まるで悪魔のような」の意味で、作品名を「悪魔のロベール」とする。歌劇の中でも悪魔は父親であるベルトランであって、ロベールではない。

　その他の人名、作品名、オペラ関連用語の表記、出典の書式については、以下に典型的な例を示す。

1　人名について

- 《悪魔のロベール》の作曲者Meyerbeerの日本語表記は、「マイアベア」から「マイヤーベーア」、「マイエルベール」などまで、揺れが甚だしい。本書では、英語式表記とドイツ語発音に近い表記を組み合わせた「マイヤベーア」を採用した。なおフランスでは「メイエルベール」のように読まれる。引用文中では、文献によって作曲者の表記はばらばらだが、それは尊重してそのままにしている。
- 部分的にでも英語式の読み方がある程度定着している名前は現状を尊重する。

例）Richard Wagner　リヒャルト・ワーグナー
・　日本であまり知られていないが、複数の国で頻繁に言及される名前はそれぞれの国での読み方を尊重する。
　　　例）Maurice Schlesinger　モーリス・シュレザンジェ（仏）、モーリス・シュレジンガー（独）

2　作品名について

・　オペラ事典などに項目として取り上げられていてもその訳語が理解されにくい、あるいは別の問題がある場合は平易な表現にする。
　　　例）*La muette de Portici*《ポルティチの物言えぬ娘》
・　固有名詞が題名になっている場合は原語での発音に忠実なカタカナ表記とし、必要に応じて日本で知られている名前を示す。
　　　例）*Guillaume Tell*《ギヨーム・テル》（ウィリアム・テル）
・　音楽作品名および絵画作品名はすべて《　》で示してある。絵画作品名中の音楽作品名は「　」で、またオペラのアリアなど、全体の中の一部は〈　〉で示される。芸術作品でも、小説や戯曲の場合は、『　』によって区別される。
　　　例）中世伝説の『悪魔のロベール』とマイヤベーア作曲の《悪魔のロベール》

3　劇場名について

・「サル・ル・ペルティエ」
　　パリ・オペラ座が公演を行う劇場は、伝統的に呼び名として「サル＋固有名詞」の形が用いられてきた。「サル」とは音楽ホールの意味を持つフランス語の単語のカタカナ表記である。本書においては「サル・ル・ペルティエ」の名前が頻出するが、これはル・ペルティエ街のオペラ座（Salle Le Peletier）を指す。1821年から52年間、パリ・オペラ座の本拠だった劇場で、ロマンティック・バレエやグランド・オペラの上演により、オペラ座黄金時代の文字通り舞台となった。1873年10月28日の夜に起きた

原因不明の出火により焼失した。
・「ガルニエ宮」
　1875年1月15日に完成記念公演が行われたオペラ座の新劇場。宮殿のように豪華なため、設計者ガルニエと宮殿を意味するフランス語のパレを組み合わせたパレ・ガルニエ（Palais Garnier）という呼び名が定着した。
・　同じ名称でも、歌劇場として用いられる場合と、オペラの作品あるいはジャンルとして用いられる場合で、表記の仕方が異なる。
　　例）オペラ＝コミック座とオペラ・コミック

4　書誌情報について

・　引用の出典を記載するときの書誌情報の順序は、学界によって通例が異なる。また引用符も、英仏独などの言語により異なる。そのため、書誌情報の表記は各論考の中においてのみ統一されている。

5　参考資料について

・　本書は専門的な研究論文から構成されているが、読者が必ずしも専門家だけではないと想定して、本論の後に《悪魔のロベール》に関係する参考資料を付け加えた。その後に続く基本文献一覧は、マイヤベーアとグランド・オペラについて理解を深めるための必要最小限の図書のみを掲載する。個々の論考における専門的事項に関しては、本論の各章で指示される文献を参照していただきたい。

目　次

まえがき 1
凡　例 4

序　章　ロマン主義新時代のオペラ《悪魔のロベール》
　　1　グランド・オペラとは何か？　　　　　　　岡田 安樹浩……11
　　2　パリ・オペラ座という文化　　　　　　　　澤田 肇……15

第Ⅰ部　グランド・オペラという音楽の世界

第1章　フランス・オペラの創造と発展
　　──その社会構造と芸術的コンテクスト（1806〜64年）
　　　　マーク・エヴェリスト（井上 果歩・安川 智子 訳）……22

第2章　グランド・オペラからフランス・オペラへ
　　──音楽批評から読み解くマイヤベーアとグランド・オペラの歴史化
　　　　　　　　　　　　　　　　　　　　　　　安川 智子……50

第3章　管弦楽法の折衷主義
　　──マイヤベーアのグランド・オペラ《悪魔のロベール》における
　　　管弦楽法の諸断面
　　　　　　　　　　　　　　　　　　　　　　　岡田 安樹浩……76

第4章　サル・ル・ペルティエ時代のオペラ座における
　　　グランド・オペラとバレエ
　　　　　　　　　　　　　　　　　　　　　　　永井 玉藻……96

第5章　グランド・オペラとピアノ編曲
　　──19世紀市民社会におけるオペラの流通
　　　　　　　　　　　　　　　　　　　　　　　上山 典子… 118

第Ⅱ部　グランド・オペラを取り巻く文化

第1章　《悪魔のロベール》の悪魔表象
　　　　──カトリックとプロテスタントの間に
　　　　　　　　　　　　　　　　　　　　　黒木　朋興… 142

第2章　ドイツのマイヤベーア
　　　　──グランド・オペラとプロイセン・オペラ《シュレージエンの野営》
　　　　　　　　　　　　　　　　　　　　　佐藤　朋之… 166

第3章　「グランド・オペラ」と「世界文学」
　　　　──「デモーニシュなもの」の視点から見た
　　　　　マイヤベーア《悪魔のロベール》とゲーテ『ファウスト』
　　　　　　　　　　　　　　　　　　　　　浅井　英樹… 196

第4章　エドガー・ドガとオペラ
　　　　──《「悪魔のロベール」のバレエ》から見たグランド・オペラの受容
　　　　　　　　　　　　　　　　　　　　　小泉　順也… 216

第Ⅲ部　パリ・オペラ座という空間

第1章　近世近代のパリ・オペラ座の建築
　　　　　　　　　　　　　　　　　　　　　中島　智章… 236

第2章　パフォーマンスの空間、権力の空間
　　　　──ル・ペルティエ劇場をめぐる諸考察
　　　　　　　　　　　　　ミカエル・デプレ（岡見　さえ　訳）… 258

第3章　文学の中のオペラ座
　　　　──バルザックの《悪魔のロベール》論を中心に
　　　　　　　　　　　　　　　　　　　　　澤田　肇… 276

第4章　パリ・オペラ座初演作品一覧（1820～90）
　　　　　　　　岡田　安樹浩・上山　典子・永井　玉藻・安川　智子… 299

■**参考資料** ──────────────── 澤田　肇… 337

　1　《悪魔のロベール》あらすじ　337
　2　原作について　340
　3　《悪魔のロベール》とマイヤベーア
　　　―初演、見どころ・聴きどころ、参考DVD／YouTube／CD、作曲家―　342

基 本 文 献　349
あ と が き　352
人 名 索 引　355
作 品 索 引　361
執筆者紹介　366

序章
ロマン主義新時代のオペラ《悪魔のロベール》

1 グランド・オペラとは何か？

岡田　安樹浩

　19世紀のパリから発信され、当時のオペラ文化に決定的な影響を与えたグランド・オペラ（grand opéra）が、音楽史・オペラ史の文脈にとどまらず、文化史的視野から考察されるべき対象であることは論を俟たない。近年ヨーロッパでは、グランド・オペラの研究が飛躍的に進み、作品そのものだけでなく、上演の実態やそれを支えた文化的・社会的背景にいたるまで、さまざまな研究成果が続々と発表されている。その一方で、日本語で読むことのできる文献には、そうした最新の研究成果を踏まえたものは未だ皆無に等しい。それどころか、グランド・オペラを扱っている文献自体が乏しいというのが現状である。フランス音楽史やフランス・オペラ全般を扱った書籍、あるいはオペラ座のバレエ団に関する著作はあるものの、グランド・オペラに特化した邦語文献はこれまでのところ存在しない。これには、日本で受容されている19世紀生まれのオペラがイタリアとドイツの作品——とりわけジュゼッペ・ヴェルディとリヒャルト・ワーグナー——に偏っていることが関係している。上演の機会がほとんどないジャンルゆえに、ほとんど扱われてこなかったのである。だが、ワーグナーやヴェルディのオペラに精通すればするほど、それらをより深く理解するためにはグランド・オペラの理解が必要不可欠だということに気づかされる。

　グランド・オペラは、直訳すれば「大歌劇」であることから、壮麗な、あ

序　章　ロマン主義新時代のオペラ《悪魔のロベール》

るいは大規模なオペラ、といった意味で用いられることもあるが、19世紀当時の「グランド・オペラ」は第一にパリのオペラ座で上演されるオペラ作品、およびその上演形態を意味しており、オペラ座自体のことを指す場合もあった。グランド・オペラにおいてもっとも重要なのは、台詞語りを含まず、語りはレチタティーヴォ（レシタティフ）として作曲され、全体が音楽として進行することであった。このスタイルはイタリア・オペラに起源をもっており、ドイツ語圏では、このようなオペラを「大歌劇」（große Oper）と呼んでいた[1]。そして、これを英語化すると「グランド・オペラ」（grand opera）となる。

　では、グランド・オペラは、いつ、誰が創始したのだろうか。最初のグランド・オペラはどの作品なのだろうか。歴史的には、パリ・オペラ座で上演されるオペラは、ジャン＝バティスト・リュリの時代以来「トラジェディ・リリック」（叙情悲劇）と呼ばれていたが、フランス革命以後、これが「グランド・オペラ」と呼ばれるようになった。この経緯を踏まえるならば、ガスパーレ・スポンティーニの《ヴェスタの巫女》（1807年初演）や《フェルナン・コルテス》（1809年初演）もグランド・オペラの射程に入ることになる。その一方で、1821年に開場し1871年までオペラ座として機能した劇場「サル・ル・ペルティエ」の時代の作品をグランド・オペラと呼ぶ傾向もある。この見方に従えば、ジョアキーノ・ロッシーニの《ギヨーム・テル》（1829年初演）やダニエル＝フランソワ＝エスプリ・オベールの《ポルティチの物言えぬ娘》（1828年初演）がその最初期の作品ということになる。さらに、後にグランド・オペラを特徴づけることになった諸要素──舞台演出のスペクタクル、合唱の使用規模、バレエの導入、地方色（ローカルカラー）豊かなオーケストレーションなど──がどの程度認められるか、という観点が判

---

(1) 例えばカール・マリア・フォン・ウェーバーのオペラ作品のうち、台詞を含む形式の《魔弾の射手》は「ロマン的オペラ」（romantische Oper）、台詞を含まない《オイリアンテ》は「大オペラ」（große Oper）とジャンル名が表記されているし、リヒャルト・ワーグナーの青年期のオペラ《妖精》や《恋愛は御法度》も、台詞を含まない形式であり、ジャンル名は「大ロマン的オペラ」（große romantische Oper）、「大喜劇オペラ」（große komische Oper）となっている。

断基準に加えられる場合もある。これらをグランド・オペラの特徴として決定づけたのが、作曲家ジャコモ・マイヤベーアと台本作家ウジェーヌ・スクリーブがオペラ座のために創作した一連の作品だったのである。

　オペラ座のために創作され、上演を果たしたオペラは数知れないが、そのなかでも、マイヤベーアとスクリーブによって完成され、1831年にパリ・オペラ座で初演された《悪魔のロベール》は稀にみる大成功を収め、またたくまにヨーロッパ中の劇場のレパートリーとなり、グランド・オペラを代表する作品となったのである。両人はこの後も、《ユグノー教徒》（1836年初演）や《預言者》（1849年初演）をオペラ座のために創作し、いずれも大成功を収めた。こうした出来事をとおして、グランド・オペラはマイヤベーアとスクリーブの作品によって、その特徴やイメージが決定づけられたのである。マイヤベーアとスクリーブによるグランド・オペラが、同時代の、そして後のグランド・オペラ観の形成にもっとも大きな影響力をもったことは疑いない。

　グランド・オペラに限らず、オペラは台本、楽曲、舞台演出が一体となった総合芸術であり、その上演には歌手＝俳優による歌と芝居、オーケストラによる演奏、書割りや機械仕掛け、照明、そのほかさまざまな要素が加わる、きわめて大規模な催しである。加えて、グランド・オペラの場合はその上演をつかさどるオペラ座が国立の劇場であったことと関連して、上演や作品の内容までもが法令によって統制されていた。しかし、一方で経営は民間委託されていたために、支配人は利益を上げることを重視しなければならないという事情もあった。したがって、グランド・オペラを理解するためには、当時の政治体制とオペラ座との関係や、劇場に集う人々の社会層など、オペラ座を取り巻く複雑な環境にも目を向けなければならず、まさに学際的な研究態勢が求められるのである[2]。この現実を踏まえて、音楽、文学、比較文化、美術、建築の各分野の研究者が協力し、パリのグランド・オペラとそれを取り巻く環境や社会的背景についてのさまざまな論考を集成したのが本書である。

---

[2]《悪魔のロベール》は、七月革命の勃発とそれにともなう七月王政の樹立という政変によってオペラ座を取り巻く環境に変化が生じた直後に初演された作品である。

序　章　ロマン主義新時代のオペラ《悪魔のロベール》

　グランド・オペラはオペラの一ジャンルであり、それが音楽無しには成立しない舞台芸術であるがゆえに、その研究は音楽学が主導してきた。しかしその音楽研究において、グランド・オペラの音楽は長らく真っ当に扱われていなかった。これには、かつてこのジャンルを代表していた作品群が20世紀に入って以降、ヨーロッパの主要な劇場のレパートリーから外され、上演の伝統が途絶えてしまったこともあるが、19世紀オペラの研究のメインストリームはワーグナーやヴェルディであり、多くの論者たちがオペラを「芸術作品」と捉えていたことが深く関係している。この視点からグランド・オペラを見ると、とりわけマイヤベーアの作品は「折衷主義」のオリジナリティに欠ける作品、という評価を下されてしまうのである。しかしそうした状況も、近年の研究の飛躍的前進によって変化しつつある。ただし本書の目的は、そうした最新の研究成果を乗り越えることではなく、異なる分野の研究者たちの協力によって、さまざまな観点で読むことのできる日本語のグランド・オペラ文献を提供することにある。

2　パリ・オペラ座という文化

澤田　肇

　フランスにおいては政治と文芸は密接な関係を持つことが多い。ルイ 14 世のために行われたバレエの振興とフランス・オペラの創造、グルック-ピッチンニ論争の底流にある体制（マリー＝アントワネット）批判などは、その典型である。ロマン主義と呼ばれるヨーロッパ全域に浸透する文芸の思潮は、フランスでも 1820 年代に流行し始めるが、すぐに旧来の価値観に取って代わるわけではない。

　ロマン主義の勝利、さもなければその存在を確固たるものにしたのは、ブルボン朝の王政復古に終止符を打つ 1830 年の七月革命だった。この革命の一翼を担ったブルジョワ市民層にとっての最大の関心事の一つは「自由」であった。それゆえ彼らが支持し、自分たちの芸術であると認知したのは、七月革命に関わりがあるか革命後に生まれた作品なのである。文学においてロマン主義を勝利に導くヴィクトル・ユゴーの戯曲『エルナニ』は、1830 年 2 月 25 日にコメディー＝フランセーズ座で初演される。古典的規範に従わないとしてこの作品はその後守旧派からの攻撃を受け続けるが、芸術における自由を主張する姿勢は政治における自由を求める運動と同化していく。ウジェーヌ・ドラクロワは七月革命のために立ち上がった名もなき人々へ敬意を表するために絵画『民衆を導く自由の女神』を 1830 年に制作し、翌年 5 月のサロン展に出品した。これはオルレアン家の七月王政政府によって買い上げられる。

　新しい時代を作るものだと公論がみなす作品は、他の芸術の領域でも続けて出現する。エクトール・ベルリオーズは 1830 年 12 月 5 日にパリ音楽院で《幻想交響曲》を初演した。ロマン主義の一大テーマである幻想を題名に持ち、「固定楽想」（idée fixe）を伴う標題音楽は全く斬新なものであった。パリ・オペラ座では、ジャコモ・マイヤベーア作曲の《悪魔のロベール》が 1831 年 11 月 21 日に初演され、これがきっかけとなって制作されたフィリッポ・タリオーニ振付の《ラ・シルフィード》が 1832 年 3 月 12 日に初演され

序　章　ロマン主義新時代のオペラ《悪魔のロベール》

た。この両作品で問題となるテーマは、ロマン主義で非常に愛好された中世趣味、悪魔あるいは異国趣味、妖精である。

　フランス・ロマン主義を代表する作品は、文学・美術・音楽・オペラ・バレエのいずれにおいても、1830年から1832年の間に生まれたのである。ロマン主義を起源に持つ作品のその後の盛衰はそれぞれに異なるが、どれもが時代の要請に応えるものであった。グランド・オペラ全盛期を用意したのは1831年にパリ・オペラ座総裁に就任したルイ・ヴェロンだが、この実業家は『回想録』で次のように述べている。

> 七月革命はブルジョワジーの勝利だ。この勝ち誇るブルジョワジーは、何はともあれ誇らかな姿を見せ、大いに楽しもうとするだろう。オペラ座は彼らにとってのヴェルサイユ宮殿となり、彼らは大挙して押し寄せ、亡命した王族や貴族たちの席を占めようとするだろう。[3]

　ヴェロンがオペラ座で上演させた最初の大作が《悪魔のロベール》であり、新時代の代表作となる。マイヤベーアのこの作品はヨーロッパ中で上演されるが、これはまたグランド・オペラを確立した作品となるのである。
　社会の新しい指導階層は、金融・産業資本家が主体の上層ブルジョワジーと様々な職種の中層ブルジョワジーからなる。都市文化における名士が集う2大社交場とは、サロンと歌劇場である。七月革命で影響力を大きく損なった貴族階級は、仲間内で行き交うサロンを維持するとともに、歌劇については伝統が残るイタリア座に集合するようになる。ブルジョワジーは、自分たちのサロンを開き、さらにサロンの延長としてオペラ座を確保する。そこには社交界の成員が集い、自らの存在を誇示する。彼らは会場の中でお互いに観察し合い、ロビーや回廊で会話することを生活習慣の一部としていた。そうした生活が文化活動に結びつくのは18世紀と同じだが、19世紀の主役はブルジョワジーとなる。オペラ座に最新あるいは高級なファッションで定期

---

(3) Louis-Désiré Véron, *Mémoires d'un bourgeois de Paris*, Gonet, 1854, t. III, p. 171. この箇所の翻訳は筆者の手になる。以後も原典表記のみの場合は同様である。

的に現れることが、社会的存在の証明に欠かせない時代なのである。オペラかバレエの公演を見るとともに、自分の姿を見せる、つまり二つのスペクタクルが同時進行する場所、それがオペラ座であった。

　ブルジョワジーの観客が求める作品は、自分たちが理解し共感できる、しかも芸術の先端を走るものであった。歌劇《悪魔のロベール》は、視覚的にも聴覚的にも優れた、新しい総合芸術としてのスペクタクルが出現したと人々に思わせたのである。それはバレエの《ラ・シルフィード》についても同様である。オペラ座の観客たちの多くは、同時に新しい文学の読者であり、新しい美術の鑑賞者でもある。時代の先頭に立つブルジョワジーは、自分たちが政治における進歩を実現したのだと信じ、芸術における進歩が自分たちの作る社会の正当性を保証すると感じる。小説家バルザックによる作品集『人間喜劇』は同時代人の近代市民社会に対するヴィジョンを定めるのに決定的な役割を果たした。その長編小説『ベアトリクス』の第一部「人物」(1839) は、1830年代半ばのブルターニュ地方の片田舎が舞台となる。地元の青年貴族カリスト・デュ・ゲニックはパリからやってきた年上の女流作家カミーユ・モーパンに恋するが、ある日彼がカミーユの館で耳にするピアノ曲の変奏は《悪魔のロベール》の中の小詠唱〈神があなたをお助けくださいますよう！〉（Grâce pour toi !）の導入部だった。さらにカミーユはその一節を歌い始めるが、この場面の直前に作者は「19世紀が生み出した驚くほどの音楽は最高に美しい音楽であり、そこでは旋律と和声が拮抗する力を発揮し、歌と管弦楽がかつてないほどの完成の域に達している[4]」と語る。語り手はまた、音楽のみならず、美術や文学など、あらゆる芸術の領域において革新の成果がみられるゆえに、今生きている時代を「われらが偉大なる19世紀」（notre grand dix-neuvième siècle[5]）と呼ぶ。そうした芸術の傑作の多くはパリで生まれるゆえに、ヴィクトル・ユゴーをはじめとする数多の作家がパリをヨーロッパの文化首都とみなすさまざまな言説を発していく。パリが

---

[4] Balzac, *Béatrix*, in *La Comédie humaine II*, Gallimard, «Bibliothèque de la Pléiade», 1976, p. 706.
[5] Ibid.

序　章　ロマン主義新時代のオペラ《悪魔のロベール》

芸術文化の中心地である「光の都」という意識は国内外に広まるのだが、そこで格別の位置を占めるのがパリ・オペラ座である。

バルザックは『そうとは知らぬ喜劇役者たち』（1846）というスケッチ風の小説の中で、南仏から初めてパリにやってきたガゾナルを登場させる。風刺画家ビジューが、友人である画壇の大家レオン・ド・ロラの親戚ガゾナルをペルティエ街のオペラ座から大通りに通じるアーケード街の出口の前に連れてきて、ここにいればと次のように話す。

> 才能のあるあらゆる人間が次々に現れるのを見ることができる、才能が大きいのもいれば小さいのもいるし、まだ蕾のようなものも大輪の花を咲かせたものもいる。そういった芸術家が、フランスの栄光のために、日々の営みのたまものであるオペラ座と呼ばれる記念碑的傑作を建立しているんだ。これは、パリにしか見あたらない力と意志と天才の集合物だ。(6)

かくして、オペラ座は舞台芸術の殿堂であるばかりでなく、パリの象徴そのものとなる。

パリの象徴はフランスの栄光を表すものでなければならないことは歴代の権力者が敏感に意識し続けていたことだ。1821年に開業したサル・ル・ペルティエは、グランド・オペラの黄金時代の舞台となった内部空間の素晴らしい劇場である。しかし面している通りは狭く、建物の外観は地味であった。第二帝政下でナポレオン3世は、パリ首都改造の広告塔としての意味を含めて、1860年に新オペラ座の建設を決定する。これに合わせてオペラ座大通りの造成が行われ、そこには並木を置かずに歌劇場の美しさを際立たせるという都市景観の傑作が誕生する。ただし新オペラ座の工事が終わるのは第三共和政になってからのことだ。1875年1月15日に完成記念公演が行われたオペラ座の新劇場ガルニエ宮には、フランス共和国大統領のマクマオンとそ

---

(6) Balzac, *Les Comédiens sans le savoir*, in *La Comédie humaine VII*, Gallimard, «Bibliothèque de la Pléiade», 1977, p. 1158.

の招待を受けたロンドン市長、アムステルダム市長、スペイン王室をはじめ、国内外の名士が集まった。夕べのプログラムは、オベール《ポルティチの物言えぬ娘》序曲／アレヴィ《ユダヤの女》の最初の二幕／ロッシーニ《ギヨーム・テル》序曲／マイヤベーア《ユグノー教徒》の〈剣の奉献式〉の場面／レオ・ドリーブのバレエ《泉》というものであった。いずれもパリ初演で、グランド・オペラとロマンティック・バレエを代表するものから選ばれた作品である。ガルニエ宮の看板演目の中心にはマイヤベーアの作品があり続けるかのように思われたが、聴衆の趣味が根本的に変わる兆しはすでにあった。もともとはオペラ・コミックであったシャルル・グノーの《ファウスト》がオペラ座のレパートリーに入れられたのは、1869 年のことだ。ガルニエ宮完成後に本格化する新しい時代「ベル・エポック」のオペラ座の観客が熱中するのはグノーの諸作品であり、世紀末にはジュール・マスネの歌劇もそれに加わる。グランド・オペラの時代は、実質的にはサル・ル・ペルティエとともに終わっていたのである。

　この序論においては、パリ・オペラ座を軸にして、グランド・オペラとその文芸思潮における位置付け、あるいは社会的意味、権力と観客、パリと芸術、小説の中の《悪魔のロベール》など、多岐にわたる問題を提示した。その中の多くのテーマが、本論において各方面の研究者による専門的な考察の対象となる。

第Ⅰ部

グランド・オペラという音楽の世界

第Ⅰ部　グランド・オペラという音楽の世界

第1章　フランス・オペラの創造と発展
―― その社会構造と芸術的コンテクスト（1806～64年）

マーク・エヴェリスト
（井上 果歩・安川 智子 訳）

訳者まえがき

本章で訳出したのは、現在サウサンプトン大学で教授を務める、マーク・エヴェリスト（王立音楽協会前会長）による論考、"Social Structures and Artistic Contexts of French Operatic Creation and Cultivation 1806-1864"である。この論考は同氏による2005年の著書『ジャコモ・マイヤベーアと19世紀のパリにおける音楽劇』（Mark Everist, *Giacomo Meyerbeer and Music Drama in Nineteenth-Century Paris,* Ashgate, 2005）の第1章に収録されているものとほぼ同じであるが、修正版を新たにご提供いただいた。ただし修正版には節の区切りがないため、各節の見出しと小見出しについては、2005年の著書から訳出した。

エヴェリスト氏は、中世の音楽を専門とする研究者でもあり、その分野における業績も輝かしいが、同時に19世紀のパリにおける音楽や音楽劇について、様々な視点から研究を進めている。本論考はその一連の著述の基盤となるものであり、グランド・オペラを含む19世紀のフランス・オペラを成立させている社会的背景や歴史的文脈を、いくつかの観点から概観している。1806年から64年のパリにおけるオペラという題材では、氏のより詳細で専門的な論文が、2014年にアメリカ音楽学会の会誌に掲載されているが、本書の導入としては、よりコンパクトに重要な論点がまとめられた本論考を訳出するのがふさわしいと考え、氏にもご同意いただいた。2014年9月には、

---

(1) Mark Everist, "The Music of Power: Parisian Opera and the Politics of Genre, 1806-1864", in *Journal of the American Musicological Society,* Vol. 67, No. 3 (Fall 2014), pp. 685-734.

マイヤベーアの没後150年を記念したシンポジウム「マイヤベーアとフランスのグランド・オペラ」がイタリアのピストイアで開催され、エヴェリスト氏はキーノート・スピーカーを務めている。2016年には、編者としてこのシンポジウムを1冊の本にまとめ、刊行している[2]。こうしたシンポジウムや書籍の存在をみても、21世紀に入り、マイヤベーアやグランド・オペラの研究や再評価が、欧米において急速に進んでいることがわかる。エヴェリスト氏はまさにその動向を先頭に立って率いる研究者の一人といえるだろう。現在、これまでに発表した論考をまとめた単著『第一帝政からパリ・コミューンまでのパリにおけるオペラ』(*Opera in Paris from the Empire to the Commune*) を準備中である（2018年12月刊行）。興味のある方はぜひそちらもご参照いただきたい。

　翻訳にあたっては、前半（第1、2節）を安川が、後半（第3節以降）を井上が訳し、互いに検討したうえで、全体の統一と訳注を安川が担当した。さらに編集委員会でも検討を重ねた。訳注は最小限にとどめたが、一般読者にとって必要と思われる補足説明を加えた。脚注において、（訳注）と記されていないものは、原著者による注である。本文中における訳者の補足は、〔　〕内に記した。　　　　　　　　　　　　　　　　　　　　（安川記）

1　21世紀における19世紀のフランス・オペラ

　19世紀におけるオペラの創造と発展のあり方が、ただ飛行機やテレビや携帯電話がないだけで、今日とさしたる違いはないと考えることは危険である。本章では、19世紀においてフランスのオペラ文化を支えていた構造と文脈を概観する。そうすることで、19世紀と現代の習慣の間で摩擦を起こすポイントが浮き彫りになる。これは現代の基準にしたがって判断されることに適さない、当時のオペラをめぐる諸状況に、特別な光を当てようという取り組みでもある。本章では、フランス・オペラが国の認可によってコント

---

[2] Mark Everist (ed.), *Meyerbeer and Grand Opéra from the July Monarchy to the Present* (Speculum musicae 28), Turnhout (Brepols) 2016.

ロールされていた時代、すなわち 1806／07 年から 1864 年までの期間に焦点を当てる。

　19 世紀のフランス・オペラを、後世の人々は大切にしてこなかった。200 年前にヨーロッパ中を席巻した諸作品が、今や音楽史の余白やオペラ劇場の楽譜庫の片隅に追いやられている。音楽史研究の領域でさえ、フランス・オペラの調査は限定的なものであった。グランド・オペラ（grand opéra）は、ワーグナーの初期オペラの背景を知るために、あるいはヴェルディやドニゼッティのちょっとした脱線として、多少熱を込めて扱われることはあっても、グランド・オペラそのものを重要なジャンルとみなしてのことではなかった。こうした傾向を助長したのが、19 世紀フランス・オペラについての、様々な解説書である。そこでは芸術性よりも興行性が、音楽よりも舞台が強調され、また創作衝動よりも、政治や科学技術からの影響が重視される。政治や科学技術が 19 世紀フランス・オペラの分析に何の役割も果たさないとまではいわないが、例えばマイヤベーアやオベールに対してくり広げられる批評的言説が、今日ワーグナーやヴェルディの議論で用いられるものとは根本的に種類が異なると指摘することはできるだろう。1806～64 年のフランス・オペラ理解にはさらに問題がある。帝国／王立／国立音楽アカデミー〔オペラ座〕として知られる[3]、政体に依存した機関に関心のほとんどが集中し、パリにある他の主要なオペラ劇場や劇音楽が見えなくなっていることである。加えてもう一つの問題は、グランド・オペラのもっとも有名な代表者であるジャコモ・マイヤベーアの地位の変化である。1864 年にマイヤベーアが亡くなると、ヨーロッパの劇音楽における中心人物であった彼の名声は、あっという間に崩れ落ちた。オペラ界全体によって賞賛される立場から、中傷や罵倒の対象へと変わったのだ。このような名誉棄損を始めたもののうちの一人が、リヒャルト・ワーグナーだった（『わが生涯』『音楽におけるユダヤ性』『オペラとドラマ』[4]）。おそらく 19 世紀オペラの中心に位置づけられ

---

(3)（訳注）オペラ座は帝政、王政、共和政と 19 世紀に政体が変化するたびに名称を変えた。エヴェリスト氏の原文では、以後すべて「音楽アカデミー」で統一されているが、日本語訳では以後「オペラ座」で統一する。

る作曲家の一人が、自分のライバルの一人を批評で消滅させた張本人であり、今日のオペラ観を作り上げた主要人物であるとすれば、19世紀オペラ史の大前提のいくつかは疑問視されることになるかもしれない。もし自分の作品を売り込むためのフェスティバルを始めたのがマイヤベーアであったなら[5]、そしてもしワーグナーが、媚びへつらう取り巻きたちが自分を神格化していくことをよしとしなかったなら、事態はどうなっていたであろうか。実際のところマイヤベーアは、自分の作品を広めるためのフェスティバルを必要としていなかった。彼の作品はヨーロッパ中で常に上演されていたからである。マイヤベーアに対するワーグナーの憎しみに近い感情は、大抵は薄いベールに覆われた反ユダヤ主義の色を帯びて、システマティックに増幅され、20世紀におけるマイヤベーア評価の著しい低下という結果につながった。

　ヴェルディやワーグナーのレンズを通して19世紀のオペラ全体を眺めることで、批評家の眼は曇り、〔フランス・オペラの作品を〕構造的まとまりが欠けていると捉えるようになった。ワーグナーやヴェルディの作品が今日、どのくらいカットされて上演されているかにかかわらず、彼らの作品の大部分は自律的なもの〔音楽作品として独立したもの〕とみなされている。「本来の」《オテロ》や《パルジファル》が、少なくとも概念上は存在するものと考えられているからだ。これが19世紀当時の考え方や慣行に一致しているか否かは、議論の余地がある。しかしながら、オペラ座のための作品を作った作曲家のほとんどは（とりわけ5幕のグランド・オペラでは）削除されることを予想して——作曲された音楽の4分の1が削除されることもある——、過剰に音楽を作曲していた。削除の理由は、話をわかりやすくするため、冗長にすぎるため、あるいは、歌手を慮ってのことだった。作曲家自身の芸術的意図から変更を施すことはめったにない。これが結果として〔20世紀における〕グランド・オペラの評価につながった。ドイツ＝オーストリ

---

(4)（訳注）ワーグナーはこれらの著作を通じて、ユダヤ人であるマイヤベーアを痛烈に批判した。ただしドイツにおけるマイヤベーア批判はそれ以前からあった。本書第Ⅱ部第2章の佐藤朋之氏による論考を参照。

(5)（訳注）ワーグナーは自分自身のオペラ作品のみを上演するためのバイロイト・フェスティバルを1876年に開始した。

アの批評家たちと、その伝統に沿って学問的方法を決定する人たちは、グランド・オペラを、有機体としての完成度が高い作品よりも、価値の低いものとみなした。実際はグランド・オペラの方が価値の高い場合もあるだろう。そしてフランスのグランド・オペラでは当たり前の習慣が、イタリア語圏・ドイツ語圏のオペラ文化における習慣についての、おそらくあまり歓迎できない事実をあぶりだしてしまうこともあろう。

　フランス・オペラの評価にともなうさらなる障壁は、とりわけグランド・オペラにおいて、音楽以外の要素が、言葉や音符よりもはるかに高く価値づけられていることである。言葉や音符は、ワーグナーや、最近ではヴェルディの作品においても、細心の注意を払って分析されている。演出——これがグランド・オペラの重要な要素であることは明らかなのだが——は隅々にわたって検証される（特に、残されている資料がこうした調査をきわめて精確に行うことを可能にするからである）。結果として、アレヴィ、オベール、あるいはマイヤベーアの諸作品についての簡単な紹介であれば、音楽や劇の問題までを扱うことはめったにない。それどころか、彼らの音楽に含まれるスペクタクル（舞台効果）の要素が理由で、ワーグナーやヴェルディのように、いわば形式面に注目するには値しない、という暗黙の合意が批評界には存在する。こうした考え方は、ウィリアム・クロステンによる、グランド・オペラ（という言葉で彼はオペラ座の制作品だけに言及している）は「アート・アンド・ビジネス」であったという主張によって、さらなるはずみを得た。この発想は、七月王政の折衷主義（juste milieu）を劇分野から裏づけるものとして、ある世代の音楽評論家たちによって、このジャンルを中傷するために用いられるようになった[6]。クロステンの主張は疑わしいものだったが（1824年にルイ18世治下で、まったく同じ資金調達がオデオン座に対して行われ、シャルル10世の下でも踏襲された）[7]、それに対する反応もま

---

(6) William L. Crosten, *French Grand Opera: An Art and a Business,* New York (King's Crown) 1948.
(7) （訳注）オデオン座についての詳細は、著者の以下の先行文献に詳しい。Mark Everist, *Music Drama at the Paris Odéon 1824-1828,* Berkeley etc. (University of California Press) 2002.

た、フルチャーの『国家のイメージ』のように、グランド・オペラを芸術の政治化として捉える、やはり問題を含んだ考え方を生み出すこととなった[8]。たしかに、あらゆるフランス・オペラが組み込まれる文化（そしてフルチャーもやはりオペラ座だけに焦点を当てている）は政治的だったが、グランド・オペラの美的インパクトが根本的に政治的なものであったという主張は、19世紀のフランス・オペラについて、ワーグナーやヴェルディと同じ土壌で議論する可能性を長らく閉じてしまう要因となった。

　19世紀フランスにおけるオペラのレパートリーは、新作と改作と、そしてもっとも重要な、規範化された古典作品の再演が複雑に入り乱れていた。すなわち1820年代にグルックを上演し、1850年代にグレトリーを上演することによって、異なる時代の作品を同じ週に上演するようなプログラムが組まれることになる。パリでは19世紀を通じて、今日いうところの「レパートリー・オペラ」の仕組みが作られていった。プログラミングの仕方は常に流動的だった。例えば、1820年代最後の数年における新作ラッシュ——すなわち《ポルティチの物言えぬ娘》（1828）、《ギヨーム・テル》（1829）、《悪魔のロベール》（1831）——がオペラ座のレパートリーに定着することで、1828年以前にあれほど重要であった、スポンティーニやグルックを含む旧レパートリー作品のほとんどが、完全に姿を消した。だがフランスのオペラ文化における革新性のあり方は矛盾をはらんでいる。伝統の尊重からにせよ、法的規制からにせよ、組織自体はレパートリーの維持に責任があった（音楽アカデミー〔オペラ座〕という名前に含まれる「アカデミー」の語はそれを指し示している）。しかし歌劇場の支配人や同時代のジャーナリズムは、新しさに大きな価値を置いていた。そして聴衆もそうであったと考えるのが自然である。年末になると実績表が作られ、新作をいくつ初演したかによって、各組織（歌劇場や劇場）にランクがつけられた。多産であれば誉めそやされ、控えめなところは非難された。後者にはしばしば、オペラ・レパートリーを維持するうえでまさに要となる組織が含まれていた。オペラ座、イタ

---

(8) Jane F. Fulcher, *The Nation's Image: French Grand Opera as Politics and Politicized Art*, Cambridge, etc. (CUP) 1987.

リア座、オペラ゠コミック座である。この種の批評は多くの場合、これらのいわゆる大劇場が多額の助成金を受け取っていることに注意を向けさせた。そして時の政府批判へと焦点を移していくことが常だった。

2 政府の規制

認可システム　*Licencing*

　1806年と1807年のナポレオン政令(デクレ)によって、各劇場を統制する劇場法が施行され、1864年に法律が廃止されるまで効力を保った。19世紀の大部分の間、パリの劇場の数、レパートリー、役割は、帝国や王国や共和国によって統制された。第1段階として、4つの大劇場と4つの中劇場（théâtres secondaires）が定められた。大劇場はそれぞれ、特定の一ジャンルか、もしくは複数のジャンルを上演することが許可された。オペラ座は、すべて歌われる〔台詞のない〕フランス語のオペラとバレエに専属的に充てられた。テアトル・フランセ〔コメディー・フランセーズ〕は台詞劇に、オペラ゠コミック座は、話される会話つきのオペラ（オペラ・コミック）に、そして皇后劇場――これは、テアトル・フランセとオペラ゠コミック座の両劇場の別館とみなされていた――は台詞劇とイタリア語によるオペラに充てられた（これが後にイタリア座として知られることとなった）。4つの大劇場と4つの中劇場、計8つの劇場は、例えば帝国音楽アカデミー〔オペラ座〕ではきわめて野心的なオペラを、またある中劇場では、誰もが知っている曲の歌詞をわずかに差し替えただけの演目を上演するなど、それぞれのレベルで舞台を提供した[9]。

　1807年に始まったこのシステムは、19世紀を通じて、認可されたオペラ劇場のネットワークに他の劇場が加わることを認めた。この認可システムの時代に存在した機関でオペラ史にとって重要なのは、オペラの抜粋曲の演奏を認められたジムナーズ・ドラマティック（1820年開場）、オデオン座（皇

---

(9) Nicole Wild, *Dictionnaire des théâtres parisiens au XIXe siècle: les théâtres et la musique,* Paris (Amateurs des Livres) 1989.

第 1 章　フランス・オペラの創造と発展

后劇場に場所を提供し、1824 年から 1828 年までオペラを上演した）、ルネサンス座（1838～40 年）、リリック座（1851～72 年）[10]、そして 1855 年に開場したブッフ＝パリジャン座である。劇場が認可システムの下で経営されていたこの時代はどんな時でも、オペラ座、オペラ＝コミック座、そしてイタリア座では公演があり、それを当時稼働している他の歌劇場が補った。1807 年の法制定で優遇された 8 つ以外の各劇場は、レパートリーが認可によって制限されていた。ジャンルを細かく指定することで、他の歌劇場の活動と重ならないようにするためだった。これがうまくいくことはまれだった。認可の制限があまりに厳しく、新規に参入した劇場が財政的に生き残れない（ルネサンス座や、オデオン座のオペラ部門がその例である）か、既存の大劇場の一つまたは複数と常に何らかの摩擦を起こすかのいずれかであった[11]。

認可システムはレパートリーとオペラ界の慣行に深く影響を及ぼした。特定の作品を特定の劇場が独占的に興行できるようになり、それを成功させるための慣行が生まれた。すなわち 19 世紀の間、3 つの柱となる大劇場がパリのオペラを支えていたということである。そして管弦楽伴奏のレチタティーヴォとバレエが特徴のグランド・オペラは、話される会話を特徴とするオペラ・コミックや、イタリア・オペラと明確に区別された。イタリア・オペラは、レチタティーヴォ・センプリチェか[12]、1830 年以降になると様々な種類の伴奏つきレチタティーヴォをともなった。パリのオペラ文化に新たに参入する劇場に対する認可は、創造的な反応を引き出すこともあれば、訴訟につながることもあった。オデオン座は、イタリア・オペラとドイツ・オペラの翻訳版を上演する認可を与えられていた。おかげで、パリでウェーバーのオペラが初演されるようになり、ウェーバーは、ドイツ・ロマン派に

---

(10) 1851 年以前はオペラ・ナシオナルと呼ばれていたが、これは 1848 年の革命によって破壊された。
(11) Mark Everist, "Theatres of Litigation: Stage Music at the Théâtre de la Renaissance, 1838-1840", in *Cambridge Opera Journal*, 16 (2004), pp. 133-161; idem., *Music Drama at the Paris Odéon 1824-1828*, Berkeley etc. (University of California Press) 2002.
(12) （訳注）レチタティーヴォ・センプリチェは、簡単な通奏低音による伴奏つきのレチタティーヴォのこと。レチタティーヴォ・セッコとも呼ばれる。

対するフランスの反応について考える際に欠かせない人物となった。一方でルネサンス座に対する認可は風俗オペラ（opéra de genre）という曖昧な用語で語られ[13]、ルネサンス座で上演された作品はほぼどれもが、パリのいずれかの歌劇場から、法的な異議を申し立てられた。グリザールの《魔法の水》はあまりにオペラ・コミック的であるとして、オペラ＝コミック座に異議を申し立てられ、モンプーの《貞淑なスザンヌ》は、あまりにグランド・オペラ的であるとして、オペラ座から異議を申し立てられた。もっと恐ろしいのは、オデオン座の認可に含まれる、ある条項だった。オデオン座では、亡くなって 10 年が経った作曲家と台本作家によるオペラを上演することが認められていた。少なくともある一つの例では、高齢の台本作家が亡くなるのを劇場の支配人が待っていたことは明らかで、台本作家が生きていたために、オデオン座のレパートリーから除外されていた一連の作品が、彼の死後次々と上演された。

　オペラ組織は、拠点となる歌劇場とは区別されなければならない。音楽アカデミー（オペラ座）にとってこの〔認可システムの〕時代は、ロワ通り〔現在のリシュリュー通り〕のテアトル・ナシオナル（国民劇場）から始まった。この劇場は 1820 年のベリー公の暗殺と建物の取り壊しで終わりを告げたが、〔組織は〕サル・ファヴァールで続行した（1820〜21 年）。その後サル・ルーヴォワで短期間活動した（1821 年）のち、オペラ座はサル・ル・ペルティエに移り、1873 年に火事で焼け落ちるまで、この劇場が長期間オペラ座の本拠地となった。他の組織と比較すると、オペラ座は安定していた。オペラ＝コミック座はサル・フェドーに始まり（1829 年まで）、サル・ヴァンタドゥールに移動して（1832 年まで）、サル・ド・ラ・ブルスに移り（1840 年まで）、それからサル・ファヴァールへ移った（1887 年の火事まで）。サル・ヴァンタドゥールは 1829 年から 1832 年までオペラ＝コミック座の本拠地だった

---

(13)（訳注）オペラ・ド・ジャンルとは、喜劇的主題によるオペラのこと。主題がオペラ・コミック的で、形式は通常のオペラ（広い意味でのグランド・オペラ）となっているものを指す。風俗オペラという訳語は、絵画の領域における風俗画（peinture de genre, tableau de genre）から応用した。

が、1832年から34年まで閉館し、それからテアトル・ノーティック（1834〜35年）、イタリア座（1838年）、ルネサンス座（1838〜40年）に場所を貸した後、1841年から1878年まで、再びイタリア座の劇場となった[14]。

　認可システムは、組織ごとにレパートリーの棲み分けをするための基本ルールを設定したものだが、そのシステムを維持するには、多大な労力が必要とされた。異議申し立てがあれば、政治体制に応じて、王政復古時代には王室官房府によって、後の時代には内務省によって調停が行われた。業務は議定書によって管理されたが、その議定書は、一人の大臣の独断的な決定であったり、パリの法廷の一つで言い渡された判決であったり、事案ごとに様々だった。19世紀を通じて、認可に対する侵害は、その認可を与えた母体（政府）への請求によって直接的に、あるいは両当事者が法律に訴えることによって間接的に統制された。世紀が進み、認可システムが次第にほころびを見せ始めると、2つのことが起きた。2つ以上の歌劇場に、同じジャンルの舞台を手がけることが認められるようになったことが一つ、そしてもう一つは、認可違反が見逃されるようになったことである。リリック座の認可は、1806〜07年法の下で支援されていた劇場グループ以外の劇場に与えられたものとしては、これまででもっとも自由度が高かった。さらに認可違反をしても、とても寛大に扱われた。ブッフ＝パリジャン座では、オッフェンバックが認可で制限された枠を越えて、事実上、新しいジャンルを発展させた。1858年に《地獄のオルフェ》をブッフ＝パリジャン座で上演する法的な権利はなかったが、真剣にそれを止めようという動きもなかった。こうして破綻をきたし始めた認可システムは、1864年に最終的な結末を迎えた。

資金と助成金　*Funding and Subvention*

　19世紀パリのオペラ文化を成り立たせている仕組みは、一見〔どの劇場でも〕同じだが、資金の獲得については幅広い選択肢があった。ざっくりいえば、歌劇場が資金を得る方法は4パターンあり、そのすべてが利用されて

---

(14) Wild, op. cit.

第Ⅰ部　グランド・オペラという音楽の世界

いた。また同じ劇場でも 19 世紀の間に複数の方法が用いられた。一つは政府がリスクを負う国営組織である。そして国の助成金を利用する個人経営組織と、国の助成金を得ずに一個人が経営する組織（この場合、支配人はしばしば、企画を共催にした。そしてどちらの場合でも、支配人がその企画のリスクを負った）、最後に会員によって経営される組織である。19 世紀の間に、もっとも重要な劇場においてでさえ、助成金の増減を行うことに対して同意が求められる中で、財政上のリスクの担い手が、国家から個人に移り変わっていった〔助成金の額が支配人の腕にかかってくるようになった〕。そのもっとも有名な例が、1831 年 3 月に王立音楽アカデミー〔オペラ座〕総裁に就任したルイ・ヴェロンである。ヴェロンの総裁就任からほとんどすぐに、パリでもっとも名声のある歌劇場は、それまでの数十年にはなかった、盤石な財政基盤を得たのである[15]。

　すべての大劇場、したがってすべての歌劇場を機能させるために不可欠なことは、事業者たちが負うリスクを軽減するだけの助成金があることだった。国が劇場に支払う助成金の額をめぐって、劇場の支配人たちはほとんど常に交渉していた。彼ら支配人たちは——しばしばメディアのサポートを得て——常に増額を主張した。時々逆の場合もあった。ルネサンス座が 1839 年に助成金なしでうまく機能していた時、一部のメディアは、はるかに多くの助成金を得ていたオペラ＝コミック座の活動が少ないのではないかと、指摘し続けた（次頁の表 1 から表 3 で示した統計を見ると、このキャンペーンが不当で、悪意すら感じられるものだったことがわかる）。1807 年に指定された 8 つの劇場以外で、国からの助成金を引き出すことに成功した唯一の新しい劇場が、リリック座だった。しかしそれは、リリック座の開場からすでに 13 年が経った 1864 年にようやくであり、それも認可システムが終わりを迎えるタイミングでのことだった[16]。

---

[15] Yves Ozanam, "Recherches sur l'Académie Royale de Musique sous la seconde Restauration", PhD diss., École de Chartes, 1981.
[16] Thomas Joseph Walsh, *Second Empire Opera: The Théâtre Lyrique, Paris 1851-1870* (The History of Opera, vol. 1), London (Calder); New York (Riverrun) 1981.

第1章　フランス・オペラの創造と発展

表1　1839年のパリにおけるオペラ公演：機関別公演数

機　関		日数（夜公演）	公演数
オペラ座（オペラ）	ARM	126	126
オペラ座（バレエ）	ARM	67	116
イタリア座	TI	84	84
オペラ＝コミック座	OC	353	682
ルネサンス座	Ren	360	890（うちオペラ246）

表2　1839年のパリにおけるオペラ公演：初演数と公演演目の初演年の分布

機　関	初演数	初演の割合	1830-39	1820-29	1810-19	1810以前
ARM（オペラ）	3	18%	55%	16%	0%	0%
ARM（バレエ）	2	16%	26%	3%	0%	0%
TI	2	21%	56%	27%	15%	2%
OC	10	53%	91%	3%	2%	2%
Ren（オペラ）	10	53%	100%	0%	0%	0%

表3　1839年のパリにおけるオペラ公演：作曲家別分布

機　関	マイヤベーア	オベール	ロッシーニ	ドニゼッティ	ベッリーニ	モーツァルト	アダン	アレヴィ	モンプー	グリザール	フロトウ	その他
ARM（オペラ）	33%	29%	20%		1%		14%					3%
TI			35%	34%	17%	12%						2%
OC		16%					27%	8%	8%	3%		38%
Ren（オペラ）			3%	14%					18%	25%	18%	22%

33

第Ⅰ部　グランド・オペラという音楽の世界

検閲　*Censorship*

　19世紀パリのオペラ文化は、官僚によって統制されていた。彼ら官僚は、政治的、社会的な、あるいは行政上の規範にしたがって、必要に応じて介入した。この時代のほぼ全期間にわたって実施され続けた基本事項の一つが、検閲制度である。七月王政の最初の5年間（1830～35年）と第二共和政期（1848～50年）を除けば、検閲は認可の時代を通して、ずっと行われていた。検閲の一連の流れは、台本が検閲官に送られると、検閲官が若干名の閲読者を任命し、彼らは折り返し台本についての報告書を提出するというものだった。これらの報告書を対照させた結果、次の3つの行動のいずれかがなされることになる。（1）台本がそのまま承認される。（2）訂正箇所が確認される。（3）台本は上演が認められない。これらの選択肢のうち、（1）がもっとも多かった。（2）は時々あった。そして（3）は実際のところ非常に珍しかった[17]。しばしば習慣的になっていたこの手続きの重要性を、私たちはつい過大視してしまいがちだ。パリの古文書館に手稿台本と検閲者の報告書の両方が広範囲に残っていることを考慮に入れるとなおさらである。しかし検閲者の行動の多くは予測できるもので、宗教的、王権的組織や人物を舞台上で上演することに焦点を当てていた。マイヤベーアの《ユグノー教徒》の登場人物から、カトリーヌ・ド・メディシスを削除するよう検閲者が主張するということは十分予測できた。そして台本が検閲にかけられた時、スクリーブがこの登場人物を台本に残していたのは、おそらく、彼が最初期の段階の下書きを、検閲制度のない時代に書いていて、単にそれをうっかり再利用してしまったからだろう。この文脈では、オベールの《ギュスターヴ3世》で、比較的近い時代のヨーロッパの歴史がリライトされていることは興味深い。登場人物のモデルとなる人物の何人かは、1833年の初演時にまだ存命していた。検閲制度が中断している間に許可されたこの台本に描かれている、王の不倫や国王殺しが、もし、例えば1840年に、検閲者たちの綿密な審査を受けていたら、彼らの目にはどのように映っただろうか。後のイタリアの

---

(17) Hervé Lacombe, *Les voies de l'opéra français au XIXe siècle*, Paris (Fayard) 1997.

オペラ界では、同じ物語が——ヴェルディの《仮面舞踏会》がはっきりと示しているように——検閲者たちからまったく異なる反応を引き出した[18]。

3　パリのオペラ文化

19世紀パリの観劇生活は、今日のパリあるいは複数のオペラ・カンパニーを抱える他のヨーロッパの主要都市とは根本的に異なっている。テレビや映画が普及する以前の世界、連載小説を読むことが主な娯楽だった世界では、（歌）劇場に通う経済力のある人たちにとってこの場所は、生活の大切な一部だった。上演形態には2種類あった。ほとんどの機関——中劇場のすべてと、オペラ＝コミック座およびオデオン座——は毎夜上演を行っていた。初演の場合を除いて、各夜公演はしばしば複数の作品から構成されていた。一方、オペラ座とイタリア座は、週3日公演であった。オペラは1年を通じて、ほぼ毎週どこかで上演されていた。唯一の例外は聖週間で、クリスマスとその他いくつかの祝祭日にも、歌劇場は閉まっていた。イタリア座はそれに加えて復活祭の後も閉まり、10月まで再開しなかった。オペラの公演回数は、オペラ＝コミック座と、（ありし日の）オデオン座、ルネサンス座、リリック座がとびぬけて多く、他の機関を圧迫していた。オペラ＝コミック座とイタリア座は、経済的理由や、場合によっては政治的理由により、度々休業することがあった。

19世紀パリのオペラ文化に一貫した特徴は、新旧の共存であった。革新と保守のバランスは世紀を通じて変化し、また劇場間でも異なっていた。しかし、定番オペラが存命中の作曲家たちによる新作と常に交わることで、オペラのカノン〔規範・古典〕化が起こったのである。認可システムの時代〔1806/7〜1864年〕のちょうど中間期にあたる1839年が好例であろう。こ

---

(18)（訳注）スクリーブの台本による《ギュスターヴ3世》に基づくヴェルディの《仮面舞踏会》は、当初初演予定地であったナポリの厳しい検閲にかかり、一度上演を断念した。その後検閲の比較的緩やかなローマで、音楽にはほとんど変更を加えることなく初演された。

第Ⅰ部　グランド・オペラという音楽の世界

の時、マイヤベーア《ユグノー教徒》は初演されてから3年が経ち、ベルリオーズの《ベンヴェヌート・チェッリーニ》の初演が散々に終わったのは、前年の終わりの頃であった。ドニゼッティとワーグナーはともにパリにおり、ルネサンス座は他の3つの歌劇場〔オペラ座、オペラ＝コミック座、イタリア座〕と互角に機能していた。表1（33頁）は1839年のパリのオペラ文化の基本構造を概略化したものである。オペラ＝コミック座とルネサンス座は1年のうちほぼ毎日稼働していただけではなく、ほぼ常に2作品以上を上演していた。オペラ＝コミック座は、1年のうち256日間は2作品を、42日間は3作品を、55日は1作品を興行していた。ルネサンス座は、23夜は1作品、179夜は2作品、108夜は3作品上演した。この劇場は、オペラだけでなく台詞劇も公演していたため、45夜は4演目、さらに5夜は5つの異なる作品が上演されることもあった。イタリア座での演目数はそれより少ないが、それはシーズンがより短かったためである。

　パリの記者たちが1839年におけるオペラの初演数の統計をとった際、オペラ＝コミック座とルネサンス座を称賛し、オペラ座とイタリア座にはおそらく今少しの努力を期待していた（33頁、表2）。1830年代後半は、1820年代末におけるオペラ座の大改革と折り合いをつけようとした時期であった。そのため、オペラ座で1830年代に初演された作品がこのように集中していることは、驚くにあたらない。バレエを除くと、オペラ座は1830年代のオペラが78％、1820年代のオペラが22％を占めていた。ただし、1820年代の作品は最後の2年間に初演されたものであることに留意すべきである（《オリー伯爵》《ポルティチの物言えぬ娘》《ギヨーム・テル》）。ロッシーニがそれ以前にオペラ座用に編曲した2作品から、数幕を抜粋して演奏した例を除けば、1839年に上演された演目で、1828年以前に作曲されたオペラは一つもない。とりわけ目を引くのは、オペラ＝コミック座における1830年以降の作品への集中である。ボイエルデューの作品はほとんどなく、彼の《白い貴婦人》（1825）すらない。オベールの1829年以前の作品も上演されておらず、《婚約者》（1829）や《フラ・ディアヴォロ》（1830）すらも、レパートリーのごく一部にすぎない。逆説的に、1830年に先立つ20年間の音楽の「鉱脈」

から意図的に作品を掘り出したのは、――いつもは見かけだけの革新と結びつけられていた――イタリア座であった。

　表3（33頁）は作曲家ごとの作品の分布を表したものである。マイヤベーアはまるでオペラ座の王者のようである。この立ち位置をめぐってオベールが〔マイヤベーアの〕競合相手となっているのは、1839年にオベールが初演を行った（すなわち《妖精たちの湖》のことで、これは全公演数の11％を占めていた）ためで、一方、マイヤベーアはこの年に初演を一つも行っていない。ロッシーニとドニゼッティはイタリア座で名誉を分かち合っていた。ここでベッリーニがレパートリー全体に占める割合が限られていることは興味深い。《清教徒》《ノルマ》《夢遊病の女》の上演数の少なさは、ベッリーニが4年前に亡くなった時点〔1835年〕では、パリのイタリア・オペラを支配していたことを考えると、寂しい結果である。個人的なパリ滞在を考慮に入れることは重要である。ドニゼッティは、1840年と41年に他の劇場であげたのと同じくらいの利益を、1839年にイタリア座で得た。オベールとアダンは、オペラ＝コミック座でもっともよく上演された作曲家であった。表3で特に際立つ特徴は、オペラ座とイタリア座が、レパートリーのほぼすべてを、ここに挙げられている数人の作曲家に負っていることである。オペラ＝コミック座とルネサンス座に関しては作曲家の範囲が広く、その一人ひとりが劇場の活動に少しずつ貢献していた。モンプーとグリザールはキャリアの駆け出しの時で、アンブロワーズ・トマとクラピソンも同様であった。表3の最後の「その他」の欄には、オペラ＝コミック座における3つの真の古典作品が隠れている。ダレラック《アドルフとクララ》（1799）、ボイエルデュー《怒れる若き女》（1805）、そしてダレラック《結婚の時》（1804）である。ただしこれらは、いずれも少数回しか上演されなかった。

4　様式的特徴

慣行　*Conventions*

　19世紀のフランス・オペラの基本的な慣行は認可によってコントロール

されていた。例えば、オペラ座ではレチタティーヴォ・センプリチェと、台詞のみの会話部分は禁止され、オペラ＝コミック座では管弦楽伴奏付きレチタティーヴォが禁止されていた。ソリタ・フォルマ（solita forma）のように厳格な型は19世紀の間に現れたものであるが[19]、ただし〔今日考えられている〕ソリタ・フォルマほど、規範的であったわけでは決してない。概してオペラ・コミックは1幕か3幕であった（もっとも、3幕オペラのつもりで書かれた作品が、劇的効果の必要上、2幕で公演された可能性はある）。19世紀初頭のグランド・オペラは3幕だった。《ポルティチの物言えぬ娘》以降、オペラ座は2つのタイプのオペラを上演した。一つはよく知られている5幕タイプのもので、伝統的なトラジェディ・リリックを模したものである。もう一つはバレエと一緒に上演するよう計画されたもので、1幕か2幕だけから成っているのが常であった。オベール《媚薬》やベルリオーズ《ベンヴェヌート・チェッリーニ》がその好例であろう。イタリア座で上演されるオペラは当然、その音楽構造に対してあらかじめ制約があった。クープレ（couplet）[20]はオペラ・コミックの大部分を支えており、また、グランド・オペラでも、これまで認識されていた以上に多くの部分を支えていた。グランド・オペラでは、第3幕のバレエが、その他の箇所における踊りや、踊りつきの合唱に加えて必須だと考えられており、この独特な慣習を無視したオペラは深刻な非難を浴びせられる恐れがあった。オペラ＝コミック座とは違い、オペラ座で上演される作品は、劇場で利用可能な大規模な舞台道具を最大限に生かすよう作られ、またそのような、入念に造り込まれた舞台セットを聴衆も期待していた。1830年以降の歴史的主題に基づくオペラの人気により、精巧な舞台セットの創造的活用が可能となった。このような上演作品の制作費は様々で、例えば、1831年のマイヤベーア《悪魔のロベール》は、同年のウェーバー《オイリアンテ》の40倍もの制作費がかかっている。《悪

---

(19)（訳注）ソリタ・フォルマは、ロッシーニからヴェルディに至る19世紀のイタリア・オペラに見られる定型を指す言葉で、ハロルド・パワーズなど、20世紀の音楽学者たちが用いた。
(20)（訳注）クープレは、オペレッタ等に含まれる反復を伴う有節歌曲。

魔のロベール》の成功と《オイリアンテ》の失敗をこれらの数値に結びつけて説明するのは簡単であるが、しかし——そのような見解が、グランド・オペラの意義は舞台デザインとその豪華さに大部分を負っているという偏見をどれほど推し進めようとも——当時の批評は、《オイリアンテ》への投資額が非常に低かったことにほとんど気づくことはなく、また、概してその上演内容には満足していたのである。

共作、パスティッチョ　*Multiple Authorship,* Pasticcio

　ヨーロッパの他のどの場所よりもパリで長く生き残った古い伝統がある。そのうち2つの注目すべき伝統、パスティッチョ（pasticcio）と、共作という考え方は、19世紀に入ってもしばらく続いた。パスティッチョ〔既成の作品から断片をつなぎ合わせて編曲された音楽〕は、1820年代のオデオン座でしっかりと根づいた。様々な音楽作品を編曲したことで知られるカスティル＝ブラーズ（フランソワ＝アンリ＝ジョゼフ・ブラーズ）だけでなく、他の作曲家によって編まれたパスティッチョ作品もある。ウォルター・スコットの小説〔『アイヴァンホー』〕に基づくロッシーニのパスティッチョ（1826年初演の《イヴァノエ》）のように、原曲の作曲家自身が監督することもあった。オデオン座はウェーバーとマイヤベーアの作品による同様のパスティッチョを——作曲家の立ち会いのもと——上演しようと試みていた。ウェーバーはその構想が実現する前に亡くなってしまい、マイヤベーアはある非協力的な台本作家によってその試みを阻止された。ロッシーニは後年、1847年にも、再び別のパスティッチョの対象となった。《ロバート・ブルース》と題された作品で、ニデルメイエールがロワイエとヴァエーズの台本に合わせて編曲した。共作による作品も当時よく知られていた。他のレパートリーと同様に、作曲家の死後、他の作曲家によって補筆された作品がある。エロルドの死後、1833年にアレヴィによって完成された《リュドヴィク》（オペラ＝コミック座）や、マイヤベーアの死後、1864年にフェティスが補筆した《アフリカの女》（オペラ座）がある。マイヤベーアはウェーバー《3人のピント》の補筆を試みたが、結局断念し

た[21]。台本作家間での共作は、その時代を通して、単著であることと同じくらい当たり前のことであったろう。そして、スクリーブがあれほど作品を量産することができたのは、「アトリエ」にも似た制作システムのためであったように思われる。作曲家は台本作家に比べれば共作することは少なかったが、共作する時には、幅広く協力者を集めた。1831 年に、スクリーブとカスティル＝ブラーズはオペラ＝コミック座のために《ブランヴィリエ侯爵夫人》の台本を執筆した。これはオベールやバットン、ベルトン、ブランジーニ、ボイエルデュー、カラファ、ケルビーニ、エロルド、パエールによって曲づけされている。またもっと後の 1867 年にも、ビゼーがエドゥアール・ルグー、エミール・ジョナス、レオ・ドリーブとの共作《マールボロは戦場に行った》に、4 幕中第 1 幕を提供している。

コスモポリタニズム *Cosmopolitanism*

　オペラ＝コミック座が生粋のフランス人作曲家の作品を主に上演していたのに対し、オペラ座は国際的な音楽文化の支えとなっていた。もっとも人気の高い作品のもっとも有名な作曲家の中には、スポンティーニ（《ヴェスタの巫女》）やロッシーニ（《ギヨーム・テル》）、ドニゼッティ（《ラ・ファヴォリット》）やマイヤベーア（グランド・オペラ 4 作品）などのイタリア人かあるいはドイツ語圏出身の作曲家がいた。世紀が進むにつれ、このコスモポリタニズムは弱まっていき、アレヴィやオベール（1871 年まで存命）、グノー、また多作ではなかったもののベルリオーズなど、主にフランス人の手になるレパートリーに置き換わっていった。ヴェルディはパリを訪れて、1855 年には《シチリア島の夕べの祈り》を、1867 年には《ドン・カルロス》の上演を監修した。彼もまた、パリの慣習により合わせるべく、1847 年に《第 1

---

(21)（訳注）マイヤベーアは 1837 年、ウェーバーのオペラ《3 人のピント》の遺稿（完成部分は 1820/21 年に書かれた第 1 幕のみ）をその妻カロリーネから受け取ったが、台本に不満を覚え、長らく放置していた。新しいリブレットに基づいて、1846 年作曲に取りかかるも、《預言者》のために中断した。カロリーネが 1852 年に死去すると、4,000 ターラーの違約金を支払い、最終的に作曲を断念した。その後、マーラーが全 3 幕を補筆完成させ、1888 年ライプツィヒで初演した。

第 1 章　フランス・オペラの創造と発展

回十字軍のロンバルディア人》を《エルサレム》へと改訂している。イタリア語の作品をグランド・オペラとして改訂する試みは多数行われたが、ロッシーニの場合、それはフランスのオペラ文化を吸収するための一手段であった。ロッシーニの《コリントの包囲》と《モイーズ》(それぞれ《マホメット 2 世》と《エジプトのモーゼ》の改稿)は、〔その後オペラ座で大成功を収めることになる〕《ギヨーム・テル》の予兆であった。〔モーツァルトの〕《ドン・ジョヴァンニ》は 1834 年にオペラ座の舞台のために編曲された。ベルリオーズによるグルックの編曲も有名である。オペラ座ではドイツ語作品をパリの舞台向けに翻案する長い伝統があり、この伝統の延長線上で、1801 年の《イシスの神秘》(《魔笛》)に始まり、《オイリアンテ》(1831)、《魔弾の射手》(1841)、《タンホイザー》(1861) を含むドイツ語作品が、次々とパリ用に書き直された。イタリア座のレパートリーの多くがイタリアで初演されたイタリア・オペラであったのに対し、ドニゼッティ《ドン・パスクァーレ》はパリ向けに執筆され、また 1835 年には、パリは、ベッリーニ《清教徒》とドニゼッティ《マリーノ・ファリエーロ》という、当時のイタリア・オペラにおける 2 大巨匠による 2 つのオペラの初演を見届けたのである。翻訳オペラは、認可によって特にこの種のオペラを得意としていた 3 つの歌劇場、オデオン座、ルネサンス座、リリック座において重要な位置を占めていた。こうした自由さの結果、とりわけイタリア・オペラの場合、フランス語翻訳版とイタリア語オリジナル版が、同じ夜に同じ聴衆を獲得するために互いに競い合うという状況も可能となった。

作曲家、台本作家、歌手の地位　*Status of Composers, Librettists and Singers*

　19 世紀にオペラの試行錯誤に関わった個々人は、21 世紀初めの人々とはかなり異なる地位の人々であった。とりわけ注目すべきは、19 世紀初頭のオペラでは、台本作家の比重が依然大きかったという事実である。そのため、例えばタイトル・ページやポスターは、「スクリーブ作」《ユグノー教徒》、「ヴァエーズとロワイエ作」《ラ・ファヴォリット》と告知している。このバランスは世紀が下るにつれ変化していくものの、フランス・オペラ界では、

第Ⅰ部　グランド・オペラという音楽の世界

自分で台本を書く覚悟のある作曲家は〔まだ〕誰もいなかった[22]。認可のシステムが終焉を迎えた時、作曲家がおそらくオペラ創作の担い手としてより多くの関心を集めていたにもかかわらず、台本作家の名前はいまだ出版物において最初に置かれていた。これは、この時代の主要な台本作家のうち、幾人かが長いこと活躍していた結果かもしれない。そのわかりやすい例がスクリーブで、彼は1861年に亡くなるまで、およそ半世紀の間活躍していた。他方で、それ以外のジュール＝アンリ・ヴェルノワ・ド・サン＝ジョルジュやジャン＝フランソワ＝アルフレッド・ベイヤールのような台本作家でも、認可の時代の非常に長い期間にわたって執筆していた。台本は、その芸術事業において最初に歌劇場と取り決められるべき項目であった。すなわち、作曲家と何らかの合意が結ばれるよりも前に必ず、台本作家が最初にその機関と契約を結ぶ習慣があった。もっとも、台本にいくらかの貢献をすることになる作曲家のことも、台本作家の念頭にはあったかもしれない。マイヤベーアのスクリーブおよびオペラ座との契約はちょっとした例外だった。スクリーブの《ユダヤの女》をめぐるオペラ座との契約は、アレヴィの参加が打診されるよりも前に交わされたものであり、これが通常の習慣を示しているというのが、より正確なところである。

　作曲家は、台本作家のように、いくつかの異なるジャンルを書くことができた。多くの作曲家がオペラ執筆以外に、バレエ音楽の作曲にも関わっていた。作曲家がそのキャリアを通してグランド・オペラとオペラ・コミックの両方において活動するのは、珍しいことではなく、オベールとアレヴィがその好例である。ベルリオーズの唯一のオペラ・コミック《ベアトリスとベネディクト》はパリのために書かれたわけではなかったが、一方で、他の作曲家の幾人か（例えばアドルフ・アダン）はオペラ＝コミック座ではたいてい成功した。しかし、彼らの野心がそこで終わることは滅多になかった。認可

---

(22)（訳注）1864年には、オーギュスト・メルメなど、台本を手がける作曲家も現れた（第Ⅲ部第4章参照）。また19世紀末になると、エルネスト・ショーソンや、ヴァンサン・ダンディのような、ワーグナーに心酔したフランス人作曲家たちが、自分で音楽と台本を書くようになる。

の時代の終わりになると、オッフェンバックが伝統的なジャンルの境界を意図的に避けた最初の作曲家となり、またそうするために、彼は自身の歌劇場を創設する必要に迫られた。同様のことはリリック座にもいくぶん当てはまるが、そこではオッフェンバックのように圧倒的な力を持つものは誰もいなかった。マイヤベーアのグランド・オペラ作品は35年もの期間に及んだが、一方で彼のオペラ・コミック分野の作品は、1850年代（1854年の《北極星》、1859年の《プレールメルの巡礼〔ディノーラ〕》）に集中しており、彼のキャリアのほんの一端にしかならなかったように思われる。例えば、もしマイヤベーアがスクリーブでなくサン＝ジョルジュと親しかったら、彼の作品はかなり違うものになっていたかもしれない。

　一人の作曲家がグランド・オペラとオペラ・コミック両方を書くということが可能であったにもかかわらず、作曲家たちの間では、オペラ・コミックに挑戦しそれが成功するまで、グランド・オペラを作るのは待たなくてはならない、という明確な共通認識があった。これはおそらくオベールのケースに当てはまる。彼は〔グランド・オペラ〕《ポルティチの物言えぬ娘》を作曲する以前に、オペラ・コミックの作曲家として輝かしいキャリアを持っていただけではなく、この作品もまず――オペラ・コミックとしては通常の構成である――3幕構成で書いた後に、5幕に改訂した。結果として生まれたこのグランド・オペラは、いまだオペラ・コミックの特徴を多く残している。外国人作曲家は、また別のやり方でグランド・オペラの作曲に向けて準備を行った。ロッシーニは2作のイタリア・オペラをオペラ座のためにフランス語に書き直した。一方、マイヤベーアは自身のイタリア・オペラのうち2作品を、フランス語版《アンジューのマルゲリータ》へと一つにまとめた。それから、マイヤベーアは《悪魔のロベール》をオペラ・コミックとして書き、その後オペラ座向けに書き直している。ドニゼッティは、ルネサンス座向けに《ランメルモールのルチア》をフランス語版に直してから、オペラ＝コミック座のために《連隊の娘》を書き、それからやっと《ラ・ファヴォリット》と《ドン・セバスティアン》をオペラ座のために書き直した（《ラ・ファヴォリット》は《ニシドの天使》が主な土台となっている。《ニシドの天使》は

もともとドニゼッティがルネサンス座のために書いたもので、完成はしていたが放置していた作品でもある。さらに、この《ニシドの天使》は、1834年に作曲されたが上演されなかった《アデレード》の一部に基づいている)。このような状況に鑑みると、アレヴィのキャリアは突出している。《ユダヤの女》の作曲依頼を受ける以前のアレヴィの作品を見てみると、そのほとんどが1幕のオペラ・コミック諸作品とバレエ音楽で占められており、〔《ユダヤの女》のような〕スクリーブによる歴史的主題の台本をもとにした5幕のグランド・オペラに求められる作曲素材とはかなり異なるものであった。これに関しては2つの側面から説明できよう。アレヴィは、実際は1832年に《イェラ》と題する野心的なオペラ・コミック作品に取り組んでいたが、上演される見込みがなかった。それから、彼は1833年に没したエロルドの《リュドヴィク》の補筆によって、かなりの報酬——と《ユダヤの女》の依頼——を受け取った。

　作曲家と批評家とオペラ制度の間の関係には、ローマ賞受賞者の早期キャリアの問題が常についてまわった。ローマ賞の受賞者は、ローマのメディチ荘に招かれて（なかには強制と考える者もいたが）、そこで3年間を過ごし、その後さらに、ヨーロッパの別の地を旅することがあった。問題は、彼らがパリに戻ってくる時に起こった。ここには、彼らのキャリア形成へとつながる環境がまったくなかったからである。このパラドクスは、当時の批評家や作曲家自身から度々指摘され、また、彼らは一度ならず王室官房府または内務省への嘆願書を書いている。国側は、それに関して約40年間ずっと決めかねていたが、ついに、ローマ賞と連携して若手の作曲家を支援する制度を設ける寛容さを見せた。リリック座は1851年に認可を得た際に、この支援を受け持つこととなった。「作曲部門の第1等受賞者には、奨学金期間終了後2年の間に演奏会を開催する権利が授与される。その演奏会では2幕構成の作品が上演されることとなるが、その台本は監督が提供する[23]」。3年後、リリック座では、パリの歌劇場で一度も作品が演奏されたことのない作曲家

---

(23) Wild, op. cit., p. 239.

による、少なくとも3幕からなる作品（1つの3幕構成オペラか3つの1幕構成のオペラ）を上演することが必須となった。

　歌手はオペラ諸機関の給与付き被雇用者であり、彼らの行動を制限する厳しい規則に従わなくてはならなかった。19世紀初めには、いかなる歌手も、歌劇場支配人の指示に従わなかった場合は投獄されることがあったし、また、リハーサルを欠席すれば——あるいは遅刻すれば——罰金が課されることもあった。19世紀末までには、その関係性は、〔現代を生きる我々にとって〕よりなじみ深い、今日のスター・システムが持つ経営と聴衆両方に対する一種の「締め付け」へと発展を遂げた。歌手の契約期間を左右していたのは、歌手自身の裁量であったにもかかわらず、例えば、オペラ＝コミック座に雇われるやいなや、その芸術活動は厳しく制限された。通常は休暇期間中に行われたいかなる巡業も、断念せざるをえなかった。ところが、作曲家が、そこに出演する歌手のために音楽を書くというよりは、特定の作品に向けて歌手を「選ぶ」という作業に介入するようになると、こうした配役をめぐる状況は変わり始めた。例えばマイヤベーアとベルリオーズ両人が、まったく異なる理由から、オペラ座でポーリーヌ・ヴィアルドを推すことに成功したが、そうでなければ、オペラ座での彼女の存在感は取るに足らないものであった。芸術家の中には、より長いキャリアにつながるようにと、同じ機関に居続ける者もいた。マリー＝ジュリー・ブーランジェ（指揮者兼教師のナディア・ブーランジェの祖母）は、オペラ＝コミック座で、1825年のボイエルデュー《白い貴婦人》の初演と1840年のドニゼッティ《連隊の娘》の初演両方に出演した。他方、ローラ・サンティ＝ダモローはまずイタリア座で歌手活動を行った後（1819〜26年）、オペラ座（1826〜35年）、そして最後にオペラ＝コミック座でも歌手を務めた（1836〜37年）。

5　聴　衆

　パリの歌劇場における聴衆の性質を、具体的に論じるのは難しい。逸話的な証言は散見されるが信頼に足らず、入手可能な唯一の定量的データは、寄

せ集めの定期会員名簿によるものである(オペラ座1833～34年、1866～67年、イタリア座1850～51年、オペラ=コミック座1846～47年)。しかし、これらの書類をもとにすると、ある程度、異なる機関における聴衆の重複の度合いと、また——いくぶんかは——聴衆自身の性質を考察することができる。オペラ座を貴族の本拠地、オペラ=コミック座をブルジョワたちの領分であると指摘するような一般論は、その証拠資料の複雑性を公正に判断するものとはならず、また文書記録の欠落部分を公平に見るものともならない。現存する定期会員名簿を研究することは、関係者個々人の特定を可能にし[24]、また相互関係を把握することにもつながる。おそらく、もっとも注目すべき特徴は、オペラ座とイタリア座の定期会員がもう一つ別の劇場の会員になるとしたら、その劇場は、もう片方の「貴族の」歌劇場というよりは〔すなわち、オペラ座の定期会員ならばイタリア座、イタリア座の会員ならばオペラ座を選ぶというわけではなく〕、オペラ=コミック座の方であろう、という点である。1846～48年における全85人のイタリア座の定期会員と全122人のオペラ座の定期会員のうち、両方に共通して名前があるのは、8人だけである。しかし、イタリア座の定期会員85人のうち65人と、オペラ座の定期会員122人中42人は同時にオペラ=コミック座の定期会員でもあった。これらの数字は、オペラ座とイタリア座が、片方の劇場の聴衆がもう片方の劇場の上演を見られるように、それぞれ別の夜に上演を行っていたという通説を真っ向から否定するものである。オペラ座とイタリア座の定期会員の約3分の1が貴族の称号を持ち、オペラ=コミック座の定期会員の5分の1が貴族であったが、この事実は、オペラ=コミック座がブルジョワたちの場所であるという共通理解が間違いであることを証明している。実業家(négociants)はオペラ座(32.8%)とオペラ=コミック座(29%)でほぼ同様の比率となっているが、イタリア座での割合はいくらか少なくなっている(24.3%)。自由業は、オペラ=コミック座でもっとも高い割合を占め(20%)、一方オペラ座では17%に留まっている(これは1833～34年の数

---

(24) Steven Huebner, "Opera Audiences in Paris 1830-1870", in *Music & Letters,* 70 (1989), pp. 206-225.

字で、1866〜67年には8％にまで落ちこんでおり、入場者実態の何らかの変化を表している可能性がある）。初期のリリック座と、医学生と法学生向けに特別制度を設けていたオデオン座のみが[25]、きわめて安い価格でチケットを売っており、大衆層の中でも比較的余裕のある人たちであれば購入することができた。

6　定期刊行物

　定期刊行物に関する研究は、19世紀フランス音楽研究の中心を占めてきた。この時代に発表された、音楽関連の活字物の多さに鑑みれば、このことは大して驚くことではない。音楽と演劇の定期刊行物は、当時3つのカテゴリーに分類されていた。1つ目は当時の日刊新聞に掲載された「学芸欄」（feuilleton）——例えば『ジュールナル・ド・パリ』『ジュールナル・デ・デバ』『コンスティテュショネル』——、2つ目は通常週に1、2回刊行されるフォーマルな音楽雑誌——例えば『メネストレル』『ルヴュ・エ・ガゼット・ミュジカル・ド・パリ』——、3つ目は日刊の演劇新聞——『クーリエ・デ・テアトル』『コルセール』——である。これら3種類の定期刊行物が取り扱う内容は、互いに重複しつつ、格式の高い批評からきわめて支離滅裂な無駄話に至るまで様々で、まるで今日でいうところの『ミュージカル・タイムズ』が雑誌『ハロー！』〔1988年に創刊されたイギリスの芸能・ゴシップ誌〕と一緒になったようなものであった。これまで19世紀フランスのオペラや器楽に関する研究は、文学界で名声のある作家の書き物を、彼らの美学的あるいはイデオロギー的思想がどのようなものであるかはさておき、特別扱いしてきた。それゆえに、スタンダールやゴーティエ、そして——非常に極端な例として——ベルリオーズの著作物が音楽・演劇ジャーナリズムのスタンダードだと捉えられているのである。これは、後世の人々が高く評価してきた〔スタンダール作〕『パルムの僧院』や〔ゴーティエ作〕『キャプテン・フ

---

(25)（訳注）すなわち神学生を除く大学生向けの制度を指し、今日でいう学生料金に相当する。オデオン座は、学生街であるカルチェ・ラタンに位置していた。

ラカス』などの空想小説と同じようにオペラ批評を読む限りにおいては問題ないだろう。しかし、その作家たちの意見が規範的だとみなされるのであれば、それは問題になってくる。どの程度、ベルリオーズやゴーティエ、スタンダールが私利私欲ではなく、公共の利益を代表しているのかを判断するのは難しいが、あまり有名でない作家や無名作家の著作から、より一般的なイメージが見えてくる、という可能性は大いにありうる。実際、ベルリオーズが1830年代末にドニゼッティを酷評したのは、1838年にオペラ座での《ベンヴェヌート・チェッリーニ》初演が完全なる失敗に終わった後であった。ベルリオーズが——以下順番通りに——イタリア座、ルネサンス座、オペラ=コミック座、最後にオペラ座でのドニゼッティの勝利を受け入れなくてはならなかったという状況では、彼の負け惜しみも致し方なかったであろう。

　今日、この時代の演劇ジャーナリズムは堕落していたと説明されることが多い。これはおそらく事実で、たしかに当時の演劇ジャーナリズムは、いかなる関係者情報にも影響されていない、完全に公平な批評というイメージからはかけ離れている。そのような〔公平な〕イメージが、オペラのマネージメント、作曲家、演奏家の間の諸関係において見いだされることはまれで、19世紀のパリも例外ではなかった。批評家、台本作家、作曲家、検閲官、官僚、劇場支配人の間で構築されたネットワークの種類を考察するのはきわめて有益なことである。こうした立場の人々で、常勤職にある人はわずかだった。そして利害の衝突は日常茶飯事だった。2つ例を挙げよう。王政復古の間、検閲当局に所属していた約12人のうち、有力な作家、ジャーナリスト、劇場マネージメント・チームの一員、あるいは——奇妙な事例ではあるが——オデオン座の査読委員のいずれにも含まれていないのは、たった4分の1未満であった。こうしてベルリオーズ《ベンヴェヌート・チェッリーニ》の委嘱の流れができあがる。1834年にオペラ=コミック座の支配人によって拒否された台本は、ベルリオーズが寄稿した新聞『ジュールナル・デ・デバ』の発行責任者であったアルマン・ベルタンによって推された。ベルタンは王立劇場およびパリ音楽院特別委員会の委員でもあった。その特別委員会はパリの全劇場を統制する役割を持っており、歌劇場の支配人は皆、

その管理下にあった。ベルタンは、ベルリオーズのオペラを上演するよう、ヴェロンや後任のデュポンシェルに圧力をかけることができた（前者はそれに抵抗したが、後者は最終的には受け入れた）。さらに、特別委員会は、このオペラの台本作家の一人であったレオン・ド・ヴァイーの従兄弟にあたる、ジュール・ド・ヴァイーの管理下にあった。このような癒着関係は（今日ではそうではないことを望む限りだが）、当時のフランスの演劇・オペラ文化においてはごくごく普通のことであった。こうした事例を扱う研究において不思議なのは、そのような〔癒着的〕ネットワークの存在が、ベルリオーズの場合は言及されずにいる一方で、同様の方法で自身の作品を売り込んだ（そして結果として大成功した）マイヤベーアのような作曲家だと、その名声を貶めるために引き合いに出されている、という点である。

第2章　グランド・オペラからフランス・オペラへ
―― 音楽批評から読み解く
マイヤベーアとグランド・オペラの歴史化

安川　智子

1859年1月6日（木）「カストネルを通して、また私についての新たな陰口を聞いた。いたるところに敵がいる。友達はいない」。1861年1月29日（火）「腹痛に襲われる。新聞や本など、あらゆる方面から、私の芸術や私自身に対しても非難が向けられる。ここ数日にわたって容赦なく浴びせられることで気分はすぐれず、仕事が手につかない」。1860年前後のマイヤベーアの日記には、このような苦し気な言葉が並んでいる[1]。

1831年11月21日の《悪魔のロベール》初演から、空前のブームを引き起こしていたジャコモ・マイヤベーアのグランド・オペラ人気は、19世紀末まで継続するものの、専門家内におけるその評価は徐々に下がり、自身が日記に綴っている通り、1860年前後には目に見えて敵意を向けられるようになっていた。第1章でマーク・エヴェリストが述べている通り、その原因にはワーグナーの筆による攻撃や、ナポレオン政令以来続いていた国の認可システムが、1860年代には事実上機能しなくなっていたことも含まれているだろう。フランス国のシステムによって守られていたマイヤベーアにとって一番の打撃は、フランスの聴衆の趣味の多様化――あるいはオペラ享受層の拡大[2]――だった。そして聴衆の趣味を扇動するものとして、テレビのない19世紀当時もっとも力を保っていたのが、新聞・雑誌という「メディ

---

(1) Giacomo Meyerbeer, *The Diaries of Giacomo Meyerbeer* (Volume 4, 1857-1864, The Last Years), Translated, edited, and annotated by Robert Ignatius Letellier, Vancouver, Fairleigh Dickinson University Press, 2004, p. 113, 195.
(2) 1851～52年シーズンにリリック座と名前を変えた「オペラ・ナシオナル」（1847年開場）は、オペラ座ともオペラ＝コミック座とも異なる客層、すなわち民衆に開かれた第三の歌劇場をパリに建てるという、19世紀前半の間ずっと続いた議論の末開場した。

ア」⁽³⁾である。

20世紀のラジオ、レコード、テレビといったメディアが例えばビートルズの爆発的人気を生み出したとするならば、19世紀フランスの「マイヤベーア現象」もやはり、音楽批評というメディアの力に支えられていた。だからこそ、メディアの支持を得られなくなったグランド・オペラは、幻のように姿が見えなくなったのである。そもそも「グランド・オペラ」というジャンルは存在したのだろうか。本章ではその点も探りつつ、主にマイヤベーア《悪魔のロベール》に焦点を当てて、19世紀フランスの音楽批評に着目することで、「グランド・オペラ」が生み出され、そして次第に過去のものとして「フランス・オペラ」の歴史の中に組み入れられていく過程をたどってみたい。

1　音楽批評家とオペラ⁽⁴⁾

フランスにおいて、音楽教育を受けた最初の専門的批評家、すなわち音楽家兼批評家として挙げるべき重要人物は、カスティル=ブラーズである。フランス革命後に創立されたパリ音楽院の第一世代として学んだカスティル=ブラーズは、1820年代から音楽文筆家として活躍を始める。なかでも、19世紀になって日刊紙の最下欄に位置する学芸欄（feuilleton）を創始したジュリアン=ルイ・ジョフロワの後を継いで、1820年に『ジュールナル・デ・デバ』紙の常任批評家に就任したことは、ドイツにおけるE.T.A. ホフマン

---

(3) 本章で扱う音楽批評を伝えるものとして、メディア（媒体、伝達手段）やジャーナリズム（報道）を意味する複数の言葉が存在する（press, journalismなど）。これらはラジオ、テレビの出現によって大きくその意味するところを変化させたが、本章では主に新聞・雑誌における活字としての音楽批評に焦点を当て、メディアやジャーナリズムという言葉も、その意味で用いる。なお19世紀におけるメディアやジャーナリズムの歴史については、以下が参考になる。Dominique Kalifa, Philippe Régnier, Marie-Ève Thérenty et Alain Vaillant (dir.), *La Civilisation du journal. Histoire culturelle et littéraire de la presse au XIXe siècle (1800-1914)*, Paris, Nouveau monde éditions, 2011.

(4) 本節の内容は、Marie-Ève Thérenty, Olivier Bara, et Christophe Cave, «Presse et opéra aux XVIIIe et XIXe siècles. Croisements, échanges, représentations», *Médias 19* [En ligne], Publications, Olivier Bara et Marie-Ève Thérenty (dir.), Presse et opéra aux XVIIIe et XIXe siècles, mis à jour le: 25/03/2018, URL⟨http://www.medias19.org/index.php?id=23906⟩ を主に参照している。

51

第 I 部　グランド・オペラという音楽の世界

やロベルト・シューマンのように、楽譜が読めて楽器が弾ける専門的な音楽批評家の伝統を、フランスにも根づかせることになった。実際 1832 年までカスティル＝ブラーズが務めた『ジュールナル・デ・デバ』紙の音楽批評ポストは、その後エクトール・ベルリオーズ（在任期間 1834～63 年）、ジョゼフ・ドルティーグ（在任期間 1852～66 年）、エルネスト・レイエ（在任期間 1866～98 年）といった音楽家が引き継いでいくことになる（表1）。

表 1　本章に登場する 19 世紀フランスの音楽家兼音楽批評家

名　前	名　前（原語）	生没年
カスティル＝ブラーズ	Castil-Blaze [Blaze, François-Henri-Joseph]	1784-1857
フランソワ＝ジョゼフ・フェティス	François-Joseph Fétis	1784-1871
ジョゼフ・ドルティーグ	Joseph (Louis) d'Ortigue	1802-1866
エクトール・ベルリオーズ[5]	(Louis-) Hector Berlioz	1803-1869
エルネスト・レイエ	(Louis-Etienne-) Ernest Reyer	1823-1909
アルトゥール・プジャン	(François-Auguste-) Arthur Pougin	1834-1921
アドルフ・ジュリアン	(Jean Lucien) Adolphe Jullien	1845-1932

　ジャーナリズムにおけるオペラ批評は 18 世紀から存在していたが、一般紙または文芸誌（例えば『ジュールナル・ド・パリ』や『メルキュール・ド・フランス』）、あるいは演劇専門誌で演劇批評の延長として扱われるものが多く、文学畑の批評家が主に執筆を担当していた。そのため、音楽よりも台本を対象とし、いわゆるオペラよりも台詞を含むオペラ・コミックが好まれる傾向があった。やはり文学畑のジョフロワもその例外ではなかった。カスティル＝ブラーズは音楽の専門性を生かし、それまで軽視されがちであった

---

(5) 音楽批評家としてのベルリオーズについては、それだけで大きなテーマであるが、本章ではベルリオーズの音楽批評については扱わない。ベルリオーズのオペラ批評については下記参照。Howard Robert Cohen, *Berlioz on the Opera (1829–1840): A Study in Music Criticism,* New York University, Ph.D., 1973.

第 2 章　グランド・オペラからフランス・オペラへ

オペラ批評に情熱を注いでいく。1831 年 11 月 23 日の『ジュールナル・デ・デバ』紙には、カスティル＝ブラーズによる《悪魔のロベール》初演評が掲載されている（図 1）。そこでカスティル＝ブラーズは次のように、オペラ批評について語っている。

(Source gallica.bnf.fr/BnF)
図 1　《悪魔のロベール》初演時のカスティル＝ブラーズによる批評記事

音楽については長々と語れるだろう。この濃度の楽譜は、隅々まで検証されるに値する。音楽はおそらくオペラの主要目的だが、学芸欄では台本に道を譲らなくてはならない。まずはそれ〔音楽〕を受け入れた枠組みを知らせる必要がある。そして音楽の色彩を変化させた状況を明快に示さなくてはならない。詩人たちは劇場やポスターでまず名前が挙がっていないだろうか？この特権は快いかもしれないが、不都合がないわけではない。音楽家たちは後から到着し、ブラヴォーを一身に集める。[6]

したがって批評的観点からいえば、オペラ・コミックとオペラの間には大きな意識の差があった。カスティル＝ブラーズは1820年代の著書で、このオペラ・コミックとの違いを強調して、通常のオペラを「グランド・オペラ」と呼んでいる。すなわち、イタリアにおけるオペラ・セリアとオペラ・ブッファの区別に相当するものとして、フランスの「グランド・オペラ」と「オペラ・コミック」を区別し、特徴づけているのである（表2）[7]。ただし台詞（話される言葉）の有無が二種のオペラの違いを決定づける特徴であるというのは、フランス独自の基準であり、題材の違いによって分けられるイタリアのオペラ・セリアとオペラ・ブッファの区別とは、正確に一致するものではない。それぞれのジャンルの例に挙げられている作品を見ると、当時上演されていた代表的な作品が何であったかが見えてくるが、今日の「グランド・オペラ」という言葉が含む特殊な意味は、この当時にはなかった。

演劇批評の延長としてのオペラ批評のほかに、音楽の専門家によるオペラ批評として、もう一つ重要な傾向は、音楽雑誌における楽譜を掲載した解説の登場である。楽譜の分析つきの音楽批評といえば、有名なホフマン『ベートーヴェンの第5交響曲』（1810）が思い浮かぶが、フランスではまず、オペラのアリアを編曲した楽譜を雑誌に掲載する伝統が、18世紀から存在し

---

(6) Castil-Blaze, «Chronique musicale», *Journal des débats,* 23 novembre 1831.
(7) Castil-Blaze, *De l'opéra en France,* vol. 1, Paris, Janet et Cotelle, 1820, pp. 43-44; Castil-Blaze, *Dictionnaire de musique moderne,* Paris, Au Magasin de Musique de la Lyre Moderne, 1825, p. 97.

第2章　グランド・オペラからフランス・オペラへ

表2　カスティル=ブラーズによるフランスの「グランド・オペラ」と「オペラ・コミック」の違い

オペラの種類	特　徴	作品例
グランド・オペラ	最初から最後まで歌われる	オルフェオ[8]、ディドー[9]、ヴェスタの巫女[10]
オペラ・コミック	台詞と歌が混じる	シルヴァン[11]、ジョコンダ[12]、バグダッドの太守[13]

ていた。例えば1762年に創刊された『ジュールナル・ド・クラヴサン』は、「もっとも成功した」オペラ・コミックや喜劇のアリエッタ（小さなアリア）を、クラヴサンで伴奏できるように編曲した楽譜集だった（図2）。この延長で19世紀には、楽譜出版社が自社の楽譜の販促のために、音楽雑誌を刊行するという定型ができあがる。例えば、1839年に設立された楽譜出版社ウジェル社は、音楽雑誌『ル・メネストレル』を買収し、効果的に宣伝をしつつ、一大オペラ楽譜出版社となった[14]。またカスティル=ブラーズも手を貸して、エスキュディエ兄弟が1837年に創刊した雑誌『フランス・ミュジカル』は、イタリア・オペラの記事に注力し、1842年に楽譜出版を手がけるようになると、ドニゼッティの《ドン・パスクァーレ》のヴォーカル・スコアを出版したほか、とりわけフランスにおけるヴェルディのオペラの重要な楽譜出版社となった。

　この流れの発端として、グランド・オペラとの関係上もっとも重要なのは、ベルギー出身の作曲家・音楽批評家であるフランソワ=ジョゼフ・フェティスが1827年に創刊した『ルヴュ・ミュジカル』である。『ルヴュ・ミュジカ

---

(8)　クリストフ・ヴィリバルト・グルック《オルフェオとエウリディーチェ》
(9)　ニッコロ・ピッチンニ《ディドー》
(10)　ガスパーレ・スポンティーニ《ヴェスタの巫女》
(11)　アンドレ=エルネスト=モデスト=グレトリー《シルヴァン》
(12)　ニコラ・イズアール《ジョコンダ、あるいは冒険を追い求める人々》
(13)　フランソワ・アドリアン・ボイエルデュー《バグダッドの太守》
(14)　オッフェンバックの《地獄のオルフェ》やドリーブの《ラクメ》、マスネの《ウェルテル》、ヴェルディの《仮面舞踏会》など数多くのオペラが出版されている。

第Ⅰ部　グランド・オペラという音楽の世界

（Source gallica.bnf.fr/BnF）

図2　『ジュールナル・ド・クラヴサン』1768年

第2章　グランド・オペラからフランス・オペラへ

ル』は、1835年に、音楽出版社を経営していたドイツ出身のモーリス・シュレザンジェ[15]の雑誌と統合して『ルヴュ・エ・ガゼット・ミュジカル・ド・パリ』となったが、ドイツの縁を生かして、マイヤベーア《悪魔のロベール》の初版総譜とヴォーカル・スコアを出版したのは、このシュレザンジェ社であった。1832年の『ルヴュ・ミュジカル』では、シュレザンジェ社から出版された《悪魔のロベール》の様々な場面やモティーフに基づく何種類ものピアノ編曲譜が、幾号にもわたって宣伝されている（図3）。フェティスも1831年に自身の『ルヴュ・ミュジカル』において《悪魔のロベール》の初演を批評しているが[16]、翌1832年には、自身の編曲によると思われるヴォーカル・スコアを掲載しながら[17]、「音楽分析」を雑誌上で行っている（図4）[18]。

　カスティル=ブラーズとフェティスに共通していることは、彼らが音楽批評だけでなく、台本作家、作曲家、編曲者として、実際のオペラ創造の現場に深く関わっていたことである。カスティル=ブラーズは1823年から1835年の間に、7本のオペラ台本を手がけており[19]、そのほとんどは、複数の作曲家による音楽の寄せ集め（共作またはパスティッチョ）であったが、オデオン座やオペラ=コミック座で上演されている[20]。なかでももっとも有名なものは、ウェーバーの《魔弾の射手》(1821) をフランス語台本に翻案した《ロバン・デ・ボワ〔森のロバン〕》で、1824年12月7日にオデオン座で初演された。カスティル=ブラーズはこの作品で音楽の編曲も担当しているが、この《ロバン》がモデルとなって、《悪魔のロベール》がまずは3

---

(15) シュレザンジェは、ドイツの出版者一族シュレジンガーのパリでの呼び名である。
(16) François-Joseph Fétis, «Première représentation de Robert-le-diable» (Nouvelles de Paris), *Revue musicale,* 26 novembre 1831.
(17) シュレザンジェ社から出版されたヨハン・ペーター・ピクシスによるヴォーカル・スコアと比較すると、ピアノ伴奏部がまったく異なることがわかる。
(18) François-Joseph Fétis, «Robert-le-diable, Analyse de la musique», *Revue musicale,* no. 50, 21 janvier 1832.
(19) Emmanuel Reibel, «Carrières entre presse et opéra au XIXe siècle: du mélange des genres au conflit d'intérêts», *Presse et opéra aux XVIIIe et XIXe siècles,* mis à jour le: 28/02/2018.
(20) オペラ=コミック座で上演された作品は1831年10月31日初演の《ブランヴィリエ侯爵夫人》のみであるが、これはスクリーブとの共作だった。21日後には、スクリーブが台本を手がけた《悪魔のロベール》がオペラ座で初演される。

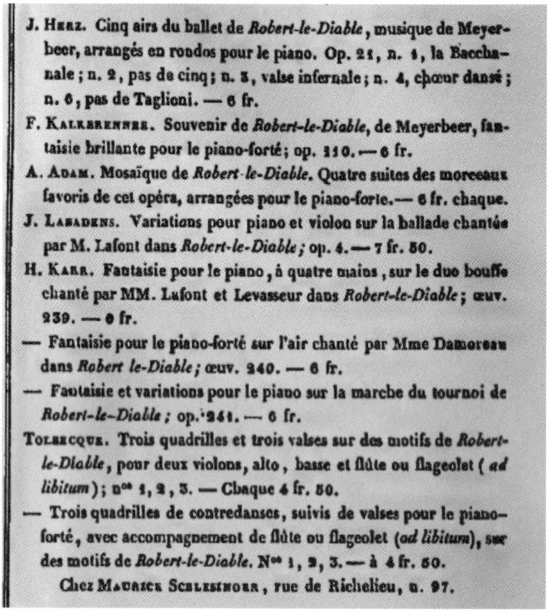

J. Herz. Cinq airs du ballet de *Robert-le-Diable*, musique de Meyerbeer, arrangés en rondos pour le piano. Op. 21, n. 1, la Bacchanale ; n. 2, pas de cinq ; n. 3, valse infernale ; n. 4, chœur dansé ; n. 6, pas de Taglioni. — 6 fr.

F. Kalkbrenner. Souvenir de *Robert-le-Diable*, de Meyerbeer, fantaisie brillante pour le piano-forté ; op. 110. — 6 fr.

A. Adam. Mosaïque de *Robert-le-Diable*. Quatre suites des morceaux favoris de cet opéra, arrangées pour le piano-forte. — 6 fr. chaque.

J. Labadens. Variations pour piano et violon sur la ballade chantée par M. Lafont dans *Robert-le-Diable* ; op. 4. — 7 fr. 50.

H. Karr. Fantaisie pour le piano, à quatre mains, sur le duo bouffe chanté par MM. Lafont et Levasseur dans *Robert-le-Diable* ; œuv. 239. — 6 fr.

— Fantaisie pour le piano-forté sur l'air chanté par Mme Damoreau dans *Robert le-Diable* ; œuv. 240. — 6 fr.

— Fantaisie et variations pour le piano sur la marche du tournoi de *Robert-le-Diable* ; op. 241. — 6 fr.

Tolbecque. Trois quadrilles et trois valses sur des motifs de *Robert-le-Diable*, pour deux violons, alto, basse et flûte ou flageolet (*ad libitum*) ; nos 1, 2, 3. — Chaque 4 fr. 50.

— Trois quadrilles de contredanses, suivis de valses pour le piano-forté, avec accompagnement de flûte ou flageolet (*ad libitum*), sur des motifs de *Robert-le-Diable*. Nos 1, 2, 3. — à 4 fr. 50.

Chez Maurice Schlesinger, rue de Richelieu, n. 97.

(Source gallica.bnf.fr/BnF)

図 3 『ルヴュ・ミュジカル』1832 年 2 月 18 日号

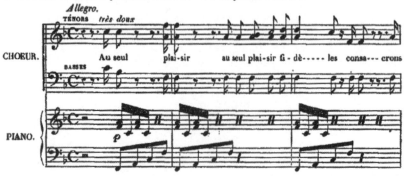

(Source gallica.bnf.fr/BnF)

図 4 『ルヴュ・ミュジカル』1832 年 1 月 21 日号　フェティスによる《悪魔のロベール》の分析、挿入された譜例の一部（イントロダクション）

幕のオペラ・コミックとして構想されたともいわれている⁽²¹⁾。フェティスはより作曲家として重要な役割を果たしており、1820 年から 1832 年の間に、パリで 6 つのオペラ・コミックを作曲し、そのうち 5 作品は、オペラ＝コミック座で上演された⁽²²⁾。

以上のように、1820 年代から 1830 年代にかけて、フランスのオペラ批評におけるオペラ・コミック偏重から、音楽を丁寧に扱うオペラ批評の増加へと転じていく背景には、音楽専門家による音楽批評の定着があったが、カスティル＝ブラーズも、フェティスも、実際にオペラ・コミック創作の現場に携わっていた。オペラ・コミックからグランド・オペラへと転じたマイヤベーアの《悪魔のロベール》が新聞・雑誌上で一大キャンペーンのように扱われたのは、彼ら批評家が音楽の専門知識を披露して批評するにふさわしい（かつわかりやすい）音楽的素材を、抜群のタイミングで提供したからであるともいえる。それでは、実際の《悪魔のロベール》初期批評を紐解きながら、今日の意味における「グランド・オペラ」がいかに誕生したのかを見ていこう。

2　マイヤベーア《悪魔のロベール》の初期批評とグランド・オペラの確立

1)「グランド・オペラ」の条件

1820 年代までのフランスのオペラは、オペラ・コミックによって代表されており、台詞を挟まず音楽を重視するオペラ（さしあたりこれをグランド・オペラとする）は、むしろ外国のジャンルという認識であった。それを端的に示す興味深い記事が、《悪魔のロベール》の初演からそれほど時が経っていない 1831 年 12 月 17 日号の『ルヴュ・ミュジカル』に掲載されている⁽²³⁾。

---

(21) Hugh Macdonald, «Rober le diable», *La musique à Paris dans les années mil huit cent trente*, Edited by Peter Bloom (Music in Paris in the Eighteen-thirties, vol. IV), NY, Pendragon Press, 1982. 本文献には、オペラ・コミックとしての《悪魔のロベール》から、グランド・オペラとしての《悪魔のロベール》への変更の経緯も記されている。
(22) Emmanuel Reibel, op. cit.
(23) «Opéra-comique», *Revue musicale*, 17 décembre 1831, pp. 360-361.

第 I 部　グランド・オペラという音楽の世界

　無署名の（おそらくフェティスによる）記事は、「オペラ=コミック座の俳優たち」によるいささか衝撃的な抗議の手紙から始まる。政府の干渉により、度々劇場が閉鎖されることに危機感を感じた抗議文で[24]、オペラ=コミック座の経営を成り立たせるためには、十分な助成金と無償で使える劇場が必要であることを訴えている。その中で、パリにはオペラ・コミックが必要である、として、次のように続けている。

　　フランス音楽にオペラ・コミックは必要である。というのも我々の作曲家の中で、グランド・オペラに到達できるものはほとんどいないからである。地方にもオペラ・コミックは必要である。というのも、オペラ・コミックがなければ、スペクタクルがなくなってしまうからである。結局オペラ・コミックは必要である。なぜなら、このジャンルは多くの雇用者の生活を成り立たせているからであり、彼らは劇場の閉鎖のたびに、もっとも恐ろしい貧困状態へと陥れられるのである。

　対策がとられなければ、この先には物乞いか自殺しかない、と括られた署名入りの手紙の後、記事の書き手はオペラ座に言及して、こう提言している。

　　オペラ（座）は、ヴェロン氏によって立派に経営された壮大なスペクタクルである。《悪魔のロベール》《ギヨーム・テル》《ポルティチの物言えぬ娘》のような大がかりな作品は、それにふさわしい上演をこの劇場でしか見出すことができない。しかしより小規模な舞台では、もっと小さな場面（tableaux）に置き換えることもできる。風俗作品や、二流のオペラ、またドイツ語で**オペレッタ**と名付けられているものは、オペラ=コミック座に自分の場所を見出す必要がある。

　書き手はさらに、地方の劇場に通う観衆や、若手の音楽家の力試しのため

---

(24) 1829年にフェドー劇場からヴァンタドゥール劇場へと拠点を移したばかりのオペラ=コミック座は、再び劇場閉鎖に直面していた（第1章も参照）。

にも、オペラ・コミックが必要であることを訴えている。

この記事には、やはりオペラ・コミックと対比させる形で、今日の（狭い）意味における「グランド・オペラ」の特徴が、その代表作（表3）とともに早くも言及されている。同時にここでの提言は、1847年のオペラ・ナシオナル（1851年よりリリック座）開場や1855年のオッフェンバックのブッフ＝パリジャン座開場で一部実現されることになる。結果的にグランド・オペラを終焉に導く種は、《悪魔のロベール》初演直後からすでに蒔かれていたのである。

表3 「グランド・オペラ」成立期における重要な作品

オペラ座初演	台本	音楽	作品名
1828年2月29日	スクリーブ／ドラヴィーニュ	オベール	ポルティチの物言えぬ娘
1829年8月3日	エティエンヌ・ド・ジュイ／ビス（原作：シラー）	ロッシーニ	ギヨーム・テル
1831年11月21日	スクリーブ／ドラヴィーニュ	マイヤベーア	悪魔のロベール

ヴェロン氏とは、1831年にオペラ座の総裁に就任し、《悪魔のロベール》をヒットさせたルイ＝デジレ・ヴェロンであり、彼もやはり1829年に自身の雑誌『ルヴュ・ド・パリ』を創刊していた。1831年に『ルヴュ・ド・パリ』に掲載された批評家ジョゼフ・ドルティーグの記事「ジャコモ・マイヤベーア」は、最初期のマイヤベーア評伝でもあり、言うまでもなく、《悪魔のロベール》を最大級に称賛し、オペラ座の興行を盛り上げた[25]。マイヤベーアが、《悪魔のロベール》をオペラ・コミックからグランド・オペラへと変更した理由には、直近にオペラ座で上演され、大成功を博していた上記2つの作品（表3）への羨望があったのではないかとも考えられる[26]。しかしそれでも、

---

(25) Joseph d'Ortigue, «Jacomo Meyerbeer», *Revue de Paris*, 1831, pp. 14-27.
(26) Hugh Macdonald, op. cit. 1982, p. 459.

《悪魔のロベール》の桁違いの成功と今日の意味におけるグランド・オペラの確立には、ルイ・ヴェロンがオペラ座総裁に就任したことによる安定した経営が大きな後押しとなった。ただし、現場では、「グランド・オペラ」という言葉がさほど特別な意味で用いられていたわけではない。

1831年から35年までオペラ座総裁の地位にあったヴェロンは、いわゆる運営計画書にあたる監督義務書（cahier des charges）において、「グランド・オペラ（大きなオペラ）」と「プティ・オペラ（小さなオペラ）」という区別を用いている（表4）。その違いは幕数によるが、今日グランド・オペラの特徴とされている「5幕」は必須ではなく、3幕か5幕であったことがわかる。また今日やはり必須であると考えられているバレエも、グランド・オペラに絶対必要なものではなかった[27]。ヴェロンの後を継いで総裁に就

表4　1830年代のオペラ座総裁による「グランド・オペラ」[28]

オペラ座総裁	在任時期	監督義務書（cahier des charges）
ルイ＝デジレ・ヴェロン	1831-1835	〈オペラ座で上演できる作品〉 1. バレエつきもしくはバレエなしのグランド・オペラとプティ・オペラ 2. バレエ＝パントマイム 〈毎年新作として上演するもの〉 1. 3幕か5幕のグランド・オペラ1作 2. 同じ規模のバレエ1作 3. 1幕か2幕のプティ・オペラ2作 4. 同じ規模のバレエ2作 （1831年）
アンリ・デュポンシェル	1835-1841 1847-1849	1. グランド・オペラ 　管弦楽伴奏のレチタティーヴォつき 　1幕〜5幕（いずれでもよい） 　バレエつきまたはバレエなし 2. バレエ＝パントマイム　1幕〜5幕 　（いずれでもよい） （1835年8月15日）

(27) ただし、ルールとは別にバレエに関する習慣はあった。第Ⅰ部第4章の永井玉藻氏による論考を参照。
(28) Hervé Lacombe, "The 'Machine' and the State", *The Cambridge Companion to*

任したアンリ・デュポンシェルの、1835年の監督義務書では、管弦楽伴奏のレチタティーヴォがグランド・オペラの条件となっているが、幕数やバレエについては、やはり特に規則はなかった。したがって今日漠然と理解されている「グランド・オペラ」とは、楽譜にあえて記されるような、オペラの下位ジャンルでもなく、オペラ座で明確に定義づけられたものでもなく、まさに音楽批評の中から徐々に形作られていったものであるということができる。

2）折衷主義とグルック

　次に実際の《悪魔のロベール》初演評では、その特徴がどのように語られているかを見ていこう。カスティル＝ブラーズは、マイヤベーアのスタイルが「この日まではほとんどイタリア様式に近いものだった」ものの、《悪魔のロベール》では「活力と効果に満ちた独創的な手法」になっていることを述べ、音楽的観点から、《悪魔のロベール》がマイヤベーアの傑作であると断言した[29]。一方フェティスは、《悪魔のロベール》が単に傑作というだけでなく、芸術の歴史における特筆すべき作品であるとして、マイヤベーアをドイツ楽派のリーダーに位置づけている[30]。そしてドルティーグは、このイタリアとドイツの統合にこそ、マイヤベーアの個性と革新性を見ている。

> 初期作品における純粋に学究的な様式から、彼〔マイヤベーア〕はイタリアのメロディー形式へと移行し、とうとう《悪魔のロベール》において2つの国の才能を結びつけた。彼はこれら2つのジャンル、異なる色彩を一つにし、ウェーバーとロッシーニ、イタリアとドイツを、めったにないほど見事に組み合わせている。［…］彼は自身に開かれた進むべき道へ思い切って入り、イタリアの歌とドイツの楽器法が出会うべき交

Grand Opera, Edited by David Charlton, Cambridge University Press, 2003, pp. 28-42 をもとに作成。下線は引用者による。
(29) Castil-Blaze, op. cit, 1831.
(30) Fétis, *Revue musicale*, 26 novembre 1831, p. 336.

差点にまず身を置く。こうして筆者が予告していたと自負する、ロッシーニによって創造された声楽ジャンルと、ベートーヴェンによって発展し、ウェーバーによって劇音楽に適用された器楽ジャンルの結合が実現する。(31)

　ドルティーグはさらにその先で、フランスも加えた3つの国の統合を、哲学的に論述している。まず18世紀に盛んに行われた「イタリア楽派とフランス楽派」の議論を思わせるような(32)、2つの国の「特性（才）」（génie）を、発明の才（イタリア）と組み合わせの才（フランス）と表現し、発明の才は旋律を生み出す能力として、組み合わせの才は声と楽器それぞれに、あるいは互いにアンサンブルとして組み合わせる能力であると述べている。そしてドイツは、これら2つの才に、「構想」（conception）と呼ぶべき別の才を結びつけるとして、それは作曲された総体を幅広い尺度で調整する能力であると述べている(33)。マイヤベーアはまさに、この3つの才（あるいは精神）を対等に結びつけたと、ドルティーグは考えているのである。彼はこの「トリプル・イディオム」が、3つの異なる言語の要素を含み、みなが理解できることから、一種の「ユニヴァーサルな」イディオムであるとも述べている。
　マイヤベーアの死後、この3つの国の統合という考え方は、折衷主義という言葉でマイヤベーア、さらにはグランド・オペラの特徴とみなされるようになった。1864年にマイヤベーアの伝記を書いた批評家アルトゥール・プジャンは、第5章「偉大なる傑作」と題して、実質的にはマイヤベーアのグランド・オペラについて語っている。ここでプジャンにとって偉大なる傑作とは、マイヤベーアのパリ時代の作品(34)を意味している。そしてドイツに

(31) D'Ortigue, op. cit., 1831, pp. 18-19.
(32) 例えば有名なブフォン論争。
(33) ここでは深く立ち入らないが、ベートーヴェン、ウェーバーをはじめとするドイツの芸術に対するこのような高い評価は、ドイツ・ロマン主義の影響とともに、1830年以降の七月王政で重要な役割を果たすヴィクトル・クーザン（1792-1867）らの、積極的にドイツの教育に学ぶ時代の風潮も影響している。クーザンはまた、折衷主義哲学でも大きな影響を与えた。
(34) すなわち《悪魔のロベール》《ユグノー教徒》《預言者》《アフリカの女》。

生まれ、イタリアでオペラ作曲家として成功していたマイヤベーアが、「フランスという土地を選ぶことで、この国にとって大切な折衷主義を証明する必要があった」と綴った[35]。プジャンはマイヤベーアのイタリア時代の作品《エジプトの十字軍騎士》が1825年にパリのイタリア座で上演された時のフェティスの批評を引用して、すでにこの作品に「元々の傾向（ドイツ）」とイタリア様式との融合のしるしが見られること、そして「さらに進化するためには、彼の才能がフランスの舞台を研究することに専念しさえすればよい」というフェティスの言葉を紹介している。プジャンの考えでは、《エジプトの十字軍騎士》にフランスの舞台の研究を加えた結果が、《悪魔のロベール》である。

　このマイヤベーアの折衷主義には、一人のモデル作曲家がいた。それが、18世紀のオペラ作曲家、クリストフ・ヴィリバルト・グルック（1714-1787）である。グルックはフランス・オペラの作曲家、とりわけトラジェディ・リリックの伝統を汲む作曲家としてきわめて評価が高く、作曲家の生前から、革命末期の恐怖政治の時期を除いて、彼の作品がオペラ座のレパートリーから完全に消えることはなかった[36]。しかし1820年代までに目に見えて上演回数が減り、グルックを高く評価したカスティル＝ブラーズやベルリオーズのような音楽家兼音楽批評家たちにとって、グルックはむしろリバイバルするべき対象となりつつあった。

　フェティスは1866年執筆の『人名辞典』におけるマイヤベーアの項目で、マイヤベーアとドイツの作曲家ウェーバーの友情を語り、ドイツのロマンティック・オペラ《魔弾の射手》で大成功を収めたウェーバーに対して、マイヤベーアは「グルックという偉大な芸術家の例を歴史の中に見つけた」こと、そしてマイヤベーアが、「グルックのように、自分の才能の養分をフランスの舞台に見出した」と記している。そうして、《悪魔のロベール》だけ

---

(35) Arthur Pougin, *Meyerbeer: notes biographiques*, Paris, J. Tresse, 1864, p. 24.
(36) Mark Everist, "Gluck, Berlioz and Castil-Blaze: The Poetics and Reception of French Opera", *Giacomo Meyerbeer and Music Drama in Nineteenth-Century Paris*, Ashgate, 2005, p. 65.

でなく、その後に書かれた《ユグノー教徒》ととりわけ《預言者》を含めた3作品を、マイヤベーアの「パリのオペラ座のために書かれた偉大な作品（grand ouvrage）」[37]と位置づけている。ドイツ出身のグルックは、イタリア・オペラを学んだうえでフランスにやってきて成功を収めたという点で、マイヤベーアの完全なるモデルとなり、またオペラ座では皮肉にも、マイヤベーアの成功によってレパートリーとしてのグルックが追いやられることとなった。そしてこのグルックが、第4節で確認する通り、後年のマイヤベーア評価の凋落にも、一役買うことになるのである。

以上のように、今日の意味における「グランド・オペラ」は、マイヤベーアの《悪魔のロベール》が初演された直後からすでに音楽批評を通して形作られ、マイヤベーアの死後における音楽批評家たちの振り返りの作業を通して、その具体的な特徴が再確認されていった。次節では、折衷主義というグランド・オペラの特徴を、実際の音楽の中に探ってみよう。

3　《悪魔のロベール》の音楽的特徴とグランド・オペラ

フェティスは《悪魔のロベール》の初演評で、端的にこの作品の魅力をこう語っている。

> 聴衆のこの作品を観たい、聴きたいという熱意は長く続くだろう。というのも題材は面白く、舞台（スペクタクル）は壮麗で、音楽は、現実に美しいものすべてがそうであるように、度々聴かれることで価値を増すほかないからである。おまけに演奏は全体から細部まで完璧であり、その完璧さが耳と目の楽しみを補完している。[38]

《悪魔のロベール》の初演を評したカスティル＝ブラーズ、フェティス、

---

(37) Fétis, *Biographie universelle des musiciens et bibliographie générale de la musique*, tome VI, Paris, Firmin-Didot et Cie, 1878 [1866] (Elibron Classics, c2006), pp. 123-126.
(38) Fétis, op. cit., 1831, pp. 336-337.

第2章　グランド・オペラからフランス・オペラへ

　ドルティーグはいずれも、総譜またはヴォーカル・スコアを手元に置いて批評していると思われる。次頁の表5はシュレザンジェ社から出版されたヴォーカル・スコアの記述をもとに、《悪魔のロベール》の全曲目を一覧にしたものである。カスティル=ブラーズの初演評は、紙面の都合上あるいは日刊新聞というメディアの性質上、音楽以外の要素に多くが割かれ、音楽については「とりわけ美しい」箇所を列挙するにとどまっている。その印象のほとんどは歌唱パートに由来している。カスティル=ブラーズが挙げているのは、第1幕のフィナーレ、第2幕のイザベルの小詠唱（エール）、第3幕すべて、第4幕のロベールとイザベルの二重唱とイザベルのカヴァティーナ、そして第5幕の三重唱である。一方フェティスの1832年の作品分析とドルティーグの1831年のマイヤベーア評伝は、モティーフまたは旋律が繰り返し戻ってくる点と、その度に異なる管弦楽伴奏や、予想外の転調（フェティス）に注目している。

　では当時の批評家の印象をもとに、今日の視点から見て、この作品の折衷性と音楽的魅力がどこにあるかを探ってみよう[39]。まず、全5幕構成と、バレエの場の存在（第3幕フィナーレ）は、フランスの伝統的なトラジェディ・リリックの典型にのっとっている。そしてこのオペラの中には、レチタティーヴォとアリア（フランス語でレシタティフとエール）、カヴァティーナというイタリア・オペラの典型的な歌唱に加えて、バラードやロマンス、クープレといった、フランスの有節的な歌曲がいくつか入り込んでいる。しかも、これらのフランス的歌唱を担当するのは、常にランボーとアリスというカップルである。ここで登場人物の特徴は、担当する歌のタイプによって明確に分類されていることがわかる（表6）。

　このオペラは、ロベールとイザベル、アリスとランボーという2組のカップルを登場させているが、音楽からみると、恋愛が物語の中心であるとはい

---

(39) 管弦楽法の折衷主義については、第Ⅰ部第3章の岡田安樹浩氏による論考を参照。なお、以下の音楽分析は、Matthias Brzoska, "Meyerbeer: *Robert le Diable* and *Les Huguenots*", *The Cambridge Companion to Grand Opera*, Edited by David Charlton, Cambridge University Press, 2003, pp. 189-207 および Macdonald, op. cit., 1982 を参考にしつつ独自の考察も加えた。

第Ⅰ部　グランド・オペラという音楽の世界

表5　《悪魔のロベール》全曲目(40)

		第1幕	
No. 1	序曲とイントロダクション	序曲	
		酒飲みたち（騎士）の合唱	
		バラード（ランボー） ★	
		イントロダクションのフィナーレ（Suite et Fin）	
No. 2	レシタティフ	（アリス、ロベール）	
	ロマンス	（アリス）	
	レシタティフ	（ロベール、アリス、ベルトラン）★	
No. 3	フィナーレ	合唱と シシリエンヌ（ロベール、ベルトラン）	
	ストレッタ	賭けの場面（ロベール、騎士たち）	
		第2幕	
No. 4	間奏曲		
	レシタティフとエール(41)	（イザベル）	
No. 5	レシタティフ	（アリス、ロベール、イザベル）	
	二重唱	（イザベル、ロベール）★グラナダの王子の使者	
No. 6	踊りと合唱（Choeur dansé）	バレエ	
No. 7	パ・ド・サンク（5人の踊り）	バレエ	
No. 8	レシタティフとフィナーレ	（ベルトラン、アリス、ランボー、イザベル）	
		第3幕	
No. 9	間奏曲		
	レシタティフとデュオ・ブッフ	（ランボー、ベルトラン）	
	レシタティフ	（ベルトラン）	
No. 10	地獄のワルツ（合唱）	（ベルトラン）合唱はオフ・ステージ　★	
	レシタティフ	（アリス）	
No. 11	クープレ とセーヌ(42)	（アリス）	
No. 12	二重唱とセーヌ	（ベルトラン、アリス）悪（地獄）と善（聖）の対決	
No. 13	三重唱（伴奏なし）	（アリス、ベルトラン、ロベール）★タイムリミットが設定される（夜中12時）	
	レシタティフ	（ロベール、ベルトラン）	
No. 14	二重唱	（ロベール、ベルトラン）	
No. 15	フィナーレ	バレエ	
		A. レシタティフとエヴォカシオン（降霊）★	
		B. バッカナール	
		C. レシタティフ	
		D. バレエの第1エール	
		E. バレエの第2エール	
		F. バレエの第3エール	
		G. 合唱と踊り　★	

(40) マイヤベーア《悪魔のロベール》ヴォーカル・スコア（Giacomo Meyerbeer, *Robert le diable*, Piano reduction by Johann Peter Pixis, Paris, Maurice Schlesinger, n.d. [1831 ?]）に基づいて作成した。

(41) レシタティフとエールは、イタリア語のレチタティーヴォとアリアのこと。

(42) セーヌは、イタリア語のシェーナのこと。一つのレチタティーヴォよりも、より連続した、劇的な場面を構成する。

第2章　グランド・オペラからフランス・オペラへ

第4幕	
No. 16	間奏曲
	（女声）合唱と踊り
	レシタティフ　（アリス、イザベル）
No. 17	合唱　（アルベルティ）
No. 18	フィナーレ
	A.　セーヌと カヴァティーナ （ロベール）
	B.　二重唱（ロベール、イザベル）
	C.　カヴァティーナ （イザベル）
	D.　合唱とストレッタ（アリス、イザベル、ロベール、合唱）
第5幕	
No. 19	間奏曲と修道士たちの合唱
	（バス＝バリトン）
No. 20	合唱（祈り）
No. 21	セーヌと二重唱　（ベルトラン、ロベール）
	合唱つき（祈りの繰り返し）
	レシタティフ
No. 22	エール　（ベルトラン）
	レシタティフ　（アリス、ベルトラン、ロベール）
No. 23	大三重唱 　（ロベール、アリス、ベルトラン）★
No. 24	フィナーレの合唱　（ロベール、アリス、イザベル、ランボー）

表6　歌唱タイプからみた登場人物の役割

アリス	フランス的有節歌曲、聖の象徴
ランボー	フランス的有節歌曲、コミカルな役割
ロベール	折衷
ベルトラン	折衷
イザベル	イタリア的歌唱
真の悪魔？	管弦楽、合唱、バレエ

えない。例えばシチリアの王女イザベルは、第2幕でベルカント[43]によるアリアや、ロベールとの二重唱を披露するほか、第4幕で印象的なカヴァティーナを歌う。いわばイザベルは、イタリア的歌唱を聴かせるためにそこに存在しているともいえる。その証拠に、筋書き上の緊張はすべて、アリス、

---

[43] ロドルフォ・チェレッティによると、今日声の技巧や美しい声（快楽性）で理解される傾向にあるベルカントとは、正確には、17世紀に始まり、ロッシーニとともに19世紀の最初の30年間で終わる、オペラを作り出す特殊な方法（すなわち非現実性の創出）を指す（ロドルフォ・チェレッティ『ベルカント唱法——技法と発展の歴史』川端眞由美訳、シンフォニア、1998年）。

ロベール、ベルトランの三者によってもたらされる。

　アリスの恋人ランボーは、音楽の上でしばしばコミカルな役割を担う。イントロダクションにおけるランボーのバラードは、きわめて重要であり、ここで悪魔のロベールの伝説を語りながら、3回繰り返されるバラード形式の中で、音楽は次第に変化し、ランボーに悪魔がとりついたかのようになる。このバラードのテーマが、悪魔の象徴として、その後も音楽としてくり返し現れる。アンセルム・ゲルハルトは、こうしたマイヤベーアの劇スタイルを、「サスペンスのドラマトゥルギー」と呼んだ[44]。例えばここでは、悪魔を想起させる音楽を要所で登場させることで、悪魔がどこに隠れているかわからないという恐怖を、音楽によって感じさせるのである。まさに音楽によるサスペンス、今日の映画では普通に用いられる手法である[45]。

　表5の★印は、悪魔を想起させる音楽が用いられる箇所である。第1幕No. 2では、アリスとロベールの歌の背後で、ランボーのバラードのテーマを管弦楽が奏で、ベルトランの登場を音楽で予告する。そして、第2幕で登場するグラナダの王子の使者は、悪魔の使いでもあり、ここでは葬送行進曲風の音楽が奏される。第3幕の地獄のワルツの場面では、オフ・ステージから合唱の声が聴こえてくる。この手法は、見えない地獄の声を表現するのに効果的である。そして第3幕半ばのNo. 13のアリスとベルトランとロベールの三重唱、これは管弦楽の伴奏のない三重唱であり、ここで一旦、時が止まる。そしてベルトランはここで、夜中の12時までにロベールを悪魔にしなくては、永遠に別れなくてはならない、というタイムリミットを設定されるのである。劇の一番のクライマックスは、第5幕の、やはりアリスとベルトラン

---

(44) Brzoska, op. cit., 2003, p. 197. ゲルハルトがサスペンスのドラマトゥルギーについて述べたのは、下記の文献である。Anselm Gerhard, *The Urbanization of Opera: Music Theater in Paris in the Nineteenth century*, Translated by Mary Whittall, University of Chicago Press, 1998.

(45) ゲルハルトはマイヤベーアの手法が、18世紀から19世紀の劇場におけるどんな習慣的な方法よりも、ヒッチコックの映画手法に近いと述べている（Anselm Gerhard, «Giacomo Meyerbeer et le *Thriller* avant la lettre: Choc et *suspense* dans le cinquième acte des *Huguenots*», *Le théâtre lyrique en France au XIXe siècle*, Editions Serpenoise, 1995, p. 111)。

とロベールによる三重唱である。伴奏のない三重唱と最後の三重唱が対になっており、ちょうど劇の中央でストップウォッチが始動したかのように、時間の経過がそのままサスペンスのドラマトゥルギーとして機能する。アリスはロマンスを歌っている時は田舎の娘だが、自身とロベールの共通の母親が乗り移ると、聖なる存在となる。同じように、ベルトランは悪魔でありながら、ランボーを鏡像とするコミカルな姿と、見えない悪の王との間を行き来する、一人の父親なのである。ロベールとベルトランは、いわば内面の葛藤と矛盾を抱えた、家族愛に悩む近代的人間の象徴であり、その姿に当時の観衆が大いに共感したのではないかと思われる。そして目に見えない真の悪魔は、管弦楽や合唱、バレエによってのみ表現されるのである。

　以上のように、マイヤベーアの《悪魔のロベール》は、批評家たちが述べたドイツ、イタリア、フランスのそれぞれの音楽的素材をうまく融合させているだけでなく、観衆を楽しませ、驚かせる要素に満ちた一大エンターテインメントであったことがわかる。

4　「リリック・オペラ」への転換とフランス精神
──グランド・オペラの歴史化

　フランスにおけるマイヤベーアの時代（1831年から1864年の死まで）は、まさにグランド・オペラの時代であり、その意味が定められていった時代でもあった。そんななか、1859年3月19日、リリック座で一作のフランス・オペラが初演された。シャルル・グノーの《ファウスト》である。オペラ・コミックの形式で書かれたこの作品は、1869年にパリのオペラ座で、グランド・オペラ形式に改訂されて上演された。単純な比較は難しいが、それでも、国内および国外での公演数や長きにわたっての公演期間から、ようやく、マイヤベーアを超えたといえる人気作品の登場となった。

　《悪魔のロベール》との共通点は多い。オペラ・コミックからグランド・オペラへの変更（改訂）、題材がすでにフランス国内でよく知られていたこと（フランスでは1828年に出版されたネルヴァル翻訳のゲーテ『ファウス

ト』第1部がとりわけ話題となった)、そして国際的な評価と上演である。1880年に出版された『ゲーテと音楽』の中で、音楽批評家のアドルフ・ジュリアンは、グノーの《ファウスト》の音楽について、「フランス楽派とドイツ楽派と、さらにイタリア楽派の間で巧妙に調整された妥協点であるように思える」と述べた[46]。さらに続けて、「この進め方は大きな成功のチャンスを与えるかもしれないが、作品が後世によってより厳しく判断される危険にもさらされる。流行というのは一時のものでしかないからだ」[47]と、あたかもマイヤベーアのグランド・オペラを念頭に置いているかのように加えている。しかしグノーの《ファウスト》は、《悪魔のロベール》とこれほど共通した特徴を持つにもかかわらず、後世によってフランス・オペラの代表作品として認識され、今日まで人気が続いている。その理由としては、《ファウスト》がまず「国民の劇場」の実現であったリリック座で、「国民のオペラ」であったオペラ・コミック形式で上演されたこと、グノーがフランス人であったこと、最高の権威を誇っていたアカデミー(オペラ座)の役割もまた変化していたことなどが挙げられるだろう。

　1855年に『帝国音楽アカデミー〔オペラ座〕の歴史』を刊行したカスティル＝ブラーズは、次のように問いかけた。

> 外国人によってしか養分を与えられない劇場を、「国の劇場」と呼ぶのは、苦い冗談ではなかろうか？ 〔…〕 グルック以来、誰がフランスのグランド・オペラを維持しただろうか？ 〔…〕 こうしてフランスの音楽家たちは、王立アカデミー〔オペラ座〕から追放され、かつてフランスの喜劇役者たちが、悪党リュリに劇場から追われたのと同じように、外国人たちによって追われたのだ。[48]

---

(46) Adolphe Jullien, *Goethe et la musique*, Paris, G. Fischbacher, 1880, p. 161.
(47) Ibid, p. 161.
(48) Castil-Blaze, *L'Académie impériale de musique de 1645 à 1855 (Théâtres lyriques de Paris, i)*, Paris, Castil-Blaze, 1855, pp. 280-281.

第 2 章　グランド・オペラからフランス・オペラへ

　批評家として活躍を始めた時期から、アカデミーにおけるオペラを追い続けてきたカスティル=ブラーズの実感であり、時代の変化も映し出している。1847 年にやはりカスティル=ブラーズが刊行した『グランド・オペラの回想録――王立音楽アカデミーのエピローグ』からは、グランド・オペラが王権時代のなごり惜しさの象徴であり、その時代もまもなく終わりを迎えようとしていることが読みとれる。

　オペラ座で上演されたグノーの《ファウスト》が、「グランド・オペラ形式」で書かれていることは疑いないが、それでもグノーの《ファウスト》をグランド・オペラと呼ぶことには、ためらいも覚える。フーゴー・リーマンの『音楽事典』をフランス語に訳したジョルジュ・アンベールは、1899 年の訳書の中で、「グノーとトマ〔アンブロワーズ・トマ〕のリリック・オペラ（opéras lyriques）を分類することは難しい」と述べている[49]。リリック・オペラあるいはオペラ・リリックという言葉は今日では一般的ではないが（例えば『オックスフォード=グローヴ音楽事典』には、トラジェディ・リリック、ドラム・リリック、コメディ・リリックという言葉はあるが、オペラ・リリックという言葉はない[50]。そもそもリリックには「音楽つきの」という意味が含まれている）、『オックスフォードオペラ大事典』(1992) では、「オペラ・リリック」が、「グランド・オペラほど壮大ではないが、オペラ・コミックのように台詞はない」と定義づけられ、代表的な作曲家にグノーやトマ、そしてジュール・マスネが挙げられている[51]。

　オペラ座はグランド・オペラの大流行でレパートリーから遠ざかっていた

---

(49) Marie-Hélène Coudroy-Saghaï, Hervé Lacombe, «*Faust* et *Mignon* face à la presse: deux sujets allemands pour un nouveau genre lyrique français», *Sillages musicologiques, Hommages à Yves Gérard,* Réunis et publiés par Philippe Blay, Paris, Cnsmdp, 1997, pp. 101-109. リーマンの『音楽事典』の仏訳は、Hugo Riemann, *Dictionnaire de musique,* 4e ed., Paris, Perrin, 1899, Traduit par Georges Humbert. なおリーマン自身は事典の中で、グノーの《ファウスト》を「lyrisch-dramatisch」なオペラの典型と述べ、マスネの《マノン》や《ウェルテル》を「sentimental」な「Drame lyrique」と表現している。
(50) *Oxford Music Online*〈http://www.oxfordmusiconline.com/〉最終アクセス 2018 年 2 月。
(51) John Warrack, Ewan West, *The Oxford dictionary of opera*, Oxford University Press, 1992.（『オックスフォードオペラ大事典』大崎滋生、西原稔監訳、平凡社、1996 年）

グルックの《アルセスト》を 1861 年に復活上演した。音楽批評家の A. ターナーは、『フランス・ミュジカル』の第 41 号（1861 年 10 月 13 日）から第 43 号（10 月 27 日）まで 3 号にわたって、「グルックと彼のオペラ《アルセスト》」という記事を掲載している[52]。第 41 号では、公演に先立って、グルック以前のオペラの歴史を振り返り、ジャン＝フィリップ・ラモー（1683-1764）の才能は否定できないものの、ラモーとグルックのオペラの間にはどれほどの距離があることか、と述べている。そして公演直後に発行された第 43 号には、次のような文言が見られる。

> 我々の第一の舞台〔パリ・オペラ座〕は、オペラのルーブル美術館でなくてはならない。そこでは古典的な作品が、我々同時代の大がかりな制作と交替で、新しい世代の作曲家や芸術家を育成するのに適した精神的活力を与えるのである。[53]

フランスにおいて、外国人のグルックに代わり、ラモーをフランス・オペラの始祖とする動きが本格化するのは、ちょうどこの頃からである。オペラ座におけるラモーのオペラ復活上演は、1908 年 5 月 13 日の《イポリットとアリシー》公演でようやく実現する。この時、すでにフランスの現代オペラは、クロード・ドビュッシーの《ペレアスとメリザンド》という傑作を生みだしていたが、その初演劇場は、オペラ＝コミック座であった。ドビュッシーは『ジル・ブラス』1903 年 2 月 2 日号における批評で、「比較すればすぐにわかることだが、グルックがフランスの舞台でラモーにとって代わることができたのは、ラモーに同化し、その素晴らしい作品を自分のものにしたからにすぎない」[54]と書いている。20 世紀初頭の作曲家たちにとって、「オペラ座」という場所は、マイヤベーアの時代と同じ意味を持つものではなく、博

---

(52) A. Thurner, «Gluck et son opéra Alceste», *France musicale*, no. 41 (13 octobre 1861), no. 42 (20 octobre 1861), no. 43 (27 octobre 1861).
(53) Ibid., 1861, p. 337.
(54) Claude Debussy, *Monsieur Croche antidilettante*, Paris, Gallimard, 1987 (1926), pp. 90-91.

第 2 章　グランド・オペラからフランス・オペラへ

物館としての役割をより強めていたといえるだろう[55]。そしてグルックをオペラ座のレパートリーから追いやったマイヤベーアの音楽は、グルックの再登場とともに、少しずつ古典に道を譲り、またフランス国における折衷主義の価値が、純粋性へと道を譲るのに伴って、少しずつ現代的な役目を終えていくのである。

＊　　＊　　＊

　ここに『フランス音楽の精神』というタイトルの 1 冊の本がある。1917 年に出版されたピエール・ラセールによる著書である[56]。副題は「ラモーからワーグナーの流行まで」とされており、扱われている作曲家は、グレトリー、ラモー、近代イタリア人作曲家（ロッシーニ、ヴェルディ）、そしてマイヤベーア、詩人ワーグナー、音楽家ワーグナーと続く。この中に純粋なフランス人はラモーしかいない。著者はそのことを自覚しており、「フランス精神」を「フランスの〔音楽の〕趣味」と言い換えている。著者がこの本は歴史的、扇動的なものではなく、批評の書であると念を押しているように、これほど率直にフランスのオペラ事情を綴った本も珍しい。グランド・オペラは、いまやフランスのオペラの歴史における一時代の作品群を意味するが、マイヤベーアの音楽が 19 世紀フランスにおいて、熱狂的な人気を誇ったのは紛れもない事実であり、その精神は、次の世代のフランス人作曲家、フランスの音楽、そしてフランスの聴衆の趣味へと確実に受け継がれている。

---

(55) William Gibbons, *Building the Operatic Museum: Eighteenth-Century Opera in Fin-de-Siècle Paris*, University of Rochester Press, 2013.
(56) Pierre Lasserre, *L'Esprit de la musique française (De Rameau à l'invasion wagnérienne)*, Paris, Librairie Payot, 1917.

第3章　管弦楽法の折衷主義
——マイヤベーアのグランド・オペラ《悪魔のロベール》における管弦楽法の諸断面[1]

岡田　安樹浩

1　音楽学におけるマイヤベーア／グランド・オペラ研究

　19世紀パリの「グランド・オペラ」は、長らくジャコモ・マイヤベーアの4つの作品——《悪魔のロベール》《ユグノー教徒》《預言者》《ヴァスコ・ダ・ガマ》[2]——によって論じられてきた。このことは、マイヤベーアのグランド・オペラが19世紀中にもっとも成功したオペラであった事実に鑑みれば、何ら不思議なことではない。しかし近年、これまであまり注目されてこなかったグランド・オペラの作曲家や作品に光が当てられるようになり、

---

(1) 本章では、ユルゲン・メーダーによるマイヤベーアの管弦楽法研究の最新の成果（Jürgen Maehder, "Die Konstruktion einer Orchestersprache für die Grand Opéra. Hector Berlioz interpretiert Meyerbeers 'Robert le diable', in: *Europa war sein Bayreuth. Symposion zu Leben und Werk von Giacomo Meyerbeer*, Berlin [Deutsche Oper Berlin] o.J. [2015], pp. 49-[73]; idem. "Giacomo Meyerbeer's *Robert le diable* and Hector Berlioz: Re-Inventing the Orchestra for the Académie Royale de Musique", in: *Meyerbeer and Grand Opéra. From the July Monarchy to the Present*, Mark Everist [ed.], Turnhout [Brepols] 2016, pp. 79-105）に立脚しつつ、《悪魔のロベール》に対象を限定して、特にその「折衷主義的」な側面を論じたものである。
(2) 1865年の初演以来《アフリカの女》（L'Africaine）の題名で知られてきたマイヤベーア最後のグランド・オペラは、生前に《ヴァスコ・ダ・ガマ》（Vasco da Gama）と改題されていた。しかし初演が作曲者の死後となったため、その準備にはフランソワ＝ジョゼフ・フェティスが関与し、楽曲の補筆や修正が行われただけでなく、題名も《アフリカの女》に再変更されたのである。最新の研究成果を反映したマイヤベーア・エディション（Kritische Ausgabe der Werke von Giacomo Meyerbeer）では、この作品の題名を《ヴァスコ・ダ・ガマ》としている。詳しくは次の論考を参照されたい。Cf. Jürgen Schläder, "Modellfall Vasco?: Unklärbares und Erkenntnisse der editorischen Arbeit", in: *Europa war sein Bayreuth* [2015], pp. 15-[37].

第 3 章　管弦楽法の折衷主義

　19 世紀パリのオペラ文化とその制度についての研究が進むにつれて、従来のグランド・オペラ観が見直されるようになった。それにともなって、マイヤベーアの作品だけをもってグランド・オペラの音楽様式を論じることはできない、ということも広く認識されるようになった[3]。とはいえ、マイヤベーアのグランド・オペラが、当時からパリのグランド・オペラを代表する作品として受け入れられていたのもまた事実であり、《悪魔のロベール》以降、グランド・オペラはマイヤベーアの作品によってそのイメージが確立されていった。

　そもそもグランド・オペラとは、アカデミー・ロワイヤル・ド・ミュジック（以下、通称名に従って「オペラ座」と呼ぶ[4]）において上演されるオペラのことであり、その形式は制度によって定められていた[5]。音楽の側面では、語りや鍵盤楽器の伴奏によるレチタティーヴォ・センプリチェ（＝セッコ）が禁止されていたため、グランド・オペラはオーケストラ伴奏によるレチタティーヴォ・アコンパニャートを持つ「通作された」オペラとなった。またオペラ座で上演される新作には、ダニエル＝フランソワ＝エスプリ・オベールやジャック＝フロマンタル・アレヴィといったフランスの作曲家だけでなく、ガスパーレ・ルイジ・パチフィコ・スポンティーニ、ジョアキーノ・ロッシーニ、ガエターノ・ドニゼッティなど、すでにイタリアやドイツ語圏で成功を収めたオペラ作曲家たちの新作や改作が多く含まれたため、オペラ座には同時代に各地で流行していた様々な音楽様式が持ち込まれることとなった。しかし、国外で初演された作品がオペラ座で上演される際には、この劇場の上演制度や観客の趣味に適合させるために作品はしばしば改変さ

---

(3) これまでの膨大な研究成果をここに紹介し尽くすことは不可能だが、例えばデーヴィッド・チャールトン監修のハンドブック（David Charlton [ed.], *The Cambridge Companion to Grand Opera*, Cambridge [Cambridge University Press] 2003）所収の各論考、およびそこで示されている文献一覧を参照すれば、20 世紀後半の多岐にわたるグランド・オペラ研究の一端を知ることができる。
(4) 「オペラ座」の正式名称は、たびかさなる政変のために幾度も変更されている。これについては、本書第 I 部第 1 章のマーク・エヴェリストによる論考を参照されたい。なお、本章が対象とする《悪魔のロベール》初演時の名称であり、その作曲者マイヤベーアが活躍した時代にもっとも長く使用されていたのが Académie Royale de Musique である。
(5) 詳しくは前述のエヴェリスト論考を参照のこと。

れ、パリの様式と融合された[6]。グランド・オペラの、ひいてはマイヤベーアの特徴が「折衷主義」だとされる背景には、こうした現実があったのである。

現代のマイヤベーア研究の草分け的存在であるジークハルト・デーリンクは、こうした状況を考慮してもなお、グランド・オペラの折衷様式とはすなわちマイヤベーアの様式のことであると主張している。彼によれば「オベールやアレヴィはグランド・オペラにフランスの伝統であるオペラ・コミックとトラジェディ・リリックを広範にとどめており、ロッシーニ、ドニゼッティ、ヴェルディはメロドラマをとどめている」のに対して、「マイヤベーアだけが独特の折衷様式を生み出したのだ。これは当初、ジャンルの様式としてではなく、個人様式とみなされていたのだが、グランド・オペラの前提条件となり、その中で発展していったのだ」[7]という。オペラ作曲家としてのマイヤベーアの名は、イタリアで大きな成功を収めたことによって国際的に知られるようになった。しかし、彼がそれ以前にカール・マリア・フォン・ウェーバーと共にアベ・フォーグラーのもとで学んでいたことを思い起こせば、マイヤベーアの創作がドイツのロマン的オペラのスタイルとロッシーニに代表されるイタリアのそれの融合によって成り立っていたことは当然といえよう。そしてそこに、パリのトラジェディ・リリックやオペラ・コミックが融合することによって、彼のグランド・オペラの「折衷主義」の様式は完成をみることになるのである。

マイヤベーアのグランド・オペラの特徴が様々なスタイルの「折衷」にあり、それが彼の成功の主な要因であったことは、同時代の批評の中ですでに繰り返し指摘されていた。《悪魔のロベール》初演直後、1831年12月4日

---

[6] 外国のオペラがオペラ座で上演される際には、リブレットはすべてフランス語に翻訳され、筋の内容やタイトルが改変されることもしばしばであった。そして台詞のあるジングシュピールやレチタティーヴォ・セッコを持つイタリア・オペラにはレチタティーヴォ・アコンパニャートが新たに作曲されたほか、バレエも行われた。

[7] Sieghart Döhring, "Giacomo Meyerbeer und die Oper des 19. Jahrhunderts", in: *Meyerbeer Studien 1/1997*, Meyerbeer-Institut Schloß Thurnau (ed.), München (Ricordi) 1997, pp. 9–21, p. 14.

第 3 章　管弦楽法の折衷主義

　の上演についてジョゼフ・ドルティーグが記した批評では、マイヤベーアは「ウェーバーとロッシーニを類い稀な巧みさで結び合わせた」と称賛されており、「イタリアの歌とドイツの楽器法の出会う交点」であるこのオペラは「ロッシーニによって生み出された声楽ジャンルと、ベートーヴェンによって発展させられ、ウェーバーによって劇音楽に適用された器楽ジャンルとの結合が実現している」と論評されている[8]。

　当時パリで、《幻想交響曲》（1830 年初演）を発表して注目を集める一方、数々の辛辣な論評によって批評家としても知られていたエクトール・ベルリオーズは、1835 年に《悪魔のロベール》の管弦楽法に特化した論考を発表した。『ガゼット・ミュジカル・ド・パリ』誌に掲載された論評「《悪魔のロベール》の楽器法」において、彼は「この作品の稀にみる成功の主な理由の一つは、実のところ楽器法にある」[9]と断言している。

　実はマイヤベーア自身も、このオペラにおける新しい楽器法について自負を持っていた。彼は《悪魔のロベール》初演のおよそ 1 年前の 1831 年 1 月 25 日の『日記』に、当時オペラ座のコレペティトゥール（chef de chant）だったフェルディナン・エロルドがオペラ座の楽譜係のところに頻繁に足を運んでいることに触れて、「彼は、私の新しい楽器の効果、4 台のティンパニ、オルガン、管楽器の混合、ハーモニーの組み合わせ等々を使おうとしている」[10]と記しているのである。

　これらのことを総合すると、グランド・オペラの音楽について論じるにあたっては、まずマイヤベーア作品の管弦楽法を対象とするのが適当ということになろう[11]。しかしそのすべてを対象とするのは、本書の規模を大きく

---

(8) Joseph d'Ortigue, "Robert-le-diable, opéra en cinq actes par Giacomo Meyerbeer. — 4 décembre 1831", in: *Le Balcon de l'opéra*, Paris (Librairie d'eugène renduel) 1833, pp. 114-137, pp. 121-123.
(9) Hector Berlioz, "De l'Instrumentation de Robert le diable", in: *Gazette musicale de Paris* 2 (12. 7. 1835). pp. 229-232.
(10) Heinz Becker (ed.), *Giacomo Meyerbeer, Briefwechsel und Tagebücher*, Vol. 2 (1825-1836), Berlin (de Gruyter) 1970, p. 121.
(11) 「楽器法」（Instrumentation）と「管弦楽法」（Orchestration）は異なる概念として用いられることもあるが、本章においては、両者をほぼ同義語として扱う。この 2 つの

79

踏み越えてしまう⁽¹²⁾。そこで、ここではさしあたり、彼の最初のグランド・オペラである《悪魔のロベール》を中心に、その管弦楽法の独自性に迫ることとしよう。このオペラとその管弦楽法は、以後のグランド・オペラそれ自体のイメージを決定づけただけでなく、次の世代のオペラに対して、外面的にも潜在的にも非常に大きな影響を与えている。したがって管弦楽編成や管弦楽法についての議論は、後年のジュゼッペ・ヴェルディやリヒャルト・ワーグナーの主要なオペラ作品の管弦楽法を考えるための基礎的な考察にもなるのである⁽¹³⁾。

2　管弦楽編成と「音色のドラマトゥルギー」

　マイヤベーアと《悪魔のロベール》の管弦楽法について理解するためには、まず当時のパリとオペラ座のオーケストラの状況、そして同時代のグランド・オペラの標準的な管弦楽法について理解しておかなければならない。18世紀末以来、パリのオーケストラの標準的な編成は、ヴァイオリン、ヴィオラ、チェロ、コントラバスからなる弦楽合奏、フルート、オーボエ、クラリネットの木管楽器が2本ずつ、金管楽器はホルン4本、トランペット2本、トロンボーン3本、バスの補強としてオフィクレイド、そしてティンパニであっ

用語の歴史的な使用法と概念の変遷については、拙論「ドイツ語圏におけるInstrumentation / Orchestration——その実践の解明および訳語に関する試論」『国立音楽大学研究紀要』第53集（2019）所収（出版準備中）を参照されたい。
(12) マイヤベーアの4つのグランド・オペラにおけるドラマトゥルギーと管弦楽法については、次の文献を参照されたい。Christhard Frese, *Dramaturgie der grossen Opern Giacomo Meyerbeers*, Berlin (Robert Linau) 1970; Jürgen Maehder, "Klangfarbendramaturgie und Instrumentation in Meyerbeers Grands Opéras. Zur Rolle des Pariser Musiklebens als Drehscheibe europäischer Orchestertechnik", in: *Giacomo Meyerbeer — Große Oper — Deutsche Oper*, Hans John / Günther Stephan (edd.), Dresden (Hochschule für Musik) 1992, pp. 125-150.
(13) マイヤベーアのグランド・オペラとワーグナーのロマン的オペラの管弦楽法の関係はメーダーの論文で詳しく論じられている。Cf. Jürgen Maehder, "Giacomo Meyerbeer und Richard Wagner. Zur Europäisierung der Opernkomposition um die Mitte des 19. Jahrhunderts", in: *Bühnenklänge. Festschrift für Sieghart Döhring zum 65. Geburtstag*, Thomas Betzwieser / Sieghart Döhring (edd.), München (Ricordi) 2005, pp. 205-225.

たが、リュリやラモー以来の伝統としてバスを充実させるためにファゴットを4本編成していた[14]。ただし、オペラ＝コミック座などの小規模な劇場では、多数のファゴットの代わりにトロンボーン1本がバスの補強に加わっていた。この編成を基本としながら、イタリア・オペラに欠かせないピッコロ1本が加わることが徐々に通例となり、1820年代にはオペラ座のフルート・セクションはフルート2本とピッコロ1本となっていた[15]。

　グランド・オペラではこれを基準編成としつつ、さらに「ローカルカラー」（couleur locale）を彩るための様々な打楽器類や特殊楽器が用いられた。特殊な楽器の使用による新しい音色の導入は、ルイジ・ケルビーニ、エティエンヌ・ニコラ・メユール、ジャン＝フランソワ・ル・シュウールやスポンティーニといった作曲家たちがパリの劇場に提供した作品——例えば《メデ》（1797年初演）、《ジョゼフ》（1807年初演）、《ヴェスタの巫女》（1807年）、《オシアン》（1804年初演）、《フェルナン・コルテス》（1809年）など——の総譜の中に数多く記録されている[16]。

　マイヤベーアの《悪魔のロベール》も、当時のパリの標準的なオーケストラを前提に作曲された。そのことは、表1（83頁）に示したグランド・オペラ直近の成功作2つ——オベール《ポルティチの物言えぬ娘》（1828年初演）とロッシーニ《ギヨーム・テル》（1829年初演）——の楽器編成との比較を見れば一目瞭然であろう。《悪魔のロベール》の管弦楽法の第一の特徴は、その楽器編成にあるのではなく、様々な音色を登場人物や筋の内容に対応させて用いたことなのである。特定の音色を個々の登場人物と結びつけて筋内容に対応させる手法は、当時ドイツのロマン的オペラで好んで用いられた技

---

(14) Cf. Jürgen Eppelsheim, *Das Orchester in den Werken J.-B. Lullys*, Tutzing (Schneider) 1961.

(15) これは、主に次の2つの研究成果による。David Charlton, Orchestration and Orchestral Practice in Paris, 1789-1810, diss. Cambridge 1975; Jürgen Maehder, Klangfarbe als Bauelement des musikalischen Satzes: Zur Kritik des Instrumentationsbegriffs, diss. Bern 1977, Kapital 8: "Zum Orchestersatz der französischen Revolutionsoper", pp. 236-272.

(16) Heinz Becker (ed.), *Die Couleur locale in der Oper des 19. Jahrhunderts*, Regensburg (Gustav Bosse) 1976 所収の各論考を参照されたい。

法であった。その好例としてしばしば挙げられるのが、ウェーバーの《魔弾の射手》(1821 年ベルリンで初演) である。マイヤベーアとの関係でとりわけ重要なのは、ウェーバーが悪魔ザミエルを象徴する響きとして、中低音域のクラリネットとファゴット、そしてホルンの混合音色や、同じく中低音域での弦楽器のトレモロによって表現し、この響きをもっぱらこのキャラクターのためにのみ使用したことである[17]。マイヤベーアはウェーバーによるこの音色技法を踏襲して、悪魔の領域に属するベルトランを中低音域の木管とホルンの混合音色によって性格づけしている。さらにベルトランには、状況に応じてホルンのゲシュトプフト奏法によるノイズ音、トロンボーン 3 本のユニゾン主題、中低音域の弦楽器のトレモロといった特徴的な音色が割り当てられている。その一方で、聖なる領域に属するアリスには、高音域の弦楽器の響きや、木管楽器の純粋な音色が割り当てられている。第 3 幕のアリスの〈レシタティフ〉と〈クープレとセーヌ〉には、このことが顕著にあらわれている。

　興味深いことに、ウェーバーもマイヤベーアも善良な主人公 (前者はマックス、後者はロベール) には特定の音色を与えず、場面と状況に応じて様々な表現を柔軟に用いている。ドラマの内容全体と音色とのより徹底した結びつきが実現されるまでには、ワーグナーが 1848 年にドレスデンで完成した《ローエングリン》を待たなければならない。ワーグナーは 1856 年に総譜を完成した《ワルキューレ》の中で、悲劇の英雄ジークムントに中低音域のクラリネット、ファゴット、ホルンの混合音色を、その妹ジークリンデには高音域の木管楽器の純粋な響きを、敵対するフンディングにはテューバ・アンサンブルを割り当てて、くぐもった混合音色、純粋な木管の音色、剥き出しの金管楽器の音色をそれぞれ異なるキャラクターに割り当てて対比させるほどに「音色のドラマトゥルギー」を発展させたが、その根底にはマイヤベーアがウェーバーから引き継ぎ、発展させた手法を見ることができる。

---

(17) Jürgen Maehder, "Klangzauber und Satztechnik. Zur Klangfarbendisposition in den Opern Carl Maria von Webers", in: *Weber — Jenseits des "Freischütz"*, Friedhelm Krummacher / Heinrich W. Schwab (edd.), Kassel (Bärenreiter) 1989, pp. 14-40.

第3章　管弦楽法の折衷主義

　この計画的・組織的な音色の使用法は、今日ライトモティーフと呼ばれる特定の楽想を筋の内容に従って回帰させる作曲法——当時の用語では「回想」——と密接に関連しているが、オペラにおける主題回帰は、元来オペラ・コミックにおいてグレトリーによって創始された技法であった。したがって、これとドイツのロマン的オペラにおける「音色のドラマトゥルギー」の融合もまた、グランド・オペラを特徴づける「折衷」の一例といえよう。

表1　《ポルティチの物言えぬ娘》《ギヨーム・テル》《悪魔のロベール》の楽器編成の比較

作曲者 タイトル	オベール 《ポルティチの物言えぬ娘》	ロッシーニ 《ギヨーム・テル》	マイヤベーア 《悪魔のロベール》
管楽器	1 ピッコロ　2 フルート 2 オーボエ 2 クラリネット 4 ファゴット 4 ホルン 2 トランペット 3 トロンボーン 1 オフィクレイド	2 フルート （Ⅱ.＝ピッコロ） 2 オーボエ （Ⅱ.＝イングリッシュ・ホルン） 2 クラリネット 2 ファゴット 4 ホルン 4 トランペット 3 トロンボーン	2 ピッコロ 2 フルート 2 オーボエ （Ⅱ.＝イングリッシュ・ホルン） 2 クラリネット 4 ファゴット 4 ホルン 2 トランペット 2 キー付きトランペット 3 トロンボーン 1 オフィクレイド
打楽器 撥弦楽器	2 ティンパニ　大太鼓　小太鼓　シンバル　トライアングル　ハープ	2 ティンパニ　大太鼓　シンバル　トライアングル　2 ハープ	4 ティンパニ　大太鼓　シンバル　タムタム　トライアングル　鐘　2 ハープ
弦楽器	2 ヴァイオリン　ヴィオラ　チェロ　コントラバス	2 ヴァイオリン　ヴィオラ　チェロ　コントラバス	2 ヴァイオリン　ヴィオラ　チェロ　コントラバス
舞台上・裏で使用される楽器群	フルート 2 クラリネット 2 ファゴット 2 ホルン グロッケンシュピール	4 ホルン	*ピッコロ　*4 ホルン *2 トランペット *2 キー付きトランペット *3 トロンボーン バス・トロンボーン *オフィクレイド *シンバル　*トライアングル 中太鼓 *タムタム　2 ハープ　オルガン *ドンナー・マシーン *＝〈地獄のワルツ〉で使用

3 新しい「楽器法」

　《悪魔のロベール》における管弦楽法の第二の特徴は、個々の楽器の新しい使用法と、それによって生み出される新しい音色にある。このオペラは、まさにその冒頭から独自の音色世界を提示している。第1幕の〈序曲とイントロダクション〉は、ティンパニの刻みに続いてトロンボーン3本がユニゾン（オフィクレイドは含まない）で主題を威圧的に提示する（譜例1）。この主題は、第3幕でベルトランが悪魔を呼び出す〈エヴォカシオン〉から取られている。異なる3種類の楽器（アルト／テノール／バス）が用いられるのが一般的だったドイツ語圏とは異なり、パリのオーケストラにおけるトロンボーンはテノール・トロンボーン3本が用いられていた。この状況が、本来ハーモニー楽器であるトロンボーンにユニゾンで演奏させるアイディアを提供したのかもしれない。後にワーグナーが、トロンボーン3本のユニゾンによって重要な主題を提示する手法を、1845年にドレスデンで初演した《タンホイザー》（巡礼の合唱の主題）や、1854年に総譜を完成した《ラインの黄金》（アルベリヒの呪いの主題）の中で用いているのは、《悪魔のロベール》からの潜在的な影響といえよう。

　《悪魔のロベール》では、1人の奏者に4台のティンパニを担当させることが試みられている（87頁、譜例2）。この手法を用いた楽句は、第2幕フィナーレの〈槍試合の場面〉と第3幕でベルトランがロベールにロザリエの魔法の枝について語る場面、そして第4幕でロベールがそのロザリエの枝を使って人々を眠らせる場面において繰り返しあらわれる。歴史的にみて、ティンパニの役割はもっぱらトランペットのバス楽器として属音と主音を強調することにあったが、18世紀後半以来オペラのオーケストラでは、ティンパニを様々な音高に調律する試みがなされていた。よく知られる例としては、フランス革命期の「救出オペラ」の影響下で成立したルートヴィヒ・ヴァン・ベートーヴェン《レオノーレ（フィデリオ）》（1805年ウィーンで初演）第2幕の〈牢獄の場面〉における減5度音程の使用が挙げられよう。19世紀は

第3章 管弦楽法の折衷主義

【譜例1】

じめ頃から、属音／主音にとらわれずに多様な音高に調律して用いる試みがなされていたが、奏者1人が2台以上のティンパニを担当することはほとんどなかった。ティンパニの使用法に革命を起こしたことで知られるベルリオーズも、《悪魔のロベール》のちょうど1年前に初演した《幻想交響曲》において4台のティンパニをそれぞれ4人の奏者に担当させて和音の刻みを演奏させることを試みていたが、1人の奏者が4台の楽器を同時に担当するというのは、おそらくマイヤベーア独自の試みであった。ワーグナーが世紀の後半に作曲した楽劇においてさえ、ティンパニは1奏者につき2台という習慣が基本的に守られていたことからも、マイヤベーアの試みの斬新さが理解できよう。

　ベルリオーズが「《悪魔のロベール》の楽器法」の中でもっとも称賛したのは、ホルンの使用法であった。マイヤベーアのホルンの使用法とは、あらゆる調管を組み合わせて用いることで、解放音（通常音）と閉鎖音（音高を低く変化させるためにベルに手を深く挿入することで生じるくぐもった響き）とゲシュトプフト音（ベルの中に手を奥深く挿入して音高を半音高くすることで生じる金属的なノイズ）を場面に応じて自在に使い分けたことである。ホルンはその機構上、自然倍音外の音を得るためには、上述のようにベルの中に深く手を挿入する必要がある。ハンドストップ奏法と呼ばれるこの演奏技術は18世紀後半に発明されたものだが、19世紀はじめ頃には普遍的な奏法となっていた。しかしこの奏法で得られる音は、程度の差はあれ音色に相当程度の変化を被ることになる。とりわけゲシュトプフト音はノイズ音となってしまうため、通常の演奏においては避けられていたが、オペラにおいてはネガティヴな内容を表現する音色として使用されるようになった[18]。

---

(18) オーケストラ楽器の演奏とは、本来は楽音（美しい音）を響かせるために行う行為だが、その目的のために想定される通常の奏法とは異なる奏法によって得られる噪音（不快な響き）は、楽音の中で用いられることで「異化された音色」（Verfremdete Klangfarbe）となり、オペラのオーケストラにおいては、ネガティヴなものの表現としてこの異化された響きが用いられるようになったのである。Cf. Jürgen Maehder, "Verfremdete Instrumentation. Ein Versuch über beschädigten Schönklang", in: *Schweizer Beiträge zur Musikwissenschaft* 4 (1980), pp. 103-150.

【譜例2】

しかし、ここで注意しなくてはならないのが、ゲシュトプフト音を要求する場合には、その旨を総譜に明記する習慣が、1830年頃にはまだ確立されていなかったという事実である。作曲家たちは、ホルン・パートの作曲に際して、自然倍音以外の音はそれが得られるハンドストップ奏法を用いて、閉鎖音やゲシュトプフト音で演奏されることを前提としていた[19]。逆にいえば、これはどの倍音列外の音が閉鎖音となり、どの音がゲシュトプフト音となるのか、作曲者にも詳細な知識が要求されていたということを示している。とりわけベルリオーズは、この機構について並外れた知識を有していたが――そのことは彼の著作『現代の楽器法および管弦楽法の概論』のホルンの項目を見れば一目瞭然である[20]――マイヤベーアのホルンに関する知識はそれに匹敵するレヴェルであった、ということだろう。

ベルリオーズが《悪魔のロベール》における特徴的なホルンの使用法の一例として挙げたのは、第3幕の〈地獄のワルツ〉である（譜例3）。そこでは、単純な嬰ヘ音のオクターヴに、ホ調管2本、ロ調管1本、ト調管1本を組み合わせて用いられているのだが、この措置は解放音とゲシュトプフト音の混合を意味している。異なる調管の組み合わせは、本来ならば可能な限り多くの解放音を得るために行われるのだが、マイヤベーアはこれをゲシュトプフト音や閉鎖音を自由に得ることに応用したのである。

---

(19) Cf. Horace Fitzpatrick, *The Horn and Horn-Playing and the Austro-Bohemian tradition 1680-1830*, London (Oxford University Press) 1970.
(20) Hector Berlioz, *Grand Traité d'Instrumentation et d'Orchestration modernes*, Paris (Schonenberger) 1843, pp. 171-185.（邦訳：エクトール・ベルリオーズ／リヒャルト・シュトラウス『管弦楽法』小鍛冶邦隆監修、広瀬大介訳、音楽之友社、2006年、321〜335頁）

【譜例3】

4　「ローカルカラー」の楽器

　こうした管弦楽法は、オペラ座のオーケストラの基本的な楽器編成の枠組みの中での創意工夫の結果と理解できるが、マイヤベーアはグランド・オペラで好まれる「ローカルカラー」の音楽的演出——通常の楽器編成にはない管楽器やピッチの定まっていない種々の打楽器によってエキゾチックな雰囲気や特別な情景を演出すること——も忘れなかった。第4幕フィナーレにおけるイザベルの〈カヴァティーナ〉におけるイングリッシュホルンのソロとハープによる伴奏、第5幕でロベールが母からの手紙を朗読する背景でのキー付きトランペットによるカンティレーナ風のソロ——その主題は聖堂で聴こえる歌と同一で幕切れでも歌われる——はその好例である。イングリッシュホルンと——ここでは用いられていないが——バスクラリネットは、19世紀後半にはオペラのオーケストラの中で「第3パート」としての地位を確立するに至るが、マイヤベーアは後のグランド・オペラにおいても、これらの楽器をあくまでもローカルカラーの楽器として臨時的にしか使用しなかっ

た。《ローエングリン》以降、ワーグナーがこれらの楽器を標準編成に加えたのとは対照的である。

このほかにも、第3幕のバレエ〈尼僧たちの踊り〉の導入部において最弱音で不気味に鳴り響くタムタム、第5幕幕切れ直前に真夜中を知らせる鐘や、最終場面でのオルガンの使用など、《悪魔のロベール》では場面の状況に応じて様々な特殊楽器が用いられている。音高の比較的高い小さな鐘の音を夜の到来を暗示する響きとして使用した例は、ロッシーニ《ギヨーム・テル》第2幕に見られるし、タムタムの使用もル・シュウールの《オシアン》や《アダムの死》（1809年初演）、スポンティーニの《ヴェスタの巫女》などで劇的な瞬間における効果音としての使用例があるが、金管楽器の弱奏による和音とタムタムの弱奏によって得られる不気味な響きを組み合わせたのは、マイヤベーアの《悪魔のロベール》が最初であろう。

オペラやバレエにおけるハープの使用は、すでにオペラ史の最初期（例えばクラウディオ・モンテヴェルディ《オルフェオ》[1607年初演]）から確認できるが、そのほとんどはアリオンやオルフェオが奏でる竪琴の響きとして、あるいはそこから連想される歌唱の伴奏楽器としての使用がほとんどであった。オペラの幕切れに2台のハープを登場させる試みは、《悪魔のロベール》以前にオペラ座で最大の人気を誇ったスポンティーニの《ヴェスタの巫女》にあるため、マイヤベーアの試みはスポンティーニの手法の踏襲のように見える。しかし《悪魔のロベール》の幕切れにおける2台のハープの響きは、救済の象徴としての響きであるという点で、前例と一線を画している。このことの歴史的重要性は、以後に救済や浄化を象徴する響きとして（複数の）ハープによる分散和音の響きが好んで用いられるようになったという事実が示している。そのことは、ベルリオーズ《ファウストの劫罰》（1846年初演）やワーグナー《トリスタンとイゾルデ》（1859年完成、1865年ミュンヘンで初演）、《パルジファル》（1882年バイロイトで初演）の各幕切れを例示するだけで充分に理解されよう。

しかし《悪魔のロベール》の幕切れを際立たせているのは、舞台裏に配置された2台のハープだけではない。同時に鳴り響くオルガンの使用が、オペ

ラ史とオペラ劇場史における重要な出来事なのである。それは、オペラ座が《悪魔のロベール》の初演のために特別にオルガンを建造した、という事実があるからである[21]。教会の場面やそれに類する場面に管楽アンサンブルを用いてオルガンを模倣した響きを導入することは、ルイ・シュポーアの《ファウスト》(1816 年プラハで初演) やスポンティーニの《ホーヘンシュタウフェン家のアグネス》(1829 年ベルリンで初演) で行われていたが、マイヤベーアは《悪魔のロベール》において、オルガンを劇場で実際に鳴り響かせたのである。パレルモの聖堂が舞台となる第 5 幕において、ロベールは悪魔になれと誘う父ベルトランと、父の言葉に従ってはならないという母の遺言を伝えるアリスとの間に立たされるが、真夜中を伝える鐘の音とともにベルトランが地獄へと消え、救済される。ここで鳴り響くのが、舞台裏に置かれた 2 台のハープによる分散和音と、同様に見えないところから聴こえる合唱、そしてオルガンの響きである (93 頁、譜例 4)。

　《悪魔のロベール》におけるオルガンの使用と、このオペラの汎ヨーロッパ的成功は、各地のオペラ劇場にオルガンを建造させることを加速させた。その結果、例えばシュポーアは《ファウスト》の改訂稿 (1852 年) において、初演時には管楽アンサンブルによる模倣で満足させていた箇所をオルガンに置き換えたほか、ワーグナーも 1848 年にドレスデンで完成した《ローエングリン》の中で、聖堂へ入場する場面にオルガンを用いることができた。

---

(21) Cf. Sieghard Döhring, "Musikdramaturgie und Klanggestalt. Die Orgel in Meyerbeers Robert le diable", in: *Über Musiktheater. Eine Festschrift gewidmet Arthur Scherle anläßlich seines 65. Geburtstages,* Stefan G. Harpner / Birgit Gotzes (edd.), München (Ricordi) 1992, pp. 63-70.

5 「バンダ」と「舞台用音楽」

　先に示した楽器編成の比較（83頁、表1）からは、舞台裏で演奏される楽隊の編成が《悪魔のロベール》だけ特に大きいことがわかる。本体のオーケストラとは別に演奏される楽器群は「バンダ」と通称されるが、これはイタリア語で「楽隊」の意であり、そのルーツはロッシーニやジモン・マイアーのオペラにおいて、軍楽隊が舞台上で演奏した「舞台上のバンダ」（Banda sul palco）にある。これが省略されて「バンダ」と呼ばれているのだが、今日の日本の音楽界では、オーケストラ・ピット（舞台と客席の間のスペース）以外の場所で演奏される大小様々な編成の楽隊の総称となっている。しかしここでは、この名称を軍楽隊の編成（すなわち管楽アンサンブル）によって舞台で演奏されるものと定義する。

　オペラの歴史において、オーケストラ・ピット以外の場所で演奏することは、すでに18世紀以前から行われていたが、19世紀のグランド・オペラにおける「バンダ」は、ロッシーニに代表される同時代のイタリア・オペラに由来していると考えられる。マイヤベーアは、彼のイタリア時代の成功作である《エジプトの十字軍騎士》（1824年ヴェネツィア初演）において、当時イタリアで流行していた「バンダ」を、まさにロッシーニのやり方にならって採用しており、彼はこの手法をパリでも引き続き採用したのである。興味深いのは、イタリアでは「バンダ」の使用を自家薬籠中のものとしていたロッシーニが、オペラ座のために書いた《ギヨーム・テル》ではそれを封印していることである。パリのオペラ上演でも、舞台上や裏で楽器が演奏されることは珍しくなかったが、大規模楽隊が動員されるということは稀であった。実際、グランド・オペラにおける直近の2つの成功作《ポルティチの物言えぬ娘》と《ギヨーム・テル》でも「バンダ」は用いられていない（83頁、表1参照）。それにもかかわらず、マイヤベーアは彼にとって初めてのグランド・オペラである《悪魔のロベール》に「バンダ」を使用したのである。

　ただし、イタリア・オペラとマイヤベーアのグランド・オペラ——および

第3章 管弦楽法の折衷主義

【譜例4】

ドイツのロマン的オペラ——の「バンダ」には作曲上の決定的な相違がある。ロッシーニをはじめとするイタリア・オペラの「バンダ」は、上演される（イタリアの）劇場ごとにこれを担当する軍楽隊の編成が異なっていたという事情を背景として、二段譜のピアノ・スコアとして記されていた。これに対してドイツ語圏やパリの劇場のために作られたオペラでは、舞台上で演奏される音楽もすべての楽器が具体的に指定されている[22]。ウェーバーの《魔弾の射手》における舞台上の管楽アンサンブルも、スポンティーニの《ホーエンシュタウフェン家のアグネス》におけるオルガンの響きを模倣するための大規模な管楽アンサンブルの場合も、その楽器編成は筋の内容と密接に関連しており、基本的に自由に楽器を編成し直すことはできない。ドイツ語圏では、舞台の上や裏で演奏される音楽のことを単に「舞台用音楽」（Bühnenmusik）と呼ぶが、楽器の種類や編成規模に左右されないこの呼称は、軍楽隊の編成を前提としているイタリアの「バンダ」とは対照的である。

　マイヤベーアがパリに持ち込んだのはイタリアの「バンダ」であるが、筋の内容との結びつきやすべての楽器を具体的に指定して総譜に記しているのは、ドイツのロマン的オペラの「舞台用音楽」の手法である。マイヤベーアはここでも、2つの異なるスタイルを結び合わせたのである。彼はその後のグランド・オペラにおいても「バンダ」の使用を一層拡大し、とりわけ《預言者》においては、アドルフ・サックスが発明したサクソルンのアンサンブルを舞台上で大々的に使用した。ベルリオーズがオペラ座での上演を想定して創作した《トロイアの人々》において、このサクソルン楽隊の導入を踏襲したことは、オペラ座の「バンダ」の様式を考える際にも、この当時のオペラ座とアドルフ・サックスとの関係を考えるうえでも重要な手がかりとなろう。いずれにせよ、こうした大規模な楽隊を使用した音響空間の構築もまた、マイヤベーアによってグランド・オペラを特徴づける一要素として確立されたのである。

---

(22) Cf. Jürgen Maehder, "'Banda sul palco'. Variable Besetzung in der Bühnenmusik der italienischen Oper des 19. Jahrhunderts als Relikte alter Besetzungstraditionen?", in: *Alte Musik als ästhetische Gegenwart. Kongreßbericht Stuttgart 1985*, Dieter Berke / Dorothea Hanemann (edd.), Kassel (Bärenreiter) 1987, Vol. 2, pp. 293-310.

6 折衷主義の中の折衷主義——結論に代えて

　すでに同時代の批評にも見られ、その後もマイヤベーアのグランド・オペラを特徴づける様式として論じられてきた「折衷主義」は、端的にいって「イタリアの歌」「ドイツの器楽」「フランスの作劇法」の融合という理解であった。しかし、彼の最初のグランド・オペラである《悪魔のロベール》を管弦楽法に焦点を絞って観察したことで、管弦楽法それ自体が折衷主義的であることが明らかになってきた。本章では、《悪魔のロベール》の管弦楽法を「音色のドラマトゥルギー」「ローカルカラー」「バンダと舞台用音楽」の観点から分析したが、それらは本来、ドイツ語圏のロマン的オペラ、イタリア・オペラ（メロドラマ）、フランスのトラジェディ・リリックに帰属していた様式である。《悪魔のロベール》において、マイヤベーアはこれら各様式の融合を試みたわけだが、どの側面にも彼独自のアイディアが付加されており、結果として独特の管弦楽法が確立されていた。このように、マイヤベーアのグランド・オペラの折衷主義は、大きな枠組みでの折衷主義の中に小さな折衷主義があり、入れ子状になっているのである。こうして確立された新しい様式から、今度はその一部が独立して変容させられることで、19世紀後半のオペラ様式——ワーグナーの楽劇やヴェルディの後期オペラ——が生み出されていったのである。

第4章　サル・ル・ペルティエ時代のオペラ座におけるグランド・オペラとバレエ

永井　玉藻

はじめに

　19世紀のオペラ、特にパリ・オペラ座で上演されていたグランド・オペラにバレエのシーンがあったことは、今日、広く知られている。そのきっかけの一つは、ワーグナー作曲のオペラ《タンホイザー》が、1861年にパリでフランス初演された際のエピソードだろう。1845年にドレスデンで初演されたこの作品は、時の皇帝ナポレオン3世の命令により、フランスを代表する歌劇場であるオペラ座で上演されることになった。しかしパリの観客は、ワーグナーがバレエシーンを挿入した位置に対して大きな不満を表明し、公演を妨害するなどしたため、作品はたった3回で上演打ち切りになったのである。以来、《タンホイザー》のみならず、19世紀のオペラ座で上演された作品に挿入されているバレエシーンは、オペラ座の年間予約会員とバレエ団ダンサーとの性的な関係とともに、オペラ座の演目に特有の、商業的な成功を目的とした劇場の都合で作曲家に要求される音楽、という印象を付与されてきた。

　しかし、オペラのバレエシーンは19世紀のフランスに固有のものではない。実際、同時期のフランス以外の国のオペラにもバレエシーンは存在する。ロシアの作曲家、グリンカの《皇帝に捧げた命》（1836年初演）のバレエシーンや、イタリアの作曲家、ポンキエッリの《ラ・ジョコンダ》（1876年初演）の〈時の踊り〉などは、その代表的な例といえよう。

　では、なぜフランスのオペラ、なかでもグランド・オペラのバレエシーンは、特に注目され、語られることが多いのだろうか。この点について、本章では、オペラ座を取り巻くダンスの伝統と様々な規則について概観したのち、

第4章　サル・ル・ペルティエ時代のオペラ座におけるグランド・オペラとバレエ

　サル・ル・ペルティエ通りに劇場があった時代のオペラ座バレエ団の構成から、当時のパリにおけるバレエ界の様相について述べる。さらに、グランド・オペラのバレエシーンとして代表的な、オベール作曲の《ポルティチの物言えぬ娘》、マイヤベーア作曲の《悪魔のロベール》より修道女のバレエシーン、そしてグノー作曲の《ファウスト》より第5幕のバレエシーンにみられる、当時のバレエ音楽の特徴を概括的に検討する。

1　オペラ座をめぐるダンス上演の規則と習慣

　17世紀半ばにイタリア生まれのオペラがフランスへ輸入され始めた時、フランスにはすでに、貴族たちが踊る宮廷バレエ（ballet de cour）の伝統があった。当時のヨーロッパ宮廷、特にフランスでは、踊りは武芸や学術と同様に、出世に影響する重要な技能の一つとみなされていた。そのため、ほとんどの王侯貴族は個人教授で踊りのレッスンを受けていた。ブルボン王朝の最盛期を築いたルイ14世も、若い頃から宮廷での様々な出し物に踊り手として出演していた。

　そのルイ14世は1669年、フランス語によるオペラを上演する団体として、王立音楽アカデミーの設立に関する勅許を出し、詩人のピエール・ペランを初代監督とした。この勅許状において、アカデミーが行うのは「イタリアのものと同じような、オペラおよび音楽とフランス語による上演」（des Opera & Représentations en Musique & en vers François, pareilles & semblables à celles d'Italie）である、と書かれているが[1]、フランスは踊り好きの王の意向もあり、特にダンスのシーンを重視したオペラを発展させていく。合唱とダンスをともなう楽曲や、バレエが主要な1幕構成のオペラなどは、「ディヴェルティスマン」（divertissement）という名称のもと、18世紀までのフランス・オペラにおける独自性の一つとなった。当時のオペラ座が上演したリュリ、ラモー、グルックらのオペラにも、ダンスの場面は欠かせな

---

[1] Durey de Noinville, *Histoire du théâtre de l'Académie royale de musique en France*, Paris (Duchesne) 1757, vol. I, pp. 77-81.

第Ⅰ部　グランド・オペラという音楽の世界

かった。そのため、オペラ座が上演する演目に何らかの踊りが含まれているのは、フランス人にとって普通のことだったのである。

　オペラにおけるこのダンスシーンの伝統に加え、1807年には、19世紀以降のオペラ座の上演演目を決定づける出来事があった。それはナポレオン1世による、パリ市内の劇場に関する勅令である。ナポレオンは、当時のパリ市内にあった様々な劇場の中から国家の助成金を受ける大劇場を4つ、その下位劇場を4つと定め、各劇場が上演するジャンルをそれぞれに割り振った。この決定により、オペラ座が上演するのは、「作品のすべてが音楽で書かれている作品」、すなわちオペラと、「崇高で気品のあるジャンルのバレエ」（les ballets du genre noble et gracieux）および「田園風景や、生活の中の普通の出来事を表すバレエ」（des ballets représentant des scènes champêtres ou des actions ordinaires de la vie）となる[2]。

　当時、歌や踊りが付属する舞台作品を上演していた劇場は、オペラ座以外にも複数存在していた。しかしこの1807年の勅令により、オペラ座はパリ市内で唯一、歌とダンスを上演する権利を持つ劇場となる。他の劇場が常設のバレエ団を持つことや、バレエを含む作品を上演することは、1864年にナポレオン3世が規制を緩和するまで、厳しく制限された。例えば、下位劇場の一つであるゲテ座では、パントミームの上演は可能だったがバレエは禁じられていた。約半世紀にわたるこの上演ジャンルの規制の下で、オペラ座は「歌と踊り」という、他の劇場とは一線を画す要素を生かした上演プログラムを展開していったのである。

　一方、上演ジャンルの規制とは別に、19世紀半ば以降のオペラ座では、劇場運営の重要な指針として、「監督義務書」（cahier des charges）という書類も大きな力を持っていた。この義務書は、劇場の代表である監督の活動に関する様々な規則を記すもので、基本的には新しい監督が就任するごとに作成されていた。現在でも、いくつかの監督義務書はフランス国立文書館や

---

[2] BnF: NUMM-6375977, «25 Avril 1807 Règlement pour les Théâtres» in *Recueil d'ordonnances, décrets et documens divers / Commission spéciale des théâtres royaux*, Paris, imprmerie. d'A. Guyot, 1844.

第4章　サル・ル・ペルティエ時代のオペラ座におけるグランド・オペラとバレエ

オペラ座図書館などに原本が保存されている。このうち、劇場が絶頂期を迎えていた1847年の監督義務書[3]を例にとると、オペラ座が上演する作品のジャンルは「オーケストラ伴奏のレチタティーヴォ付きで、バレエ付き、または無しの、2〜5幕によるグランド・オペラ」、もしくは「1〜5幕によるバレエ=パントマイム」の2つとされていた。したがって、義務書の規定上では、オペラ座で上演するオペラにバレエシーンは挿入されなくてもよかったのである。またマリアン・スミスの論考によると、当時のオペラ座のどのような公的文書にも、オペラの中でバレエを挿入するべき位置（幕や場面など）に関する規定はないという[4]。

ただし、こうした規則はオペラ座で上演されるすべての作品に対して厳格に適用されていたわけではなく、実際には、独特の習慣が形成されていた。特に「バレエ無し」という点に関しては、主に3幕以下のオペラに対して適用されたルールだった。マーク・エヴェリストによると、1830年頃以降のオペラ座は、バレエを含む5幕構成のオペラか、1〜3幕構成のオペラと1〜2幕構成のバレエを一晩で上演するのが一般的になったという[5]。5幕のオペラが独立したバレエ作品と共に上演されることがなかったのは、上演時間の長大さもさることながら、一晩あたりの幕数が合計で5幕程度になるようにコントロールされていたためだった。

もちろん、オペラ座では他の劇場で初演された作品を上演することもあった。また、1830年代から50年代のオペラ座は基本的に新作を上演する主義だったが、モーツァルトの作品などをオペラ座で上演することもあった。このような作品は、必ずしもオペラ座の上演ルールに適した形になっているわけではない。そのため、これらの作品がオペラ座で初演される時にはバレエシーンが追加された。パリで上演された《タンホイザー》のバレエシーンも、このオペラ座の方針にワーグナーが応じて書かれたものである。

---

[3] AN: AJ/13/1187 ; cahier des charges 1847.
[4] Marian Smith, «Dance and dancers» in *Cambridge companion to Grand Opera* [Kindle version], David Charlton dir. Amazon.com, Chapter 6, 2011. 〈http://a.co/7R8wj4P〉
[5] Mark Everist, «Grand Opéra-Petit Opéra: Parisian Opera and Ballet from the Restoration to the Second Empire», in *19th-Century Music*, Vol. 33, No. 3 (2010), pp. 195-231.

第Ⅰ部　グランド・オペラという音楽の世界

　バレエシーンが追加されたことによって、1776 年から 1876 年の 100 年間にオペラ座で行われた公演プログラムは、スミスの調査によるとほぼ 100%に近い確率で、歌唱と踊りを一晩の演目に含んでいたという[6]。したがって、19 世紀のオペラ座には、劇場付きのバレエ団は絶対不可欠の存在だったのである。

2　19 世紀のパリ・オペラ座バレエ団

　現在のオペラ座バレエ団は、総勢 152 名[7]のダンサーを抱えるフランス派バレエ団の代表的存在であり、パリ国立オペラ座のダンス部門として活動を展開している。このバレエ団に所属するダンサーたちがオペラの公演に出演することは、現在ではきわめて稀だが、オペラにバレエシーンが含まれていた 19 世紀には、当たり前の風景だった。ここでは、サル・ル・ペルティエ時代のオペラ座バレエ団について、資料をもとに概観する。

1)　18〜19 世紀のオペラ座で活動したダンサーたち

　パリ・オペラ座のバレエ団は、今日、世界最古の歴史を持つバレエ団とされている。その礎となったのは、1661 年にルイ 14 世によって設立された王立舞踊アカデミーである。その 8 年後の 1669 年に王立音楽アカデミーが設置されると、舞踊アカデミーのダンサーたちは音楽アカデミーで上演するオペラのダンスシーンに出演した。そのため、フランスは比較的早い時期から国家的に組織されたバレエ団を所有しており、18 世紀にはヨーロッパにおけるバレエ上演の中心地となっていた。他国においてもフランス人のダンサーやダンス教師の評価は高く、近隣諸国で踊ったり、各地域の宮廷でダンス教師になったりする者も多かった。18 世紀のオペラ座の舞台に立ったダ

---

[6] Marian Smith, «Ballet at the Opera frequency of Performance, Scene Types shared with Opera» in *Le Répertoire de l'Opéra de Paris (1671-2009) analyse et interprétation*, réunis par Michel Noiray et Solveig Serre, Paris (École de Chartes) 2010. p. 332.
[7] 2017〜18 年度の正規所属ダンサー数。

ンサーとして有名なのは、あまりの人気にその名を冠した服や靴が登場したマリー・カマルゴ、演技派ダンサーのマリー・サレ、「舞踊の神」と称えられ、37年間もオペラ座の舞台に立ったルイ・デュプレ、そのデュプレの引退後に第二の「舞踊の神」といわれたガエタン・ヴェストリスなどであろう。

その後、大革命を経た19世紀にもフランス派バレエとパリ・オペラ座の名声は衰えず、バレエ史に名を残すダンサーや振付家が次々に活躍した。彼ら一人ひとりについての詳細は省くが、《ラ・シルフィード》の初演で主役を踊ったマリー・タリオーニ、ウィーン出身で1834年にコラリ振付の《嵐》でオペラ座にデビューしたファニー・エルスラー、イタリア出身で《ジゼル》の初演を踊ったカルロッタ・グリジ、グリジのライバルといわれたファニー・チェリート、母親もオペラ座バレエ団のダンサーだったエマ・リヴリーや、《パキータ》や《海賊》の振付家としても知られるジョゼフ・マジリエ、グリジを見出し《ジゼル》の振付家として著名なジュール・ペロー、弟のマリウスと共に19世紀後半のバレエに重要な足跡を残したリュシアン・プティパ、といったダンサーは、サル・ル・ペルティエ時代のオペラ座バレエを彩った代表的な人物である。

とはいえ、このように名前が知られているのはほんの一握りのスターダンサーであり、当時のオペラ座バレエ団には他にも多くのダンサーが所属していた。通常、バレエ団には主役や準主役級の役柄を踊るダンサーのほかに、群舞のダンサーや個性的な役柄を得意とするダンサーなど、技量や特徴が異なる様々な踊り手がおり、演目ごとに各々必要とされる役割を担う。したがって、踊りのスタイルと同様に、レパートリーと、それらを上演できるだけの人員を確保していることは、バレエ団の方向性を決定づける大きな要素の一つといえるだろう。では、当時のオペラ座バレエ団はどのような舞踊集団だったのだろうか。

2) バレエ団の人員構成——1847年と1866年の場合

第1章で触れたオペラ座の監督義務書は、劇場運営のための指針、すなわち毎年の予算や劇場のメンテナンスに関する規則、所属するアーティストや

裏方のスタッフなどについても、詳細を記している。ここでは、特にバレエ団の人員構成に関する記述に注目したい。

七月王政末期の1847年の監督義務書[8]は、オペラ座の危機的な財政状況を立て直したヴェロンの後任として監督に就任した、アンリ・デュポンシェルの義務書である。デュポンシェルは1840年からはレオン・ピエと、1847年以降はネストール・ロクプランと共同で監督の座にあった。したがって、1847年の監督義務書はロクプランの監督就任の機会に作成されたものと思われる。

デュポンシェルの監督義務書では、第34条の項目で、オペラ座に所属する歌手や合唱団員、バレエ団、オーケストラの演奏家といったアーティストの人数に関する詳細を定めている。その記述によると、まずバレエ団の主役級ダンサーの数は、以下のように規定されていた。

- プリンシパルの男性ダンサー3人、そのうち少なくとも2人はマイムダンサーであること。
- その代役あるいはアンダースタディに3人、そのうち少なくとも2人はマイムダンサーであること。
- プリンシパルの女性ダンサー6人、そのうち少なくとも3人はマイムダンサーであること。
- その代役あるいはアンダースタディに6人、そのうち少なくとも3人はマイムダンサーであること。

したがって、1847年のオペラ座バレエ団には、主役を踊るのに相応しいレベルのダンサーは男女合わせて18人在籍していなければならず、その半数以上は女性ダンサーだった[9]。これらのダンサーのほかに、バレエ団には

---

[8] AN: AJ/13/1187; cahier des charges 1847.
[9] ただし、1847年の国家年鑑（アルマナ・ロワイヤル）において、オペラ座の「ダンスのアーティスト」（Artistes de la Danse）として苗字が記されているのは、マジリエ、エリー、プティパ、コラリ・フィス、デプラス、トゥッサン、テオドール、ケリオー、

第4章　サル・ル・ペルティエ時代のオペラ座におけるグランド・オペラとバレエ

群舞のメンバー（chœur de danse）がいた。監督義務書が規定するその人員数は、1847年の時点では以下の通りである。

・男性の黙役（figurant）30人、そのうち6人は端役の長。
・女性の黙役40人、そのうち8人は端役の長。
・さらに、子役12人、半分は女子、半分は男子。
・もし同数の児童合唱がダンスに出ることができる場合は、女子は10人でよいだろう。

したがって、19世紀半ばにはすでに、オペラ座バレエ団は必要人員だけでも100人近くが所属する大所帯だったのである。監督義務書によると、これはオペラ座に「劇場の名に恥じない人物たちのグループ」（un ensemble de sujet digne de ce théâtre）を抱えておくために、監督が雇用しなければいけないダンサー数だった。このほかに、バレエ団には、指導者であり演目の振付を担当するメートル・ド・バレエが2人、リハーサルと稽古のための伴奏者が1人（もしくはヴァイオリン奏者1人）、付属バレエ学校の最上級クラスである完成クラス、およびダンスの教師が1人、コール・ド・バレエと子供のダンスの教師が1人、そしてパントマイムの教師が1人所属していた。メートル・ド・バレエは、バレエの演目だけでなくオペラのバレエシーンの振付も担当しており、リハーサルの弦楽器伴奏者は、主にオペラ座オーケストラの弦楽器奏者が担当していた[10]。

一方、1866年の監督義務書[11]は、1862年にオペラ座の監督に就任したエ

アディス、ベルティエの男性ダンサー10人、フィル=ジャム、マリア、グリジ、デュミラットル、プランケット、フォーコ、フルーリ、ロベール、エマロ、ブルタン、テオドール、ラシア、ドルセ、バレ、ラボルドリー、ピエルソン、ドゥラキの女性ダンサー17人である。BnF: *Almanach royal et national: présenté à Sa Majesté et aux princes et princesses de la famille royale*, NUMP-808 <1831-1847>.
(10) 19世紀当時、バレエの稽古伴奏はヴァイオリンやヴィオラなどの弦楽器によって行われていた。この点に関しては、以下の拙論文を参照のこと。永井玉藻「19世紀後半のパリ・オペラ座におけるバレエ伴奏者──フランス国立文書館及びオペラ座図書館の資料に見る実態」『音楽学』（日本音楽学会）第63巻2号（2018年3月）所収、94～109頁。
(11) AN: AJ/13/1187; cahier des charges 1866.

ミール・ペランのものである。ペランは、オペラ座がパリの社交場としてもっとも華やかだった第二帝政期のほとんどの期間にわたって、劇場の運営を取り仕切った。現存する監督義務書は、彼が 1866 年に「総裁兼興行主」(Administrateur-entrepreneur) に就任した際に作成されたものと思われる。

この義務書では、群舞のダンサーに関する記述は 1847 年のものから変化がなく、人数配分もそのままである。一方、主役級のダンサーに関しては、プリンシパルである「第一ダンサー」(Premier danseur / Première danseuse) に男性 2 人、女性 2 人、その下位に位置する「第二ダンサー」(Second danseur / Seconde danseuse) に男性 2 人、女性 6 人という人数構成になった。これら 12 人のダンサーに加えて、1866 年の義務書では女性の「第一コリフェ」(Premières coryphées) という階級の記述があり、そのために 12 人のダンサーが必要、と定められている。

3) ロマンティック・バレエのバレエ団として

以上の 2 つの義務書にみられるバレエ団の人員構成は、19 世紀中葉の 20 年間におけるオペラ座バレエ団が、1830 年代からのパリのバレエ界の動向と、文字通りの一心同体だったことを示している。

まず、サル・ル・ペルティエ時代のオペラ座バレエ団は、圧倒的に女性ダンサーが活躍する場だった。今日の一般的なプロフェッショナル・バレエ団でも女性の占める割合は多いが、1847 年の時点で、オペラ座バレエ団の女性のプリンシパルダンサーの数は男性の数を上回っている。さらに 1866 年の場合は、主役級の男性ダンサーが 4 人しかいないのに対し、女性ダンサーは第一コリフェまで合わせると 20 人おり、プリンシパルの大多数を占めている。

次に、ダンサーの階級についても 20 年間での変化がみられる。オペラ座バレエ団におけるダンサーの階級制度は、18 世紀にはすでに存在しており、それぞれの階級が演目の中で異なる役割を担っていた[12]。階級の区分は時

---

(12) Solveig Serre, *L'Opéra de Paris 1749 / 1790. Politique culturelle au temps des Lumière*, Paris (CNRS Editions) 2011, p. 112.

第 4 章　サル・ル・ペルティエ時代のオペラ座におけるグランド・オペラとバレエ

代によって様々だが、1847 年の時点で「プリンシパル」か「その代役、あるいはアンダースタディ」に二分されていた主役級ダンサーたちの階級は、1866 年には、上述したように「第一ダンサー」、「第二ダンサー」、さらに女性ダンサーに関しては「第一コリフェ」が追加され、3 段階に区分されている。この第一コリフェが具体的にどのような役割を果たしていたのかは明確でないが、群舞のダンサーとは別個に扱われていることから、彼女らはプリンシパルクラスと群舞の中間に位置し、準主役に相当する役柄を演じていたと思われる。つまり 1866 年には、バレエ団内で主役を踊るダンサーを頂点とするピラミッドが、徐々に形成されていたといえよう[13]。

また、2 つの義務書の比較で特徴的なのは、マイムダンサーに関する記述の有無である。1847 年の義務書では、主役級ダンサーの内訳でマイムダンサーの数が規定されており、しかもその数は、プリンシパルクラスの多数を占めている。一方、1866 年の義務書では、マイムダンサーに関する記述そのものがない。

女性ダンサーが多く雇用されていた点は、1830 年代以降のロマンティック・バレエにおける、女性を中心とする物語の傾向と関連している。19 世紀中頃以降のフランス・バレエの主役はたいていが女性であり、また妖精やニンフ、オンディーヌなどといった超自然界の登場人物が物語に多く取り入れられたため、男性ダンサーは彼女たちの引き立て役に追いやられた[14]。もちろん、ペローのような男性ダンサーも注目の的ではあったが、当時のバレエ上演の様子を描いた版画やリトグラフなどを見ると、舞台上にいるダンサーのほとんどは女性である。そのため、時代が進むにつれて、オペラ座バレエ団における女性ダンサーへの需要がさらに高まったと考えられよう。

---

(13) この階級区分はその後さらに変化し、現在のオペラ座バレエ団では、入団後の研修期間を経て、カドリーユ、コリフェ、スジェ、プルミエ・ダンスール／プルミエール・ダンスーズ、エトワールの順に階級が上がる。コリフェまでは群舞での活動が主となるが、スジェになると、ダンサーによっては主役を踊る機会もある。プルミエ・ダンスール／プルミエール・ダンスーズまでの昇進は、毎年一度の昇進試験の結果によって決定し、最高位のエトワールには、オペラ座総裁から任命されることで昇進する。
(14) 平林正司『十九世紀フランス・バレエの台本　パリ・オペラ座』慶應義塾大学出版会、2000 年、2009 年再版、22 頁。

また、観客の側も、テオフィル・ゴーティエのように見目麗しい女性ダンサーを好み、彼女たちに格別の愛情を注ぐ者が多かった[15]。もっとも、こうした男性客が女性ダンサーを好んだのは、彼女たちの美しい容姿のためだけではない。なぜなら、一般的な女性が足先すら滅多に人目に晒さない時代に、オペラ座の女性ダンサーたちは、ふくらはぎ丈の衣装で踊っていたのである。その傾向を利用して、大半は下層階級の出身だった群舞の女性ダンサーの中には、上流階級の男性観客の愛人となる代わりに生活の保障をしてもらったり、そうならざるをえなかったりした者もいた。

マイムダンサーに関する記述の変化は、当時の舞踊観の変化と密接に結びついていると考えられる。フランスでは、18世紀後半以降にジャン＝ジョルジュ・ノヴェールが提唱した「バレエ・ダクシオン」（ballet d'action）の思想が広まったことによって、舞踊における演劇性が重視されていた。その結果、小山聡子によると、19世紀初頭までのバレエではステップやフォーメーションなどよりも、パントマイムが重視されていた[16]。しかし、1832年にロマンティック・バレエの嚆矢である《ラ・シルフィード》がオペラ座で初演されると、「女性舞踊手が見せる形や動き、すなわちパ（ステップ）そのものの可能性」[17]が生まれ、ポワントをはじめとするバレエのテクニックが飛躍的に発展した。これにより、バレエはパントマイムによる物語内容の伝達だけでなく、踊りの様々な動作も重視するようになった。このような流れを受けて、マイムダンサーの重要度はオペラ座の内部でも徐々に低下し、1866年には、もはやマイムのための人員を記載することもなくなったと考えられよう。

このような人員構成の概観によっても、サル・ル・ペルティエ時代のオペ

---

(15) 小山聡子「テオフィル・ゴーチエとバレエ芸術：斬新な舞踊観」『藝文研究』（慶應義塾大学藝文学会）第85号（2003年12月）所収、165～183頁。
(16) 小山聡子「テオフィル・ゴーチエによるバレエ評：現代舞踊論の幕開け（シンポジウム報告　諸芸術の交流と芸術家たちの出会い：テオフィル・ゴーティエをめぐる文学と音楽・舞台美術）」*Les Lettres françaises*（上智大学）第30号（2010年7月）105～115頁。
(17) Ibid., 108頁。

第4章　サル・ル・ペルティエ時代のオペラ座におけるグランド・オペラとバレエ

ラ座バレエ団が、基本的にはロマンティック・バレエのためのバレエ団だったことがわかる。しかしオペラ座に所属するダンサーは、独立したバレエ作品だけでなく、グランド・オペラのバレエシーンもまた踊る必要があった。それはすなわち、グランド・オペラのバレエシーンが、上述のようなバレエ団が踊ることを前提として構成されている、ということである。

3　グランド・オペラのバレエ音楽

　1821年の開場から、1871年の突然の火災で劇場が焼失するまでの半世紀にわたるサル・ル・ペルティエ時代に、オペラ座バレエ団の様相が徐々に変化したように、グランド・オペラのバレエシーンも時代によって様々である。ここでは、当該時期のオペラ座で上演されたオペラ作品の中から代表的な3作を取り上げ、その特徴を概観する。

1）バレエシーンの挿入箇所と場面の内容

　オペラ座で上演されるオペラ作品に欠かせないバレエシーンだが、踊りの場面は作品内に無計画に挿入してよいものではなかった。そのため、グランド・オペラのバレエシーンには、どの作品にも大まかに共通する特徴がいくつかみられる。

　まず、グランド・オペラのバレエは、ソロの踊りと群舞の両方を含むのが一般的である。したがって、バレエシーンは複数の楽曲で構成されるのが一般的であり、大人数が舞台に登場する華やかな場面でもあった。さらにスミスによると、バレエシーンのソロの部分は、ダンサーにとって重要な役割を担うこともあった。なぜなら、このソロの箇所は、初めてオペラ座で踊るスターダンサーを観客に披露する場でもあったからである[18]。例えば、ファニー・エルスラーの姉で同じくダンサーだったテレーズは、1834年にオベー

---

(18) スミスによると、この習慣はマリー・タリオーニの活躍以降に行われるようになった。Marian Smith, «Dance and Dancers» in *Cambridge Companion to Grand Opera* [Kindle version], David Charlton dir. Amazon.com, Chapter 6, 2011. 〈http://a.co/dKM81O7〉

ルのオペラ《グスタフ3世、あるいは仮面舞踏会》で、またカルロッタ・グリジは、1841年にドニゼッティの《ラ・ファヴォリット》でオペラ座での初舞台を飾った。このように、とりわけ女性の主役クラスのダンサーにとって、グランド・オペラのバレエシーンは大きな意味のある演目だったのである。

　また、歌が中心のグランド・オペラにおいて、何の脈絡もなく唐突に登場人物たちが踊りだすのは不自然であり、観客が違和感を抱いてしまう可能性がある。そこで、グランド・オペラのバレエシーンは、物語の中の「現実」の踊りとして、自然な流れで組み込まれることを前提とされていた。そのために、当時のオペラ座の観客層が日常的に親しんでいた踊りや、規則的な動きの状況、つまり舞踏会や祝宴、行進などが、バレエシーンの場面設定として好まれたという。

　このように限定的な場面の設定、そして「踊るための音楽」という条件に基づいて、バレエシーンの音楽は作曲されていた。こうした要素を踏まえたうえで作曲されたのが、グランド・オペラのバレエシーンの音楽なのである。

2) オベール《ポルティチの物言えぬ娘》

　王政復古後の1828年に初演された《ポルティチの物言えぬ娘》は、グランド・オペラ様式の先駆的作品の一つとされている。振付は、初演の前年にオペラ座のメートル・ド・バレエに就任したジャン=ルイ・オメールが行った。作品は5幕構成で、第1幕に2曲（ワラチャとボレロ）、第3幕に1曲（タランテラ）のダンスシーンがあるほかに、全曲を通して、パントマイムがきわめて重要な役割を果たしている。というのも、主人公の漁師の娘フェネーラは、過去に彼女が経験した痛ましい事件のために喋れなくなってしまったため、彼女の意思表示は身振り手振りに限定されているのである。そのためフェネーラは、他の登場人物たちとはパントマイムを通して「対話」する。この役柄の特性のために、19世紀のオペラ座では、この役はバレエダンサーによって演じられていた。1828年の初演時にフェネーラ役を演じたのは、マリー・タリオーニが台頭するまではオペラ座のトップスターであったリーズ・ノブレである。

第 4 章　サル・ル・ペルティエ時代のオペラ座におけるグランド・オペラとバレエ

　作中でフェネーラがパントマイムで示す内容は、同意や拒否などの単純なものから、彼女が投獄されるに至った経緯の説明のように、かなり複雑なものもある。たとえダンサーの表現力が優れていても、込み入った話を身振りだけで観客に伝えるのは難しい。そこで役立つのが、当時、上演に先立って出版されるのが通例となっていた台本の小冊子である。

　この台本には、登場人物の会話内容や場面の設定が細かに記されていた。また時には、作品の筋書きには組み込まれていないが、物語の進行に重要な影響を与える出来事に関する情報を台本が提供していることもある。《ポルティチの物言えぬ娘》の場合も、フェネーラがパントマイムで伝える事柄は、「〜の身振りをする Elle fait signe que …」などの語と共に台本に詳細に記された。観客は、この台本をあらかじめ読むことによって、物語の細部を理解したと考えられよう。

　加えて、マイムによるフェネーラの発言は音楽によっても補完されている。マリアン・スミスは『《ジゼル》の時代のバレエとオペラ』で、こうした例をいくつか挙げて説明している[19]。もっとも明快なのが第 1 幕の終結部の例である。

　この場面では、ナポリ副王の息子アルフォンソの婚約者であるエルヴィーラがフェネーラに、「かつてあなたを酷い目に合わせた男は誰なのか」と問いかける。その場にはアルフォンソが同席しているが、彼はフェネーラを見捨てた張本人である。エルヴィーラの「それで、犯人は？ Eh bien, le coupable ?」の問いに対し、フェネーラは 16 分音符と全音符による同音連打のリズムと共に、今はエルヴィーラの婚約者であるアルフォンソを指し示す。この音型は、続くエルヴィーラの歌詞「彼ですって！ c'est lui !」と同一であり、さらにもう一度、直後に同じ音型が 1 オクターヴ下で奏される。

　この箇所は、台本では「（彼女はアルフォンソのことを手で指し示す。）」（Elle montre Alphonse de la main.）と、単にフェネーラの身振りに対する指示が記されているだけである。しかし、同じ音型を繰り返し、さらに歌

---

[19] Marian Smith, *Ballet and Opera in the Age of Giselle,* Princeton (Princeton University Press) 2000.

第Ⅰ部　グランド・オペラという音楽の世界

【譜例1】

詞でも強調することにより、この箇所では、あたかもフェネーラが「彼です c'est lui !」と口に出して告発したような印象を観客に与えることができるだろう。

　このような、パントマイムが意味する内容の理解を助けるような音楽の用い方は、当時のバレエ音楽にきわめて特徴的な点である。スミスによると、七月王政期のバレエ音楽には純粋に踊りの為の音楽と、パントマイムや劇的なアクションの為の音楽があり、後者について次のように説明している。

　　作曲家たちは「登場人物たちの行動や感情」を描くという必要性を満たすために、労を惜しまなかった。［…］そのために、彼らは様々に幅広いテクニックを展開した。つまり、登場人物のムード、アクションやパーソナリティを真似る音楽を描く、物語世界の中の音やノイズを適切に与える（村の人々の音楽や、ドアをノックする音のような、舞台上の人物によって聞かれる音）、アクションが必要とする場合には、明らかに「エ

スニックな」音楽の断片を織り込む、特別な人物や概念に結びついた、繰り返し登場するモティーフ、そして一時折一暗示するような音楽の借用も同様に用いる、などといったすべての方法で書く、ということである。彼らはまた、[…] 様々な方法で人間の声を真似ること、そしていわゆる「エール・パルラント」（観客の意識に実際の説明的な言葉を導けるような、民謡やオペラ・アリアからの旋律断片）に言語的な側面を向けた。[20]

　この《ポルティチの物言えぬ娘》ののちに、オベールは、同じく主人公が黙役のオペラ＝バレエ《神とバヤデール》（1830 年初演）を作曲した。この作品の場合、主役が歌わないのは、彼女がヒンズー教の寺院に踊りを捧げる巫女の「バヤデール」で、最近外国へやって来たためにその国の言葉で話すことができない、という設定になっている。このように、歌手とダンサーがどちらも重要な役割を担う 1830 年周辺のオペラ作品を、スミスは、一つの作品の中でオペラの要素とバレエの要素が共生する「ハイブリット・ワーク」と名付けている。

　こうした異種混合の作品は、サル・ル・ペルティエ時代のオペラ座のレパートリーにそれほど多いわけではない。しかし、パントマイムと音楽との関わりが大きな役割を果たす《ポルティチの物言えぬ娘》は、動きそのものよりも演劇性を重視する、1820 年代後半までのバレエ作品の傾向を反映しているといえる。

3）マイヤベーア《悪魔のロベール》第 3 幕の修道女のバレエ

　《悪魔のロベール》は 3 幕のオペラ・コミックとして作曲されたが、1831 年のオペラ座での上演にあたり 5 幕のグランド・オペラへ書き換えられた。その際、作品には様々なダンスシーンが追加され、振付はマリー・タリオーニの父、フィリッポが担当した。なかでも、姦淫の罪を犯した破戒尼僧たち

---

(20) Ibid., p. 8.

の幽霊が踊る第3幕の修道女のバレエは、ドガの作品などの絵画にもたびたび描かれ、広く知られている。では、なぜこのバレエが、グランド・オペラにおけるバレエシーンの代名詞のようになったのだろうか。

　上述のように、サル・ル・ペルティエ時代のオペラ座バレエ団で大半を占めていたのは群舞のダンサーである。なかでも、女性の群舞ダンサーたちがいっせいに踊ったり、身支度や化粧などといった日常的な動作をしたりするシーンは、グランド・オペラのバレエシーンとして特に好まれた。それは、主にオペラ座の平土間席に座る男性の観客からの熱狂的な支持だったのだが、こうした群舞の場面は、物語の地域性を観客に明示する役割も担っていた。この「地域」とは、《ポルティチの物言えぬ娘》のタランテラやボレロの場合のように、フランスの近隣諸国であるイタリアやスペインといった身近な地域の時もある。しかし、ペルティエ時代のグランド・オペラでは、当時の西洋人にそれほど親しみのないヨーロッパ以外の国々（特にインド）や、悪魔や妖精、霊などが跋扈する異世界が、物語の背景として頻繁に登場した。

　こうした舞台設定を視覚的に示す最大の要素は、大道具や衣装だろう。しかし修道女のバレエシーンの場合は、1820年代にオペラ座が導入したガス灯照明による青白い照明の効果もあいまって、墓から出てきた修道女役のダンサーによる重量を感じさせない踊りが、当時の観客の目にきわめて幻想的に映った。その異界性・非日常性こそ、《悪魔のロベール》が未曾有の大成功を得た要因の一つだったのである。この幻想的なシーンは、1832年初演のバレエ《ラ・シルフィード》、そして1841年初演の《ジゼル》において、風の精のシルフィードたちや、結婚を目前にして死んだ娘の霊であるウィリたちが、夜の森の奥深くで月光に照らされながら踊る場面に引き継がれた。このように、ロマンティック・バレエ最大の特徴である、女性ダンサーによる幻想的な群舞のシーンの先駆となったことと、オペラそのものもオペラ座のレパートリーとして19世紀末まで繰り返し上演され続けたことで、修道女のバレエシーンは、《悪魔のロベール》のみならず、グランド・オペラのバレエシーンを代表するものとなった。

　とはいえ、このバレエシーンでは視覚的効果だけでなく、その音楽にも注

第4章　サル・ル・ペルティエ時代のオペラ座におけるグランド・オペラとバレエ

目すべきだろう。現実世界に生きている人間が踊る《ポルティチの物言えぬ娘》とは異なり、《悪魔のロベール》の場合、踊るのは死霊である。その非現実性を醸し出すため、修道女のバレエシーンでも、スミスが指摘する七月王政期のバレエ音楽の特徴、すなわち「登場人物のムード、アクションやパーソナリティを真似る音楽」や「物語世界の中の音やノイズ」が使われた。〈尼僧の行進〉に先立つ箇所で聞かれる弦楽器とフルートの細かな6連符の連続は、悪魔ベルトランの呪文で墓から甦った淫乱な修道女たちが、次々に登場するのを観客に知らせるようである。

　ただし、この第3幕のバレエシーンは、そのほとんどがスミスのいう「純粋に踊りのための音楽」であるといってよい。場面を構成する〈尼僧の行進〉、〈バッカナール〉、〈第1のバレエ音楽（酒の誘惑）〉、〈第2のバレエ音楽（賭けごとの誘惑）〉、〈第3のバレエ音楽（愛の誘惑）〉、〈フィナーレ〉の6曲には、曲想は様々であるものの、同じリズムパターンや音型の繰り返しなど、ダンス音楽の特徴が明らかにみられる。例えば〈尼僧の行進〉では、ピッツィカートで各小節の1拍目を強調する低弦および金管楽器の和音による箇所と、付点リズムの3連符を基礎とするファゴットの箇所が交替しており、フレージングも4小節で一区切りの単純な構成である。このような規則性、明確な拍節感、単純明快な構造は、バレエ音楽の主要な特徴といえる。

　さらに、修道院長エレーヌが踊る〈第3のバレエ音楽（愛の誘惑）〉では、19世紀のバレエ音楽のソロ部分に典型的な、弦楽器のソロが登場する。この弦楽器のソロは、古典バレエでは主役級ダンサーによるパ・ド・ドゥのアダージョ[21]に登場することがきわめて多い。特にヴァイオリン・ソロは好んで用いられ、チャイコフスキーの《白鳥の湖》第2幕の白鳥のパ・ド・ドゥや、《眠れる森の美女》の第3幕でオーロラ姫が踊るヴァリエーションのア

---

(21) バレエにおける「アダージョ」とは、音楽用語のような曲の速度の指定というより、パ・ド・ドゥにおける緩やかなテンポの踊りの部分を指す。したがって、たとえこの部分の演奏速度がレントやグラーヴェなどであったとしても、当該箇所は「アダージョ」と呼ばれる。多くの古典バレエ作品において、主役級ダンサーのカップルが踊るパ・ド・ドゥは、ゆったりとした楽曲で踊る「アダージョ」で始まり、男女それぞれが1人で踊るヴァリエーションを経て、急速なテンポで2人が踊る「コーダ」で締めくくられる。

ダージョ、グラズノフの《ライモンダ》第1幕のグラン・アダージョなど、枚挙に暇がない。また、《悪魔のロベール》の修道女のバレエシーンではチェロが使われたように、ヴァイオリンだけでなくヴィオラやチェロのソロもしばしば聞かれる。

　《悪魔のロベール》の修道女のバレエシーンに関しては、ロマンティック・バレエ研究の第一人者であるアイヴァ・ゲストのように、音楽よりも視覚的な要素を重視する見方もある[22]。しかし当時の観客は、マイヤベーアの音楽を高く評価していた。実際、ベルリオーズはこの場面の音楽に関して、特に中音域の限られた音域内におけるファゴットの使い方が「現代の劇音楽におけるもっとも驚異的な発明」だった、と述べている[23]。またリストは、バレエシーンの音楽の一部を自身のピアノ用編曲作品で用いた[24]。さらに、同時代の作曲家たちだけでなく、20世紀前半に活躍したオーストリアおよびアメリカの作曲家、コルンゴルトのオペラ《死の都》においても、この修道女のバレエシーンが引用されている。このような他の作曲家への影響を省みると、修道女のバレエシーンの「幻想性、猥褻さ、神秘的な薄気味悪さの混合、という特徴を掴む音楽」[25]が当時の音楽界に与えた影響は、非常に大きかったのである。

4）グノー《ファウスト》第5幕のバレエ音楽

　今日、上演時間が長大なグランド・オペラ作品を上演する場合、バレエシーンは演奏時間や人員の都合で省略されることが多い。一方、バレエ音楽のみがオーケストラ・コンサートの曲目として演奏され、オペラそのものよりも親しまれていることもある。1869年にオペラ座で上演された《ファウスト》

---

(22) Ivor Guest, *The Romantic Ballet in Paris*, London, Dance Books, 1966, R1980, p. 112.
(23) Hector Berlioz, «De l'instrumentation de Robert le Diable», in *Gazette musicale de Paris*, 12 juillet 1835, 229-232 ; ed. Yves Gérard in *Hector Berlioz. Critique musicale*, II. Paris (Buchet / Chastel) 1998, pp. 209-216.
(24) グランド・オペラ作品のピアノ編曲については、上山典子氏の論考を参照のこと。
(25) Matthias Brzoska, «Meyerbeer: *Robert le Diable* and *Les Huguenots*» in *Cambridge Companion to Grand Opera* [Kindle version], trans. by Christopher Smith, David Charlton Ed., Amazon.com, Chapter 11, 2003, 〈http://a.co/ffOQtHt〉

第 4 章　サル・ル・ペルティエ時代のオペラ座におけるグランド・オペラとバレエ

のバレエ音楽は、その代表的な例だろう。

　1859 年にリリック座で初演されたオペラ・コミックの《ファウスト》は、オペラ座での上演にあたり、作品を作り変える必要があった。前述のように、劇場の上演ジャンルに関する規制は 1864 年に緩和されたとはいえ、他劇場の上演ジャンルであるオペラ・コミックを、そのままオペラ座の舞台に上げるわけにはいかないのである。そこで、オペラ・コミック版では台詞だった箇所はレチタティーヴォに変更され、また 7 曲のバレエ音楽が第 5 幕冒頭に挿入された。振付は、リュシアン・プティパの後任としてオペラ座バレエ団のメートル・ド・バレエを務めていた、アンリ・ジュスタマンが担当した。

　第 4 幕の幕切れで、恋人マルグリットの兄を決闘で殺した主人公のファウストは、悪魔メフィストフェレスに連れられてハルツ山脈のブロッケン谷にやって来る。彼らはここでヴァルプルギスの夜（4 月 30 日の日没から 5 月 1 日の未明）を過ごすことになり、メフィストフェレスの合図で、歴史に名を残す異国の美女たちが登場する。1859 年のオペラ・コミックとしての初演の様子を描いたリトグラフにおいても、古代の服装を彷彿とさせるチュニックドレスのような衣装をつけ、竪琴や柄の長いうちわを持った女性の演者が、舞台いっぱいに描かれている[26]。宴会、かつ女性が多く登場する、という場面の設定は、オペラ座のバレエシーンにうってつけの特徴である。

　7 曲の音楽は続けて演奏されるが、第 1 曲から〈ヌビアの娘たちの踊り〉、〈アダージョ（クレオパトラと金の杯）〉、〈古い踊り（ヌビアの奴隷たちの踊り）〉、〈クレオパトラのヴァリエーション〉、〈トロイ人の踊り〉、〈鏡の踊り〉、〈フリネの踊り〉、とタイトルが付いている。1866 年の監督義務書の記述で、当時のオペラ座バレエ団には女性のダンサーが非常に多かったことが明らかになったように、この 7 曲のフランス語のタイトルを見ると、女性のソリストおよび群舞が重視されていることが示されていることがわかる。

　《ファウスト》のバレエシーンの音楽も、《悪魔のロベール》の修道女のバレエシーンの音楽と同様に、いずれも踊りのための音楽の特徴が前面に押し

---

[26] BnF: IFN-8438841. *Faust, acte V, 2ᵉ tableau, le palais de Méphistophélès, Théâtre-Lyrique, 1859.* Lithogr. d'après le décor de Cambon.

出されている。弦のピッツィカートや打楽器などが刻むリズムの明確さ、4小節のフレーズが繰り返されて一つの区切りになるフレージング、といった特徴は、どの曲にも共通している。また、第2曲の〈アダージョ〉冒頭で聞かれるハープのソロは、チャイコフスキーの三大バレエや、ミンクス作曲のバレエ《ドン・キホーテ》などのパ・ド・ドゥ冒頭などに登場する、ハープのソロを思わせる。ハープ自体は、アドルフ・アダンやレオ・ドリーブなどのフランスの作曲家たちもバレエ作品で用いており、またグランド・オペラでは管弦楽法の面で重要な役割を担っているが[27]、ロシアのバレエ作品においてハープのソロが頻繁に用いられたのは、19世紀後半のマリインスキー劇場にドイツ人の技巧派ハープ奏者が在籍していたためとされている[28]。

グノーのオペラ作品では、他にも1854年初演の《血まみれの修道女》や、1862年初演の《シバの女王》などにバレエシーンがあり、また《ロメオとジュリエット》では《ファウスト》と同様に、1888年にオペラ座での初演が行われた際にバレエシーンが追加された。しかし、バレエシーンの音楽がコンサート・ピースとして今日でも単独で演奏されるのは、《ファウスト》のみであろう。ペルティエ時代のオペラ座で上演されたグランド・オペラ作品全体を見ても、バレエ音楽が今日でも広く親しまれている例は、それほど多いわけではない。

ただし、ヴェルディの場合は例外といえよう。イタリアで初演された自身の作品がオペラ座で上演される際、ヴェルディは、オペラ座からの要請によってバレエ音楽を追加した。また、オペラ座からの委嘱で作曲された《シチリア島の夕べの祈り》（1854年初演）の場合は、始めからバレエシーンを含んでいる[29]。ヴェルディ自身は、オペラの中にバレエを挿入するオペラ座の

---

[27] グランド・オペラの管弦楽法に関しては、岡田安樹浩氏の論考を参照のこと。
[28] Matthew Naughtin, *Ballet Music: A Handbook,* Maryland (Rowman & Littlefield Publishers) 2014, p. 140.
[29] ヴェルディのバレエ音楽については、舞踊研究者のクヌード・ユルゲンセンによって包括的な研究が行われた。その成果は彼の著書『The Verdi Ballets』に纏められている。Knud Arne Jürgensen, *The Verdi Ballets,* Parma (Istituto Nazionale di Studi Verdiani) 1995.

第 4 章　サル・ル・ペルティエ時代のオペラ座におけるグランド・オペラとバレエ

習慣を快く思っておらず、しぶしぶ要求に従ったが、《アイーダ》や《オテロ》、《ドン・カルロス》といった、ヴェルディの代表的なオペラ作品のバレエ音楽は、演奏会の曲目としても人気が高い。

　なお、20世紀にヨーロッパとアメリカで活躍した振付家、ジョージ・バランシンは、《ファウスト》のバレエシーンの振付を数回行っており、1975年にパリ・オペラ座で上演されたプロダクションでも、バレエ団が踊るバレエシーンの振付を担当した。その後、このバランシンの振付は、《ヴァルプルギスの夜》という独立したバレエ作品としてニューヨーク・シティ・バレエ団がレパートリーに取り入れ、今ではオペラ座バレエ団など、他のカンパニーでも踊られる作品となっている。

おわりに

　1875年にオペラ座がガルニエ宮に移転すると、バレエ団は次第に停滞期に陥り、ロマンティック・バレエの興隆とともにあったサル・ル・ペルティエ時代の輝きは失われていった。オペラとバレエを一晩で上演する習慣は1910年代まで続くことになるが、《悪魔のロベール》などのグランド・オペラの代表作も、19世紀から20世紀初頭にかけての時期に、オペラ座のレパートリーから外れていく。

　サル・ル・ペルティエ時代のオペラ座で自身の作品を上演された作曲家にとって、グランド・オペラのバレエ音楽は、自身の芸術性を存分に発揮するものではなかったかもしれない。パントマイムの理解を促すような擬音的な音楽や、4小節フレーズの振付を念頭に置く音楽を書くことは、創作上の制限にもなっただろう。

　しかし、伝統的にバレエを重視してきたフランス、そしてオペラ座にとって、グランド・オペラのバレエシーンは、劇場の独自性として欠かせない要素だったのである。それはすなわち、グランド・オペラという作品ジャンルの独自性でもあった。その点で、グランド・オペラのバレエ音楽は、このジャンルを考察するうえで決して無視することのできない要素といえるのである。

第5章　グランド・オペラとピアノ編曲
―― 19世紀市民社会におけるオペラの流通

上山　典子

はじめに

　この時代〔19世紀前半〕は、オペラ普及の急速な拡大期にあたる。演奏者にとって、オペラの完全な楽譜を入手する第一の物理的手段がヴォーカル・スコアや（フランスでは）オーケストラ・スコアの印刷譜になってきた一方、それよりもはるかに大きな市場がオペラ編曲の出版物周辺で興ってきた。特にイタリアとフランスでは、世紀半ば頃の人気オペラに対して驚くほど多種多様な編曲が作られた――声とピアノ、ピアノ独奏、ピアノ4手用、様々な楽器とピアノ、ほかの（思いもよらない）編成、そしてファンタジーや「追想」といったより創造的なジャンルも多くあった。これらはみな、私的サロンにおいて、いや実際にはアマチュアがピアノやそのほかの楽器を演奏できる場所ならどこででも、オペラがレパートリーの中心的位置にあったことを示している。[1]

　貴族の特権階級に基づくシステムから大衆の支持に基づくシステムへと徐々に、しかし抜本的な転換を遂げた19世紀前半のオペラ制作のあり様に注目するロジャー・パーカーの論文「オペラ産業」(The Opera Industry)は、音楽界ならびにその周辺で勃興した巨大市場を、当時の音楽文化史的コンテクストに沿って読み解く。そしてその中で、オペラが劇場内にとどまらず、編曲という媒体を介してより広範囲に普及するに至った実態を指摘している。

---

(1) Roger Parker, "The Opera Industry", in Jim Samson (ed.), *The Cambridge History of Nineteenth-Century Music,* Cambridge (Cambridge University Press) 2001, p. 89.

第5章　グランド・オペラとピアノ編曲

　本章は、1830〜40年代の音楽界を象徴し、かつブルジョワ市民階級の勃興と密接な関係にあったグランド・オペラの「編曲」に注目する。グランド・オペラは19世紀前半のパリ・オペラ座を中心に大流行した壮大華麗なオペラの総称で、その人気と影響力がヨーロッパ中に及んだことは、各地の劇場における空前の上演回数と期間のほか、音楽雑誌や新聞紙面を賑わせたオペラ関連記事の多さからも容易に推測することができる。しかしこれらのオペラは原曲としてだけでなく、いやむしろ原曲を遥かに凌ぐ数の編曲を通して、家庭、演奏会、サロンなど社会のあらゆる場で大量に消費されていた。オペラ編曲は19世紀音楽文化の中心に位置し、市民階級の音楽生活にとって欠くことのできない役割を果たしていたのである。

1　19世紀と音楽文化

　18世紀後半の古典派と19世紀ロマン主義の時代は、音楽史的に類似性（あるいは連続性）が強く、時代を特徴づけるジャンルの多くを共有する。しかし歴史的には啓蒙主義の18世紀と対立するこの新しい世紀、音楽美学や思想、精神性には明らかな変化がみられるようになった。その根幹は理性を徹底した合理主義への反動であり、感情や直感、強烈な表現力と創造力を重視する絶対主観主義の姿勢であった。そして創作には、調和のとれた形式や普遍的規範よりも、強烈なオリジナリティーが求められるようになった。

　また、無限の彼方や未知なるものへの憧れを特徴とするロマン的傾向は、あらゆる芸術分野の中でも、音楽にもっとも強烈に示された。例えばドイツでは世紀初頭以降、ことばを用いない純粋器楽、特に交響曲のジャンルに高い美的地位が与えられ、器楽優位の思考としていわゆる絶対音楽の理念が生まれた[2]。それは非物質的な音素材で無限なものを表現する芸術であり、天

---

(2) 概念も、対象も、目的も持たないという「絶対音楽」の理念は、「それ自体で完結した作品、それ自体で十分な作品という概念を出発点とする芸術哲学」で、19世紀ドイツ音楽界における美的パラダイムとなった。Carl Dahlhaus, *Die Idee der absoluten Musik*, Kassel (Bärenreiter) 1978, p. 10.（邦訳：カール・ダールハウス『絶対音楽の理念』杉橋陽一訳、シンフォニア、1986年、10頁）

才の所業にふさわしい崇高な創造行為とみなされた。同じくロマン的言語で語るピアノ曲も、無限の憧憬を呼び起こす詩的音楽、無言歌として愛奏された。一方のフランスでは、18世紀を通して確立された音楽最高のジャンルとしてのオペラが依然として不動の地位にあり、1830年頃にはロマン主義時代にふさわしいグランド・オペラが花開いた。

　こうしたロマン主義の精神に特徴づけられる19世紀は、近代音楽史の幕開けとみなされる。18世紀までのほとんどの音楽家は宮廷や教会などに雇われる身だったが、フランス革命以降、社会における音楽家の地位と立場は大きく変化した。この変化はやがて、音楽と大衆との関係にも明白に表れるようになり、市民階級の趣味や動向が日々の音楽文化を形成するようになっていった。このような近代的音楽生活の象徴が、都市部を中心に日常的に開かれるようになった公開演奏会である。

　芸術音楽が市民階級にも普及するようになったこの時代、入場料を受け取る演奏会には不特定多数の聴衆が集まるようになった。音楽家には時代の流行や人々の嗜好に合わせた工夫が求められ、名人芸的な演奏が絶大な人気を集めた。その先駆的存在が、大衆はもちろんのこと、多くの音楽家たちにも衝撃を与えたヴァイオリニスト、ニコロ・パガニーニである。そしてそのパガニーニに触発されてピアノ界のパガニーニを目指し、彼に勝るとも劣らぬ効果で世間を熱狂の渦に巻き込んだフランツ・リスト、国際的に活動するピアニストの先駆けとなったフリードリヒ・カルクブレンナー、超絶技巧のピアノ演奏でリストと人気、名声を分かち合ったジキスモント・タールベルクなど、高度な技巧で人々を魅了するカリスマ的なヴィルトゥオーソ・ピアニストが相次いで誕生した。

　こうしたピアニストたちの活躍により、19世紀前半には近代的リサイタルのシステムが確立したが、演奏会のプログラムは現代とは大きく異なっていた。例えば、1830〜40年代にヴィルトゥオーソ・ピアニストとしてヨーロッパ中を駆けめぐったリストの演奏曲目を見てみると[3]、ピアノのためのオリ

---

(3) ピアニストとしてのリストの演奏曲目については、セルジュ・ギュットが整理したきわめて詳細な「演奏曲目一覧（1811〜86年）」(Serge Gut, *Franz Liszt*, Sinzig [Studio

ジナル曲はわずかで、およそ8割が編曲で占められていた。人気上位は、いずれもリスト自身が手がけた同時代のオペラ編曲やフランツ・シューベルトの歌曲編曲である。もちろんこの時代には、そのリストをはじめとする天才作曲家が次々と現れ、数々のオリジナル作品を生み出していた。しかし19世紀前半、市民階級が主な聴衆となった会場で人々を熱狂させた演奏曲目は、少なくとも数の上では、オリジナル曲よりも編曲が圧倒していたといえるだろう。

　一方、音楽は大規模なコンサート会場だけでなく家庭やサロンなどの空間でも鳴り響き、家族や客人の愉しみのためのピアノ曲や歌曲のジャンルが人気を得た。こうした市民音楽の流行は楽譜出版業の急速な発展をもたらし、ピアノを保有する裕福な家庭の子女や音楽愛好家向けのピアノ曲（性格的小品、練習曲、連弾曲、歌曲編曲など）が大量に出回った。ヨーロッパ音楽文化の発信地から遠隔の地に至るまで、人気作曲家による流行りの音楽が楽譜という媒体を介して、遍く、しかも比較的手ごろな値段で届けられるようになったのである。

　また、オペラ劇場や演奏会における最新の動向を人々に伝える音楽雑誌の出版も盛んになり、音楽批評、音楽ジャーナリズムの分野も確立された。ブルジョワ市民が主な読者層となった定期刊行物は、都市によって多少の差はあるものの、演奏会レビューやオペラ関連の記事に多くの紙面を割いた。特にパリにおいては、注目オペラの初演に対して20〜30もの個別記事が掲載されるのが常だった[4]。

1）編曲の流行

　このように、19世紀の市民音楽文化は新たな市場を次々と生み出し、音楽を介した経済活動を活性化させた。ここで、市民社会に解放された近代音

Verlag] 2011, pp. 699-793）を、また特にイングランド・ツアーに関してはウィリアム・ライトの「付録B」（William Wright, *Liszt and England*, Hillsville/New York [Pendragon Press] 2016, pp. 265-273）を参照した。
(4) Parker, "The Opera Industry", p. 89.

楽生活の特筆すべき現象であるブルジョワ層の台頭、公開演奏会の日常化、ヴィルトゥオーソ・ピアニストの誕生、そして楽譜出版の興隆など、いずれの現象とも密接な関係があるものとして、「編曲」の存在に注目する必要が出てくる。

実際、19世紀は西洋音楽史上、編曲がもっとも盛んに作られ、流通し、消費された時期である。多種多様な演奏形態の編曲が作られ、楽譜出版業の拡大とともに、市場には無数の編曲譜が出回った。なかでも楽器の改良と普及、ヴィルトゥオーソ・ピアニストの登場、公開演奏会の発達に音楽サロンの興隆といった様々な社会文化史的要因を背景に、この黄金期を支えたのは明らかにピアノのための編曲だった。そして、親しみやすい旋律や人気の場面に基づくオペラ編曲（いわゆる原曲に「忠実」な編曲よりも、華麗なパラフレーズ、ファンタジー、変奏曲など）は、その花形だった。

世紀初頭、こうした編曲の第一の大義には、原曲の形で聴くことのできない同時代の曲をより多くの人々に届ける作品の普及が挙げられたが、やがてそれは当初の目的とはかならずしも関係なく、ピアニストにとっては演奏会やサロンで欠くことのできないレパートリーとなった。また、原曲を上回る勢いと幅広さで社会に供給された編曲の印刷譜は、家庭にピアノを所有する音楽愛好家やブルジョワ階級の楽譜購買意欲に応える市場の人気商品になった。

大衆向けの編曲が大量に生産された結果、編曲者の名前さえ不明の、決して質の高くない楽譜が氾濫したことも事実であった。しかしオペラ編曲は編曲者、楽譜出版業者、そして楽譜購入者、すなわち供給者・流通業者・需要者のすべてに利をもたらす市民社会の一大人気商品であり、当時の音楽家にとって、その作成に従事することは不可避であり、時代の使命でもあった。

2）グランド・オペラと編曲

七月王政期の記念碑的ジャンル、グランド・オペラは、パリのオペラ座を出発点に、ヨーロッパ中の舞台、音楽、美術を圧倒し、ひいては文化、人々をも支配した。なかでもその典型とみなされる《悪魔のロベール》は驚異的な人気を博し、1831年のオペラ座初演以降、1893年までの60年余りにわた

りほとんど休みなく 758 回も上演され、オペラ上演史上空前の大ブームを巻き起こした[5]。また翌年には早くもロンドン、ベルリン上演を開拓すると、以降は破竹の勢いで、ウィーン、プラハ、フィレンツェ、サンクト・ペテルブルク、ジェノヴァ、マドリードなどヨーロッパ主要都市の舞台を征服し、《悪魔のロベール》とその作曲者ジャコモ・マイヤベーアはあの「ロッシーニ旋風」に匹敵する、そして時期的・地域的広がりの観点からはそれを遥かに凌ぐ成功を収めた。

　もちろんマイヤベーアの当時の評判は、この 1 作に頼るものではない。1836 年の初演以降、第二次世界大戦まで定番レパートリーの地位を確保し、オペラ座で 800 回以上も上演された《ユグノー教徒》は[6]、彼の最高傑作と謳われる。そして《預言者》もまた、1849 年の初演以降何十年にもわたり、国内外のあらゆる主要劇場のレパートリーであり続けた[7]。こうしたグランド・オペラの隆盛は、パリこそがオペラ文化の中心地であることを知らしめるとともに、マイヤベーアをヨーロッパ随一の人気オペラ作曲家に認定するものとなった。プロイセン・アカデミー会員やフランス学士院会員としての栄誉、各国で授与された名誉の数々は、当時の誰をも、マイヤベーアが国際的なオペラ作曲家として不朽の名声を得たものと確信させた。

　では、19 世紀の音楽文化を牽引したグランド・オペラの主要な観客は、一体どのような人々だったのだろうか。公開演奏会が一般化した 1830 年代だが、音楽、美術、演劇などの総合芸術として上演に多数の人員を要する豪奢なオペラは、依然として一般市民には縁遠いジャンルであった。この時期、新しい聴衆の開拓と取り込みに熱心だったオペラ座には、確かに半世紀前では考えられなかった市民階級が大量になだれ込むようになっていたが、それでも、観客のほとんどは、「貴族ではないとしても、社会的特権階級であっ

---

(5) Robert Ignatius Letellier, *Meyerbeer's 'Robert le Diable': The Premier Opera Romantique*, Newcastle (Cambridge Scholars Publishing) 2012, p. 111.
(6) M. Elizabeth C. Bartlet, "Grand Opéra", in *New Grove Dictionary of Music and Musicians*, 2nd ed., vol. 10, 2001, pp. 292-293.
(7) Matthias Brzoska, "Meyerbeer, Giacomo", in *New Grove Dictionary of Music and Musicians*, 2nd ed., vol. 16, 2001, p. 573.

たことは否めない」[8]。彼らは（少なくとも表面上は）18世紀の宮廷文化さながら、貴族風の品位と権力を保持し続けており、パリに限らずオペラ劇場というものは、こうした階級の「社交の場」とほとんど同義語であった。労働者階級はもちろんのこと、中産階級であっても、すべての人々がオペラ劇場に気軽に足を運べるようになったわけではなかった。

　加えて、オペラの上演は圧倒的に大都市で行われていた。つまり、贅の限りを尽くした演出でグランド・オペラを上演できるのは豪華絢爛な大劇場に限られており、ヨーロッパ全地域の人々がオペラ座やスカラ座、そのほか各地の宮廷劇場に集ったわけではなかった。大規模で華やかな最新のグランド・オペラを日常的に堪能していた紳士淑女とは、依然として存在した特権階級や亡命貴族、そして産業や商業の発展で大成功を収めた都市部のブルジョワ最上層だったのである。

　だからといって、19世紀ヨーロッパの文化現象ともいわれるグランド・オペラが、一般市民階級に馴染みのない存在だったわけではない。パーカーは次のように指摘している――「都市の劇場で公開上演されるオペラが、こんにち的な意味合いで『一般的な』（popular）楽しみとは決して呼ばれえないが、しかしこの時代〔19世紀前半〕、劇場での普及が示すよりも、はるかに幅広い現象となっていた」[9]。その現象を可能にしたものとは、パロディーや改作を含む舞台演劇[10]、そしてヨーロッパ中に広まった無数の「編曲」であった。たしかに、社交の場としてのオペラ劇場に集ったのは貴族や都市の新興ブルジョワ階級だったものの、多くの一般市民は原曲オペラの片鱗に触れる機会を、演奏会ホールや家庭で響くピアノのための編曲を通して得て

---

(8) David Charlton, "The Nineteenth Century: France", in Roger Parker, (ed.), *The Oxford Illustrated History of Opera*, Oxford/New York (Oxford University Press) 1994, p. 138.（邦訳：デーヴィット・チャールトン「19世紀：フランス」ロジャー・パーカー編『オックスフォードオペラ史』所収、大崎滋生訳、平凡社、1999年、166頁）
(9) Parker, "The Opera Industry", p. 89.
(10) マイヤベーアの《悪魔のロベール》から派生したブールヴァール演劇とその波及効果については、以下の論文が詳しい。Mia Tootill, "From the Boulevard's to the Opéra and Back Again: Meyerbeer's 'Robert le diable'", in Mark Everist (ed.), *Meyerbeer and Grand Opéra from the July Monarchy to the Present*, Turnhout (Brepols) 2016, pp. 57-77.

いた。オペラ編曲は日常的にオペラ劇場に通うことはできない、あるいは都市の劇場とは縁遠い市民階層に、日々の音楽生活を豊かに彩る「一般的な」楽しみを提供するものだったのである。

しかし、ピアノ1台で演奏する編曲が、音楽、台本、演出、舞台、衣裳、合唱、バレエなど様々な芸術の集大成であり、上演においては「ビジュアル効果」が作品の評価に大きな影響を与えるグランド・オペラの代替になりえたのだろうか。例えば、豪華な衣裳と壮大な舞台美術、ガス灯をはじめとする前代未聞のハイテク装置など、多額の経費を費やしたスペクタクルな演出で観客を魅了した《悪魔のロベール》は、聴くだけでなく、見なくてはならない劇的でロマン的な大オペラである。

そこで登場したのが、いわゆるピアノ譜としての編曲ではなく、「オペラ・ファンタジー」、「オペラ変奏曲」、そして「追想」(Réminiscences) や「挿絵」(Illustrations) といった、新しい時代の新しい手法によるオペラ編曲だった[11]。それは音符対音符の単なる置き換えではなく、原曲を創造的に扱い、様々なレベルの奏者と演奏シーンを想定して作られた、19世紀ブルジョワ市民音楽文化の産物だった。アマチュア奏者向けの編曲は市民階級の家庭で大量に消費される一方、超絶技巧を要する編曲は、多くの場合、編曲者自身が演奏会で披露し、会場を大いに盛り上げた。このように、オペラ編曲は原曲を凌ぐほどの勢いでヨーロッパ中に広がり、オペラ座の聴衆にはならなかった市民階層にまで浸透してゆくことになった。編曲の素材となった原曲のほとんどは同時代の大人気オペラだったことから、こうした編曲は当時の劇場レパートリー、人々の趣味を直接反映するものだったといえるだろう。

2　オペラ編曲の普及

次に、ヨーロッパ音楽界を席巻したグランド・オペラの編曲の普及状況を

---

[11] リストが自身の編曲に付与した「追想」、「挿絵」、「パラフレーズ」、「トランスクリプション」といった名称それぞれの概念と区別については、それ自体きわめて大きなテーマとなることから、本章では議論しない。

概観する。原曲を凌ぐ数と勢いで出回った編曲が、様々な人々の音楽生活を豊かに彩っていた様子が見えてくるだろう。

1）公開演奏会と編曲

各地で旋風を巻き起こしたグランド・オペラは、都市のオペラ劇場での上演のほか、ヴィルトゥオーソ・ピアニストたちによる編曲を介してさらに広範囲の、より多様な階層の人々にも届けられた。まさにこのグランド・オペラ全盛期の1830～40年代、ピアニストとしてヨーロッパ中を舞台に演奏旅行を繰り広げたリストは、王侯貴族、ブルジョワ階級、そして一般市民にもオペラ編曲の演奏を届けていった。1839～47年の間だけでも1,000回以上にのぼった公開リサイタルでの演奏を念頭に、リストがピアニスト時代に完成させたオペラ編曲は以下の通りである。

表1 「ピアニスト時代のリストによる主なオペラ編曲」（完成年順）

原曲の作曲家	編曲タイトル	完成年	出版年
オベール	《許婚のティロリエンヌによる大幻想曲》	1829	1829
アレヴィ	《ユダヤの女追想》	1835	1836
ドニゼッティ	《ランメルモールのルチアの行進曲とカヴァティーナ》	1835/36	1841
ドニゼッティ	《ランメルモールのルチア追想》	1835/36	1840
ベッリーニ	《清教徒追想》	1836	1837
マイヤベーア	《ユグノー教徒の主題による大幻想曲》	1836	1837
ベッリーニ	《ヘクサメロン》	1837	1837
ロッシーニ	《ギヨーム・テル序曲》	1838	1842
ベッリーニ	《夢遊病の女の動機による幻想曲》	1839	1842
ドニゼッティ	《ルクレツィア・ボルジア追想》	1840	1841
マイヤベーア	《悪魔のロベール追想》	1841	1841
ベッリーニ	《ノルマ追想》	1841	1844
モーツァルト	《ドン・ジョヴァンニ追想》	1841	1843
ドニゼッティ	《ルチアとパリジーナの動機によるカプリッチョ風ワルツ》	1842	1842
オベール	《ポルティチの物言えぬ娘のタランテラ》	1846	1847
マイヤベーア	《［悪魔のロベールより］カヴァティーナ》	1846	未出版

第5章　グランド・オペラとピアノ編曲

　なかでも1841年に相次いで完成した《悪魔のロベール追想》、《ノルマ追想》、そして《ドン・ジョヴァンニ追想》はいずれも独創的な傑作であり、各地の演奏会で欠かせないレパートリーとして活用された。原曲オペラの初演年や人気・知名度を考えると、これらの編曲作成が原曲の普及を第一の目的としたものでないことは明らかである。それは間違いなくリスト自身の演奏レパートリー用であり、事実、きわめて高度なヴィルトゥオーソ作品となっている。しかし「こうした編曲は、リストが作曲家としての能力も持ち合わせていることを世間に認知させる役割も果たしていた」(12)と指摘されるように、オペラ編曲が有する表面的華やかさと創造的で豊かな音楽性が並存しうることを示している。

　ここで、リストの演奏会曲目に注目していこう。《悪魔のロベール追想》は1841年3月27日、パリ、エラールのサロンで、1席20フランという、当時としては「とてつもなく高い、まったくもって普通ではない」入場料の演奏会で初演された(13)。プログラムは《ギヨーム・テル序曲》で開始し、《ランメルモールのルチア追想》、シューベルトの歌曲編曲《セレナード》と《アヴェ・マリア》、ピアノ・オリジナル曲として《マゼッパ》と《半音階的大ギャロップ》が続き、完成したばかりの《悪魔のロベール追想》で締めくくられ、大興奮と鳴りやまぬ拍手で大成功を収めた(14)。およそ2週間後の4月13日にもリストはほぼ同じプログラムで演奏会を行い、人々の熱狂は再び最高潮

---

(12) Jonathan Kregor, *Liszt as Transcriber*, Cambridge (Cambridge University Press) 2010, p. 111.
(13) Gut, *Franz Liszt*, pp. 102-103. この入場料に関して、『ルヴュ・エ・ガゼット・ミュジカル』は演奏会の6日前に、強烈な皮肉を呈していた——「リスト氏は3月27日に演奏会を計画しているという。リストは独りで演奏し、1席は20フランだという。そこには我々の同業者が常軌を逸している、と判断する2つの事実がある。我々はリスト氏が考え直し、演奏会が通常の状況下で開催されることを期待しよう」(p. 103n. より)。
　井上さつきは、1830年代のパリで、無名ピアノ教師のレッスン料（45～60分）は5フランが相場だった一方、ショパンは「当時としては非常に高額」の20フランを受け取っており、1日に5名指導した場合、現代の邦貨でおよそ10万円の収入を得ていた、と指摘している（今谷和徳、井上さつき『フランス音楽史』、春秋社、2010年、292頁）。この記述を参考にすると、リストの入場料20フランは、現代の邦貨でおよそ2万円と推測される。
(14) Gut, *Franz Liszt*, p. 103.

第Ⅰ部　グランド・オペラという音楽の世界

に達した。

　さらに、4月25日の「ベートーヴェンの記念碑建立の資金集めのための演奏会」は、エクトール・ベルリオーズの指揮で、ピアノ協奏曲第5番変ホ長調をはじめとするオール・ベートーヴェン・プログラムで構成されるはずだった。しかし演奏会の最後に聴衆が熱望したのは《悪魔のロベール追想》で、リストがそれに応じたことは、ちょっとした物議を醸す事態となった[15]。

　こうしたオペラ編曲がプログラムの骨格を占める演奏会は、グランド・オペラの中心地に限ったことではなかった。それらがドイツでのコンサートでも重要なレパートリーであったことは、マイケル・サフルの研究によっても実証されている。1840～45年の間にドイツで行われたリストの演奏会レパートリーを調査したサフルの統計[16]によると、上位10曲のうち8曲が編曲で、そのうち6曲がオペラ編曲、2曲がシューベルトの歌曲編曲[17]だった。演奏頻度第1位はリストのショーピース《半音階的大ギャロップ》で、約70回にのぼった。第2位は1838年に編曲した《魔王》で、65回以上登場していた。そして以下は、華麗なオペラ編曲が続く――第3位《ドン・ジョヴァンニ追想》55回以上、第4位《悪魔のロベール追想》50回以上、第5位《ランメルモールのルチア追想》40回以上、第6位《ギヨーム・テル序曲》約40回、第8位《清教徒追想》35回以上、第10位は《ヘクサメロン》で30回以上演奏されていた。

　都市別で見てみると、のちにリストが宮廷楽長に就任することになるヴァイマルでも、プロイセン王国の首都ベルリンでも、プログラムの中心は《ヘ

---

[15] 『ルヴュ・エ・ガゼット・ミュジカル』（5月2日付）や、聴衆として居合わせたワーグナーによる記事を掲載した『ドレスデン・アーベントツァイトゥング』（5月5日付）などが報じた。

[16] Michael Saffle, *Liszt in Germany. A Study in Sources, Documents, and the History of Reception*, Stuyvesant/N.Y. (Pendragon Press) 1994, p. 187.

[17] リストは1833～46年（その大部分が38～40年）の間に、シューベルトのリート合計55曲をピアノ2手用に編曲した。これらはリストの重要な演奏レパートリーとして活用されただけでなく、依然ウィーン以外の地でほとんど知られていなかった原曲者の名声促進にも貢献した。さらには、（シューマンをも慄かせた高度な演奏技術の要求にもかかわらず）音楽愛好家向けの楽譜販売が大成功し、各地の出版社に大きな利益をもたらした。

クサメロン》、《魔王》、《ドン・ジョヴァンニ追想》、《ギヨーム・テル序曲》、《悪魔のロベール追想》、《半音階的大ギャロップ》だった。1841年末から2か月にわたる伝説的なベルリン・ツアーの初回、12月27日にジングアカデミーでの演奏会に出向いた同地の名士カール・アウグスト・ファルンハーゲン・フォン・エンゼは、会場が猛烈な喝采に包まれたこと、そしてボックス席の国王ヴィルヘルム4世をはじめ、王国の貴族たち、マイヤベーア、フェリックス・メンデルスゾーン、ガスパーレ・スポンティーニ、音楽批評家のルートヴィヒ・レルシュタープらが聴衆として居合わせたことを記録している[18]。このベルリンでリストが巻き起こした旋風と熱狂の渦は、ハインリヒ・ハイネによって呈された「リストマニア」(Lisztmania) の用語で知られる。

　海を越えたイギリスでもこの傾向は変わらず、1840年代、同地では少なくとも《半音階的大ギャロップ》、《ヘクサメロン》、《悪魔のロベール追想》、《ランメルモールのルチア追想》、《ユグノー教徒》、《ノルマ追想》がレパートリー化されていた。

　リストのオペラ編曲はマルセイユの港から運ばれてきたボワスロ社のピアノを通して、イベリア半島にも届けられた。1844年10月22日、33歳の誕生日にマドリードに到着したリストは同地で4度の演奏会を開催し、再び大成功を収めた。プログラムはもっぱら《ドン・ジョヴァンニ追想》、《ノルマ追想》、《清教徒》、そして《半音階的大ギャロップ》で構成されており、即興演奏も行われた。翌年初頭、リスボンに移動したリストは12回の演奏会に登場し、華やかなオペラ編曲で人々を魅了した。

　このように、ヴィルトゥオーソ・ピアニスト時代の演奏曲目は、リスト自身が手がけたオペラ編曲がすべての中心だった。同じ都市で複数回行われる演奏会シリーズの場合、各回の演奏曲目は多少変更されていたが、オペラ編曲はかならず演奏されており、なかでも《ドン・ジョヴァンニ追想》、《悪魔のロベール追想》、《ノルマ追想》、《ランメルモールのルチア追想》、《ヘクサメロン》、《ギヨーム・テル序曲》から複数曲が、ほぼ例外なく取り入れられ

---

(18) Gut, *Franz Liszt*, p. 83.

第 I 部　グランド・オペラという音楽の世界

ていた。さらに、アンコール曲の定番は、ブラヴーラの典型といわれるリストの《半音階的大ギャロップ》だったが、《悪魔のロベール追想》が追加されることもしばしばだった。当時の聴衆の人気を背景に、オペラ編曲は演奏会レパートリーとして不可欠の位置、そして不動の地位にあり、リストが演奏会に登場するたびに、これらの曲はさらに多くの人々の耳に届けられていった。

　実際、どれほどの聴衆がリストのオペラ編曲を耳にしたのだろうか。1841年7月上旬にハンブルクで行われた北ドイツ音楽祭の聴衆は4,000人以上、翌年4月に行われたサンクト・ペテルブルクの演奏会でも、貴族協会の大ホールに駆けつけた聴衆はおよそ3,000人にのぼった。マドリードでのコンサートは、「いまだかつてピアニストがソロの演奏会を開催したことはなかったほどの大劇場」というテアトロ・シルコで、1公演あたり2,000フランの巨額出演料で開催された[19]。そのほかパリのイタリア座、ベルリンのジングアカデミー、ヴァイマル宮廷劇場、ウィーン楽友協会ホールなどいずれの会場でも、《悪魔のロベール追想》をはじめとするグランド・オペラの編曲が演奏された。リストの演奏会は通常ではオペラ上演やオーケストラの公演を行うような大劇場で行われることもしばしばで、聴衆が1,000人を超えることも珍しくはなかった。例えばフレデリック・ショパンがまさに同時期に、パリ・サロンの親密な社交空間で行っていたような「限定された」客人向けの演奏会とは、層も数もまったく様相が異なっていたのである。

---

(19) Alan Walker, *Franz Liszt: The Virtuoso Years, 1811-1847*, Ithaca (Cornell University Press) 1987, p. 409.
　なお、注(13)で参照した井上『フランス音楽史』を参考にすると、2,000フランは現代の邦貨でおよそ200万円と類推される。当時、リストのこうした演奏会のマネジメント兼秘書を一手に引き受けていたのは、パリを拠点に活動していたガエターノ・ベローニで、演奏会関連の報酬は基本的にフランでやり取りされていたと思われる。後に、50歳の誕生日を前に1861年に綴った遺言で、リストはベローニの献身的な働きに対して感謝の念を示すとともに、音楽的理想を共有する彼を「新ドイツ派」の同志ともみなしている。

2）編曲譜の出版

　パリ、そしてヨーロッパ中の人々を虜にしたグランド・オペラだが、その現象を支えたものとしては、各地のオペラ劇場における上演や、ヴィルトゥオーソ・ピアニストによるオペラ編曲の演奏に加えて、享受の時と場所を制限しない「編曲譜」の存在も見逃せない。リストのオペラ編曲は前掲の表1の通り、完成から数年内にほぼ例外なく出版されていた。もちろん、リスト以外の当時の有名・無名音楽家による編曲も、次々と市場に投入された。

　なかでも《悪魔のロベール》を素材とする編曲は原曲オペラの初演直後から出版され続け、19世紀末までには相当の数にのぼった。原作に対してどれほど多くの編曲が作成され、どれほど広く出回るかは、その作品の人気のバロメーターであり、オペラ《悪魔のロベール》の前例のない成功は当時出回った編曲の並はずれた数にも表れている。ロベール・ルトゥリエは、1831年の初演から半世紀の間に、《悪魔のロベール》のいずれかの部分に基づく編曲が160以上も作成されたと指摘している[20]。編曲の音楽的内容には言及せず、内80人程度の編曲者名を列挙するにとどまっているが、そこにはショパン、リスト、ヨハン・シュトラウス1世と2世のほか、カール・チェルニー、カルクブレンナー、タールベルクなど編曲常連者の名前が並ぶ。そして現在では二流音楽家としてほとんど忘れられた、しかし当時のサロンや編曲市場には欠かせない数多くのピアニスト兼作曲家たち、ジャック・エルツ、ヨゼフ・アッシャー、フェルディナント・バイエル、シャルル・フォス、フリッツ・シュピンドラー、フィリップ・ミュザールなどによっても、《ロベール》のファンタジーや変奏曲が大量に作成されていた。

　この中で、ルトゥリエが「並はずれた貢献」と評するリストの《悪魔のロベール追想》は、1841年秋にベルリンのシュレジンガー社から出版され、同年にはパリのシュレザンジェ社から、さらにはそのリプリント版がロンドンのチャペル社とパリのブランデュス社から相次いで出された。また、この1841年からそう遠くはない時期に、メンドリジョのポッツィ社、ミラノの

---

[20] Letellier, *Meyerbeer's 'Robert le Diable'*, p. 108.

リコルディ社と、そのリプリント版をルッカ社が出版した。編曲完成から1年余りで、リスト版《ロベール》はドイツ、フランス、イギリス、イタリアの主要地域を網羅したのである。

3) ピアノ・レッスンにおける編曲

　グランド・オペラの編曲は、ヴィルトゥオーソ・ピアニストたちがヨーロッパ全土で展開した膨大な回数にのぼるコンサート、そして同じく多くの音楽家が手がけ、ヨーロッパ中で流通した無数の出版譜に加えて、原曲オペラの最盛期を過ぎた19世紀後半には、ピアノ・レッスンの現場でも活用されていた。

　アウグスト・ゲレリヒは、リストが最晩年期にヴァイマル、ローマ、ペストの3都市で展開したほぼすべてのレッスンに、生徒兼秘書として随行した人物である。彼は1884年春からリストが亡くなる約1か月前の1886年6月までの2年余りの間に、レッスンで取り上げられた曲名とリストの指導内容を記録していた。レッスンでは生徒自身が演奏曲を選択するシステムだったが、ゲレリヒが記したのべ700曲近い曲目は、ピアノのオリジナル曲がおよそ4分の3、そして4分の1が編曲で占められていた[21]。

　これらを曲別に見てみると、もっとも多く取り上げられていたのは《悪魔のロベール追想》で計6回、そこに《ポルティチの物言えぬ娘のタランテラ》が計4回で続く。きわめて多様な曲が演奏されていたため1曲1曲の回数は多くないが、2年余りのレッスンで、1830～40年代のグランド・オペラの編曲は少なくとも延べ20回以上登場しており、若きピアニストたちにとっても重要なレパートリーになっていたことがわかる。

　また、注目すべきは生徒たちの演奏に対して、リストが驚くほど詳細な指示を与えているという点である。《悪魔のロベール追想》を例にとってみよう。その後世界的ピアニストとして活躍することになるモーリツ・ローゼンタールのレッスン（1884年6月18日、於ヴァイマル）では、第48、56小

---

(21) 拙稿「音楽文化史におけるリストのオペラ編曲」日本音楽表現学会編『音楽表現学のフィールド2』所収、東京堂出版、2016年、216頁。

節ほか類似箇所の第3拍、32分音符の「ピッコロ音を際立たせて」、という細やかな指摘を行い、テンポが変化する箇所ではその都度詳細な指示を与えていた(22)。

　リストはまた、生徒の演奏を聴く中で、新たなヴァリアントの提示も積極的に行っていた。ヨハン・セバスティアン・バッハやルートヴィヒ・ヴァン・ベートーヴェンの作品については、楽譜に「忠実な」演奏指示を基本としていた中で、オペラ編曲については型通りの演奏をむしろ避けるよう指導していたことが見てとれる。このことはピアニスト時代のリストが、これらの編曲をある程度即興的に演奏していた可能性を示している。例えばアウグスト・ストラダルのレッスン（1885年11月24日、於ローマ）では、「マルカートのセクション、第85〜95小節の第1拍までを二度演奏しなさい——最初はソット・ヴォーチェ（小さな音）で、二度目はメゾ・フォルテ（やや大きく）。第95小節第3拍〜99小節の第1拍までも二度ひきなさい」、という指示まで行った(23)。楽譜に記された音高よりも「オクターヴ高く」という指示は、複数回提示されている。ストラダルは後にピアニストとしてだけでなく、リストの交響詩やアントン・ブルックナーの交響曲、そしてリヒャルト・ワーグナー作品などの編曲家としても名を残すが、その源はこうしたレッスンで編曲に触れたことにあったのかもしれない。

3　《悪魔のロベール》の編曲

　ここで、19世紀の多くの人々にとってきわめて身近な存在だった編曲《悪魔のロベール》の音楽的内容に注目してみよう。当時のオペラ編曲はピアニスト自身の演奏会レパートリー用と、アマチュア奏者向け商品に大別される。また、もっとも一般的だったピアノ2手用のほか、4手用（連弾）、2台用、

---

(22) Richard L. Zimdars, trans., ed. and enl., *The Piano Master Classes of Franz Liszt, 1884-1886: Diary Notes of August Göllerich,* Bloomington (Indiana University Press) 1996, p. 45.
(23) Zimdars ed., *The Piano Master Classes of Franz Liszt,* p. 110.

第Ⅰ部　グランド・オペラという音楽の世界

ピアノとオーケストラ用、ピアノとそのほかの楽器用など、様々な編成の編曲も作られていた。

1）演奏会レパートリー用
リスト：《悪魔のロベール追想》と《カヴァティーナ》

　《悪魔のロベール追想》は、1841年3月27日にエラールのサロンで行われた初演の直前に完成した。リストのオペラ編曲は（意外にも）明確な形式を有することが多く、この曲も概ね3部構成（A1―B―A2）である。ロ短調の序奏部を経て、第3幕№10〈地獄のワルツ〉より悪魔たちの合唱が始まる。エピソードには優美な旋律のベルトランのワルツを挟み、〈地獄のワルツ〉が再帰する。

　中間部Bは、同じく第3幕№15から尼僧たちのバレエ（賭けごとの誘惑）となる。原曲は変ホ長調だが、《追想》の同主調にあたるロ長調に移調されている。尼僧とベルトランのワルツ双方の主題が同時に現れる箇所では、リスト独自のポリフォニックな作曲技法が見てとれる。またこの中間部はロ長調からニ長調、そしてニ短調に転調すると、長大な半音階進行を経て遠隔調の変イ長調に至り、再び半音階進行を経てロ長調に回帰するなど、調的な場面転換も華やかにそして巧みに行われる。

　最終部A2は再び〈地獄のワルツ〉を主体に、途中、第2幕№8〈フィナーレ〉から、騎士たちの合唱による勝利の行進曲がエピソードとして響く。この合唱の原曲はハ長調だが、リストは両端の〈地獄のワルツ〉を念頭に、ロ長調に移調している。その後、ワルツ旋律が3/8拍子から2/4拍子に変形したり、行進曲やベルトランのモティーフ断片が現れたり、テンポを加速させながらストレッタの結尾へと推進する[24]。

---

(24) リストが編曲の素材に選択した第3幕は、確かに、劇場での怪奇的・幻想的演出も手伝って、当時の聴衆に強い衝撃を与えた人気の場面だった。しかしそうした大衆趣味への迎合とは無関係に、リスト自身も作曲家として、この悪魔的なシーンに大いなる興味を抱いたのだろう。というのも、〈地獄のワルツ〉はその後リストが完成させることになる《死の舞踏》や一連の《メフィスト・ワルツ》（特に第1番）の素材と音楽語法に、明らかな影響を与えてもいるからである。

1846年になって、リストは第4幕No.18に基づく《カヴァティーナ》を編曲した。それは原曲をほぼ忠実になぞるものだが、調はヘ長調から半音上の嬰ヘ長調に変更されており、属七和音上で終わるうえに、終止線もない。また、リストの取り組みとしては非常に珍しく、出版もされなかった。リストの全ピアノ曲の録音を達成したレスリー・ハワード（1948-）はこの《カヴァティーナ》と《悪魔のロベール追想》の2曲を連続して演奏しているが、そのことは、前者が《追想》の前奏的役割を念頭に作られたとする彼の解釈を示している[25]。

タールベルク：《悪魔のロベールのモティーフによる幻想曲》op.6

タールベルクは生涯で60曲以上ものオペラ編曲を手がけたが、いずれもほとんど同じような手法と語法による。この《幻想曲》は1833年にウィーンのアルタリア社から、次いで1836年に（おそらくはそのリプリント版が）パリのシュレザンジェ社から出版された。

ハ短調を半音下に移調した序曲で開始し、その後はオペラの様々な場面の凝縮形が順不同で現れる。第5幕No.23の「三重唱」からロ長調の美しい旋律、第3幕〈地獄のワルツ〉、第1幕No.1のランボーによる〈バラード〉、そして途中、ほかの多くの音楽家が用いた第3幕のアリスの〈ロマンス〉や、ショパンも用いた第1幕No.2が次々と顔を出すなど、この《幻想曲》1曲で原作オペラを堪能できるような、しかしポプリ的な曲に仕上がっている。32分音符や三度の重音アルペッジョ、トレモロの多用、頻繁なテンポ変化による即興的性格の創出など、タールベルクのトレードマークが満載のヴィルトゥオーソ曲だが、彼の手にかかれば、楽譜上に記された音符以上の「創作」が追加され、一層華やかな効果が生み出されたに違いない。

2) アマチュア演奏者向けの編曲

「オペラ鑑賞は社交の場であった。［人々は］楽しみ、感動し、わくわくす

---

[25] *The Complete Liszt Piano Music,* Disc42 (CDS44542)、1993年録音、Hyperion発売。

ることを欲した。美しい歌手や、きれいな舞台装置、心躍る場面を見たがった。もし音楽が愉快で、口ずさんだり客間のピアノで弾ける程度にやさしければ、さらによかった」[26]。事実、当時作成され、市場に出回った編曲の圧倒的多数は、音楽愛好家のこうした要求に応える「やさしい」編曲だった。

ヨハン・ペーター・ピクシス：《悪魔のロベールによる劇的奇想曲》op.116

1830年代にパリのシュレザンジェ社から出版されたこの編曲は、第3幕のアリスの〈ロマンス〉「ノルマンディを離れる前に」の主題に基づく変奏曲で、原曲の変ロ長調が、短3度下のト長調に移調されている。この旋律は変奏主題として最適な素材で、ピクシス以外の多くの編曲でも用いられている。エピソードには大衆に人気の〈地獄のワルツ〉が挿入される。要求される技巧は決して最高難度ではないが、実際の技巧以上に華やかな効果が期待できることから、ある程度の演奏レベルにあるアマチュアの願望を満たす商品として、大いに人気を博したに違いない。

エミール・プリューダン：《悪魔のロベール幻想曲》op.38

パリを代表するピアニスト、教育者として活躍したプリューダンは、《悪魔のロベールの三重唱による幻想曲》op.20をはじめ、ガエターノ・ドニゼッティやヴィンチェンツォ・ベッリーニのグランド・オペラ編曲を数々手がけた。第4幕No.18のイザベルの〈カヴァティーナ〉ヘ短調に基づくこの《幻想曲》（1851年以前、パリのブランデュス社）は、明らかに、アマチュアに向けて作られている。結尾部分ではひたすら3和音のトレモロとオクターヴのユニゾンが続くなど、創造的な扱いはほとんど見られないが、曲全体に貫徹するサロン・ピース風の趣は、家庭での音楽の夕べをとりわけ優雅に演出したことだろう。

---

[26] James Harding, "Paris: Opera Reigns Supreme", in Jim Samson, (ed.), *The Late Romantic Era. Vol. 7: From the Mid-19th Century to World War I*, London (Macmillan), 1991, p. 105.（邦訳：ジェームズ・ハーディング「パリ：オペラの君臨」ジム・サムソン編『市民音楽の抬頭 後期ロマン派Ⅰ』所収、音楽之友社、1996年、122頁）

第5章　グランド・オペラとピアノ編曲

アンリ・クラーマー:《悪魔のロベールのメランジュ》

　この編曲は、1830〜40年代のグランド・オペラの編曲を中心に、1854年頃にブランデュス社から出版された『オペラの花』2巻シリーズの第1巻冒頭曲として収録された。そのタイトルの通り、原曲の様々な場面の「寄せ集め」（メランジュ）から成るポプリ的編曲である。『オペラの花』には他に、《夢遊病の女》や《預言者》など、当世人気オペラの編曲が含まれている。

シドニー・スミス:《悪魔のロベール劇的幻想曲》op.78

　アマチュア向けの編曲は、グランド・オペラの最盛期はもちろんのこと、その流行が減退した19世紀後半になっても作成され続けた。1870年にロンドンのアッシュダウン＆パリー社から出されたスミスの編曲は、第3幕№15から死霊の召喚、尼僧たちのバレエなど様々な場面を取り上げ、№11のロマンス主題に基づく変奏も展開する。260小節ほどの楽譜には強弱記号やペダル記号がふんだんに付けられており、家庭のアマチュア奏者をターゲットにした「やさしい」、しかし華麗な効果も期待できる編曲商品の代表例といえる。スミス自身、ライプツィヒ音楽院で学んだ後、故郷イングランドのサロンで大活躍した音楽家で、この編曲もそうしたサロンで親しまれていた可能性が高い。

3）2手用ピアノ以外の編成

アドルフ・フォン・ヘンゼルト:ピアノとオーケストラのための《演奏会用変奏曲——〈悪魔のロベール〉の「私がノルマンディを離れる前に」に基づく》op.11

　この編曲はピアノとオーケストラのために作られたが、独奏曲としても機能するような、ピアノ主体の協奏曲である。華麗なカデンツァによる序奏部を経て、主部は第3幕のアリスの〈ロマンス〉で、変ロ長調の主題提示に5つの変奏が続く。第1〜3変奏の手法は複雑ではなく、主題旋律が色濃く継承されているが、第4変奏はヴィルトゥオーソ的に、そして第5変奏は同じく技巧的ではあるものの、同種の音型が続く練習曲風の性格となる。続くア

ダージョのセクションは同主短調で開始し、結尾にカデンツァが置かれる。フィナーレでは主題旋律が明白に回帰し、技巧も易化する。曲全体を通して、変奏の技法は平凡で、技巧上の華やかさはあるものの、曲としての音楽的豊かさはそれほど感じられない。とはいえ、高い技術と演奏力で知られたヘンゼルト自身がこの編曲を演奏した際には、聴衆の大きな喝采を浴びたに違いない。

この編成はヘンゼルト自身のオーケストラ付演奏会を念頭にしたものだったと推測されるが、一般市民家庭の奏者をターゲットにした2手用と4手用（連弾用）の楽譜も出版されていた。2手用版では、華麗なカデンツァで開始する13小節の序奏部分がわずか1小節に縮小されるなど、表面的な華やかさが消し去られているが、「演奏者の随意に」と記されていることから、各人のレベルに応じた即興演奏が想定される。

アドルフォ・フマガッリ：《左手のための悪魔のロベール大幻想曲》op.106

ミラノ音楽院で学んだヴィルトゥオーソ・ピアニスト、フマガッリは、短い生涯の間に、ベッリーニやジュゼッペ・ヴェルディ作品などを題材とする多くのオペラ・ファンタジー、サロン・ピースを残した。なかでも「ピアノ界のパガニーニ」としてセンセーションを巻き起こしたのが、第3幕〈地獄のワルツ〉を左手のみで演奏するこの名人芸的な《大幻想曲》で、右手に葉巻を持ち、左手でピアノを演奏するフマガッリのカリカチュアが書かれたほどだった。

1855年に完成し、翌年ミラノのリコルディ社から出版された初版譜には、およそ15年前、〈地獄のワルツ〉に超絶技巧を盛り込んだ編曲の先人リストへの献辞が記された。フマガッリは同年、こちらも以前のリストと同じくエラール社とスポンサー契約を結んだが、27歳の若さで急逝した。

ショパン：《ピアノとチェロのための協奏的大二重奏曲》op.16

1831年11月の《悪魔のロベール》オペラ座初演に出向いたショパンは、翌年、チェロ奏者で後にパリ音楽院教授に就任するオーギュスト・フラン

ショームと出会い、《悪魔のロベール》に基づく《協奏的大二重奏曲》を合作した。現存する自筆譜から、ピアノ・パートはショパン、チェロ・パートはフランショームの筆跡と確認されている[27]。第1幕のアリスの〈ロマンス〉、第2幕の序曲、そして第5幕の三重唱からのテーマに基づくパラフレーズが優雅で幻想的な世界を作り上げる。ショパンの最高傑作には数えられないものの、繊細で優美な装飾法や、伴奏部であっても華やかで歌唱的なピアニズムは、ショパンが間違いなく1830年代のパリ・サロン界の寵児であったことを伝えている。実際、両者はこの編曲を「音楽の夜会」でしばしば演奏していたという。

おわりに

グランド・オペラの全盛期を中心にヨーロッパ中で作られたピアノのためのオペラ編曲は、19世紀の市民音楽社会に新たな市場を発生させ、生産、流通、消費の過程で様々な効果をもたらした。第1に、これらの編曲はヴィルトゥオーソ・ピアニストたちのプログラムの中心的地位を占めることになった。それは演奏の回数だけでなく、その演奏で聴衆を熱狂させるというコンサートの成功と彼らのピアニストとしての評判にも、きわめて大きな役割を果たした。もちろん編曲を通して原曲者たちの名声も促進され、彼らはヨーロッパの人気オペラ作曲家として一層多くの人々に認知されるようにもなっていった。

第2に、こうした演奏会における最高の技巧と迫力ある演奏により、パリ・オペラ座に出入りすることはなかった階層、そして都市から離れた広範な地域の人々にまで、グランド・オペラの調べが届けられていった。その結果、原曲オペラを鑑賞したことがなくとも、人々は当時のもっとも洗練された音楽文化を共有する喜びに浸ることができた。

そして第3に、家庭でもオペラに親しみたいと望む音楽愛好家の要求に応えるかたちで、楽譜出版各社は編曲譜の販売という空前のビジネス・チャン

---

(27) ポーランド国立ショパン研究所HP〈http://en.chopin.nifc.pl/chopin/composition/detail/id/60〉より。(2018年10月15日最終閲覧)

スを獲得した。例えばリストの《悪魔のロベール追想》の初版譜が発売当日に500部を完売し、シュレジンガー社が慌てて重版したという事実は、たとえ演奏不可能なほど高難度の編曲であっても、流行の楽譜を「記念の品」として入手したいと願うブルジョワ市民の凄まじい購買意欲、そして教養への高い欲求を示している。

　しかし、これまでの音楽学が19世紀に生産された無数の編曲に向けた関心の度合いは、同時代の傑作オリジナル曲に注いできた時間と熱意に匹敵するとは言い難い。ましてや、歴史的評価が決して高くはないグランド・オペラの編曲に関する真摯な学術的考察は、これまでの西洋音楽史研究の明らかな欠落といえるだろう。音楽史の博物館に殿堂入りした芸術家の芸術作品だけでなく、後世の美的価値や歴史評価の陰に隠れてきた——しかし当時は流行の中心に位置した音楽家の作業にも目を向けることで、19世紀市民階級の生気に満ちた日常音楽生活の実態がより鮮明に見えてくるに違いない。

第 II 部

グランド・オペラを取り巻く文化

第1章 《悪魔のロベール》の悪魔表象
―― カトリックとプロテスタントの間に

黒木　朋興

はじめに

　本章は、グランド・オペラの代表的作品である《悪魔のロベール》を悪魔表象という観点から以下の2つのテーマについて分析することを目的とする。1つ目は、カトリックとプロテスタントの二元論に対する考え方の違いを分析し、それを基に《悪魔のロベール》における悪魔表象の特徴を考察することである。2つ目は、この作品における悪魔表象を、音楽研究という観点だけではなくフランス演劇研究という枠組みの中で分析してみることである。現在、トラジェディ・リリック（叙情悲劇）といえばフランスで誕生したオペラとして知られている。しかし、17世紀フランスにおける古代ギリシア悲劇復興運動の一環としてトラジェディ・リリック（叙情悲劇）を捉えた場合、それに対置されるのはイタリア・オペラやグランド・オペラではなく、ジャン・ラシーヌに代表される古典悲劇となる。確かに、オペラ史という観点から見れば、イタリア・オペラからトラジェディ・リリック（叙情悲劇）を経てグランド・オペラへという流れがあるだろう。対して、ここでは視座を広げ、音楽研究と文学研究の双方の立場からこの作品を考察してみたい。このような分析を通して、17世紀古典主義時代以降の演劇世界における伝統が、19世紀初頭のフランスにおいて、ドイツロマン主義などに代表される外国文化の影響を受けつつ、どのように変容していったかを分析する。

　2つ目の目的に関して説明を付け加えておこう。《悪魔のロベール》の初演は1831年である。その前年の1830年にはヴィクトル・ユゴーの『エルナニ』の初演が行われ、この作品をめぐって文学史上名高い「エルナニ合戦」が勃発したことに注意したい。ユゴーを支持するテオフィル・ゴーティエやジェラール・ド・ネルヴァルなどのロマン派と17世紀以来の悲劇の伝統を

守ろうとする古典派の間で起こった論争である。古典派が理論の拠り所としたのは、ルイ14世の臣下であったニコラ・ボワローが『詩法』で説いた古典悲劇の諸規則であった。この著作をめぐる議論はもちろん17世紀演劇研究のテーマであると同時に、古典派が自分たちの正統性を裏づけるために用いたという点において19世紀研究のテーマであることにも留意したい。つまり、19世紀の人々にとって古典主義には歴史的意味だけではなく同時代的意味があったということだ。通常フランス文学の領域では、ユゴーの戯曲を始め、当時フランス語に翻訳されたシェークスピアの戯曲など、台詞劇が研究の対象である。対して、ここではジャン゠フィリップ・ラモーについての著作[1]でカトリーヌ・カンツレが古典悲劇と叙情悲劇(トラジェディ・リリック)という図式を提示しているのを参考にし、19世紀初頭の演劇をめぐる諸問題を台詞劇だけに限定するのではなく、オペラまで含めた広い意味において考察することを目指す。

　まず『悪魔のロベール』について簡単に説明しておきたい。このオペラは中世の頃民間に流布していた伝承を基に創作された。まずはこの伝承の内容から見てみよう[2]。ノルマンディーの王女は子どもができないことに悩んでいた。ある日彼女は神の代わりに悪魔に祈ると息子ロベールを妊娠する。ところがこの息子はきわめて粗暴な性格をしており、それが故に故郷を追い払われる。やがてローマにたどり着いたロベールは、隠遁聖者にみずからの不幸な人生を母親の犯した悪魔への祈願にあると知らされ、この聖者の教えに従いみずからに苦行を課し改悛の生活を営むことによって、神に赦しを請う。やがてイスラーム教徒の軍勢がローマに攻め寄せてくるのだが、その戦いにおいてロベールは目覚ましい活躍をし皇帝とキリスト教徒を異教徒の軍勢から救うことに貢献する。その功あって、ロベールは悪魔の呪縛から解放され、戦う姿を目撃した王女に見初められるが、結婚の提案を断り聖者の後を追い

---

(1) Catherine Kintzler, *Jean-Philippe Rameau: splendeur et naufrage de l'esthétique du plaisir à l'âge classique,* Minerve, 1988.
(2) *Robert le Diable,* publication, traduction, présentation et notes par Élisabeth Gaucher, H. Champion, 2006.

隠遁生活を送るようになる。

　オペラ版の《悪魔のロベール》は、ジャコモ・マイヤベーアが作曲を担当し、ウジェーヌ・スクリーブとジェルマン・ドラヴィーニュが台本を担当した作品である。1831年にオペラ座で初演された。台本に関しては通常文学者の意図が反映していると考えるのが一般的であるが、オペラの場合、制作チームが共同で作業に当たることが普通であったことから、ここではこの3人のうちの誰かというわけではなく、制作チームの作品とみなし、マイヤベーア版《悪魔のロベール》の台本という言い方をする。ノルマンディーの王子ロベールは、故郷を遠く離れたシチリアの地で、友人のベルトランと共に「ワイン、賭け事と美女」[3]の放蕩の人生を送っていた。シチリアの王女とは恋仲にあるが、彼女と結ばれるには槍試合で勝ち抜かなくてはならない。そこへ乳姉妹のアリスが母親の遺言を持ってやって来る。それによればロベールは悪魔と母親の間にできた子であり、決して父親である悪魔に従ってはいけないとのことであった。実は友人として彼を支えるベルトランが彼の父親であり、この悪魔はロベールを助けるふりをして彼が槍試合に出場するのを妨害するなど、ロベールの現世における人生を破綻させようとする。それは息子を悪魔の世界に連れていくためなのであった。そのためにはその日の夜中の12時までにロベールに悪魔との契約にサインをさせる必要がある。刻限が迫る中、ロベールは恋人、母親および乳姉妹への愛と父親に対する愛の間で苦悩するが、最終的には現世に残ることを選択し、悪魔ベルトランは消え去っていく。

1　悪魔の歴史

1）聖書の中の悪魔

　現在悪魔を意味する語はいくつかあるが、ここでは「サタン」（Satan）に焦点を当てて議論を進めていきたい。まず、この言葉の成り立ちと変遷につ

---

[3] *Robert le diable*, livret de Eugène Scribe et Germain Delavigne, musique de Giacomo Meyerbeer, l'Avant-scène, 1985, p. 33.

いて述べておこう[4]。旧約聖書の初期の時代においてこの語は「敵」、「裏切り者」や「訴訟相手」といった意味の普通名詞であり、「悪魔」という意味では使用されていない。その後、旧約聖書後期の時代にかけて、悪魔の意味を獲得していくことになる。例えば、堕天使ルシファーの話が有名である。ルシファーは、元は位の高い大天使であったが神に逆らったことにより天から落とされ、そしてサタン＝悪魔となってしまうのだ。

　新約聖書では神に逆らう悪魔が登場する。『マルコによる福音書』や『マタイによる福音書』におけるイエスを惑わす存在としての悪魔がそれだ。この時点において、悪魔の役回りが確立したといえるだろう。イエスとは、父たる神が人類を救うべくイエスという人間の肉体を持った神の子として地上に現れた救世主＝キリストであることはよく知られている通りだ。悪魔は人間を救済するというこの神の試みを邪魔するべく、イエスを荒野で誘惑し神を裏切り悪魔の側につけと囁く。もちろんイエスはこの誘いにのらない。そしてこの企みに失敗した悪魔は、最終的に弟子のユダの中に入りイエスを処刑させ、神の試みを妨害することに成功する。このような人類を救うという神の意図を邪魔することこそが、キリスト教における悪魔の役回りなのである。

　さらに、悪魔がキリスト教の信仰において決定的な存在感を放つようになるのが、『ヨハネの黙示録』である。世界の終わりに神と悪魔の勢力が戦い、キリストが再臨し悪魔が打ち破られることによって世界が救われるとされる。善悪二元論を特徴とするゾロアスター教からの影響があるわけだが、この時点において悪魔が神に対して戦いを挑むことのできる強力な存在とみなされるようになったのである。

　しかし、そもそも悪魔は神に対して十分な力を授けられていない存在であることに注意したい。キリスト教の神は世界＝宇宙の創造者である。つまり、人間や天使はおろかこの世にあるすべての存在を生み出したのが神ということになる。悪魔は元々天使の一人であり神の被造物にすぎない。となれば、神と悪魔の力の差は圧倒的であり端から闘い自体が成り立つべくもない。つ

---

[4] 竹田伸一「聖書的象徴に関する考察：サタン」『金城学院大学キリスト教文化研究所紀要9』金城学院大学、2006年を参照のこと。

まり、善神と悪神が争いを繰り広げるという善悪二元論はあくまでもゾロアスター教の影響なのであり、元来一神教であるキリスト教において神の力は圧倒的で、それに対抗しうる別の勢力などは存在しないことになる。神を前にして悪魔などは吹けば飛ぶような存在にすぎず、戦いを挑んだとしてもその勝敗の結果は火をみるより明らかなのだ。

であるならば、悪魔にできることは限られてくる。実際、悪魔は神に直接戦いを挑むのではなく、その矛先を格下の人間に向ける。人間を騙すことで神の偉大なる計画を邪魔しようとするのだ。例えば、荒野で悪魔がイエスを誘惑したのも、イエスという人性とキリストという神性が同居しているイエス＝キリストという存在のその人性の部分に悪魔が働きかけようとしたと解することができよう。人の肉体を持っているとはいえイエスは神なので悪魔の試みは失敗するが、結局はイエスの弟子のユダに目をつけ、ユダにイエスを裏切らせることによって神の計画を頓挫させることに成功する。悪魔が誘惑できたのは、イエスではなく人間のユダであったというわけだ。

神からはこそこそと逃げ隠れをしながら弱い人間を騙そうとするというのが、近代以前において語られてきた主な悪魔像であるといってよい。中世の悪魔譚で語られる悪魔は、人間に対して富や人知を超えた特別な力を与える代わりに神を裏切れ、と誘惑する[5]。悪魔の申し出を受け契約を交わした人間たちの中には、聖母マリアの仲介で赦され幸せになったり、現世での生命は奪われても死後赦されたりする者もいるが、中には悪魔の策略に嵌り生命を奪われ地獄に落ちてしまう者もいる。だが、悪魔は決して神に対して直接叛旗を翻すことはない。狙われるのはあくまでも人間なのである。この場合、人間は神への忠誠心＝信仰が試されているといってよい。富や特別な力への誘惑に勝ち、神に忠実でいられるかどうかが問われているのであり、それを乗り越えたものこそが救われると信じられていたのだ。このような土壌においては、善悪二元論は認められるべくもないし、実際、二元論的特徴を有したグノーシス主義は最終的に退けられ[6]、カタリ

---

(5) 樋口正義「中世ヨーロッパ文学に現れた『悪魔と契約を交わした男』の奇蹟譚」『龍谷紀要第8巻第2号』龍谷大学、1986年を参照のこと。
(6) J・B・ラッセル『ルシファー　中世の悪魔』野村美紀子訳、教文館、1990年、104頁

第 1 章 《悪魔のロベール》の悪魔表象

派などの宗派は異端として排除されることを言い添えておこう[7]。

2）ヨアキムと黙示録思想

　対して、プロテスタント思想は善悪二元論的特徴を持っているわけだが、それは 16 世紀に突然現れたものではなく、中世のさまざまな思想の中にその源流を見出すことができる。その一つとして重要なのが、12 世紀におけるフィオーレのヨアキムの思想である。ヨアキムの特徴は『黙示録』の独特な解釈にある。それは一言でいえば、終末思想といえる。つまり神の勢力と悪魔の勢力が争う「最後の審判」に至る戦いが、自分たちの生きているうちに開始されるとヨアキムは考えたのである。ヨアキム以前においては黙示録は遥か先のこととみなされていた。対して、ヨアキムは差し迫った脅威として捉えたのである。

> 　ヨアキムによれば、『黙示録』に述べられた「海より上がる獣」の七つの頭のうち、五つまではすでにこの世に現れて滅び——それらはそれぞれヘロデ王、ネロー帝、コンスタンティヌス・アリアーヌス〔異端アリーウス派の皇帝コンスタンティヌス二世〕、マホメット、メルセムトゥスに当る——第六番目の頭は現在エルサレムを蹂躙するサラディン、そして最後の七番目の頭である反キリストその人は、「すでにローマに生まれている」という。[8]

　ヨアキムは歴史を三位一体になぞらえ、3 つの段階に分けて考えている。『黙示録』にある 7 つのアンチ・キリストとの戦いが 2 段階目の終わりであり、この後に人間が霊的統一を完成させる第 3 段階が続き、その終わりに最後のアンチ・キリストであるゴグが現れ、それとの戦いを通して最後の審判のときがやって来ると考えたのである。

　以下を見よ。
(7) 同上書、213～218 頁。
(8) 彌永信美『幻想の東洋』青土社、1989 年、152 頁。

ヨアキムの思想の重要性は、『黙示録』にあるアンチ・キリスト＝悪魔との戦いが間近にあるとした点に加えて、このアンチ・キリストに対して神に対抗できるような力を認めた点にある。その意味で、ヨアキムの思想が宗教改革の時代にカトリックとプロテスタントの間で行われた激しい戦いの予兆になっているといっても過言ではないだろう。さらにいえば、現代テロリズム思想の源流となっているといってもよい。すでに述べたように、元来キリスト教の世界では悪魔にそれほど強い力を与えてこなかった。対して、ヨアキムは黙示録思想を重要視するあまり、悪魔に強い力を与えてしまったのである。そしてこのような悪魔を力でもって駆逐することが肯定されるようになる。つまり、それまでは悪魔の誘惑にのらず神への忠誠心＝信仰を守ることが人類に求められていたことだったのに対し、これ以降は神の名のもとに悪魔との戦いに挑むことが提唱され始めたのだ。

3）宗教改革の時代

　次に、16世紀に始まるプロテスタントを見ていこう。何よりも重要なのは、宗教改革を機に西ヨーロッパにおけるローマ教会の一極集中が崩れたことである。前述のカタリ派を始め、それまで教皇に逆らう勢力は徹底的に排除されてきた。例えば、魔女狩りと呼ばれる弾圧はよく知られていることだろう。
　では、何故プロテスタントは弾圧をはね返せたのだろうか、といえば、まずこの時代に活版印刷の技術が発展したことが挙げられる。ローマ教会の聖書はラテン語で書かれており、庶民がそれにアクセスするには教会に通って司祭の教えを受けるしかなかった。対して、その結果権力を恣にしたことによって腐敗した教会組織を批判したのがルターであり、彼は対抗策として聖書をドイツ語に翻訳し、司祭に教えを請うのではなく、それぞれが翻訳された聖書を読むことによって信仰を深めることを提唱したのである。カトリックにとっては、教皇の権威を脅かす許しがたい行為であり、当然激しい弾圧を加えることになる。それをプロテスタントが跳ね除けることができたのは、聖書のドイツ語訳が大量に印刷され、ライン川流域を中心に西ヨーロッパの地に広めることができたことが大きいだろう。まさに、情報は強力な武器な

のだ。

　当然、カトリックとプロテスタントの間で、血で血を洗う抗争が起こったのだが、ここで特徴的なのは、互いに敵陣営のことを悪魔とみなしたことだろう。カトリックが異端を悪魔として攻撃することは特に目新しいことではない。問題はプロテスタントの側がカトリック教会を悪魔とした点である。教会といえば、神が臨在、つまり現実に現れる場所である。すでに見たように、神と悪魔の力の差は決定的であり、神を前にして悪魔は圧倒的に非力である以上、信徒が悪魔に襲われたとしても教会に逃げ込めば絶対に安全だったのである。悪魔は教会に入ることすらできなかったのだ。プロテスタントは、その教会が実は悪魔に乗っ取られていた、と考えたのである。それまで神と同一視されてきたローマ教皇と教会組織を悪魔とみなしたことは、まさに逆転的発想だったというわけだ。

　もちろん、それまでもローマ教会を悪魔と考えた人々はいたかもしれない。しかしそういった勢力はことごとく排除されてきたのである。対して、プロテスタントは弾圧に耐え生き延びることに成功した。それにより、ローマ教皇や教会組織も下手をすれば悪魔に堕してしまう可能性が西洋世界において語られるようになったのである。

　そして遂に、悪魔は強大な力を持った存在として活動を開始することになった。そもそもローマ教会が絶大なる権力を握っていることはあらためて繰り返すには及ばないだろう。その教会と悪魔を同一視するということは、強力な悪魔が目の前に存在するということを認めることでもある。さらにここに前述のヨアキムの黙示録思想を重ね合わせ、眼前の悪魔が歴史に終わりを告げるアンチ・キリストだと捉えれば、敵の攻撃が熾烈を極めるのも納得できるし、また熾烈であれば熾烈であるほど対峙する敵が黙示録のアンチ・キリストであることの証明となるだろう。そして信者たちはその攻撃がどんなに厳しいものであったとしても神の味方である自分たちの最終的な勝利を信じているのでどんな弾圧にも耐えることができる。また、たとえ戦いの中で生命を落としたとしても神への信仰＝忠誠心を貫いた自分たちが最後の審判後に天国へ行けることは確実だと信じているので、辛抱強く戦いを続ける

ことができる。もちろん、それぞれのプロテスタント信者たちがヨアキムの思想を直接知っていたかどうかは定かではない。しかし、その黙示録思想が彼らの抵抗運動を背後から支えていたのは確実だといえよう。

その結果として、プロテスタントにおいてそれまでカトリックが決して認めようとせず、それどころか必死に排除しようとしてきた善悪二元論の思想が定着することになったのだ。それは、プロテスタントの信者には悪魔がより身近な存在として感じられるようなった、ということでもある。

一方、プロテスタントの出現と定着を前にカトリックも方針を新たにする必要に迫られる。悪魔の脅威を喧伝する新教に対して、当然カトリックは抑制する方向に舵を切るのだ。J.B. ラッセルは、宗教改革に対抗してカトリックが開催したトリエント公会議以降のカトリックとプロテスタントの方向性について以下のように言う。

> トリエントのカトリック改革会議は悪魔〔the Devil〕を強調しない方向を採った〔de-emphasized〕が、プロテスタント思想では悪魔の力は増大し続け、17世紀のイギリスでミルトンの『失楽園』という記念碑的傑作を生むにいたった。[9]

しかし、カトリックが「悪魔を強調しない方向を採った」とはどういうことなのであろうか？ この公会議が宣言したことは、悪魔表象を控えるといったことではなく、サクラメントと呼ばれるキリスト教の儀式の重要性を再確認することであったのである[10]。サクラメントとは、儀式を通じて神の恩寵を信徒の目前に示すことであり、洗礼、堅信、聖体、ゆるし、病者の塗油、叙階、結婚の7つが正式に認められている。例えば、ミサにおける聖体のパンは司祭の執り行う儀式によってイエス・キリスト自身の身体に変化する。こうして教会には神が臨在し、信徒は神の恩寵に触れることになるの

---

(9) J・B・ラッセル、前掲書、344頁。
(10) トリエント公会議に関しては、上智大学神学部の光延一郎教授に話を伺った。この場を借りて感謝の言葉を述べておきたい。

だ。元来、神と悪魔の力の差は歴然としている、というのが教会の見解であったことを思い出しておきたい。神が現実の存在として出現する以上、悪魔が活躍できる余地はまったくないといってよい。また、神を臨在させるのが司祭である以上、ローマ教皇と教会の権威が再確認されるというわけなのだ。一方、悪魔の力を認めたプロテスタントにおいては、悪魔を題材にした文学作品の創作が盛んになったということになる。

　また、カトリックには聖書の話を基にした二次創作を嫌う傾向があることを指摘しておきたい。例えば、17世紀フランスで起こった新旧論争の古代派の主張にそれは現れている。新旧論争とは、ギリシア・ローマの古代とルイ14世治下の現代のどちらが優れているかという論争であり、前者の立場を採るボワローやラシーヌと後者のペローやフォントネルの間で繰り広げられた。聖書や聖人伝を題材とするキリスト教叙事詩を執筆し、このような敬虔な主題こそが詩に相応しいとするペローに対して、二次創作の題材として福音書の真実を扱うことこそが神に対する冒涜であり、詩は古代ギリシア・ローマ神話のようなフィクション[11]を主題として扱うべきだとボワローは主張した[12]。もちろん、古代派の悲劇作家ラシーヌは代表作こそ古代ギリシアを題材にしているが、最晩年に『エステル』と『アタリー』という聖書を題材にした悲劇を執筆するなど、例外的な事例がまったくないわけではない。にもかかわらず、カトリックの国であるフランスにおいて、神の話を題材にした二次創作であるキリスト教叙事詩や聖悲劇を好ましくないとする声があったことは事実なのだ。以上から、カトリック圏には神や悪魔を題材とした創作を避けようとする傾向があったと指摘することができる。

---

(11)「神話」にあたる言葉は「fable」もしくは「mythe」であるが、これらの言葉の元々の意味は「作り話」であることを指摘しておく。
(12) 白石嘉治「叙事詩のなかの聖人像　シャルル・ペロー『聖ポーラン』をめぐって」西川宏人編『フランス文学の中の聖人像』所収、国書刊行会、1998年を参照のこと。

第Ⅱ部　グランド・オペラを取り巻く文化

2　《悪魔のロベール》について

1）古典悲劇と叙情悲劇（トラジェディ・リリック）

　以上のような悪魔に関する知見を基にして、《悪魔のロベール》の作品分析を行ってみたい。古典主義以降のフランス演劇の伝統の中で、このグランド・オペラはどこに位置しているのであろうか？　ここではカトリーヌ・カンツレの『ジャン＝フィリップ・ラモー』を参考にして議論を展開してみたい。何故ならば、グランド・オペラは、音楽劇の歴史という観点ではなく、広く舞台芸術の流れの中において分析をする必要があると考えるからである。

　16世紀イタリアのオペラが古代ギリシア悲劇の復興を目指したことや、17世紀フランスの古典悲劇がそれをモデルとしたことはよく知られている通りである。また、古代ギリシア悲劇が、詩、音楽とダンスの3つから成っていたこともあらためて繰り返すには及ばないだろう。その中で、ラシーヌに代表されるフランスの古典悲劇の特徴は、音楽をともなわない徹底的な台詞劇であることであった。また、アリストテレスの『詩学』を典拠にして提唱された三単一の法則がニコラ・ボワローによって明確に定義され、古典悲劇の創作において厳格に求められるようになったことも指摘しておきたい。対して、イタリアからルイ14世の宮廷にやって来たジャン＝バティスト・リュリは、フランス版オペラとして叙情悲劇（トラジェディ・リリック）を立ち上げる。この「叙情＝ lyrique」の語源は古代ギリシアの弦楽器リラであり、叙情悲劇（トラジェディ・リリック）とは元来「音楽をともなった悲劇」の意味であることを言い添えておく。

　カンツレは「叙情悲劇は古典悲劇の分身であり反転したものである以上、この2つは対角関係にある」[13]としているが、グランド・オペラとそれらの関係はどうだろうか？　ここで見取り図として、以下の表を引用してみたい[14]。

---

(13) Catherine Kintzler, 1988, op. cit., p. 84.
(14) Ibid., p. 86. 一部改変。左側のナンバーリングは引用者。

第 1 章 《悪魔のロベール》の悪魔表象

表 1　古典悲劇と叙情悲劇（トラジェディ・リリック）

	古典悲劇	叙情悲劇
1	歴史的で現実的な登場人物とストーリー	驚異的で架空の登場人物とストーリー
2	恋愛話は二次的	恋愛話はメイン
3	暴力は台詞で語られる	暴力は役者によって演じられる
4	場所は統一	状況に応じて転換
5	機械仕掛けなし	機械仕掛けあり
6	音楽とダンスはなし、「ストーリーの中で演奏したり踊ったりすることがあるシーン」のみ（それ自体を表象）	音楽とダンスは「ストーリーとは関係なくそれ自体で行われる」（音楽とダンス以外を表象する）
7	目的は（恐怖や憐憫などの）感情を教え、浄化（カタルシス）すること	目的は魅了し喜ばせること

　1から7まで番号に沿って、古典悲劇と叙情悲劇に対して《悪魔のロベール》がどの位置にあるかを見ていくこととする。まずは1のストーリーの点ではどうであろうか？　《悪魔のロベール》は民間伝承に基づいており、古典悲劇のように「歴史的で現実的」ではなく、「驚異的で架空」という叙情悲劇のほうの特徴に近いだろう。2の恋愛というテーマに関しては、三単一の法則から逸脱し複数の筋からなっているが、その中でも恋愛話は重要なストーリーとなっているので、これも叙情悲劇の側だろう。3の暴力に関しては、台詞で描写されているので古典悲劇の側である。4の場所の単一に関しては、複数の場所でストーリーが展開されているので叙情悲劇の側になる。5の機械仕掛けの舞台に関しては、叙情悲劇の側である。6の音楽とダンスに関しては、叙情悲劇と同様に「ストーリーとは関係なくそれ自体で行われる」（音楽とダンス以外を表象する）ということになる。7の目的については、カタルシスではなく魅了し喜ばせることのほうであり、この点においても叙情悲劇と共通する。またこの表には項目として立てられていないが、三単一の法則の中の時の単一に関しては、この作品は朝に始まり夜中の12時過ぎに終わっているので古典悲劇の側である。

153

以下、さらに詳しく見ていきたい。悪魔表象という観点でこの作品を分析するとすれば、まず着目したいのは1と2のストーリーに関する問題である。特に、話の題材が現実に基づいているものなのか、あるいは空想の産物なのかについて焦点を当ててみよう。表にある古典悲劇の「歴史的」というのは、古代ギリシア・ローマの文献を典拠とするということだろう。その一方で、実は、叙情悲劇も古代ギリシア・ローマ神話を題材としていることを指摘しておきたい。その違いは何なのだろうか？　古典悲劇は確かに神話を扱いつつも登場人物は生身の人間であるのに対し、叙情悲劇には主神ゼウスや太陽神アポロンなどの神の世界の住民が舞台上に登場する。もちろん、中国の『史記』や古代ギリシアのトロイの神話などを見てもわかるように、神話と歴史的事実の区分はきわめてあいまいではある。ただ、寿命のある人間に対して、ゼウスやアポロンのような死ぬことのない天上の神々の存在はやはり空想上の産物ということになるだろう。例えば、太陽神アポロンについて考えれば、太陽の運行という自然現象は現実であるが、それを擬神化したアポロンという表象自体はあくまでも架空のものにすぎない。ここで神話＝Fable という言葉と虚構＝fiction という言葉は決して共通の語源を持っているわけではないが、元来共に「想像上の話」あるいは「想像された事象」という意味があることを指摘しておきたい[15]。対して、ラシーヌの傑作『フェードル』も古代ギリシア神話に基づいてはいるが、登場人物はすべて現世に生きる人間であり、ラモーの叙情悲劇で神の世界の住民である主神ゼウス（ジュピター）が舞台上に登場するのとは対照的である。登場人物が生身の人間であるか神などの霊的存在であるかの違いが、古典悲劇と叙情悲劇を大きく分けているといえるだろう。

では、宗教、つまり聖書を題材とすることはどうなのだろう？　神に関する話である以上聖書を神話と考える人も多いかもしれない。しかし、イエスは歴史上に実在した人物であるのだから、聖書、少なくとも新約聖書は神話ではなく史実を書いた書物ということになる。また、基本的に叙事詩や悲劇

---

[15] *Dictionnaire historique de la langue française,* sous la direction d'Alain Rey, Le Robert, 1998.

などで聖書の内容を扱うことは、すでに見たように、カトリックの国フランスでは基本的には避けるべきだと考える流れがあったことを確認しておきたい。

2）中世の伝承とオペラ作品

　その中で《悪魔のロベール》はどのような分類になるのだろうか？　現実ではなく架空の話であるのは明らかだが、ここで批評家であり劇作家でもあったルイ＝シモン・オジェによる1824年の言葉を引用する。

> 古代ギリシア・ローマの主題は使い古されてしまったのではないか？　我々は強くそう信じる気持ちになっている。さらにいえば、偉大なる巨匠たちの輝かしい傑作を主題として舞台上にあげることは差し控えるべきなのだろうか？　我々はそれに同意する。このことから結論として導き出されるのは、中世や現代、そして宗教や騎士道に主題を求めることが必要だということだ。我々はこのことを認めざるをえない。[16]

　明らかに、古代ギリシア・ローマの主題に対して異を唱えているのがわかるだろう。それに対して『悪魔のロベール』は中世の民間伝承なので、オジェの主張に合致していることになる。

　『悪魔のロベール』は『ティドレル』（Tydorel）というブルターニュの民話詩（lai）に原型を求めることができる。ただし、これは湖の妖精と人間の王女との間にできる子どもの話であり、悪魔などのキリスト教的要素はない[17]。その後、悪魔と人間の王女との間の落とし子であるロベールという主人公の話として語り継がれていき、やがて行商人が売り歩く「青本」と呼ばれる叢書の一冊としてまとめられる。その読者は主に農民や労働者であり、紙や印刷状態も劣悪であったという。まさに民衆の間で語り継がれてきたお話とい

---

(16) Louis-Simon Auger, *Recueil des discours prononcés dans la séance publique de l'Institut royal de France, le samedi 24 avril 1824*, Institut royal de France, 1824, p. 12.
(17) *Robert le Diable*, op. cit., 2006, p. 20.

うことになるだろう。ロベールのモデルとして征服王ウィリアム1世の父である第6代ノルマンディー公のロベールなど実在の人物が挙げられることもあるが、歴史的事実としてはつじつまが合わず、やはり想像上の人物ということになる。

　ただし、ここで悪魔の存在について一言触れておきたい。普通、悪魔は架空の存在だと思うかもしれない。しかし、聖書に登場する以上、神や天使と同じく決して想像上の産物などではなく現実の存在であることに注意したい。すなわち、古代ギリシア・ローマからではなく基本的には作り話である中世の民間伝承に基づきつつも、悪魔が主要な役を果たしている点を考えれば、現実的な側面も持った作品であるということができるだろう。

　次に、悪魔表象について見てみたい。この作品の特徴的な点は、何より、中世から残る多くの悪魔譚と違い主人公のロベールが直接悪魔と契約するわけではないところにある。例えば、ゲーテで有名な『ファウスト』も元は民間伝承だが、悪魔であるメフィストフェレスと人間ファウストが契約することによって話が始まる。対して、この作品においては、悪魔と関係を持つのは主人公ロベールではなく母親であり、ロベールは母親の犯した罪を被るといういわば被害者の立場にいる。

　中世版『悪魔のロベール』から、ロベールの母親である王妃の言葉を引用してみる。

> 彼女は続けた「悪魔よ、お願いです、私に子どもが授かるように取り計らってください。何故ならあなたは我らが主、イエス・キリストより力があるからです。あなたから私は授かりたい。狂気であろうと正常な判断であろうと、私にはもうどうでもよいのです」。[18]

　続いてマイヤベーア版を見てみたい。オペラではロベールの乳姉妹であるアリスの婚約者ランボーの口からロベールの出生の秘密が語られる。引用し

---

(18) Ibid., pp. 92-93.

第 1 章　《悪魔のロベール》の悪魔表象

てみよう。

　　というのも、人が言うには、この戦士は
　　暗黒の帝国の住民であり
　　そう、悪魔〔démon〕であったのだ！
　　　　　〔…〕
　　それは地獄の〈王〉、
　　サタンの忠実な寵児であった。
　　　　　〔…〕
　　そしてサンタドレスの教会で
　　盛大な婚礼を行い彼らは結ばれる。
　　　　　〔…〕
　　この恐ろしい結婚によって
　　息子が生まれる、郷土の恐怖！
　　ロベール、ロベール、悪魔〔diable〕の子[19]

　この戦士とは、友人としてロベールを支えてきたベルトランであり、実は彼の父親であることをいっておく。そしてベルトランの口からも、主人公ロベールが彼とノルマンディー公の王女ベルトとの間にできた子どもであったことが語られる。

　　私が彼女の恋人にして夫であった！　証言する。[20]

　中世版とマイヤベーア版に共通しているのは、王女と悪魔との契約自体にはロベール自身が関わっていないこと、そしてロベールが悪魔の影響のもと放蕩の生活を送りその後心を改めるというストーリーになっていることの2つが挙げられる。一方、この2つの版で違っているのは、中世版では悪魔は

---

[19] *Robert le diable*, op. cit., 1985, p. 35.
[20] Ibid., p. 66.

姿を現さないのに対し、マイヤベーア版ではベルトランという人間の姿をとって舞台上に現れる点である。すなわち、ベルトランとは悪魔が受肉した存在ということになる。

3) 悪魔の受肉

では、悪魔の受肉とはどういうことだろうか？　そもそも悪魔は天使であり、霊的な存在であるので当然肉体は持たない。中世の民話では、悪魔はあくまでも霊的な存在として人間の前に姿を現すか、あるいはユダヤ人などの手先を使って、人間を騙し契約をもちかける。しかし、悪魔自身は決してキリストのように受肉した存在ではない。その中で、大きな変化をもたらしたのがゲーテの『ファウスト』である。というのも、ゲーテのメフィストフェレスは単なる悪魔というわけではなく、肉体を持つと同時にあまりに人間くさい存在だからである[21]。明らかにマイヤベーア版の悪魔ベルトランは、ゲーテのメフィストフェレスの直系の継承者なのだ。

さらに、ベルトランは一歩進んだ存在だといえる。というのも、この悪魔＝天使は人間の女性と結婚し、性交渉を行い、子どもまでもうけるからであ

---

[21] J. B. ラッセル『メフィストフェレス』野村美紀子訳、教文館、1991年、202〜203頁の以下の文言を参照のこと：「メフィストフェレスは作品自体同様、世界のように多面的である。ごく表面的にみてさえメフィストフェレスの性質はよくわからない。サタンないしサタンと同等の者にみえることもあれば、群小デーモンの一つでしかないようにみえることもある（338-339、1338-1340行）。実際のところメフィストフェレスはあまりにも複雑で多面的、多義的なので、キリスト教の悪魔とは思えないのである。」あるいは、ロベール・ミュッシャンブレ『悪魔の歴史12-20世紀　西欧文明に見る闇の力学』平野隆文訳、大修館書店、2003年、276頁の以下の文言を参照のこと：「ゲーテは、17世紀中葉に始まり、1720年から1730年にかけて市民権を得るようになった特徴、およびその主要な結果を自作の中に取り込んでいると思われる。サタンの擁護者の懸命なる巻き返しも功を奏せず、地獄の主サタンはその重要な地位を喪失したのである。その一方で、各個人と直接交渉を持つ、より馴染みやすいデーモンが全面に押し出されて来る。」実際、メフィストフェレスは、かつての悪魔のトレードマークであった角だの尻尾だの爪だのといった外見を身に纏ってはいない。具体的にゲーテは以下のように書いている。池内紀訳『ファウスト　第一部』集英社、2004年、151頁：「それに文明ってやつが世にひろまって、悪魔まで手をのばしてきた。もう北方の妖怪はお目にかかれない。角も、尻尾も、爪も御用納めだ。脚ばかりは、なしですまされねえ。といって蹄をむき出しにすると、とんだ目にあう。そんなわけでもうずっと前から、当節のやり方で、ニセの脚を使っている。」

第 1 章 《悪魔のロベール》の悪魔表象

る。これは画期的なことなのだ。神はイエスをこの世に遣わすが、神と聖母マリアは性交渉をしていない。処女懐胎といわれる所以である。イエスは神が現世において受肉した存在であり、父である神と聖霊とイコールで結ばれる存在ではあるが、決して受精によって誕生した存在ではなく、またイエス自身も直接の子孫を残してはいない。つまり神あるいは天使と人間の交配は行われていないのである。ところが、ベルトランは人間の女性と関係をもちロベールという子を誕生させてしまうのだ。ここにこの作品の特異点がある。例えば、『悪魔の歴史』のロベール・ミュッシャンブレの言葉を引用してみよう。

> 魔女たちの開くサバトという想像世界が、インクブス〔男夢魔〕やスクブス〔女夢魔〕ら悪魔との交接に由来する怪物の誕生へと繋がっていくことは皆無だったのだ。あたかも神が両者による雑種の誕生だけは許していなかったかのごとく、悪魔と人間との二種の間には、完全な断絶が設けられていることになる。サタンは自らの存在の幻影のみを感知させうるにすぎないとする概念、つまり、サタンは非物質的な存在であるとする古い神学上の概念が、当時の悪魔学者や判事たちの頭に、いまだに宿っていたと考えることも可能であろう。確かに神学者たちは際限のない知的歪曲を積み重ねて、悪魔による射精の現実性を訴えようとしていた。その際、死体から精子を採取してくる、というのが彼らが頻繁に用いた説明方法である。もっともこの説明自体が、人間と悪魔との間には真に「肉体的」な交接が不可能であることを、逆に裏打ちする結果となってしまう。[22]

まとめてみよう。まずは悪魔が人間と変わらぬ姿をして現世に現れることは、キリスト教文化の歴史においてはゲーテの『ファウスト』以降の特徴を有しているといえる。また、その受肉した悪魔が人間の女性と交わり子ども

---

[22] ロベール・ミュッシャンブレ、前掲書、139 頁。

をつくるという設定は、きわめて珍しいこの作品独自の特徴となっている。

4）フランス文学の中の悪魔

　ここではさらに、悪魔の受肉という事例に焦点を当て、カトリック地域であるフランスにおけるこの作品の特異性について考えてみたい。前述のように、トリエント公会議以降、『失楽園』のミルトンや『ファウスト』のゲーテなどを輩出したプロテスタントとは違いカトリックでは悪魔表象を控える傾向があった。その中でこの時代に悪魔を題材にした戯曲がフランスに出現したのは、ロマン主義の潮流においてゲーテやホフマンなどの作品が流入した影響とみてよいだろう。

　18世紀末におけるカゾットの『恋する悪魔』以降、小説の領域で悪魔を題材とした作品がフランスでも発表されるようになる。しかし、これらは悪魔が実体をともなって登場するドイツ語圏の物語とは違った特徴を有していたことを指摘しておきたい。例えば、ロベール・ミュッシャンブレは言う。

> カゾットの物語の独創性は、話の曖昧さを増幅していくその手付きにある。［…］カゾットは逸話の全編に、どうしようもない疑念が漂うように工夫している。［…］そのために、読者は完全な疑念に囚われざるを得ない。なぜなら読者は、綴られた文字が現実を表明しているのか、それとも、喚起された内容の純粋に空想的な側面をなぞっているに過ぎないのか、決して判断が付かないからである。[23]

　つまり、カゾットの小説においては、悪魔が現実の存在なのか、それとも登場人物の空想の産物なのか、見分けがつかないように工夫がなされているということだ。

　この傾向はゴーティエの小説において加速する。『オニュフリウス』や『魔眼』において、悪魔は登場人物の口から語られるにすぎない。となれば、そ

---

(23) 同上書、302～304頁。

の存在はあくまでも伝聞の類でありその実在は明らかではないことになる。もしかしたら話者の嘘かもしれないし、そうでなくとも、その人物が目の前の幻を信じ切って語っているのかもしれない。物語の描写は現実と空想の間を行ったり来たりする。そしてそれが現実なのか幻なのかの判断は、最終的に読者に委ねられるという仕組みになっているのだ。

　対して、《悪魔のロベール》においては、ゲーテの『ファウスト』におけるメフィストフェレスのように、悪魔がベルトランといった人間の肉体を持った姿で登場する。つまりイエス・キリストがその存在の中に人性と神性を同時に併せ持っていたように、ベルトランは人性と悪魔性／天使性を、ということは物質性と霊性を併せ持つ存在であったということだ。このような存在は当時のフランスという舞台では異例ともいえる特徴を有していたことになる。

5）善悪二元論について

　次に、上記の表の1と2で取り上げられているストーリーについて見てみたい。《悪魔のロベール》は、古典悲劇において求められた三単一の法則に反して、複数の筋からなる話であることをまず確認しておく。主人公ロベールとシチリアの王女イザベルとの恋愛話に加えて、善を象徴する母、妹および恋人の愛と悪を象徴する父の愛との間の善悪二元論がストーリーのうえで重要なテーマとなっているのだ。

　中世版は母親が神を冒涜し悪魔に頼った結果誕生したという罪からの改悛の話がメインテーマだったのに対し、マイヤベーア版は主人公ロベールとイザベルの恋愛がストーリーの軸となっている。中世の悪魔譚をオペラ作品として焼き直す上で、17世紀以降の叙情悲劇における伝統に即した形で戯曲のアレンジが行われたといってよいだろう。ただ、この作品では恋人との恋愛が他の複数の愛と絡み合いつつ、全体のストーリーが展開されていることを指摘しておきたい。それらの愛とは、すなわち、母親の息子ロベールに対する愛、アリスの乳兄弟ロベールに対する愛、そして何よりも父親である悪魔ベルトランの息子ロベールに対する愛である。

第Ⅱ部　グランド・オペラを取り巻く文化

　さらに、さまざまな愛の物語を描写しつつ、それらに善悪二元論といったもう一つのテーマを重ね合わせて物語を展開させている点に注意したい。つまり、人間の女性たちの愛と悪魔である父親の愛の間で選択を迫られる主人公ロベールという善と悪の二項対立のテーマである。ここで善悪二元論とは、前述のように、カトリックが懸命に排除しようとした歴史を持ち、プロテスタントがカトリックに対抗するためにみずからの教えに組み込んだ思想であることを思い出しておきたい。例えば、ロベールの以下の台詞に二元論的な特徴をはっきりと読み取ることができる。

　　私には2つの性向がある。1つは私を善へと導く
　　つい最近まで私はその力を感じていた
　　もう1つは私を悪へと導く。お前〔ベルトラン〕は私の中に
　　悪を覚醒させるためにあらゆることをする。[24]

　ロベールの父親の悪魔ベルトランが悪、そして母親と乳姉妹のアリスが善を表象しており、両陣営共に深い愛情で主人公を自分の元に引き寄せようとする。ロベールは善と悪の間、すなわち両者の愛の間で大いに揺れるが、最終的に片方を選ばなければならない。アリスが伝える母親の言葉を引用してみよう。

　　彼〔ロベール〕はあなたたち二人〔アリスとベルトラン〕から一人を選ばなければならない。[25]

　新約聖書の中のイエスが荒野で悪魔の誘惑を受けるもののそれを跳ねのけ神への忠誠＝信仰を貫くという話、それから中世の悪魔譚において資産や特殊な能力を与える代わりに神を裏切れと悪魔から誘惑される話などの延長上にこの作品があることは明らかである。ただし、この段階での善と悪の関係

---

(24) *Robert le diable,* op. cit., 1985, p. 40.
(25) Ibid., p. 38.

は決して対等ではなく、前述のように神の側が圧倒的に強い力を誇っていた。さらに、これもまた前述のように、それまでキリスト教が伝統的に回避しようとしてきた善と悪の勢力が拮抗する善悪二元論を前面に押し出したのがプロテスタントの改革運動であったわけである。《悪魔のロベール》は、主人公が父親である悪魔の愛と母親や乳姉妹の愛との間に揺れている限りにおいて、善と悪の力が拮抗するプロテスタント思想の特徴を有しているといえる。

　さらに、悪の側のベルトランが主人公ロベールに対して抱く愛が魅力的である点において、プロテスタント思想をも逸脱する側面があることも指摘しておきたい。いかに神に張り合える力を持つに至ったとはいえ、プロテスタントにおいても悪魔は絶対的な悪であった。対して、ベルトランは確かに悪魔である以上、金で人間を誘い恋人を裏切らせたり、賭け事を勧めて破産させるなど、悪を表象する存在ではある。しかし、息子のロベールに対しては深い愛情を注いでおり、この点においては悪とはいい切れない。それどころか十分に善良な父親像になっているといわざるをえない。主人公も父親が魅力的であるが故に、善と悪の間で揺れるわけであり、何も善たる神と悪魔が与えてくれるであろう特殊能力や資産の間で揺れているわけではない。つまり、それまでの二元論が単純な善と悪との対立だったのに対し、《悪魔のロベール》の二元論はそれだけではなく、父親の愛と母親の愛との間の二項対立が重ね合わされているのだ。悪魔が単なる悪であるだけではなく、愛情に満ちた魅力的な存在として描かれている点がこの作品の特徴の一つを形成しているといえるだろう。

結　論

　以上から、この作品の2つの特徴が露わになったように思う。1つ目は、キリスト教では認められていない霊的な存在である天使＝悪魔と生身の人間の交配が実現している点である。2つ目は、カトリック勢力の強いフランスという舞台でプロテスタントの信仰の特徴である善悪二元論が物語の主要なテーマとなっている点である。

　1つ目の特徴について整理してみよう。中世版の『悪魔のロベール』では

悪魔は現世に姿を現さない。子どもが授からないことを悩む王妃が神に対して愛想をつかし悪魔に祈願した結果呪われた主人公が誕生するという物語であり、悪魔は霊界から作用を及ぼすにすぎない。その後、悪魔文学が花開いたプロテスタントの地で、ゲーテの『ファウスト』において人間の姿をした悪魔としてメフィストフェレスが登場する。《悪魔のロベール》の悪魔ベルトランはまさにゲーテのメフィストフェレスの正統なる後継者だといえよう。さらに、ベルトランが人間の女性と交わり子どもをなす、という内容はそれまでにない《悪魔のロベール》独自の特徴をなしていることに気をつけたい。カトリック圏のフランスで初演された作品にもかかわらず、プロテスタント圏の作品以上に先進的な側面を持つに至ったということだ。

　次に、2つ目の特徴について見てみよう。主人公ロベールとシチリアの王女イザベルとの愛、父親ベルトランの息子ロベールに対する愛、そして母親や乳姉妹アリスの愛などといったさまざまな愛の描写を錯綜させることによって物語を展開させつつ、そこに善悪二元論というそれまでカトリックが忌避してきたにもかかわらず、プロテスタントが表舞台に上げた思想を重ね合わせる。その意味で、カトリック圏で上演された作品にあってプロテスタントの特徴を有した戯曲だといえるだろう。ただ、プロテスタントにおける悪魔とは善である神と対立する絶対悪ともいえる存在であるのに対して、《悪魔のロベール》のベルトランは、確かに「ワイン、賭け事と美女」などの放蕩を人間に勧め悪の道へ引きずり込もうとしている点においては典型的な悪魔像をなぞってはいるが、息子のロベールに対しては惜しみない愛情を注いでおり、その慈愛に満ちた態度は絶対悪たる従来の悪魔像を凌駕するものであるといえる。

　以上を踏まえると、17世紀以降の古典悲劇や叙情悲劇というフランスの演劇の枠組の中で、このオペラ作品が新たなる地平を開拓したことが理解できるだろう。つまり、悪魔が受肉し人間として現世に姿を現すのみならず、人間の女性と交わり子どもをつくるという点、そして善悪二元論の構造を導入しつつも、その悪魔が息子に対して深い慈愛を示している点において、従来の悪魔文学を大きく凌駕しているといえる。

第 1 章　《悪魔のロベール》の悪魔表象

　しかし、マイヤベーアはなぜそれまでのキリスト教の思想を逸脱するような悪魔像を描くことができたのだろうか？　それはマイヤベーアがユダヤ系であったことが関係しているのだろうか？　また、主人公ロベールは悪魔の血をひいていることになるが、ベルトランが差し出す悪魔との契約書にサインをしなければ、その血統は不問に付されるのだろうか？　疑問は尽きないが、今後も研究の対象になるべき価値のある作品であることは確かであるように思われる。

第Ⅱ部　グランド・オペラを取り巻く文化

第2章　ドイツのマイヤベーア
—— グランド・オペラとプロイセン・オペラ
《シュレージエンの野営》

佐藤　朋之

1　《ユグノー教徒》とマイヤベーア批判

　1836年9月8日、ジャコモ・マイヤベーアはバーデン・バーデン滞在中の妻ミンナに宛てて、パリで生活を共にしてくれるよう懇願する手紙を送った。10年前に結婚し、その直後、活動拠点のパリに居を定めてこの方、マイヤベーアは妻と暮らすこと、はなはだ稀だった。彼女はドイツ内の温泉保養地での逗留を好み、病弱を理由に、夫の演奏旅行への同行はもちろん、華やかながらあらゆる意味で騒々しい、パリの社交界、音楽界の直中に身を置くことを決して肯んじなかった。

> ドイツでだけ、ほっとできるとお前は言うけれど、それは実際のところ、お前にとっては具合の悪いことだし、それ以上に私も困っているのだ。なぜならフランスとイタリアは、今日まで私が自分の仕事、自分の芸術を、成功と評価を得ながら営むことができた、異邦人に優しい無二の国々だったが、他方でドイツは私を拒絶して、苦い思いばかりさせてきたからだ。[1]

　この年の2月29日サル・ル・ペルティエにおいて、マイヤベーアは彼の

---

(1) Giacomo Meyerbeer, *Briefwechsel und Tagebücher*, hrsg. u. kommentiert von Heinz Becker, Bd. 2: 1825-1836, Berlin (Walter de Gruyter) 1970, S. 549: Meyerbeer an Minna Meyerbeer (8. September 1836).

グランド・オペラ第 2 作《ユグノー教徒》（*Les Huguenots*）[2]を初演し、ブリュッセル王立音楽院院長フランソワ＝ジョゼフ・フェティスが「ドイツ楽派」の最高傑作とまで評した《悪魔のロベール》（*Robert le Diable*, 1831 年 11 月同劇場で初演）をも凌駕する、未曾有の成功を収めた。上演回数を重ねるほどに《ユグノー》を称賛する声は高まり、当代ヨーロッパ随一の作曲家としてのマイヤベーアの人気をいっそう確実なものとした。だが彼の故国ドイツにおける玄人筋の評価は、先の手紙で自身が嘆息している通り、《レスブルゴのエンマ》（*Emma di Resburgo*, 1819 年ヴェンツィア初演）や《アンジューのマルゲリータ》（*Margherita d'Anjou*, 1820 年ミラノ初演）、パリデビューのきっかけとなった《エジプトの十字軍騎士》（*Il Crociato in Egitto*, 1824 年ヴェンツィア初演）など、イタリア滞在中のヒット作以来、一貫して芳しくなかった。時に「大衆のおぞましい喝采目当て」のロッシーニの亜流（ダルムシュタットで同門だったカール・マリア・フォン・ウェーバーの言葉）、時にはユダヤ人が書いた「音楽の無駄口」（カール・フリードリヒ・シンケル）などと腐されたが[3]、彼に対する懐疑的論調がもっとも典型的に現れたのは、1832 年 6 月 20 日ベルリン初演時の《悪魔のロベール》（*Robert der Teufel*）を非難する、ライプツィヒ『一般音楽新聞』の記事である。このオペラには独創性の欠片もないと断じた匿名の評者は、続けてこう述べた。

> 〔《ロベール》は〕ロッシーニ、ボイエルデュー、オベール、スポンティーニ等々を連想させるものだらけである。M・ベーア〔マイヤベーア〕氏に相応の功績があるとしたら、彼がこれまでに学び聞いてきたものすべてを、この上なく誤った、そしてもっとも脈絡のないやり方で、芸術上の洞察力も明敏さもなしに、一幅のグロテスクなパノラマに纏めたことだけだ。そこでの主たる関心はひけらかしにある。[4]

---

(2) 本章においては原則として、作品の上演・刊行の際の原題を邦訳に付記した。初演と翻訳ないし改変による上演で、タイトルが異なる場合には、随時それを記した。
(3) Reiner Zimmermann, *Giacomo Meyerbeer. Eine Biografie nach Dokumenten*, 3. Aufl., Berlin (Parthas) 2014, S. 86 u. 103.
(4) *Allgemeine Musikalische Zeitung*, 32. Jg., Nr. 29 (Leipzig, 18. Juli 1832), Sp. 488.

第Ⅱ部　グランド・オペラを取り巻く文化

　1791年、ベルリンでも1、2を争う大富豪のユダヤ一族、ベーア家の長男ヤーコプ・リープマン・マイヤー[5]として生まれた彼は、芸術を愛好する家庭環境の中で英才教育を施された。優秀なピアニストとして、またいくつかの習作的な劇作品や声楽曲、器楽曲の作者として次第に名を上げながら、20代半ばで、オペラ作曲家を志してイタリアに渡った。以後9年間研鑽し、イタリア各地の著名な歌劇場で作品を上演、ついにはパリ・オペラ座でセンセーショナルな成功を収めるに至った。

　名前までイタリア風にジャコモと変えた彼には、イタリアやフランスの人気作曲家の作風を必然性なく継ぎ合わせたに過ぎないという、折衷主義、エピゴーネンのレッテルが付いて回った。ナポレオン戦争後の民族・国家意識の高まりの中、故国におけるマイヤベーア批判の要は、才能豊かなドイツの音楽家が母国を離れ、時々の流行や異国の趣味に迎合して——ことによると財力にものを言わせて——易々とヒットを連発し、名望と富を蓄積したことへの妬みと憎悪にあった。加えてドイツで言祝がれていた、慎ましい生活を営みながら教養と修練を積み、祖国の伝統に根ざした音楽を作るといった風のロマン主義的な芸術家像[6]とマイヤベーアの有様はあまりに対照的だった。そして彼に対するネガティヴな評価を後代まで決定付けたのが、初演から1年以上も経って発表されたロベルト・シューマンによる《ユグノー》批判だった。

　自身が編集責任者を務める『新音楽新聞』の第7巻第19号（1837年9月5日）に、シューマンは「ライプツィヒからの断章」第4回を掲載した。彼もまた《ユグノー》に、マイヤベーアの「もっとも皮相的な性向」たるエクレクティシズムを見出し、口をきわめてこれを断罪した。彼によれば、マイ

---

(5) 本名は Jacob Liebmann Meyer Beer だったが、1810年以降、母方の祖父（Liebmann Meyer Wulff）に由来する名 Meyer と父親（Juda Jacob Herz Beer）の家名 Beer を合わせて、姓を Meyerbeer とし、また名は Jacob と称した。Giacomo Meyerbeer は、イタリア滞在時の1817年頃からペンネームとして用いられた。

(6) Vgl. Michael Walter, »Die Oper ist ein Irrenhaus« Sozialgeschichte der Oper im 19. Jahrhundert, Stuttgart / Weimar (Metzler) 1997, S. 170ff.（ミヒャエル・ヴァルター『オペラハウスは狂気の館——19世紀オペラの社会史』小山田豊訳、春秋社、2000年）

ヤベーアには（金銭だけでなく）「形式」の豊富なストックがある。だからその作品を一聴すれば、誰でも容易に「ロッシーニ、モーツァルト、エロルド、ウェーバー、ベッリーニ、それにシュポーア」の痕跡を、端的には「音楽のコレクション」を発見することができるだろう。それこそは、かの作曲家における「最高度の非＝独創性と様式の欠如」の証である[7]。シューマンは自らの分身に託して、こうも述べる。フロレスタンは「《十字軍騎士》ではまだマイヤベーアのことを芸術家のうちに数え入れたが、《悪魔のロベール》でためらいを覚えた。しかし《ユグノー》以降は、彼をフランコーニ曲馬団のひとりとみなしている」[8]。だがシューマンによるマイヤベーアの「非＝音楽」性に対する批判は、あらゆる形式の絢爛たる混合物を、「器用」にも次々生み出すことができる、彼の作曲技能だけに向けられているのではなかった。今、まず俎上に載せられるべきは、《ユグノー》のプロットと音楽の展開における、聖と俗とのいかにも節操のない連結である。

> 第1幕では男たちだけでの飽食［…］第2幕は湯浴みする女たちの奢侈［…］第3幕でふしだらな性向が聖なるそれと混ざり合い、第4幕で人殺しの準備、そして第5幕では教会の中で殺人が行われる。放埒、殺人、そして祈り。ユグノーには、これ以外何もない。[9]

シューマンは、自らは決して「モラリスト」でないと断りつつも、「善良なプロテスタント信者なら、自分がこの上なく大切に思っている歌が舞台でがなり立てられるのを耳にしたら憤慨する」であろうし、《ユグノー》の歴史的背景であるサン＝バルテルミの虐殺（1572年）というプロテスタント

---

[7] Robert Schumann, Fragmente aus Leipzig 4, in: *Neue Zeitschrift für Musik*, 7. Bd., Nr. 19 (5. September 1837), S. 74. この評論の成立過程については Walter, „Man überlege sich nur Alles, sehe, wo Alles hinausläuft!" Zu Robert Schumanns „Hugenotten"-Rezension, in: *Die Musikforschung*, 36. Jg., Heft 3 (1983), S. 127-144 が詳しい。
[8] Schumann, Fragmente, S. 73. アントニオ・フランコーニはイタリアの曲馬師で、1807年よりパリでサーカス公演を行い、大衆の人気を博した。
[9] Ebd., S. 74.

史上最悪の惨事が、「年の市の茶番劇(ファルス)にまで引きずり下ろされるのを見たら激昂する」と語った[10]。

　シューマンが「断章」で責め立てたのは、マルティン・ルターの手になるコラール《われらが神は堅き砦》(Ein' feste Burg ist unser Gott)の旋律の《ユグノー》における頻繁な引用だった。序曲冒頭での管楽器群による主題の提示とその変奏に始まり、第1幕ではカトリック貴族たちの乱痴気騒ぎの最中、マルセルの熱い信仰の告白として朗々と歌われるかと思えば、第5幕のヴァランティーヌとラウールの結婚から銃殺に向かう全編のクライマックスにおいては、狂信的なカトリック陣営の「殺戮者の合唱」と交錯し、あるいはこれに遮られながら、しばしば「がなり立てられる」。古来プロテスタント教会音楽を代表するコラールが、酒盛りと虐殺の真っ直中に突如鳴り響き、また唐突に断ち切られるような楽曲構成に対して、シューマンは強い違和感を覚えているのである。

　熱心なユダヤ教徒であるマイヤベーアには、もとより新旧いずれかの教派に与する意図などはなく、ルターのコラールを否定的揶揄的に用いるつもりもなかった。自身の弁明によれば、彼はその旋律をあくまで「信仰と希望のシンボルとして、そして常に、迫り来る危険やこの上ない心の高ぶりの瞬間における嘆願としてのみ」、「素朴だが揺るぎなく深い信仰」をもった「殉教者」に託し、歌わせているのである。「そうした扱いは、賛美歌の聖性を汚すというより、聖化と呼ぶべきである」[11]。しかし《ユグノー》のコラール引用を疑問視したのは、大衆に媚びた「マイヤベーアの名声を心底軽蔑する」[12]シューマンひとりではなかった。

　《ユグノー教徒》(Die Hugenotten)が作曲者自身の指揮によって、彼の故郷ベルリンのプロイセン宮廷劇場で初演されたのは1842年5月のこと、パリ初演からすでに6年が経っていた。1820年代から30年代、パリで上演さ

---

(10) Ebd., S. 73.
(11) *Briefwechsel und Tagebücher,* hrsg. und kommentiert von Heinz und Gudrun Becker, Bd. 3: 1837-1845, Berlin (De Gruyter) 1975, S. 72: Meyerbeer an Gottfried Weber (20. Oktober 1837).
(12) Schumann, Fragmente, S. 75. マイヤベーアが「12年来、批評家として、酷い敵意を

れる新作オペラには、ドイツ各地の劇場が多大な関心を寄せていた。ドイツの富裕なブルジョワ音楽愛好家は、流行の先端を走り趣味の規範を作るパリのオペラ界の動向から目が離れず、他方、彼らが支払う入場料に経営基盤のかなりの部分を負っていた宮廷劇場は、ドイツ人作曲家による新旧のオペラより遙かに大きな収益が期待できる、パリ発のグランド・オペラを速やかに上演しようとしていた。検閲の諸問題をできるだけ早くクリアし、パリの最新作を即刻レパートリーに加えようとする点で、観客と劇場経営側の願望は完全に一致していた。とりわけ、予算規模においても、専属歌手やオーケストラの技術レベルにおいても他を大きく引き離していたベルリンの宮廷劇場においては(13)、パリ初演後、早ければ1年以内、遅くても2、3年で、新作を舞台に載せるのが普通だった。例えばダニエル=フランソワ=エスプリ・オベール作曲のグランド・オペラ《ポルティチの物言えぬ娘》(*La Muette de Portici*) のパリ・オペラ座初演は1828年2月だったが、ベルリンではドイツ語版 (*Die Stumme von Portici*) が翌年の1月に上演された。ジョアキーノ・ロッシーニ《ギヨーム・テル》(*Guillaume Tell*) の場合、パリ初演は1829年8月、舞台をティロルに移した改作英語版に基づく「大オペラ」《アンドレアス・ホーファー》(*Andreas Hofer*) がベルリンで初演されたのは1830年10月、そして物語や演出の不道徳さが批判の的になった《ロベール》に至っては、1831年11月の初演からわずか半年後の翌年6月に、パリで大評判をとったマリー・タリオーニらによる蠱惑的なバレエもろとも、ベルリン市民はその舞台をライヴで堪能することができたのである(14)。ドイツで上演するにあたっては通常、フランス語のリブレットはドイツ語に翻訳された。しかるべき検閲を経て、台本に必要な変更を加え、練習を開始すると、たいてい1ヶ月以内に本番を迎える。だからパリで前代未聞の成功を収め、

もって自分を追撃してきた男の顔」を初めて目にしたのは1850年1月12日、ドレスデンでシューマン自身の指揮による《楽園とペリ》(*Das Paradies und die Peri*) を聴いた時だった。Vgl. *Briefwechsel und Tagebücher,* hrsg. und kommentiert von Sabine Henze-Döhring, Bd. 5: 1849–1852, Berlin / N. Y. (De Gruyter) 1999, S. 144.
(13) Vgl. Walter, »*Die Oper ist ein Irrenhaus*«, S. 90ff.
(14) Vgl. Carolin Bahr, *Grand Opéra an deutschen Hoftheatern (1830–1848). Studien zu*

ドイツの観客の期待も大きい《ユグノー》のベルリン初演が、これほどまで遅延したのは、ほとんど前例のない事態だった[15]。

台本の内容、そしてルターのコラールの劇中使用に関する情報が伝わってくると、ベルリンのプロテスタント市民の間に懸念が生じた。フリードリヒ・ヴィルヘルム3世が検閲の上級機関に諮問したところ、1837年5月16日付けで、同作が「人生におけるもっとも神聖、もっとも崇高な関心事に対する侮蔑」であり、プロテスタント教会の「聖なる財産」であるコラールの扱いは、きわめて不適当であるとの答申が示された。1825年にパリで《エジプトの十字軍騎士》を観劇して以来、マイヤベーアを贔屓していたにもかかわらず、ピューリタニズムを奉ずるプロイセン王であれば、自国における《ユグノー》の公演、そしてリブレットの出版も禁止せざるをえなかった。マイヤベーアと親しい宮廷劇場のインテンダント、フリードリヒ・ヴィルヘルム・フォン・レーダーンもまた、「教会、世俗、国家について意見が多様化している現在、教会と演劇を密に接近」させている《ユグノー》の上演は「いかなる時代にも増して危険である」と認め、この方針に同調した[16]。新旧教派間の宗教的政治的対立に係る悲惨な歴史的事件の舞台化、それもユダヤ人作曲家の作品というのは、王の劇場にはいかにもそぐわない。そしてこうした不穏当な事態をもっとも象徴的に表すとみなされたのが、《われらが神は堅き砦》のメロディの借用だったのである。

検閲が楽譜に及んだのは稀有なケースだった。フランスであれドイツ諸国

Akteuren, Praktiken und Aufführungsgestalten, Würzburg (Königshausen & Neumann) 2016, S. 108 u. 162ff.

[15]《ユグノー教徒》(*Die Hugenotten*) のドイツ初演は、1837年4月ライプツィヒ市立劇場で行われた。9月にハンブルク市立劇場、翌年3月にはドレスデンの宮廷劇場で上演されている。市立劇場は、宮廷劇場と比べて規模が小さく財政的にも逼迫していたため、収益の観点から流行に飛び付くのは早く、当局の締め付けも比較的緩やかだった。宮廷劇場でも君主の意向によっては、たとえ「危険」な作品であろうと、早々に取り上げられる場合があった。Vgl. Bahr, *Grand Opéra*, S. 269f.

[16] 王立上級検閲評議会 (Königliches Ober-Censur-Collegium) の答申およびレーダーンの意見書の引用は *Briefwechsel und Tagebücher*, Bd. 3, S. 663f. による。Vgl. Heinz Becker, Giacomo Meyerbeer und seine Vaterstadt Berlin, in: Carl Dahlhaus (Hrsg.), *Studien zur Musikgeschichte Berlins im frühen 19. Jahrhundert*, Regensburg (Bosse) 1980, S. 440.

第 2 章　ドイツのマイヤベーア

であれ、審査は台本のみを対象とするのが常だったからである。カトリック圏のミュンヘンでもマイヤベーアの人気は高く、同地の宮廷劇場では初演の 2 年後に《ユグノー》が上演されたが、それに先立ち問題となったのは、教会の名の下に、ユグノーの大虐殺が承認、遂行されるという、舞台上とはいえカトリックのイメージを大きく損なうであろう主題の方だった。またカトリック圏では、役柄としての高位聖職者がステージに上がることは許されていなかった。そこでバイエルンの劇場は、舞台設定をイングランドに移し、台本を書き換えて対立する 2 派を変更、《英国国教徒と清教徒》(*Die Anglicaner und Puritaner*) と改題して上演した[17]。だがコラールの部分には手は加えられず、そのため当の旋律が担うプロテスタント信仰における意味合いは、完全に宙に浮くこととなってしまった。

　メッテルニヒの下で非常に厳しい検閲が実施されていたウィーンにおいては、ミュンヘン版を手本に劇場付き台本作家のゲオルク・オットがテキストの翻訳と改訂を行い、1839 年の 7 月に《ピサのギベリン》(*Die Gibellinen in Pisa*)、決定版の《ヴェルフとギベリン》(*Die Welfen und Gibellinen*) が 12 月に上演された[18]。ここではオットによって、16 世紀パリのカトリック対ユグノーの宗教戦争が、13 世紀ピサにおける皇帝派ギベリンと教皇派ヴェルフ陣営との政治的反目へと巧みに移し換えられ、舞台上の出来事はことごとく世俗の権力紛争として構成し直された。この時、宗教的なテーマを排除する必要から、懸案のコラールの旋律も、序曲以外はすべてスコアから抹消され、ハッピーエンドに書き変えられた最終場面には、ウィーンの宮廷楽長コンラーディン・クロイツァーが新たに 76 小節分の音楽を付けた。信仰上の動機を失ったことで登場人物の性格設定も大きく変わってしまった

---

(17) 1838 年 5 月 22 日の初演のポスターやミュンヘンで出版された台本（1838 年）のタイトルページでは、題目の下に「スクリーブの《ユグノー》とカステッリの翻訳に基づき、ミュンヘン王立宮廷劇場のため、シャルロッテ・ビルヒ＝プファイファーにより改訂された 5 幕の大オペラ(グローサ・オーパー)」と記されている。
(18) Bahr, *Grand Opéra*, S. 262-345 では、ウィーン版の成立とリブレットおよびスコア改変の事情に関して、詳細な調査と分析が行われている。変更された結末をもつヴァージョンが、実際に上演されたかについては異論がある (Ebd., S. 323ff.)。

が、しかしそれ以外の詩句、音符のほとんどはオリジナル通りだった。これを知ったマイヤベーアは、「この音楽は、まさにこの素材だけに適合する」と述べて、別の題材に《ユグノー》の元の音楽を用いることを「蛮行(ヴァンダリスム)」として強く非難した[19]。当時オペラを上演先の事情（あるいは歌手の巧拙）に合わせて適宜手直しすることはごく一般的で、またそれが興行を成功させるために不可欠な要件だったが、ウィーンでは、原作者の同意を得ぬまま、台本の主題をそっくり入れ替えてしまうことも珍しくなかったのである[20]。いずれにせよ改作版は大成功を収めた。以後ドイツ語圏では、オーストリアの厳格な検閲をパスし、もって政治的倫理的な安全性が保証された——当局のお墨付きを得たとみなされた——《ヴェルフとギベリン》が広く普及することになったのである。

　1840年6月、マイヤベーアと幼少期から親しい関係にあったフリードリヒ・ヴィルヘルム4世が即位した。「玉座のロマン主義者」との異名をとる新国王は、芸術と学問を深く愛し、前王の治世からプロイセン政府を支えていたアレクサンダー・フォン・フンボルトやベルリンの都市計画に携わってきた建築家シンケルはもちろん、文学者のルートヴィヒ・ティーク、ヤーコプとヴィルヘルム・グリム、哲学者フリードリヒ・ヴィルヘルム・フォン・シェリング、画家のペーター・フォン・コルネリウスなど、高名な学者、芸術家を宮廷や大学に招いて重用した。そうした中でユダヤ人音楽家マイヤベーアをベルリンに呼び戻すことには、プロイセンの啓蒙主義的な寛容さを世に示し、王都に花開いた「ムーサの宮殿」の存在を内外にアピールするという、勝れて政治的な意義もあった[21]。王はさっそくマイヤベーアに、《ユグノー》のベルリン初演を命じた。

　マイヤベーアにとって、ベルリンの音楽界の風向きは確かに変わりつつ

---

(19) *Briefwechsel und Tagebücher*, Bd. 3, S. 49: Meyerbeer an Ignaz Franz Castelli (26. Juni 1837). 手紙の宛先のカステッリは在ウィーンの友人で、《ユグノー》のベルリン初演の際に、台本のドイツ語翻訳を受けもった。
(20) Vgl. Bahr, *Grand Opéra*, S. 279.
(21) Vgl. Sabine Henze-Döhring / Sieghart Döhring, *Giacomo Meyerbeer. Der Meister der Grand Opéra. Eine Biographie*, München (Beck) 2014, S. 99.

あった。かつてここでウィーン版の公演計画がもち上がった際、作曲者は、「改変された主題で」このオペラが上演されることのないよう前王に強く要求し、ついにこれを断念させるという経緯があった[22]。今やウジェーヌ・スクリーブのスクリプトと自身のスコアを、そのまま用いることに躊躇する理由はない。そしてインテンダントのレーデーンの協力により、ドイツ語圏各地の宮廷劇場の一流ソリストたち、あるいは売り出し中の才能ある若手をキャスティング、また第3幕のバレエの振付には、《ロベール》のベルリン初演と同様、フィリッポ・タリオーニ、もちろん娘のマリーをダンサーとしてパリから招くという万全の陣立てが整えられ[23]、ベルリン最高の劇場スタッフがこれを支えた。1842年5月20日、作曲者の指揮の下、ウンター・デン・リンデンでの《ユグノー》初演が実現する。圧倒的な成功を収めたこのプロダクションは、1908年までにベルリンだけで311回の公演を重ねた。

初演から11日後、《ユグノー》第5回公演の翌日の31日に、マイヤベーアにはプール・ル・メリット学術芸術勲章が授与された。これは1740年フリードリヒ2世（大王）が制定したプール・ル・メリット勲章に、軍人以外を対象として新たに設けられた平和部門である。音楽関係の第1回受賞者には、メンデルスゾーン、ロッシーニ、スポンティーニ、リストがいるが、当初マイヤベーアは名簿に含まれていなかった。勲章の設立を唱導したフンボルトは、ユダヤ教からの改宗者であるフェリックス・メンデルスゾーン＝バルトルディ――父アブラハムの意向により、1816年7歳でルター派の洗礼を受けた――を選びながら、人気絶頂のユダヤ人作曲家をあえて無視したならば、「きわめて重大な問題」を招来するであろうと国王に強く上奏し、唯一のユダヤ人の追加授賞を成し遂げたのである[24]。

---

[22] *Briefwechsel und Tagebücher,* Bd. 3, S. 243: Meyerbeer an Wilhelm Ehlers (24. Februar 1840).

[23] Vgl. Jens Malte Fischer, Die Huguenots an der Berliner Hof- und Staatsoper. Eine Miszelle zur Meyerbeer-Rezeption bis zum Ende der Weimarer Republik, in: Döhring / Jürgen Schläder (Hrsg.), *Giacomo Meyerbeer — Musik als Welterfahrung. Heinz Becker zum 70. Geburtstag,* München (Ricordi) 1995, S. 89f.

[24] Conrad Müller (Hrsg.), *Alexander von Humboldt und das preußische Königshaus.*

ところが同じ年の3月、フリードリヒ・ヴィルヘルム4世は、ユダヤ人を国家とは別個の民族集団とみなし、プロイセン王国内で隔絶する方針を公にしていた。マイヤベーアとその一家とは古くから親交のあった啓蒙君主でも、ユダヤ人政策においては、時代の趨勢に抗うことはできなかった。マイヤベーアは憤激し、おそらくその理由もあって、勲章の授与式には欠席した。人種的偏見は、先に挙げたシューマンの《ユグノー》批評——そこでは1836年に初演された、メンデルスゾーンのオラトリオ《パウロ》（*Paulus*）との対比により論が進められている——にもその影が見え隠れしている。音楽はある国民のアイデンティティーの表象であるべきとする、ナショナリスティックな芸術観を標榜していたシューマンが、帰属する国と「様式」をもたず、「金銭と喝采」[25]のみを追求して止まない、デラシネの人気作曲家に対して、嫌忌の念を抱いていたことは否定できない。

ちなみにシューマンの論文と共に後世の否定的なマイヤベーア像を作り上げた、リヒャルト・ワーグナーによる激烈な「芸術におけるユダヤ性」批判、あるいは大部の自伝『わが生涯』に溢れる個人的な中傷誹謗の数々は、この時点ではまだ存在しない。ワーグナーは1840年頃には、パリやドイツの音楽界に進出する足がかりを得ようと、マイヤベーアに対して嘆願と阿諛追従を繰り返し、また「ドイツの遺産」をしっかり保持している「ひとりのドイツ人」のオペラをひたすら誉め讃える論文「マイヤベーアの音楽の立場について」[26]を執筆している最中だったからである。

ヨーロッパ中の歌劇場で熱烈な支持を受ける一方で、マイヤベーアは根深いユダヤ人蔑視に曝されながら音楽活動に奮闘していた。そしてこうした偏

Briefe aus den Jahren 1835–1857, Hamburg (Severus) 2010, S. 129f.: Humboldt an Friedrich Wilhelm IV. (1. Januar 1842). Vgl. Henze-Döhring / Döhring, *Giacomo Meyerbeer*, S. 83f.

(25) Schumann, Fragmente, S. 73.
(26) Richard Wagner, Über den Standpunkt der Musik Meyerbeers, in: *Briefwechsel und Tagebücher*, Bd. 3, S. 397. ワーグナーはこの論文を、おそらく1841年の末から翌年にかけて執筆し、マイヤベーアに送付したが、後者の意向によって公表は見送られた。Vgl. ebd., S. 396 ; Marion Linhardt, Richard Wagner. Mein Leben mit Meyerbeer, in: Gunhild Oberzaucher-Schüller, u. a., *Meyerbeer — Wagner. Eine Begegnung*, Wien / Köln / Weimar (Böhlau) 1998, S. 81.

第 2 章　ドイツのマイヤベーア

見をベルリンの文化シーンから払拭しようと力を尽くしたのが、1825 年にパリで知遇を得て以来、マイヤベーアが自分の「保護者〔プロテクトーア〕」と呼んで敬愛し続けていた、22 歳年長のアレクサンダー・フォン・フンボルトだった。フンボルトはその頃侍従長の職位にあって、国王と宮廷への影響力は強大だった[27]。

時あたかも、前代から 20 年余の長きにわたり、プロイセン宮廷の音楽総監督を務めてきたイタリア人作曲家ガスパーレ・スポンティーニがその地位を逐われたところだった。1841 年 8 月、彼の解任が決まるとすぐに後継者の選定が始まった。その際メンデルスゾーンも候補に上がったが、同年 11 月には、マイヤベーアの受諾の意向は固まり、就任がほぼ内定していた。非キリスト教徒が、宮廷の音楽全般を取り仕切る、国家儀礼の遂行上きわめて重要なポストに就くのはプロイセンでも初めてのことである。宮廷内でこれに異を唱える声は大きく、国王による辞令の公布も遅れたが、フンボルトの働きかけが奏功し、何より《ユグノー》の大成功と叙勲の栄誉に後押しされて、1842 年 6 月 11 日の朝、サンスーシのフンボルトから正式決定の一報が届いた。

　　貴殿の件、私たちの問題が片付きました。ご署名を賜りました！今日です！
　　このことは誰にもおっしゃらないで下さい、そういう仕来りなので。[28]

2　ベルリンのマイヤベーア

大衆的な人気はともかく、ユダヤの出自を心底からは受け容れようとしないドイツに居住し、これまで一度たりとも経験したことがない、文字通りの宮仕えの厄介事をわが身に引き受けようとした、その理由は定かではない。

---

[27] マイヤベーアとフンボルト、およびレーダーンとの親密な関係については次を参照。Henze-Döhring, Meyerbeer und seine Berliner Freunde, in: Jörg Königsdorf / Curt A. Roesler (Hrsg.), *Europa war sein Bayreuth: Symposion zu Leben und Werk von Giacomo Meyerbeer, 29. September – 1. Oktober 2014 in der Tischlerei der Deutschen Oper Berlin*, Berlin (Deutsche Oper Berlin) 2016, S. 113ff.
[28] *Briefwechsel und Tagebücher*, Bd. 3, S. 406: Humbold an Meyerbeer (11. Juni 1842).

1810年音楽修行のため自ら望んで離れた故郷に、引く手あまたの作曲家として錦を飾り、パリでは不可能だった、妻や子どもたちとの落ち着いた家庭生活を営もうとしたことや、ユダヤ人に寛容であったはずのパリの音楽界にも、民族差別的な傾向が強まりつつあることへの不安、そしてフンボルトや在ベルリンの同族の誘いもまた、マイヤベーアに決断を促した要因だったろう。いずれにせよ、その即位によって、王都の社会的精神的状況に「大きな激変」「新たな生命力」がもたらされた、「才気に富み真に人道的な国王」[29]の、「自分への奉仕と貴下の故郷の町のため、永続的な関係を通じ、貴下を側に置きたいという願い」[30]に、恭敬をもって応えることとなった。そして1832年の《ロベール》ベルリン初演を機に前王から授与された肩書きを含む「国王付き音楽総監督兼宮廷楽長」の地位に、1843年1月1日付けで正式に就任したのである。

　音楽総監督の職務には、王族の誕生日、婚約・結婚式、追悼式典など宮廷におけるその時々の祭事や、国賓を歓待する際の、あるいは国の内外で行われる様々な外交的祝祭的催事に楽曲を提供し、また宮廷演奏会を企画、実施することが含まれていた。ベルリンとポツダムで開かれる宮廷コンサートには、これまで彼がパリやロンドン、イタリア各地で培ってきた交友関係と人脈を活用して、ヨーロッパ中から一流の器楽家や歌手を招き、またフランス人イタリア人作曲家の最新ヒットを次々と取り上げて、パリとは比べるべくもなかった、プロイセン宮廷における音楽的実践の急速なレベルアップを図った。同時に国王に対しては、オーケストラや合唱のメンバーの昇給、待遇改善を求め、またグランド・オペラの上演には不可欠の、卓越した技能を持つソリストの確保に努めた[31]。その結果、マイヤベーアと同じ頃に、劇場運営の手腕を請われてミュンヘンから招かれ、王立劇場の総支配人に着任

---

(29) Ebd., S. 368: Meyerbeer an Heinrich Heine (28. September 1841).
(30) Ebd., S. 407: Friedrich Wilhelm IV. an Meyerbeer (11. Juni 1842).
(31) マイヤベーアの音楽総監督としての仕事振りについては次を参照。Wilhelm Altmann, Meyerbeer-Forschungen. Archivalische Beiträge aus der Registratur der Generalintendantur der Königlichen Schauspiele zu Berlin, in: *Sammelbände der Internationalen Musikgesellschaft*, 4. Jg., Heft 3 (Mai 1903), S. 526ff.

した枢密顧問官カール・テオドーア・フォン・キュストナーとは、とりわけ人事や財務の問題で激しく衝突することになった。音楽総監督の上の身分にあって、劇場経営に係る全権を握っていたキュストナーは、これまでトップスターたちと仕事を共にし、そもそも節約などという考えとはおよそ無縁で、要求が多いマイヤベーアの振る舞いに対して、常に厳しい目を向けていた[32]。激化するばかりの対立を緩和すべく、フリードリヒ・ヴィルヘルム4世の名の下、1843年9月2日付けで政令が発布された。国王の信任が篤いマイヤベーアには「格別な厚情」をもって、キャスティングの優先権が与えられ、またアーティストの雇用や招聘の契約に際し、もしキュストナーと意見の相違があった場合には、組織編成上マイヤベーアが直属するレーダーン、そして国王自身の裁可を仰ぐことが定められた。さらに翌年2月7日、マイヤベーアが指揮する自作上演においては、配役、練習回数、オーケストラと合唱団の構成は、彼の「専権事項に属する」ことが認められたのである[33]。

そもそもマイヤベーアが上長との摩擦を厭わず、予算を度外視してまで、王立劇場において成し遂げようとしていたのは、そこで公演されるオペラに、フランスやイタリアにも太刀打ちできる国際的な認知を与えることだった。それも、流行のグランド・オペラの上演レベルを高める以上に、すでに定評のあるグルックやモーツァルトの作品ではない、まったく新しいドイツ語オペラをベルリンで具現し、高度な技術を有するアンサンブルによってその真価を世界に知らしめること、これを国王付き音楽総監督としての最大の使命と捉えていたのである。1845年2月、王に宛てた書状に彼は、「自分には、存命中の祖国の作曲家が書いた新しいオペラを、毎年2、3作上演することが、ドイツの宮廷劇場の道徳的義務であると思われるのです」と記した。それによってはじめて、ドイツ音楽芸術の「真の振興」が成就するというのである。しかるにベルリンで「新作のドイツのオリジナルオペラを上演しよう

---

[32] インテンダントの職位とキュストナーについては次を参照。Walter, »Die Oper ist ein Irrenhaus«, S. 73ff.; Bahr, *Grand Opéra*, S. 86f.
[33] Vgl. *Briefwechsel und Tagebücher*, Bd. 3, S. 450f.: Friedrich Wilhelm IV. an Meyerbeer (2. September 1843); S. 487f.: Friedrich Wilhelm IV. an Meyerbeer (7. Februar 1844).

という私の努力は共感が得られず」、その点では、ここ1年の間にマルシュナー、シュポーア、ヒラー、ワーグナー等々を上演ないし上演予定としている、ドレスデンのザクセン宮廷劇場に大きく後れを取っている(34)。マイヤベーアの熱意ある直訴が功を奏して、早くもその年の7月には請願書の中でも特に強く推していた、当時カッセルの宮廷楽長ルイ・シュポーアの《十字軍戦士たち》(*Die Kreuzfahrer*)が上演の運びとなり、「ドイツ生まれの世界的オペラ」[ヴァーサル](35)という高い評価を得た。また1844年1月に、キュストナーの反対にもかかわらず、ワーグナー自身の指揮による《さまよえるオランダ人》(*Der fliegende Holländer*)のベルリン初演が可能になったのも——世評はかならずしもよくなかったが——ドイツ・オペラ振興へのマイヤベーアの強固な意志と実行力があってのことだった(初演は1843年1月、ザクセン宮廷劇場)。

実質4年の長からぬ在職期間のうちに、彼は同時代作曲家によるドイツ・オペラを数多く取り上げた。そのうち今日まで世界中の歌劇場でレパートリー化されているのは《オランダ人》くらいだが、この作品とて、ワーグナーが夢見ていたパリでの初演は実現せず、またドイツ語圏を出て、ロンドンで上演されたのは1870年のことだった(ただしイタリア語訳)。マイヤベーアが自身のキャリアを顧みても、ドイツ産のオペラが国際的名声を享受することの難しさはおのずと明らかだった(36)。

当時、オペラ制作に係るナショナリズムとコスモポリタニズムの緊張関係、つまり特定の地域や言語の観客に向けたオペラと全欧の音楽市場を視野に入れたオペラとの、様式や主題の曖昧ながらも厳然たる差違に関して、イタリア、フランス、さらにドイツでも成功を収めたマイヤベーアほどに知悉している作曲家はいなかった。そしてその劇場経験と作曲技能は、ベルリン在職中に彼が書いた、ただ1編のドイツ語「オリジナルオペラ」にも十全に活かされたのである。

---

(34) Ebd., S. 561: Meyerbeer an Friedrich Wilhelm IV. (5. Februar 1845).
(35) August Lewald (Hrsg.), *Das neue Europa*, Bd. II, 1845, S. 139f. 引用は *Briefwechsel und Tagebücher*, Bd. 3, S. 805 による。
(36) Vgl. Zimmermann, *Giacomo Meyerbeer*, S. 226.

第 2 章　ドイツのマイヤベーア

3　ベルリンのためのオペラ

　1843 年 8 月 18 日の夜から 19 日にかけて、ウンター・デン・リンデン通りの宮廷劇場で大規模な火災が起こった。当晩の演目の軍隊ものバレエ[37]で使用された銃器が火元だった。フリードリヒ・ヴィルヘルム 4 世は早くもその 2 日後に、焼け落ちた劇場の再建を命じた。設計には、後に劇場建築の第一人者と目されるカール・フェルディナント・ラングハンスが当たった。計画段階でマイヤベーアの意見も採り入れられ、広いオーケストラピット、ロココ調の絢爛たる内装ながら音響効果を重視した客席構造や先進的な舞台機構など、巨大化複雑化するオペラ上演に十分対応できるものとなった。そして翌年 12 月 7 日に決められた落成式典のため、おそらくは国王自らの発案によって、音楽総監督には祝祭オペラの作曲が委ねられた。

> 　このご命令は私を喜びで満たしました。故国を長らく不在にした後、わが国王と諸賢のご厚意で、ドイツのための楽曲をもって、ドイツの観衆にお目見えするという、最初のきっかけが私に与えられました。これは自分にとって身命を賭した厳粛なる仕事でありますし、全力を献げなければなりません。[38]

　マイヤベーアの意気込み溢れる言葉は、国王に向けた儀礼的謝辞であると同時に、「長らく」彼の心に懸かっていた、故国のためのオペラを制作する

---

[37] Michel François Hoguet (Choreogr.), *Der Schweizersoldat*. Militairisches Ballet in 1 Akt. Musik von dem Königlichen Kammermusikus Hermann Schmidt, Berlin 1835 (Libretto). Vgl. Rudolph Genée, *Hundert Jahre des Königlichen Schauspiels in Berlin*, Berlin (Hofmann) 1886, S. 155.

[38] Heinz Becker, »Es ist ein ernstes Lebensgeschäft für mich.« Zur Genese von Meyerbeers Preußenoper »Ein Feldlager in Schlesien«, in: Klaus Hortschansky (Hrsg.), *Traditionen — Neuansätze. Für Anna Amalie Abert (1906-1996)*, Tutzing (Schneider) 1997, S. 52 の引用による。この日付を欠いた書状の断片は、フンボルトがマイヤベーアの下書きを添削した際の、案文の写しと考えられている。

好機がついに到来したことへの感慨を率直に表明したものでもあったろう。

《エジプトの十字軍騎士》のヴェネツィアとパリ（1825年9月、イタリア座）での大成功の後、当時のインテンダント、カール・フォン・ブリュールからマイヤベーアに、ドイツ語訳《十字軍騎士》のベルリン上演の打診があった。これに対して作曲者は、ドイツの舞台にかけられたとしても成功は覚束ない旨、自作を批判的に分析しつつ返答している。「ドラマが途方もなく複雑であるにもかかわらず、非常に単調で退屈、動機付けがはっきりせず断片的な台本」は、ベルリンの「ドラマチックな〔話を好む〕観客」には受け容れがたい。音楽に関しても「イタリア人歌手の個性やイタリアの観客の趣味」を念頭に作り込まれているため、「なかんずくドイツの作曲家の作品として、ドイツの観衆に感銘を与える」とは考えにくい。イタリア趣味が下劣とみなされることすらあったその頃のベルリンではなおさらである。「したがって、ドイツ語訳《十字軍騎士》をベルリンで上演するとしたら、それは自分にとって、はなはだ好ましくない事態を引き起こすに違いない」。そこで彼は既存の作をドイツ語に訳すより、「生まれ故郷の王立劇場のため、ベルリンの有能な歌手の個性や観客の趣味を考慮しながら、独特の作品を書く」ことを強く希望し、それによって「情け深いわが御君からの栄誉ある信頼」に応えることができるだろうと述べ立てたのである[39]。

しかしその間に《十字軍騎士》は、ミュンヘンやドレスデンにおいてイタリア語のまま上演され、肯定的な評価を得ていた（フランス・オペラとは異なり、イタリア人の専属歌手のいる歌劇場では、イタリア・オペラは原語上演が一般的だった）。しかしマイヤベーアは1828年初頭、ブリュールからドイツ語版上演を再度要求されても、なお頑なに「できれば王立宮廷劇場には（歌手の個性を考慮した）新しいオペラでデビューする」[40]という願望には

---

(39) *Briefwechsel und Tagebücher*, Bd. 2, S. 24 f.: Meyerbeer an Carl von Brühl (11. Dezember 1825). Vgl. Becker, Giacomo Meyerbeer und seine Vaterstadt Berlin, S. 434. なお「有能な（brav）歌手」なる表現を字義通りに受け取ることはできない。彼がベルリンの専属歌手たちの技術水準に大きな不安を覚えていたことも、《十字軍騎士》の上演を拒否した理由のひとつだった。

(40) *Briefwechsel und Tagebücher*, Bd. 2, S. 69: Meyerbeer an Brühl (13. Juni 1828).

第 2 章　ドイツのマイヤベーア

変わりがないと述べて、これを固辞した。当時彼の脳裡には《悪魔のロベール》があった。同年 7 月、マイヤベーアはフリードリヒ・ヴィルヘルム 3 世に宛てた書状で、2 年前に遡る「尊敬措く能わざる委嘱」に感謝しつつ、スクリーブが長患いと多忙を押してようやく完成させたテキストに基づいてオペラを書き、これによって「わが故郷の町の王立劇場でデビューするという至上の願い」を叶えたい旨、慇懃に認可を求めたのである。「スクリーブ氏の卓越した台本は、彼のきわめてロマン的な素材と脚色のゆえに、ドイツの観客の心に訴えかけるところ、はなはだ大であると私は信じております」[(41)]。マイヤベーアは、台本作家（および自身）の著作権保護のため、初演はパリで行い、そのすぐ後にベルリンで上演することを合わせて請願し[(42)]、幸い王の許諾を得ることができた。

ところがその頃、パリでオベールの《ポルティチの物言えぬ娘》が、そして翌 29 年の夏にはロッシーニ最後のオペラ《ギヨーム・テル》が大当たりした。さらに七月革命の直後に民営化されたオペラ座では、1831 年 2 月 28 日付けで、同劇場を「ブルジョワのヴェルサイユ宮殿」にする、と高らかに宣言したルイ・ヴェロンが総裁に着任する。もとは《ロベール》をオペラ＝コミック座（フェドー劇場）向けに書き下ろすつもりだったが、期を見るに敏なマイヤベーアは、ここで方針を転換して流行のグランド・オペラの様式を取り入れた。再三の書き直しと日程延期の後、11 月 21 日に行われた初演は、オペラ史を画する空前の成功を収めた。テオドーア・ヘル――ザクセン宮廷顧問官で、外国語台本の翻訳にも秀でていた――によってドイツ語に訳された《ロベール》は最初に述べた通り、翌年プロイセン宮廷劇場で初演されたが、それはもはや、ベルリンに「独特の作品」ではなかった。

それから 10 年余、代替わりした国王から改めてドイツ・オペラの作曲依頼を受けた時、マイヤベーアは、プロイセン音楽界を代表する立場にあった。しかし当の、幼馴染みの国王が発するユダヤ人差別政策、また彼を嫌うイン

---

(41) Ebd., S. 70f.: Meyerbeer an Friedrich Wilhelm III. (16. Juli 1828).
(42) 当時フランスの法制度では、同国内で台本の著作権保護を受けるためには、最初にフランスで公刊する必要があった。Vgl. Walter, *»Die Oper ist ein Irrenhaus«*, S. 208.

テンダントのキュストナーや改宗者メンデルスゾーンらとの確執もあって[43]、以前と変わらず緊張と不安に満ちた日々を送っていた。そんな困難な状況の中で彼は、たとえそれが音楽総監督の業務であるにせよ、懸案だったプロイセン王国のためのオペラ制作という課題に挑んだのである。

　もちろん主題の、そして台本作家の選出には慎重な配慮を要した。フンボルトが伝えてきたところでは、国王はベルリンの人気作家、王立劇場の顧問で宮殿に伺候する機会も多かったティークの協力を望んでいた。国家的行事でもある新劇場の柿落とし公演を成功させるには、ベルリンの観客への影響力が大きいティークの名前は不可欠であると考えたためだった[44]。しかし、当初ベルリンを念頭に発意されながら、パリ・オペラ座で初演、メガヒットとなった自作の《ロベール》、さらには《ユグノー》にも匹敵するオペラの現実化には、その頃作曲家自身交流を深めていたティークを含め、残念ながら世界市場とは縁の薄いドイツ人作家たちは明らかに力量不足と思われた。これらに続くマイヤベーアの新作オペラともなれば各方面の期待も大きい。そこで彼は、前２作での共同作業、さらには《預言者》(Le Prophète) の準備を通じて、芸術的のみならず興行的にも、その才能に絶対の信を置いていたスクリーブに相談をもちかけたのである。

　1843年10月末パリで行われた打ち合わせまでに、作曲者からスクリーブに対して、フリードリヒ２世をテーマとする案が提示された。オペラの題材については、フンボルトとの間ですでに綿密な検討が進められていた。マイヤベーアは、フンボルトからフリードリヒ２世に関する資料、若きアドルフ・フォン・メンツェルの筆になる多数の挿絵が印象的なフランツ・クーグラー著『フリードリヒ大王物語』(1840年) や、ハインリヒ・ヴトケの『第１次シュレージエン戦争におけるフリードリヒ大王の個人的危難』(1841年) などの

---

(43) この２人にラハナーとスポンティーニを加えた４人を、マイヤベーアは後に「わが宿敵の四つ葉のクローバー」と呼んだ (1847年９月８日の日記)。*Briefwechsel und Tagebücher*, hrsg. und kommentiert von Heinz und Gudrun Becker, Bd. 4: 1846-1849, Berlin (De Gruyter) 1985, S. 307.
(44) Becker, »Es ist ein ernstes Lebensgeschäft für mich.«, S. 42f. に引用されているマイヤベーア宛てフンボルトの書簡 (日付なし) を参照。

提供を受け[45]、彼の助言にしたがってプロットの根幹を成すエピソードを選び出した。そして中世を舞台とすることを望んでいた国王に対しては、歴史的研究が進み近年ますます評価と人気が高まっていたプロイセン中興の祖、しかも火難に遭った劇場の創建を命じたフリードリヒ大王自身を主題に戴く以上に、その再興を記念する祝祭劇にとってふさわしいものはないと、フンボルトと共に説得を試みたのである。現国王があの「偉大なる君主の誉れを、彼の所業の絢爛たる舞台化によって称揚し、同時にまた、ご自身を顧みず、当歌劇場を比類なきフリードリヒの御名に再び献呈なさる」[46]なら、その再建はドイツ文化振興の意義を越えて、王国の栄光をいや増しに増すに相違ない。

　マイヤベーアはさらに奇策を講じる。ドイツ語の不得手なスクリーブが書いた台本の素案を翻訳し、韻文に整える作業を、ルートヴィヒ・レルシュタープに委ねたのである。レルシュタープは当時ベルリンでもっとも力のある音楽評論家だった。また詩人としても知られ、例えば〈セレナード〉（*Ständchen*）など、彼の詩による7曲がシューベルトの遺作歌曲集《白鳥の歌》（*Schwanengesang*）に含まれている。彼は強いナショナリスティックな志向を持ち、以前からフランスやイタリアの音楽に対する嫌悪を隠さず、それだけに「祖国と一度は完全に疎遠になった」[47]マイヤベーアへの攻撃は容赦がなかった。とりわけ1832年ベルリン初演時の《ロベール》に向けた批判は苛烈きわまるもので、編集主幹を務めていた同地の有力紙『フォス新聞』、そして自身の音楽誌『イーリス』で、スクリーブの台本の空虚さ、そして「ひどく凡庸な才能しか持ち合わせない」作曲者を、さらには彼のオペラを手放しで歓迎する聴衆や劇場までをも誹謗し愚弄した[48]。ところが1842年5月、

---

(45) Franz Kugler, *Geschichte Friedrichs des Grossen*, Leipzig (Weber) 1840 ; Heinrich Wuttke, *Persönliche Gefahren Friedrichs des Großen im ersten schlesischen Kriege*, Leipzig (Engelmann) 1841.

(46) Becker, »Es ist ein ernstes Lebensgeschäft für mich.«, S. 52 による（注38参照）。

(47) Ludwig Rellstab, *Iris im Gebiete der Tonkunst*, 10. Jg., Nr. 41 (Berlin, 11. Oktober 1939), S. 162.

(48) Rellstab, *Iris*, 3. Jg., Nr. 27 (6. Juli 1832), S. 105ff. Vgl. Jürgen Rehm, *Zur Musikrezeption im vormärzlichen Berlin. Die Präsentation bürgerlichen Selbstverständnisses und*

第Ⅱ部　グランド・オペラを取り巻く文化

　レルシュタープは《ユグノー》のベルリン初演の舞台に何度か足を運ぶと、一転して同作品を誉めそやす。なるほど《ユグノー》は、あまりの「過剰さ」ゆえに自分の音楽観とは合致しない。しかし本作の価値は「独自の特徴的な着想」にあり、それは「愛らしい優美さの領域も、荒々しくグロテスクな力の領域も包括していて、しばしば真に美なるものへ、深く人の心を捉え、打ち震わせるものへと高まっていく」[49]と、留保付きながらも、辛口のレルシュタープにしては異例なまでの肯定的評価を下したのである。

　マイヤベーアから、スクリーブの台本の翻訳と韻文化が依頼されたのは、レルシュタープの態度が激変したまさにその直後だった。そして彼は申し出を躊躇なく受け容れた。両者の間にどのような歩み寄りがあったのか、レルシュタープの変節の真因が何だったのか、それは不詳である。しかし《ロベール》のベルリン上演に際し、マイヤベーアがタリオーニ父娘の招聘と共に、レルシュタープによるドイツ語訳を希望した事実が示すように、作曲者の側では彼の詩人としての才をある程度は買っていた（ただしレルシュタープは《ロベール》台本の翻訳を謝絶し、前述の通りテオドーア・ヘルがこれを行った）。加えて、常々自分を酷評する有力評論家を懐柔したいという動機があったと想像される。またレルシュタープにしても、国王の覚えめでたく、今やプロイセンの音楽総監督の任にあるマイヤベーアと敵対するより、彼の新作を中心に据えた国家的プロジェクトに参与し、以後の劇場行政に対する影響力を獲得することの方に、積極的な意義を認めたと考えることができるだろう[50]。フリード

---

biedermeierlicher Kunstanschauung in den Musikkritiken Ludwig Rellstabs, Hildesheim / N. Y. (Olms) 1983, S. 133ff.

(49) Rellstab, Königliches Theater, in: *Königliche priviligirte Berlinische Zeitung* (Vossische Zeitung), Nr. 119 (26. Mai 1842), [S. 10]. この年、マイヤベーアはレルシュタープの詩による、クラリネットのオブリガート付き歌曲《羊飼いの歌》(*Hirtenlied*) を作曲している。Vgl. Zimmermann, *Giacomo Meyerbeer*, S. 230.

(50) Vgl. Rehm, *Zur Musikrezeption*, 138ff. その後レルシュタープは、《ロベール》の音楽史的意義を高く評価するようになった。Rellstab, Die Gestaltung der Oper seit Mozart, in: *Die Wissenschaften im neunzehnten Jahrhundert, ihr Standpunkt und die Resultate ihrer Forschungen*, hrsg. von einem Verein von Gelehrten, Künstlern und Fachmännern unter der Redaction von Johann Andreas Romberg, Bd. 2, Leipzig (Romberg) 1856, S. 282f.

第 2 章　ドイツのマイヤベーア

リヒ・ヴィルヘルム 4 世が、「レルシュタープのマイヤベーア嫌いを直して」両者を和解させようと、自ら仲介の労を執ったという同時代の報告もある[51]。

　プロットの組み立てや着想の多くを、マイヤベーア自身に負っているとはいえ、フリードリヒ大王の事績をテーマとし、宮廷劇場の復興式典で上演される愛国的オペラに、フランス人、それもパリでもっとも人気の高い台本作家が参画していることは、絶対に秘匿されなければならなかった。スクリーブとの間で結ばれた契約にも、自分の関与を決して公にしないこと、またベルリン以外の劇場でテキストを使用しないことが特に記された。さらに、ドイツ語翻訳者を台本の単独著者と認定することも取り決められた。極秘プランへの荷担を承知したレルシュタープの名は絶好の隠れ蓑となり[52]、秘密を知る者は劇場関係でもごく少数に限られることとなった。

　計画の初期からマイヤベーアが起用を切望していたソプラノ歌手、「スウェーデンのナイチンゲール」ことジェニー・リンド、そしてウィーン宮廷オペラの第 1 バス、ヨーゼフ・シュタウディーグルと雇用契約を結ぶに際して生起したキュストナーとの再三の衝突や彼による妨害工作、またリンド自身のスケジュールの問題など、幾多の困難に見舞われたが、《シュレージエンの野営——3 幕のジングシュピール》(*Ein Feldlager in Schlesien* — Singspiel in drei Aufzügen) は 1844 年 12 月 7 日、灰燼に帰した前王立宮廷劇場が 102 年前に開場した記念のその日に、予定通りプレミエを迎えた[53]。

---

[51] Jean F. Schucht, *Meyerbeer's Leben und Bildungsgang, seine Stellung als Operncomponist im Vergleich zu den Tondichtern der Neuzeit*, Leipzig (Matthes) 1869, S. 285.

[52] 当時、作曲家のあらゆる要求に応え、指示通りにリブレットを仕上げることが台本作家の身上だった。レルシュタープが、音楽評論における権威者でありながら、フランス語台本の翻訳と韻文化という下働き的な仕事に甘んじたことは、台本作家という立場からすれば、実はさほど不思議ではない。Vgl. Walter, »*Die Oper ist ein Irrenhaus*«, S. 113 u. 149.

[53]《野営》の立案から初演、再演に至る時系列については Robert Ignatius Letellier (Hrsg.), *Ein Feldlager in Schlesien*, Newcastle upon Tyne (Cambridge Scholars Publishing) 2008, S. xviiff. を参照。

第Ⅱ部　グランド・オペラを取り巻く文化

4　《シュレージエンの野営》とグランド・オペラ

　物語は、第1次および第2次シュレージエン戦争（1740～42年、1744～45年）における、フリードリヒ大王のエピソードから構成された。ただし、舞台設定が七年戦争（1756～63年）終結前後の時代となっている一方で、ト書きは1741と年を明示しており、またサンスーシ宮殿の落成は1747年であるなど、ここでは歴史上の事実関係はさほど重視されていない。
　《シュレージエンの野営》は、現在では全幕上演される機会がほとんどなく、録音も限られていることから、まずは梗概を紹介したい。
　第1幕は、シュレージエン（シレジア）地方、ハンガリーとの国境近くの田舎家で繰り広げられる。ひとり軍営から遠乗りに出た大王は、途中ハンガリーの騎兵隊に遭遇する。フルート修行の旅に出立したばかりのコンラートが偶然現場を通りかかり、愛犬を抱えて橋の下に身を隠していた王を助けて自宅に案内する。そこでは彼の養父、王を敬い国を愛する退役軍人ザルドルフが、コンラートの恋人でジプシーの血筋のフィエルカ、そして出征中の息子レオポルドの婚約者テレーゼと共に暮らしていた。王を追跡してきた騎兵隊長トロンクをザルドルフが欺き、またフィエルカがワインと歌とダンスで時を稼ぐ間に、王はコンラートに扮して脱出した。すぐに歩哨に見つかって連れ戻されたが、荷物の中のフルートを吹くようトロンクが要求すると、王は巧みにこれを演奏した。王はザルドルフの息子と認められて解放された。第2幕はプロイセン兵の宿営。王が敵の手に落ちたとの情報が伝わると、兵士たちの間に動揺が広がる。そこにザルドルフがフィエルカとテレーゼを伴って登場し、王の無事を知らせる。吉報とザルドルフの愛国の念に士気は上がり、全軍が出陣する。しかしザルドルフは、息子レオポルドが脱走の嫌疑をかけられ、極刑が宣告されたことを知る。第3幕はサンスーシ宮殿。プロイセン軍の勝利で戦闘が終結した後、ザルドルフとその一家は宮殿に招かれた。隣室からは王が演奏するフルートが聞こえてくる。フィエルカのアドヴァイスで、コンラートは救難の褒美にレオポルドの助命を嘆願すると、王

第2章　ドイツのマイヤベーア

は快諾したばかりか、彼の名誉回復と昇進を約束した。コンラート自身は、フルートの腕を買われて宮廷楽士に任ぜられた。最後にフィエルカが、亡き母から受け継いだジプシーの秘術によって、フリードリヒ大王の夢に現れた、王の後裔とプロイセンの輝かしい未来を幻視する。そして、プロイセンの歴史に取材した6つの活人画(タブロー・ヴィヴァン)のエピローグをもって、全編の幕が下ろされる[54]。

奇妙にも《シュレージエンの野営》において観客は、ただの一度もフリードリヒ大王の姿を見ることがなく、直に彼の語る言葉を聞くこともない。物語進行上、王の現前が不可欠な第1幕と第3幕では、登場人物たちの台詞、そして何より王が奏でる——舞台裏から聞こえてくる——フルートによってそれが示されたのである。第3幕では、王が演奏する旋律にフィエルカが唱和し、彼女のまるで音楽教師のような指図にしたがって、コンラートが合奏に加わるシーンがとりわけ印象深い。冒頭、王のフルートの調べにフィエルカはレオポルドの恩赦を予感し「この音色は幸せの先触れ」と歌う。そして2本のフルートとフィエルカのコロラトゥーラは、澄み切った音色で互いをなぞり、また絡まり合いながら、「春の花の香りのごとく」宙にたゆたう「銀色の響き」の綾を織り成すのである[55]。

フリードリヒ大王の存在を「彼のフルート」だけで表現するというアイディアは、スクリーブに企画を示した段階ですでにマイヤベーアの頭にあり[56]、フリードリヒ・ヴィルヘルム4世に対しても、「偉大なる王」を直接目視できないことで、かえって「オペラ全体で彼の近さが、戦士として、平和にあっては慈悲深い君主として、また諸学問と芸術の庇護者として、彼の近さが感じられなければなりません」[57]と、その理念を説明していた。当時

---

(54) Vgl. Richard Arsenty / Letellier (Hrsg.), The Meyerbeer Libretti, German Operas 2 *(Ein Feldlager in Schlesien, Vielka)*, Newcastle upon Tyne (Cambridge Scholars Publishing) 2008; Döhring, Art. Giacomo Meyerbeer, in: Carl Dahlhaus (Hrsg.), *Pipers Enzyklopädie des Musiktheaters*, Bd. 4, München (Piper) 1991, S. 141.

(55) Arsenty / Letellier (Hrsg.), *Ein Feldlager in Schlesien, Vielka*, S. 50f. なお、フリードリヒ大王がフルートの名手だったことは、クーグラー『フリードリヒ大王物語』の記述に依拠している。

(56) *Briefwechsel und Tagebücher*, Bd. 3, S. 464.（1843年11月の手帳の書き込み）

(57) Becker, »Es ist ein ernstes Lebensgeschäft für mich.«, S. 52による（注38参照）。

第Ⅱ部　グランド・オペラを取り巻く文化

　プロイセンでは、王族をステージに上げることは認められていなかったが、マイヤベーアはそうした慣行ないし検閲規定を逆手にとって、フリードリヒ大王を歴史上のプロイセン元首から不可視の高次的な存在へと昇華させた。彼は大王の臨在を音楽だけを通して感性的に表現することにより、その慈愛が「春の花の香りのごとく」国中に遍満する、勝れて美的かつ宗教的な啓蒙君主像を提示すると共に[58]、プロイセンの黄金時代、アルカディアとしての王国を、新築なった王の劇場の真っ直中に現出させようとしたのである。それは作曲者からフリードリヒ・ヴィルヘルム4世に向けた一種の政治的メッセージでもあったろう。初演の直後には、「戦士としての」フリードリヒ大王の勇姿が欠落していることに不満を述べる評論もあったが、端から軍事的英雄を描くつもりも、シュレージエン戦争における大王の逸話を史実通り再現する意図も持たない、マイヤベーアの心を悩ませるものではなかった。もちろん批判の矛先は、もっぱら「台本作家」のレルシュタープに向けられていたのではあったが。

　2万7千ターラーもの巨費と国家の威信をかけて行われた落成記念公演は、まずは成功裡に幕を閉じた[59]。日程の都合により初演に間に合わなかった人気ソプラノのリンドが、キュストナーが目をかけていたレオポルディーネ・トゥチェックに代わって、1月初旬以降フィエルカ役を歌うようになると、作品の評判はさらに上がった。

　グランド・オペラでは重要な構成要素とされる「ローカルカラー」を、ジプシー娘のフィエルカが体現する。彼女は第1幕（第2番）の「メロドラマとロマンツェ」で、フリードリヒ大王との出会いを予見し、また自身の超常能力は死の床の母親から継承したものであることを歌う。彼女のかもす異教的神秘的雰囲気は、それ自体作品の魅力のひとつである一方、異民族の女性が、第3幕で国王の庇護の下にコンラートと結ばれるのは、フリードリヒ大

---

(58) Vgl. Döhring, Zwischen kosmopolitischer Ästhetik und nationaler Verpflichtung: Giacomo Meyerbeer und seine Preußenoper Ein Feldlager in Schlesien, in: *Studia Musicologica*, 52 / 1-4, Budapest (Akadémiai Kiadó) 2011, S. 344.
(59) Walter, *„Die Oper ist ein Irrenhaus"*, S. 93.

第 2 章　ドイツのマイヤベーア

王の慈父としてのキャラクター設定にも欠かせない場面だった。そして陶酔的なフィナーレで、彼女が王の夢解きをしながら予言する王国の輝かしい未来は、祝祭劇を締めくくるにふさわしい賑々しい光景であると同時に、プロイセンが他者に開かれた寛容な国家であることを、世に喧伝する意味合いもあった[60]。

だが何より満場の観衆を熱狂させ、国王の文弱な表現に対する不満を補って余りあったのは、夥しいプロイセン兵士たちが繰り広げる、第 2 幕のいわゆるタブローの場面だった。マイヤベーアは、2 時間半程度（《ユグノー》の半分強の長さ）のジングシュピールという、祝典劇としての枠組みの限度内で、ここでも作品にグランド・オペラの特質を付加しようとしていた。大編成の合唱とオーケストラ、さらに舞台を縦横する数十人規模のバンダによる圧倒的な音響体験は、いかにもグランド・オペラ風のクライマックスであり、観客がマイヤベーアの作品に常々期待していたものだった。「忠節な心を胸にプロイセン軍は、いかなる時でも玉座の周りに馳せ集う」[61]と勇猛な合唱と行進曲で始まる、国家的パトスに満ち満ちた第 2 幕（バレエ付き）は、その後も国賓の歓待など特別の機会のガラ・コンサートにおいて、さらに1848 年の三月革命以降は、ベルリン市民の愛国心を煽り、国王への忠誠を涵養する「プロイセンの段（アクト）」として、単幕で 20 回以上も上演された[62]。

元来《野営》第 2 幕のタブローは、《ロベール》や《ユグノー》、あるいは次作の《預言者》の舞台に見られるような、統御不能となった群衆の暴力的行動や盲目的な怒りの爆発とはまったく別ものだった。それは七月革命でパリの人々が実体験した（また《預言者》に投影される二月革命の）民衆蜂起、

(60) Döhring, Zwischen kosmopolitischer Ästhetik und nationaler Verpflichtung, S. 347f.; Arsenty / Letellier (Hrsg.), *Ein Feldlager in Schlesien, Vielka*, S. xiv.
(61) Arsenty / Letellier (Hrsg.), *Ein Feldlager in Schlesien, Vielka*, S. 34.
(62) Vgl. Becker, »Es ist ein ernstes Lebensgeschäft für mich.«, S. 61 f.; Zimmermann, *Giacomo Meyerbeer*, S. 237.《ユグノー》や《預言者》のベルリン上演にも関与した、宮廷劇場の舞台美術家ヨーハン・カール・ヤーコプ・ゲルストによる野営シーンの舞台装置草案（図版）からは、第 2 幕がいかに壮大なプランの下に制作されたかを窺い知ることができる。Vgl. Döhring, Nationalismus contra Internationalismus. Die Berliner Hofoper unter von Küstner und von Hülsen, in: Georg Quander (Hrsg.), *Apollini et Musis. 250 Jahre Opernhaus Unter den Linden*, Berlin (Propyläen) 1992, S. 99ff.

市街戦における恐怖の再現ではなく、あくまでスペクタクルを楽しみたいという、ベルリンの観衆のいわば卑俗な欲求に呼応したアトラクションに過ぎない。《野営》は、マイヤベーアのグランド・オペラに特徴的な、妄動する群衆に個々人が押し潰され、集団的興奮の中に個別の感情が呑み込まれていく、ある意味ペシミスティックな世界観の表出とは所詮無関係だったのである。

王を救うためザルドルフらが策略を巡らすスリリングな場面がありながら、全体としては牧歌的なトーンの第1幕、国父たる大王の慈愛と寛大さ、そして芸術愛が際立つ第3幕、間に挟まれた第2幕には、軍人精神とパトリオティズムを謳い上げる勇壮なタブローが配された。プロイセン王の「戦士としての」威容の（不可視ながらも）見せ所である。しかし第2幕では、「武器には誉れ、平和にはより大いなる栄誉を」と朗唱する長老に導かれた農夫たちが登場して、タブローが一義的なプロイセン軍国主義の表明、戦争賛美となることは巧みに避けられていた。農民は兵士に向かって繰り返し語りかける。「お前たちは祖国のために死ぬ用意ができているのか。祖国のために生きる、これが我らの役割だ」[63]。ここでは、手にするのが武具か農具かの違いはあれ、各々の天命にしたがって国家に仕える、有為の臣民であることの喜びが歌われる。

だが、眼には見えない国王によって統率されるユートピアとしてのプロイセンは、もはや現実の王国から大きく乖離している。兵士と農民それぞれの忠君愛国の熱誠もまた、具体的な行き場を失う。《野営》が愛国オペラとして宣揚すべき国家主義的理念は、国王の高度に美的かつ抽象的な表現ゆえに、実際のローカルな国家・君主像と、観念的普遍的なそれとの狭間で霧消してしまうのである（その危惧からか、初演の後、農民たちの登場シーンは削除されることとなった）。

マイヤベーアは《野営》をベルリン以外で上演することに積極的ではなかった。著作権に関するスクリーブとの契約の問題もあったろうが、このオペラがプロイセンの国境を越えて広く受け容れられる可能性は少ないと判断

---

(63) Arsenty / Letellier (Hrsg.), *Ein Feldlager in Schlesien, Vielka*, S. 36.

していたためである。しかしながら上述の通り、作品の本質は地域限定的なものではない。実際 1847 年 2 月には、アン・デア・ヴィーン劇場からのオファーに応じるかたちで公演が執り行われる。プロイセンと敵対するオーストリア帝国の首都での上演、しかもフリードリヒ大王はマリア・テレジアの宿敵であり、《野営》の背景を成す戦争は、女帝がプロイセンからシュレージエン地方を奪回する目的で始められたとなれば、オリジナル台本のプロイセン臭は完全に拭い去られなければならなかった。《フィエルカ》(*Vielka*) と題目が変えられ、レルシュタープと女優兼劇作家のシャルロッテ・ビルヒ＝プファイファーによってストーリーや人物の役柄にも手が加えられた[64]。タイトルロールは銃弾に当たって死ぬ設定に変更されたが、やはりトゥチェックとリンドがこれを務めた（リンドは第 4 回公演から舞台に立った）。さらに数年後、パリのオペラ＝コミック座から《野営》のフランス語ヴァージョンを求められたマイヤベーアはその申し出を断り、代わりに《野営》からいくつかのナンバーを転用して、スクリーブと協同し、3 幕のオペラ・コミックを制作した。ピョートル大帝が登場する《北極星》(*L'Étoile du Nord*) である。舞台はフィンランドとロシア、サンクトペテルブルクに移され、フィエルカはカトリーヌ（エカテリーナ）と名を変えた。1854 年 2 月のパリ初演は好評を得て、最初の 1 年で 100 回もの公演が行われた。ほどなくレルシュタープらの翻訳によるドイツ語版 (*Der Nordstern*)、英語版 (*The Star of the North*)、イタリア語版 (*La Stella del Nord*)、さらにはスウェーデン語版 (*Nordens Stjärna*) が作られ、ヨーロッパ各地、そして北米でも上演された。今般はマイヤベーアの主導の下で、ベルリン出身の《野営》は《ユグノー》と同様に、国籍も国語も、当初の理念も打ち捨てて、上演地に合わせて融通無碍に姿形を変えていくのである。ただフルートとコロラトゥーラ・ソプラノによる陶然たる三重奏は引き継がれ、何処の地でも喝采を博した。

---

(64) Vgl. Sigrid Wiesmann, „Der Sühnung Werk, es ist vollbracht." Bemerkungen zu Meyerbeers Vielka, in: Döhring / Arnold Jacobshagen (Hrsg.), *Meyerbeer und das europäische Musiktheater*, Laaber (Laaber) 1998, S. 121ff.

第Ⅱ部　グランド・オペラを取り巻く文化

*　　*　　*

　《野営》初演の翌年の4月8日、マイヤベーアは国王に免職を請う文書を提出した。キュストナーとの軋轢はいよいよ激しくなり、宮廷に渦巻く権謀術数、書類の山を築くばかりの役所仕事にも耐え切れなくなったためだった。その時は慰留され、長期休暇が与えられるに終わったが、またもフンボルトの執り成しによって、国王から1846年12月2日付けで、休暇の無期限延長を認める通達が出された。事実上の退任である。ベルリン在職中最後の舞台勤めは、同年9月にシャウシュピールハウスで初演された、亡き弟ミヒャエル・ベーアの悲劇《ストルーウンセ》(*Struensee*) の付随音楽の作曲だった。しかしその後も彼は、国家の重要行事に楽曲を提供し、宮廷演奏会の企画や指揮を行う責務を負っていた。1861年1月1日の晩に崩御したフリードリヒ・ヴィルヘルム4世の追悼式典での指揮、そして新国王ヴィルヘルム1世の戴冠式のための賛歌や行進曲の作曲も彼の役目だった。そして1862年5月1日、第2回ロンドン万国博覧会の開幕式典には、ドイツ音楽界の代表として派遣され、《行進曲様式の祝祭序曲》(*Fest-Ouvertüre im Marschstyl*) を披露して、有終の美を飾った。

　マイヤベーアは1864年5月2日にパリで没した。1週間後、遺言により、亡骸はベルリンに運ばれ、シェーンハウザー・アレーのユダヤ人墓地にあるベーア家の墓所に埋葬された。

　5月18日発行の『一般音楽新聞』に掲載された追悼記事には、次の一節があった。

> ドイツで生を受けたにもかかわらず、彼はドイツ人ではなかった。彼を生んだ民族（ナツィオーン）は、狭い意味での祖国を知らない。だから我々は、人間として持ち合わせていないものを、持ち続けるよう求めることはできない。［…］国民的（ナツィオナール）なものを越えた高みに、誰にとっても真実なもの、芸術の真理がある。それがシェイクスピア、モーツァルト、ベートーヴェンと

いった人たちを、あらゆる国民のための芸術家に仕上げたのである。マイヤベーアは万人受けを狙い、実際ほとんど瞬時に成し遂げた。だがそれゆえにこそ、彼はドイツの芸術のみならず普遍的な芸術の真理に対しても、幾重にも不誠実だったと私たちは主張するのだ。(65)

ドイツ語圏最高のオペラ作曲家と広く世に認められながら、マイヤベーアは「死してなお」(66)、むしろ死後ますます、生まれ故郷から、そして音楽芸術から疎外されなければならなかった。それは、シューマンやワーグナーが幾度も厳しく指弾するように、彼が「向こう受け」(67)の術を知り尽くし、これを駆使して（節操なく）ヴェネツィアやミラノで、パリ、ロンドン、ウィーンで、なかんずくドイツ中で、汎ヨーロッパ的な、字義通りユニヴァーサルな成功を収めたためにほかならない。そして、いつしか根なし草が忌避されて、「国民的なもの」に音楽の新しい「普遍的」価値が求められるようになった時、さしもの彼の人気にも翳りが差すのである。

---

(65) *Allgemeine Musikalische Zeitung,* Neue Folge, 2. Jg., Nr. 20 (Leipzig, 18. Mai 1864), Sp. 346.
(66) *Briefwechsel und Tagebücher,* Bd. 3, S. 196: Meyerbeer an Heine (29. August 1839).
(67) Wagner, *Oper und Drama,* 2., durchgesehene Aufl., Leipzig (Weber) 1869, S. 87. 同様の、しかし（金銭問題も絡んで）愛憎相半ばするマイヤベーア批評を展開したハインリヒ・ハイネについては、拙稿「マイアベーアとハイネ」（『上智大学ドイツ文学論集』第55号、上智大学ドイツ文学会2018年、所収）で扱った。

第3章 「グランド・オペラ」と「世界文学」
―― 「デモーニシュなもの」の視点から見た
マイヤベーア《悪魔のロベール》と
ゲーテ『ファウスト』

浅井　英樹

1　微妙なすれ違い
―― 『ゲーテとの対話』におけるゲーテの2つのマイヤベーア評から

　ドイツの文豪ヨーハン・ヴォルフガング・ゲーテ (1749-1832) は、秘書ヨーハン・ペーター・エッカーマン（1792-1854）による『その生涯の晩年におけるゲーテとの対話』[(1)] の中で、作曲家ジャコモ・マイヤベーアについて2回言及している。いずれも、ゲーテとエッカーマンとの間で、戯曲『ファウスト』のオペラ化の構想が話題にのぼった際のもので、ゲーテは、『ファウスト』に曲をつけるにふさわしい音楽家としてマイヤベーアの名を挙げている。
　マイヤベーアへの最初の言及は、1827年1月29日の対話[(2)] にあらわれる。『ファウスト』第1部を1808年に出版したのちも、続編の構想をあたため続けていたゲーテは、長い中断期間を経て、1825年頃から本格的に第2部の執筆に取り組み、1832年の死の直前にようやく全編を完結させた。ゲーテは、5幕からなる第2部のうち、絶世の美女ヘレナとファウストの恋愛と別離が描かれる、のちの第3幕に相当する部分を最初に完成させ、1827年に『ヘレナ――古典的＝ロマン的幻影劇――「ファウスト」への幕間劇』（以下『ヘレナ劇』）と題し、独立して出版した。1827年1月29日の対話で、

---

(1) 第1部・第2部は1836年、第3部は1848年に刊行。以下『ゲーテとの対話』と略記。
(2) ゲーテの日記と照合すると1月25日が正しく、エッカーマンの記憶違いとされているが、本章ではエッカーマンの日付に従う。

第 3 章 「グランド・オペラ」と「世界文学」

　この『ヘレナ劇』の原稿が入った小包をエッカーマンに見せるゲーテは、節目となる仕事を終えた安堵感からか上機嫌である。2 人は読者からの好意的な反響を期待しつつ、作品が舞台化された時のことにまで思いをはせる。

　　「全編にわたって」と私〔エッカーマン〕は言った。「舞台装置や衣装の点で非常な豪華さと多様性が必要になるでしょう。そして私は、これを舞台で見てみたいという思いを否定できません。本当に偉大な作曲家がその任にあたってほしいものです！」
　　「それには」とゲーテは言った。「マイヤベーアのように長くイタリアで生活し、自分のドイツ的な天性をイタリア的な様式と結びつけている人でないといけない。しかし、疑いなくきっと見つかることだろう。」[3]

　この『ヘレナ劇』は、「古典的＝ロマン的幻影劇」の副題が示すように、古典的な要素と近代のロマンティックな要素の統合を目指したものであり、ドイツ文学史では通常、ゲーテのイタリア滞在（1786〜88 年）から盟友シラーの死（1805 年）までとされる、いわゆる「古典主義期」にあたる 1800 年頃からゲーテはこの『ヘレナ劇』を構想し、長い年月を経てようやく完成させたのだった。
　マイヤベーアは、ドイツ国内のみならず、ウィーンやパリなどでも作曲家としてキャリアを積み、1824 年にはヴェネツィアで《エジプトの十字軍騎士》を初演し、すでに頭角をあらわし始めていた。ゲーテが、新進気鋭の作曲家マイヤベーアに、かつてイタリアで古典古代やルネサンスの文化を精力的に吸収しようとした自己の姿を重ね合わせ、その将来の活躍に期待している、と考えれば、ゲーテがいささか唐突にマイヤベーアの名を挙げたことは理解できないことではない。また、ゲーテが、エッカーマンの言う、「舞台装置

---

(3)『ゲーテとの対話』およびゲーテのテクストからの引用は、フランクフルト版ゲーテ全集 (Johann Wolfgang Goethe, *Sämtliche Werke. Briefe, Tagebücher und Gespräche*, Frankfurter Ausgabe [FA], hrsg. von Hendrik Birus u.a. 40 Bde, Frankfurt a.M. 1987ff.) を用い、以下、引用に際しては巻数およびページ数を示す。この箇所は、FA II, Bd. 12 (39), S. 220.

や衣装の点で非常な豪華さと多様性」を必要とする劇にふさわしい作曲家として、後年グランド・オペラの申し子として音楽史に名を残すことになるマイヤベーアの名を挙げた「先見の明」は、驚かれてしかるべきことかもしれない。

　ただし、ゲーテとマイヤベーアの間には直接の交流はなかった。世代的にかなりの隔たりがあることに加え、1775年以来、基本的に小都市ヴァイマルに居を定め、ベルリンやパリなどには縁の薄かったゲーテと、ヨーロッパ中の大都市を活動の中心としたマイヤベーアは、出会う機会をついに持たなかった。また、ゲーテは、『ゲーテとの対話』以外では特にマイヤベーアに言及していない。それだけに、『ゲーテとの対話』でのマイヤベーアに対する破格ともいえる高い評価はかえって目を引く。

　ゲーテがマイヤベーアの名を挙げたのには、マイヤベーアが、ゲーテの友人でベルリンに住む音楽家カール・フリードリヒ・ツェルター（1758-1832）の弟子だったこともあずかっているだろう。ゲーテとツェルターは1799年以来、30年以上にわたり、850通以上の手紙を交わしているほど親しかった。ベルリンで育ったマイヤベーアは1805年に、ツェルターが校長を務めるジングアカデミーに入学し、ツェルターから直接指導を受けている（ただし、マイヤベーアは彼の指導に必ずしも満足せず、1807年には作曲を別の教師に習っている）[4]。ツェルターは、マイヤベーアについて何度かゲーテへの手紙の中で言及し、例えば1826年5月22日のゲーテ宛書簡では、「イタリアで有名なマイヤベーア」[5]と書いており、ツェルターらを通して、ゲーテはマイヤベーアについてある程度の知識は持っていたと思われる。

　『ゲーテとの対話』における、マイヤベーアへの2回目の言及が見られるのは、最初の言及から2年を経た1829年2月12日である。ツェルターが手紙の中で、彼が指導する女性歌手が、ヘンデルのオラトリオ《メサイア》の

---

(4) Sabine Henze-Döhring/Sieghart Döhring, *Giacomo Meyerbeer. Der Meister der Grand Opéra*. München 2014, S. 9.
(5) Johann Wolfgang Goethe, *Sämtliche Werke nach Epochen seines Schaffens. Münchner Ausgabe, Bd. 20.1. Briefwechsel zwischen Goethe und Zelter in den Jahren 1799 bis 1832*, München 1991, S. 922.

第 3 章 「グランド・オペラ」と「世界文学」

アリアを柔弱でセンチメンタルに歌い、台無しにしてしまった、と嘆いていたことをエッカーマンに話すゲーテは、「弱さはわれわれの世紀の一性格をなしている」と言う。それを聞いたエッカーマンは、「それでも私は、『ファウスト』にふさわしい音楽が作られるのを見たいという希望をあきらめていません」と、2年前に語り合った『ファウスト』のオペラ化の話を再び持ち出す。しかしゲーテは、それにふさわしい作曲家が、「疑いなくきっと見つかることだろう」と言っていた2年前とは打って変わって、「そんなことはまったく不可能だ」と言い、こう続ける。

　「反撥を覚えさせるところ、不快なところ、怖ろしいところを、それ〔『ファウスト』につける音楽〕は部分的に含んでいなくてはならないのだが、今の時代はそういったものがお気に召さないのだ。その音楽には、ドン・ファンの性格がなければいけない。本当はモーツァルトが『ファウスト』を作曲しなくてはいけなかったのだ。もしかするとマイヤベーアならその能力があるかもしれないが、彼はそうしたものに首を突っ込もうとはしないだろう。彼はイタリアの劇場の仕事でがんじがらめになっているから。」[6]

　2年前の対話の記憶に加え、ツェルターの手紙からの連想で思い浮かんだのか、ゲーテは『ファウスト』に曲をつけることのできる人物として再びマイヤベーアの名を挙げる。
　しかもここでゲーテは、マイヤベーアの名を、驚くべきことにモーツァルトと並べて挙げている。ゲーテは、1763年、14歳の時に、当時7歳だったモーツァルトの演奏を聞いて以来[7]、その天才を高く評価していた。ゲーテは、とりわけ《魔笛》（1791年）に魅了され、結局は未完に終わったものの、1795年から1801年にかけて、自らその続編を書こうとさえしたほどであり、

---

(6) FA II, Bd. 12 (39), S. 306.
(7) 『ゲーテとの対話』の1830年2月3日の対話でゲーテはその時の様子を語っている。
　FA II, Bd. 12 (39), S. 380.

その影響は、『ヘレナ劇』にも影を落としている。ゲーテはモーツァルトの音楽に、自由闊達で軽快な優美さばかりでなく、「反撥を覚えさせるところ、不快なところ、怖ろしいところ」もあると感じ、その音楽に、《ドン・ジョヴァンニ》(1787 年) の、愛を求めて遍歴を重ね、破滅して地獄に落ちることをも厭わない主人公が持つような、強い生のエネルギーを見ている。この強い力は、ゲーテのファウストもまた共有するものであった。

　ゲーテは、1829 年 12 月 6 日のエッカーマンとの対話で、「デーモンたちは、人類をからかい嘲弄するために、誰もがそれを目指そうと努めるほど魅力的で、しかし誰も到達できないほど偉大な人物を時折作ってみせるのではないか」[8]と問いかけ、そのような「デーモン」によって作られた人物として、ラファエロ、シェイクスピア、ナポレオン、そしてモーツァルトの名を挙げている。

　ゲーテはマイヤベーアの音楽にも、時代の傾向としての「弱さ」を打ち破る「デーモン」の働きを期待しているようである。しかし、ゲーテは、「イタリアの劇場にがんじがらめになっている」多忙なマイヤベーアが『ファウスト』の作曲をすることはないだろうと、半ばあきらめ気味の口調で述べている。

　しかし、当のマイヤベーアは、ちょうどその頃、活動の中心を徐々にイタリアからパリに移そうとし、フランスの劇作家ウジェーヌ・スクリーブと協力して、悪魔を父に持つ、ドン・ファンめいた放蕩者が主人公として活躍する劇を準備していた。それが、1831 年のパリのオペラ座における公演の大成功で、グランド・オペラの寵児としてマイヤベーアの名を決定的なものにした《悪魔のロベール》である。

　《悪魔のロベール》が初演された翌年の 1832 年、ゲーテは 82 年の生涯を閉じ、同年、最終場面で悪魔メフィストフェレスの手に落ちたかに見えたファウストが、グレートヒェンと天上の力によって救済される『ファウスト』第 2 部が刊行される。主人公ロベールをめぐって、彼を正道へと導こう

---

(8) FA II, Bd. 12 (39), S. 364.

とする信仰心の篤い女性たちと、地獄へ誘おうとする悪魔ベルトランのせめぎ合いが描かれる《悪魔のロベール》におけるロベールの救済は、ゲーテによるファウストの救済よりも1年早く、パリの舞台で実現したことになる。

　もしも、『ゲーテとの対話』で表明されたゲーテのマイヤベーアにかける期待を、もっと早くマイヤベーアが知ることができていれば、彼にとって大きな励みとなり、《悪魔のロベール》にも影響を与えていたかもしれない。しかし、『ゲーテとの対話』の、マイヤベーアについての言及を含む第1部・第2部が出版された1836年は、すでにマイヤベーアが《悪魔のロベール》によって名声を確立した後であった。

　ゲーテとマイヤベーアは、『ファウスト』という作品を接点として、時に大きく近づきながらも、微妙にすれ違っている。このすれ違いは、いかなる意味を持つのだろうか。このことについて考える手掛かりとして、ゲーテとマイヤベーアの間での、もう一つの、これもまた微妙な「接点」を取り上げてみたい。ゲーテが最初に提案したとされる「世界文学」の概念と、マイヤベーアの代名詞である「グランド・オペラ」である。

2　「世界文学」と「グランド・オペラ」

　『ゲーテとの対話』で、マイヤベーアの名が最初に出た1827年1月29日の対話から、奇しくもわずか2日後の1月31日に、「世界文学」の時代の到来を告げる、ゲーテの非常に有名な発言がなされる。この日の対話で、最近中国の小説を読んでいると話してエッカーマンを驚かせたゲーテは言う。

> 「国民文学はもはや大きな意味を持たない。世界文学の時代が来ているのだ。そして、いまや各人が、この時代を促進するよう努めねばならないのだ。」[9]

---

(9) FA II, Bd. 12 (39), S. 225.

第Ⅱ部　グランド・オペラを取り巻く文化

　ゲーテは生涯を通じて外国文学に深い関心を持ち、終生範としたホメロスや、疾風怒濤期のエネルギーの源泉としたシェイクスピアなど、ヨーロッパ文学のカノンをなす古典はもちろん、14世紀ペルシアの詩人ハーフィズに刺激されて生まれた『西東詩集』(1819年) に代表されるように、特にその後半生において、西欧以外の文学にも視野を広げ、優れた文学作品から積極的に学ぶ姿勢を貫いた。『ゲーテとの対話』は、晩年のゲーテが世界の様々な文学事情に驚くほど精通していたことを示している。初めてマイヤベーアの名が出た1827年初頭の対話でも、フランス文学の最新の動向、セルビアの民謡、中国の小説など、世界の様々な地域の文学が幅広いジャンルにおいて取り上げられている。こうした「世界文学」への関心というコンテクストの中で、マイヤベーアの名も出ていることは注目されてよい。

　ヨーロッパ中をまたにかけて経験を積み、様々な様式を融合させ、グランド・オペラの寵児となったマイヤベーアは、当時におけるコスモポリタンの典型であり、音楽の世界での「世界文学」の実践者であるともいえそうである。しかし、ゲーテが提出した「世界文学」は、果たしてマイヤベーアの確立したグランド・オペラ的なものを志向しているのだろうか。

　ゲーテは「世界文学」という概念を明確に定義づけて体系的に論じているわけではなく、この言葉を様々な機会に用いており、場合によっては発言に矛盾が見られることさえあり、ゲーテにとって、「世界文学」とは何を意味するのか、という問いに答えることは容易ではないが、ここでは、グランド・オペラとの関連を考察するうえで示唆に富むと思われる、ゲーテの「世界文学」についての発言を2つ取り上げてみたい。

　1829年6月18日付けで友人の外交官カール・フリードリヒ・ラインハルトに宛てて書かれた書簡の下書きで、ゲーテはこう述べている。

　　世界文学の相互作用は、もちろん、とても活発で驚くほどです。私の間違いでなければ、フランス人は、全体的に見てそこから最大の利益を得ています。それに彼らはすでにある種の自覚的な予感を抱いているのです。彼らの文学が18世紀半ばに得ていたようなヨーロッパへの影響を、

より高い意味で持つことになるだろう、という予感を。⁽¹⁰⁾

19世紀におけるフランス文学の新たな隆盛を予見したこのコメントは、その後の実際のヨーロッパ文学の展開を鑑みるに、大筋において正鵠を得ていると同時に、マイヤベーアが、ヨーロッパにおける文化交流の中心地としての地位をますます高めていたパリに活動の中心を据えようとしていた、1830年前後の時代の空気もよく表している。

しかしその一方でゲーテは、1829年3月4日のツェルター宛書簡では、「世界文学」がもたらすネガティブな側面について、パリの劇場を例に指摘している。

> 複雑に広がった大都市パリの劇場がやむを得ず行っている誇張された表現の数々は、そうした欲求を感じるまでにはまだまだ至っていない我々にも害を及ぼしています。こうしたことはしかし、現在進軍してきている世界文学の結果なのです。そして、ここにおいて我々は、全体としてはうまくいかなくても、個々の人々はそこから必ず有益なものを得るだろう、ということで自らを慰めるよりありません。[11]

様々な文化と人が流れ込む「複雑に広がった大都市パリ」の劇場において、多様性の総和は往々にして、「誇張された表現」へと至ってしまい、芸術性の低下にむしろつながってしまうという考えは、グランド・オペラにも常につきまとう、絢爛豪華ではあるが内容空疎なスペクタクルに陥る危険をすでに予見しているといえる。しかしゲーテは、「全体としてはうまくいかなくても、個々の人々はそこから必ず有益なものを得るだろう」と述べ、「世界文学」へと向かう流れが避けがたいものであり、そこから生み出される積極的な面を見出そうとする前向きな姿勢も見せている。

マイヤベーアとスクリーブの《悪魔のロベール》もまた、「世界文学」が

(10) FA II, Bd. 11 (38), S. 129.
(11) FA II, Bd. 11 (38), S. 99.

幕を開けようとする時代において、その中心地パリで、「世界文学」の時代がはらむポジティブな面もネガティブな面もあえて引き受けた、最初の大規模な実験であるといえる。

以下の論述においては、ゲーテの『ファウスト』と、《悪魔のロベール》が描く世界のありようをそれぞれ考察し、両者を比較することで、ゲーテとマイヤベーアの「すれ違い」の内実を探ってみたい。

3　ゲーテの『ファウスト』が描く世界
　　――「舞台での前狂言」から

　ゲーテの『ファウスト』第1部の冒頭におかれた3つのプロローグのうちの一つ「舞台での前狂言」(以下「前狂言」)は、1797～98年頃に書かれた。この「前狂言」は、ゲーテが、『ファウスト』という作品を通して、どのような世界を描こうとするのかを示した、一種の決意表明と見ることができる。この「前狂言」では、詩人、道化、座長の3人が登場し、三者三様の演劇観を開陳する。ゲーテ自身、ヴァイマルの宮廷劇場の運営に携わり、劇作家として、座長として、そして時には自ら俳優として舞台に立ったことがあり、この3人は、それぞれゲーテの分身ともいえる。芸術に身を捧げる詩人は、時代の毀誉褒貶に左右されない永遠に残る作品を目指し、道化は理想主義的な詩人の生真面目さを茶化しながら、舞台での一瞬の生の輝きに賭ける。そして座長は、詩人と道化を挑発しつつ励まし、興行の成功を目指す。経済の論理に従って動く座長は、芸術家である詩人と道化とは立場を異にしているが、観客たちの心理を鋭く見抜き、演劇を取り巻く社会全体を俯瞰的に見ている。劇場にやってくる観客たちの様々な動機(退屈しのぎのため、豪奢を誇るため、芝居がはねた後の賭け事や売春のため、通人を気取るため、等々)を皮肉たっぷりに活写する座長は、そのような雑多な観客を満足させるためには、いろいろな要素の詰まった「ごった煮」[(12)]を出すのが一番と割り切っ

---

(12) FA I, Bd. 7/1, S. 17. V. 100.

ている。この狂言をしめくくる座長の言葉は、『ファウスト』の幕開けを告げる言葉にふさわしい。

> 君たちもご承知の通り、われらがドイツの舞台では、
> めいめいがやりたいことを試している。
> だから今日この日も、
> 書割も機械仕掛けも惜しまず使ってかまわない。
> 大小の天の光、太陽と月を使うもよし、
> 星々を無駄遣いするもよしだ。
> 水に火に、そそり立つ岩壁、
> 獣も鳥も欠けてはならない。
> そうしてこの狭い芝居小屋で、
> 創造の全円環をくまなく踏破し、
> 思慮深い素早さで、天国からこの世を経て地獄までも、
> 経めぐり歩いてくれたまえ。[13]

「天国からこの世を経て地獄まで」包括する世界を作り出すのは、舞台芸術すべての夢である。「書割も機械仕掛けも惜しまず使ってかまわない」と、気風のよい座長はなんでもありの豪華なスペクタクルを目指す。

　ゲーテが生きた時代のドイツは、大小の国に別れ、周辺のヨーロッパ諸国と比べ政治的・文化的にも遅れていた。当時のドイツの文学者たちの活動は、シェイクスピアに強く影響された若きゲーテたちのシュトゥルム・ウント・ドラングであれ、古典古代やルネサンスから学んだ古典主義期のゲーテ、シラーであれ、ゲーテに続く世代のロマン派の運動であれ、遅れているという意識を逆にばねにしたものであった。そうした意識の下に生み出された作品が、19世紀のフランスやイタリアにおいて盛んにオペラ化されたのは興味深い。

---

[13] FA I, Bd. 7/1, S. 20f. V. 231-242.

大きな劇場を持たないドイツの演劇界の限界を、ゲーテも痛感していた。ゲーテ自身、ヴァイマルの宮廷劇場の運営に尽力し、様々な試みを行ったが、最終的には挫折する。そのようなゲーテの演劇との関係を反映しているのが、長編小説『ヴィルヘルム・マイスターの修業時代』（1795／96年）である。この小説の前半は、「ヴィルヘルム・マイスターの演劇的使命」のタイトルの下に書かれた草稿を改作したもので、少年時代に体験した人形芝居をきっかけに演劇の世界に魅せられ、「国民劇場」の創立者になることを夢みる主人公ヴィルヘルムの演劇界での遍歴が描かれる。しかし、ゲーテは執筆の過程で大きくコンセプトを変え、小説の後半では、演劇の世界に限界を感じたヴィルヘルムは舞台から身を引き、「塔の結社」の一員として社会改革に乗り出すことになる。そして、続編の『ヴィルヘルム・マイスターの遍歴時代』（1829年）では、演劇についての話題はほぼ完全に影を潜めてしまう。

しかし、『ファウスト』の「前狂言」での、「われらがドイツの舞台では、／めいめいがやりたいことを試している」という座長のいささか自嘲の交じった台詞からは、ドイツの演劇界の状況がどうであれ、むしろ遅れているからこそ、様々な実験が可能であり、言葉の力によって、「狭い芝居小屋」の中に「天国」も「地獄」も創造してみようとするゲーテの、ある意味吹っ切れた意気込みが垣間見える。

この「前狂言」が書かれて約30年の歳月が過ぎ、ゲーテの晩年期には、産業革命の進行により、交通・通信手段が発達し、文化間の交流がかつてないほど促進され、パリのような「複雑に広がった大都市」も出現した。そうした中で生まれたグランド・オペラは、『ファウスト』の「前狂言」で座長が夢見た「書割も機械仕掛けも惜しまず使」い、「天国からこの世を経て地獄までも」経めぐることができる舞台を、現実に可能にするものであった。

しかし、ゲーテが本当に求めていたのは、必ずしも、そうしたスケールの大きい表現を可能にする社会的条件の実現ではなく、あくまで、言葉による世界の創造にあったのではないか。『ファウスト』という作品の成長過程が、それを物語っている。『ファウスト』は、第1部だけでも十分に「天国」と「地獄」を包摂する広大なスケールを有しているが、晩年期のゲーテが取り組ん

だ第2部は、「前狂言」で座長が語った夢をはるかに超えたスケールを持つようになっていった。それを代表するのが、第1幕で、ファウストが生命の源である「母たち」[14]の国へと降りてゆく場面や、第2幕で展開される、精神のみを持つ人工生命ホムンクルスが実験室の狭いフラスコを抜け出し、身体を求めて赴いたエーゲ海の豊饒な自然に囲まれて、自然哲学者タレスや様々な神話的形象と語り合う祝祭的な空間「古典的ヴァルプルギスの夜」の場である。ゲーテ自身、『ゲーテとの対話』の1831年2月17日の対話で、『ファウスト』の第1部と第2部の違いについて、以下のように語っている。

> 「第1部はほとんど全部が主観的で、すべてがひとりの、より内向的で、より情熱的な個人〔主人公ファウスト〕から発しており、その半ば暗いありようが人々の気に入ったのかもしれない。しかし第2部では、主観的なものはほとんどなく、ここにはより高く、より広く、より明るい、より情熱的でない世界がある。」[15]

このような『ファウスト』の発展から、『ゲーテとの対話』におけるマイヤベーアについてのゲーテの二度の言及を再解釈すれば、以下のような仮説を提出することができるかもしれない。ゲーテは1827年1月29日の最初のコメントの段階では、第2部第3幕にあたる『ヘレナ劇』しか完成させておらず、古典古代と近代のロマン主義の統合といった、かつての古典主義期の思考の残滓ともいえる問題設定の下、いまだ『ファウスト』のオペラ化の希望を語ることもできた。しかし、さらに執筆が進んだ2年後の1829年2月12日の対話においてゲーテは、『ファウスト』が未聞のスケールを持つ作品に成長しつつあることを予感し、もはや『ファウスト』は、モーツァルトのような「デーモン」を持った作曲家でもないかぎり、現実の舞台では上演できないと感じ、オペラ化について、「そのようなことはまったく不可能だ」と語るに至ったのではないか。

---

(14) FA I, Bd. 7/1, S. 255. V. 6216.
(15) FA II, Bd. 12 (39), S. 440f.

4 《悪魔のロベール》が描く世界
――「デモーニシュなもの」なき舞台

　マイヤベーアの研究者ロベール・イグナティウス・ルテリエは、2012年の論文「あるロマン派探究――マイヤベーアの『ファウスト』主題の受容」で、マイヤベーアと『ファウスト』(ゲーテの『ファウスト』および、ファウスト伝説を題材にした作品の総体)との密接な関係を論じ、とりわけ《悪魔のロベール》と『ファウスト』の比較に多くの紙数をさいている[16]。

　ルテリエが詳細に論じているように、《悪魔のロベール》は、確かに『ファウスト』と多くの共通点を持つ。悪魔に誘惑された主人公が神の裁きを受けるという「終末論的」[17]な構造であれ、メフィストフェレス的な役回りを果たす悪魔ベルトランが主人公ロベールを様々な形で誘惑し、罪を重ねさせるというストーリー展開であれ、16世紀のドイツ民衆本以来人口に膾炙しているファウスト伝説と枠組みは非常に似通っている。

　ただし、悪魔との契約期限が切れた後に地獄に落ちる、元来のファウスト伝説やイギリスの劇作家クリストファー・マーロー(1564-1593)の戯曲『フォースタス博士』などとは異なり、主人公ロベールは最後に救済される。この点においては、《悪魔のロベール》は、ゲーテの『ファウスト』に近い。また、ルテリエも指摘しているように、妹アリスと王女イザベルの尽力、そして母の遺言によってロベールが救われる《悪魔のロベール》も、グレートヒェンと聖母マリアのとりなしによってファウストが救われるゲーテの『ファウスト』も、ともに女性的なものが救済の担い手となっている。

　しかし、《悪魔のロベール》が、ゲーテの『ファウスト』からどれだけ「影響」を受けたかは微妙といわざるをえない。例えば、女性による救済を象徴するゲーテの言葉としてルテリエが挙げる"the eternal feminine"[18]の原語

---

(16) Robert Ignatius Letellier, "A Romantic quest: Meyerbeer's adaption of the Faust theme", in: Semiotica 192 (2012), De Gruyter Mouton, S. 275-314.
(17) Letellier, a.a.O. S. 283.
(18) Letellier, a.a.O. S. 288.

の、人口に膾炙している「永遠にして女性的なるもの」(das Ewig-Weibliche)[19]の言葉が見られる最終場面を含む『ファウスト』第2部が出版されたのは、ゲーテの死の年の1832年であり、1831年初演の《悪魔のロベール》の方が先行している。両作品の間に、女性的なものが救済の担い手となっている、という、最大公約数的な共通点を指摘することはできても、「永遠にして女性的なるもの」という言葉を、そのまま《悪魔のロベール》の本質とすることには無理がある。

ルテリエは、《悪魔のロベール》が、ヨーロッパ文学における巨大な文学的モチーフである「ファウスト」的な素材を多く含んでいることを示し、また、「永遠にして女性的なるもの」といった、ゲーテの『ファウスト』の深遠な本質として読まれることの多い言葉を取り上げ、《悪魔のロベール》が文学的な「厚み」を持っていることを強調することで、この作品の再評価を意図しているように思われる。しかし、ファウスト伝説やゲーテの『ファウスト』と共通するモチーフの列挙にとどまり、その文学的内実について踏み込んだ考察はほとんどなされていない。

《悪魔のロベール》とゲーテの『ファウスト』の最大の違いは、両作品において、ともに悪魔が登場しているにもかかわらず、「デモーニシュなもの」が《悪魔のロベール》には欠如している点である。「デモーニシュなもの」は、特に晩年のゲーテが頻繁に使った言葉であり、先にゲーテの言葉として挙げた、モーツァルトらを作り出した「デーモン」とも密接に関連する概念である。

ゲーテは、自伝『詩と真実』第4部第20章で、「デモーニシュなもの」について、以下のように説明している。

> 彼〔ゲーテ〕は自然のうちに、生命のある自然のうちであれ、生命のない自然のうちであれ、また魂のある自然のうちであれ、魂のない自然のうちであれ、ただ矛盾した姿でのみ立ち現れ、それゆえにいかなる概念

---

[19] FA I, Bd. 7/1, S. 464. V. 12110.

によっても、ましてや、いかなる言葉によっても把握することができない何かを見出したように思った。それは非理性的に見えたので神的ではなく、悟性を持たなかったので人間的ではなく、恩恵を与えてくれるものだったので悪魔的（teuflisch）ではなく、しばしば他人の不幸を喜ぶ風だったので天使的でもなかった。[20]

さらにゲーテはこうも言っている。

あのデモーニシュなものは、身体的なものにおいても非身体的なものにおいても立ち現れるばかりか、動物においてもきわめて注目すべき形で示されるのであるが、とりわけ人間と不可思議きわまりない関係を持ち、道徳的な世界秩序と対立はしないまでも、一方を縦糸、他方を横糸とみなすことができるような形で交差しているのである。[21]

「デモーニシュなもの」は、人間のみならず、自然界の万物を駆り立ててやまない、いかなる定義づけも拒む、不可思議で根源的な力である。この力は、人間に害をもたらすような、狭い意味での「悪魔的な」ものを超越し、「道徳的な世界秩序」の枠内での善悪の基準では測ることができない。「デモーニシュなもの」は、ゲーテが自己のうちにも潜むと感じ、エグモントやファウストなど、彼が創造した主人公たちを突き動かすエネルギーの源泉でもあった。また、ゲーテの長編小説『親和力』（1809年）における登場人物たちの結びつき、とりわけエードゥアルトとオティーリエの間に働く「ほとんど魔術的な牽引力」もまた、「デモーニシュなもの」といえるだろう。

《悪魔のロベール》で展開される世界は、ゲーテの『ファウスト』に比べ、非常に明快であり、最終場面においてきわめて図式的に示されるように、主人公ロベールをめぐっての、キリスト教道徳を代表する女性たち（アリスとイザベル）と、地獄へと誘う悪魔ベルトランの間での、シンメトリカルな対

---

(20) FA I, Bd. 14, S. 839.
(21) FA I, Bd. 14, S. 841.

立構造の下に成り立っている。《悪魔のロベール》においては、悪魔こそ登場するものの、それは道徳的な悪を担う存在としての悪魔であり、晩年のゲーテが『ファウスト』に備わっていると感じた、「道徳的世界秩序」を越えた「デモーニシュなもの」は、《悪魔のロベール》には欠けている。

主人公ロベールは、悪魔ベルトランの意のままに操られる受動的で平凡な若者であり、最終場面で天国と地獄の間で選択を迫られる場面でもためらい続け、彼の救済も、いわば「時間切れ勝ち」の形でなされる。ロベールは、性格的にはゲーテのファウストとは対照的で、もしあえてゲーテの作品から似た人物を探すならば、むしろ、平凡ではあるが可塑性に富む青年ヴィルヘルム・マイスターの方が、はるかにロベール的である。

ゲーテのファウストは、もともとは老学者であり、悪魔メフィストフェレスと契約し、霊薬によって若返る以前から、有限存在の人間であるにもかかわらず、世界の根源を知りたいという、不遜な欲求に駆り立てられている。悪魔メフィストフェレスは、ファウストが持つ、そのような過剰なものを、「悪」という形に転化させる、触媒のような存在である。第1部の「曇った日・野」の場で、メフィストフェレスによって「ヴァルプルギスの夜」に連れ出されているうちに、グレートヒェンが罪を犯し牢獄に入れられたことを知ったファウストは、怒りに震えながら、彼女を助け出すようメフィストフェレスに命令する。しかし、メフィストフェレスは平然とこう答える。

「あの娘を破滅へと陥れたのは、誰でしたかな。私かな、あなたかな？」[22]

グレートヒェンを破滅させた原因は、地上の幸福に満足せず、無限のものを求めるファウストの過剰な欲望にあることを、メフィストフェレスは冷静に指摘する。ファウストは、この鋭い言葉に対して何も言い返せず、「猛々しい目つきであたりを見回す」[23]ことしかできない。

アリスとロベールの間の関係は、ゲーテの『ファウスト』のグレートヒェ

---

[22] FA I, Bd. 7/1, S. 189.
[23] FA I, Bd. 7/1, S. 189.

ンとヴァレンティンの兄妹愛を彷彿とさせもするが、アリスとグレートヒェンの描かれ方もまた、対照的である。アリスは罪を犯すことなく、一貫してキリスト教道徳の側に立つ役回りを果たしているのに対し、グレートヒェンは、キリスト教への深い信仰を抱きながらも、ファウストへの愛ゆえに、母殺しと嬰児殺しという罪を犯し、深く苦しむ。

　グレートヒェンは、罪を負った人間として、「ヴァルプルギスの夜」の場でもファウストの眼の前に幻影として現れる。ルテリエは、《悪魔のロベール》の第3幕で、ロベールを誘惑する尼僧たちが煽情的に踊るバレエの場と、「ヴァルプルギスの夜」の中の猥雑な場面を挙げ、この2つの場を両作品の共通点の一つとしているが、両場面の意味はまったく異なる。《悪魔のロベール》では、信仰深く純潔な女性としてのアリス／イザベルと、淫蕩で罪深い尼僧たちは、ここでもシンメトリカルな図式で弁別され、何ら接点を持たないのに対し、ゲーテのグレートヒェンは、愛と罪を同時に担う存在である。それゆえに、ファウストは「ヴァルプルギスの夜」の場でグレートヒェンの幻を見るのである。

　罪を犯した女が救われ、そしてその救われた女によって、女を裏切ったファウストも救われるという、「道徳的な世界秩序」を超えたいくつもの逆説によってゲーテの『ファウスト』が成り立っているのに対し、《悪魔のロベール》にはそのような「謎」がなく、「道徳的な世界秩序」の枠内の劇にとどまっている。

　《悪魔のロベール》の登場人物中、もっとも興味深い役回りを果たしているのが、悪魔であり、かつロベールの父という二重性を背負った登場人物であるベルトランである。ベルトランは様々な形でロベールを悪へと誘惑する一方、父としての愛情を息子に対して抱いている。最終場面でロベールが逡巡するのも、この選択が、善と悪の間での悩みであると同時に、母と父の間でどちらを選択するか、という本来決定不可能な悩みであるからである。この場面においては、宗教的な選択の問題に、家庭劇的な要素が重なり合うことによって、ロベールの悩みに心理的リアリティーが与えられている。しかし、この最終場面のロベールの葛藤さえも、そこに「デモーニシュなもの」

の働きは見られず、「道徳的な世界秩序」の枠内で理解できるものにとどまっている。

　だが、そのような見方は、ゲーテの『ファウスト』を基準とし、ゲーテが求めた「デモーニシュなもの」の観点から見た場合の話である。逆に、見方を変えれば、《悪魔のロベール》はそうした「デモーニシュなもの」といった価値観の呪縛から解放された作品として考えることもできるのではないか。

5　「デモーニシュなもの」を超えて
——現代の「世界文学」的状況との関わりから

　近年、文学のグローバル化にともない、ゲーテが提唱した「世界文学」という言葉が再び脚光を浴び、活発な議論がなされている。その火付け役の一人であるアメリカの比較文学者デイヴィッド・ダムロッシュは、2003年に出版された『世界文学とは何か？』の序章「ゲーテ、新語を造る」の中で、エッカーマンの『ゲーテとの対話』におけるゲーテの「世界文学」をめぐる発言を取り上げ、ゲーテが「世界文学」の概念を提出した1830年前後において、現代のグローバル時代における文学の問題の原形となるような議論がすでに提出されていたことを指摘している[24]。

　ゲーテは、「世界文学」的状況の進行に、期待と危惧の両方を抱いていた。世界の様々な文学が交流することにより、文学がより多様で豊かなものになってゆくだろう、という期待と、文学はむしろ貧しくなり、力を失いつつあるのではないか、という、相反した考えをゲーテは持っていた。ゲーテが新世代の作曲家マイヤベーアに対して示す、破格ともいえる期待と、素っ気ない無関心が入り混じった微妙な評価は、そうした期待と危惧を反映しているように思われる。

　ゲーテが抱いた期待と危惧は、現代においてますますアクチュアリティを増している。様々な国の文学が、翻訳を通じて理解可能になる一方で、文学

---

[24] デイヴィッド・ダムロッシュ（秋草俊一郎他訳）『世界文学とは何か』国書刊行会、2011年、11〜62頁参照。

におけるグローバル化が進み、どの国で書かれる文学もさしたる違いがなくなり、文学自体が魅力を失ってしまうのではないか、という懸念は、ヨーロッパ文学の通暁者であるエーリヒ・アウエルバッハ（1892-1953）も抱き、それについて警鐘を鳴らしていた。論文「世界文学の文献学」においてアウエルバッハは、「地球がだんだん小さくなり、多様性が失われている」中で、本来は「多様なものの、相互作用による結実」であるはずの「世界文学」が、このままでは「実現されると同時に破壊されてしまう」危険にあることを指摘している[25]。

　晩年のゲーテは「世界文学」という言葉と並んで、「デモーニシュなもの」という概念を頻繁に用いた。「世界文学」の進行によってもたらされる弊害（「誇張した表現」や、時代の傾向としての「弱さ」など）に対してゲーテが選んだ方策は、「デモーニシュなもの」を天才の本質とし、それを有する強烈な個性を持った天才たち（モーツァルト、ナポレオン、シェイクスピア、バイロン等々）の共同体を作り、自分もまたそのような天才たちに連なることであった。『ゲーテとの対話』や『詩と真実』などに見られる晩年のゲーテの発言には、そのような戦略が見て取れる。

　確かに、「デモーニシュなもの」は、狭い「道徳的な世界秩序」では説明できない世界を開くという点で、芸術が備えるべき特性として、一つの有効な価値基準であり、『ファウスト』をはじめとするゲーテの文学作品においては、そのような「デモーニシュなもの」が実際に、力強く表現されている。そして、現代においても、「デモーニシュなもの」に託されたゲーテの提言は、その有効性を失ってはいない。

　しかし、この価値基準においてのみ文学や芸術を捉えることは、逆に文学や芸術の見方を狭くしてしまうだろう。

　マイヤベーアが活躍した時代は、国や時代、ジャンルを超えて、様々な文化が融合した時代であった。《悪魔のロベール》においても、イギリスのゴシック小説・怪奇小説的な要素と、『ファウスト』をはじめとした伝統的な

---

[25] Erich Auerbach, *Philologie der Weltliteratur. Sechs Versuche über Stil und Wirklichkeitswahrnehmung*, Frankfurt a.M. 1992, S. 83f.

古典文学の要素など、様々な要素の混在が見られる。しかし、《悪魔のロベール》は、そのような混在によって、必ずしも「深遠な」世界を生み出してはおらず、むしろ、ある意味現代の娯楽映画につながるような、明快さを身上として作られている。

こうした事態は、現代における「世界文学」というテーマの前景化と、現代の「世界文学」が抱えるジレンマを先取りしているように思われる。現代において、例えば、ドイツ文学の世界では、20世紀の終わり頃から、正統的な純文学（E文学［Ernste Literatur］）と娯楽文学（U文学［Unterhaltungsliteratur］）の境界は曖昧となり、両者を融合した「ポップ文学」（Popliteratur）というジャンルが生まれるようになっている。そのような動きは世界的に加速しており、2016年のボブ・ディランのノーベル文学賞受賞などに見られるように、現代は、「文学」そのものの境界や定義が改めて問われている時代であるといえる。

《悪魔のロベール》を、例えばルテリエのモチーフ分析に見られるように、ゲーテの『ファウスト』といった、「正統的な」芸術の系譜につながるものとして位置づけようと試みるより、むしろゲーテが芸術の本質として挙げた「デモーニシュなもの」といった価値観から自由な芸術として見直すことの方が、より生産的なことかもしれない。それは、別の言い方をすれば、ゲーテとマイヤベーアの「すれ違い」を何らかの手段で宥和的に解消するのではなく、その「すれ違い」を見つめ続けることである、ともいえるだろう。そして、そうすることは、マイヤベーアの時代を、様々な価値観が揺らぎつつある現代に通じる時代として捉え直すことにもつながるのではないだろうか[26]。

---

(26) 過去のオペラ作品に伝統的な価値基準としての「深遠さ」を求めず、それとは違った現代的な見方を提供している例として、小説家の島田雅彦がロッシーニのオペラを見る際の視点を挙げることができる。島田は、ロッシーニのオペラを、類型的な登場人物が平板な書割の中で動く「スーパーフラットな世界」と捉え、現代日本の美術家村上隆が提出した「スーパーフラット」（内面の深みを一切捨ててしまった状態）と関連づけて見ることで、むしろ積極的に評価しようとしている。島田雅彦『オペラ・シンドローム──愛と死の饗宴』日本放送出版協会、2009年、54〜64頁参照。

第Ⅱ部　グランド・オペラを取り巻く文化

第4章　エドガー・ドガとオペラ
―― 《「悪魔のロベール」のバレエ》から見た
グランド・オペラの受容

小泉　順也

はじめに

　パリの都市文化の成熟とともに、劇場は多くの画家の心を惹き付け、華やかな上演の場面だけでなく、ときに秘密めいた舞台裏の光景も画題として選ばれた。舞台や劇場といっても、国家の威光を体現する歴史的建造物から、場末のうらぶれた芝居小屋まで千差万別であり、一括りにはできないだろう。実際のところ、この主題に取り組んだ画家や版画家は決して少なくない。19世紀のフランスに限定したとしても、シェイクスピアの悲劇を様々な媒体を通して表現した、ロマン主義の画家ウジェーヌ・ドラクロワやテオドール・シャセリオー、ワーグナーのオペラに魅了されたアンリ・ファンタン=ラトゥール、あるいはモンマルトルの有名なキャバレーであるムーラン・ルージュの熱気に満ちた場面を、ポスターとして図案化したジュール・シェレやトゥールーズ=ロートレックなどの名前がすぐに思い浮かぶ。ただし、舞台や劇場を描いた芸術家のリストを完成させることが本論の目的ではない。

　美術と舞台というテーマに関連する企画としては、マルセイユなどで2009年から翌年にかけて開催された展覧会が重要なものとして挙げられる。『舞台から絵画へ』と題された同展では、フランス革命期から第一次世界大戦までのフランス美術を中心に、美術と演劇の接点の中で生まれた作品が紹介された[1]。そこで重要な位置を与えられたのが、印象派の芸術家として知

---

(1) Ann Dumas, "Degas and the Theatre: from Fiction to Fact", in Guy Cogeval and Béatrice Avanti (eds.), *Drama and Desire: Art and Theatre from the French Revolution*

第4章　エドガー・ドガとオペラ

られ、絵画、パステル、版画、彫刻などの多様な媒体を手掛けたエドガー・ドガ（1834-1917）である。

1　エドガー・ドガ

　印象派といえば、一般的にクロード・モネ、ピエール＝オーギュスト・ルノワールの名前を思い浮かべる人が多いかもしれない。モネはパリで生まれたが、幼少期からノルマンディー地方ル・アーヴルで過ごし、同地で絵を勉強した後にパリに出た。ルノワールはフランス中部リモージュの出身で、まもなく家族の転居にともないパリに移り、陶器の絵付け職人の道から美術の世界に入った。2人は1860年代前半の一時期、シャルル・グレールという画家のアトリエに通っており、いわば同門のよしみという関係にあった。グレールとは聖書、神話、オリエントなどの主題を、幻想的な雰囲気の中で、精巧な技法によって描いたアカデミスムの画家である。その他には、アルフレッド・シスレー、フレデリック・バジールなども同所で絵画を学んだ。このアトリエが印象派のグループ形成の過程において、中核的な役割を果たしたのである[2]。

　一方のドガはパリに生まれ、都市の文化に囲まれて育った。そして、20歳で第二帝政期の帝室美術学校（エコール・デ・ボザール）の入学試験に合格した。この権威のある場所に通いながら、ドミニク・アングルの弟子であるルイ・ラモットに師事し、伝統的な美術教育を受けたのである。ドガは自然の風景をほとんど描かなかった。初期には神話的主題にも取り組むが、複雑な人間模様が映し出された室内の人物画、変貌する都市空間の新たな生活

---

to the First World War, cat. exp., Marseille, Musée Cantini, 2009, pp. 258-271. 本論の執筆に際しては英語版を参照したが、フランス語版も出版されている。*De la scène au tableau: David, Füssli, Klimt, Moreau, Lautrec, Degas, Vuillard…*, cat. exp., Marseille, Musée Cantini, 2009.
(2) シャルル・グレールのアトリエについては、以下を参照のこと。William Hauptman, *Charles Gleyre 1806-1874*, Zurich, Swiss Institute for Art Research, 1996, vol. 1, pp. 327-350.

第Ⅱ部　グランド・オペラを取り巻く文化

を享受するブルジョワ階級の人々、あるいはそこから零れ落ちてしまった社会の周縁に暮らす人々の姿に目を向けた芸術家であった[3]。取り上げた画題の中でも、劇場を舞台にした作品は数多く残されているが、その結びつきはもっぱらバレエ、もしくはダンスの文脈の中で語られる。先述した展覧会の図録に収められた論考でも、次のように書かれていた。

　　ドガは何よりもダンスの画家として知られている。200点を超える彼の作品がこの主題に基づいており、それ以前もそれ以後も、この画題にこれほど全力で取り組んだ芸術家はいない。劇場、あるいはより広い概念である演劇性に対するドガの関心は、現代生活の画家になるという大きな企ての中核を占めており、ボードレールの言葉によれば、このような画家がパリの日常生活にある叙事詩を見出すのであった。彼が画業の初期に描いた史実に基づく物語画でさえも、主として演劇的な絵という観点で考えられる。それ以来、舞台の上演と舞台裏をあわせた劇場は、生涯にわたってドガから離れなかった。[4]

　このように説明されるドガと劇場との関係性を端的に示した作品の一例として、国立西洋美術館が2016年度に新たに収蔵した《舞台袖の3人の踊り子》が挙げられる［図1］。そこには、舞台袖にある背景画が描かれた書割のそばに、シルクハットを被った男性のシルエットが浮かび上がり、白い衣装をまとった3人の少女に彼が囲まれた様子が捉えられている。荒いタッチで素早く仕上げられたマチエールは、油彩画でありながら、パステルに通じるドガの技法が表れている。本作については、「この作品を見る者は、バレ

---

(3) ドガに関する浩瀚な評伝としては、次の文献がある。Henri Loyrette, *Degas*, Paris, Fayard, 1991. その作品と生涯を概観できる日本語文献としては、以下の展覧会カタログが挙げられる。『ドガ』、横浜美術館、2010年。
(4) Ann Dumas, op. cit., p. 259. 拙訳。断りのない限り、以下も同様。また、本論は以下の先行研究に多くを負っている。Henri Loyrette, "Degas et l'Opéra" in *Degas inédit, actes du colloque Degas, Musée d'Orsay*, Paris, Documentation française, 1989, pp. 47-63. オルセー美術館では2019年9月から、「オペラ座のドガ」と題した展覧会の開催が予定されている。その準備の過程で新たな資料や作品の存在が明らかになるだろう。

第 4 章　エドガー・ドガとオペラ

[図1]
エドガー・ドガ
《舞台袖の3人の踊り子》
1880-85 年頃
画布・油彩　54.6 × 64.8cm
国立西洋美術館
Photo：NMWA/DNPartcom

エの観客の目を避けた4人の人物のひそかな会話を間近に目撃し、それぞれの人物の内面に想像をめぐらせることになる」と説明されている[5]。つまり、本来は目にしないはずの場面に遭遇してしまった戸惑いや驚きの念を、観者に喚起する仕掛けが施されているのである。

　画面に描かれた人物と空間に、虚実を織り交ぜながら演出をほどこすこうした手法は、ドガの作品に表れた特徴のひとつである。とはいえ、「ダンスの画家」として知られるドガが、オペラに無関心であったわけではない。先述の展覧会でも、「オペラ座はドガの人生の中心にあった。彼はいつもル・ペルティエ通りに、後にはガルニエ宮に公演を見に行き、楽屋にも通じた人物であった」と述べられていた。バレエやオペラといった公演のジャンルを超えて、オペラ座は画家の生活の一部をなしていた[6]。

　ところで、ここで引用した文章には、「ル・ペルティエ通り」と「ガルニエ宮」という2つの固有名詞が並んでいた。その意味するところを確認するために、19世紀におけるパリのオペラ座の歴史を概観しておく。「ル・ペルティエ通り」とは、現在のオペラ座から東に500メートルほど離れた場所を指している。そこに先代のオペラ座が1821年に建設され、1873年の火事で被災するまで、パリを代表する劇場として使われた。ただし、大通りに面しておらず奥まった場所にあったため、火災が発生する以前の1860年に新し

---

(5) 村上博哉「新収作品」『国立西洋美術館館報』51 号、2018 年 3 月、10 頁。
(6) Ann Dumas, op. cit., p. 259.

第Ⅱ部　グランド・オペラを取り巻く文化

いオペラ座の建設が発表され、1861年にシャルル・ガルニエが設計を担当することが決定した。そして、長期にわたる工事の末、1875年に「ガルニエ宮」とも呼ばれる現在のオペラ・ガルニエが落成したのである。

改めて年代を整理すると、オペラ・ル・ペルティエを襲った火事の発生は1873年、オペラ・ガルニエの落成は1875年であった。これらの2つの出来事に挟まれた1874年は、後に印象派と呼ばれる芸術家たちが、現在のオペラ・ガルニエのそばに位置する写真家ナダールのスタジオで、最初のグループ展を開催した年にあたる。1886年まで計8回開催された印象派の展覧会は、期せずして、オペラ座の新旧交代のはざまに始まった。

その直前の1872年、ドガは母方の出身地であるアメリカ南部のニューオーリンズに一時的に滞在した。その間、3カ月ほどパリを離れるだけでも、「オペラがないのは大変な苦しみだ」と、ドガは友人に宛てた書簡の中で嘆いている[7]。この手紙に書かれた「オペラ」という言葉は、演目としてのオペラ、劇場としてのオペラ座の両方の意味を含んでいると解釈できるだろう。後年のことになるが、19世紀末からドガと交友を結んだ文学者ポール・ヴァレリーは、1937年に豪華本の形で出版された『ドガ・ダンス・デッサン』の中で、18世紀後半のイタリアの作曲家ドメニコ・チマローザにまつわる逸話について言及している。そこでは、機嫌がいい時のドガは、「チマローザのカヴァティーナをイタリア語で歌ってくれる」と書かれている[8]。カヴァティーナとは、オペラやオラトリオの中で歌われるアリアよりも単純な独唱曲を意味する用語であるが、ドガは私的空間において歌を披露する場面もあったようである。また、彼の姪であるジャンヌ・フェーヴルは、1949年に刊行した『我が叔父ドガ』において、「オペラ座！ドガが生涯にわたって音楽に情熱を傾けていた事実を、ここで私が強調するのは興味深いことであ

---

(7) Lettre de Degas à Henri Rouart, 5 décembre 1872 in *Lettres de Degas*, recueillies et annotées par Marcel Guérin, Paris, Bernard Grasset, 1945, p. 28.
(8) Paul Valéry, *Degas, danse, dessin* in *Paul Valéry, Œuvres*, édition, présentation et notes de Michel Jarrety, Paris, Librairie générale française, 2016, t. 2, p. 515. 以下の日本語訳を参照した。ポール・ヴァレリー『ドガ ダンス デッサン』清水徹訳、筑摩書房、2006年、35頁。

ろう」と回想している[9]。振り返れば、ドガの父オーギュストはピアノの名手であり、妹マルグリットは美声を誇る歌手という素養を備えていた[10]。このようにして幼い時に育まれた音楽への興味は、バレエやオペラなどに領域を広げながら、最晩年まで絶えることなく続いたのである。

このような前提を踏まえて、以下ではバレエやオペラといった区別を離れ、舞台芸術への興味という広い観点から、ドガの初期の画業を概観する。そして、ジャコモ・マイヤベーアの作曲により1831年に初演された《悪魔のロベール》に関連して、その場面を描いた2点の絵画を中心に、第三共和政の初期にあたる1870年代に、グランド・オペラの主題を絵画化した制作行為の歴史的意味を考察する。

2 物語的な人物画に込められた演劇性

ドガと舞台の出会いという問題を設定した時、最初の作品として確認できるものは、1856年にスケッチブックに収められた女優アデレード・リストーリの肖像であるという[11]。また、演劇的主題が絵画として描かれた最初の作例としては、1861年の《バビロンを建設するセミラミス》(オルセー美術館)［図2］が想起される。アッシリアの女王セミラミスが、ユーフラテス川の岸辺から建設途上のバビロンの様子を眺める姿を捉えた場面は、ドガの画業の初期に登場する物語的絵画の代表作である。その完成までに、各部分のモチーフの素描や全体の構想をめぐらせた多数の習作が描かれ、ドガが入念に制作にあたったプロセスを確認できる。また、人物は奥行きの狭い空間にレリーフ状に配され、馬や荷車は舞台を飾る大道具の一部のように見える。

実際のところ、セミラミスという主題をめぐっては、ジョアキーノ・ロッシーニがイタリア時代の最後にあたる1823年、フランス語で《セミラミス》

---

(9) Jeanne Fèvre, *Mon oncle Degas: souvenirs et documents inédits,* Genève, Pierre Cailler, 1949, p. 55. 訳出にあたっては、以下の日本語訳を参照した。J・フェブル、A・ヴォラール『ドガの想い出』東珠樹訳、美術公論社、1984年、59頁。
(10) Ibid., p. 55.
(11) Ann Dumas, op. cit., p. 261.

[図2]
エドガー・ドガ
《バビロンを建設するセミラミス》
1861年
画布・油彩
オルセー美術館
Photo: ©RMN-Grand Palais (musée d'Orsay) / Hervé Lewandowski / distributed by AMF

と呼ばれるオペラ・セリア《セミラーミデ》を作曲していた。パリのオペラ・ル・ペルティエでは同作の再演が1860年7月から始まっており、まさに絵画の制作時期と重なっていた。以上の事実を根拠として、本作をロッシーニと関連づける解釈がかつては一般的であった(12)。しかし、絵をよく眺めると、《セミラーミデ》の実際の公演で使われた豪華絢爛な舞台装置とは異なる、簡素で落ち着いた空間が背景に広がっており、「ドガは同名のロッシーニの作品から着想を得ることは一切なかった」と、今では考えられている(13)。

このように、絵画と舞台の間をつなぐかのように見える糸を手繰ったとしても、両者の影響関係を資料に基づいて裏付けられるとは限らない。もちろん、ドガはロッシーニのオペラ《セミラーミデ》を知っていただろう。実際に劇場に足を運んで、公演を見ていた可能性も十分にある。しかし、厳密な検証のためには、実際に使われた衣装や舞台装置のデザインとの類似性の確認、日常生活の様子を伝える書簡や証言の調査など、細かい部分にまで目を配る必要がある。

《バビロンを建設するセミラミス》を完成させてから7年後の1868年、ドガは国家が主催する展覧会であるサロン（官展）に、《バレエ「泉」のE・F嬢の肖像》と題した作品を出品した(14)。当時は人名をイニシャルで伏せ

---

(12) Lillian Browse, "Degas's Grand Passion", *Apollo*, vol. 85, no. 60, 1967, p. 105.
(13) *Degas*, cat. exp., Paris, Galeries nationales du Grand Palais, 1988, p. 90.
(14) 本作を論じた研究書、論文としては、以下のものがある。Ann Dumas, *Dega's Mlle. Fiocre in Context: a Study of Portrait de Mlle. E.F--; à propos du ballet "La source"*,

第 4 章　エドガー・ドガとオペラ

ていたが、現在では《バレエ「泉」のウジェニー・フィオクル嬢の肖像》（1867-68 年頃、ブルックリン美術館）［図 3］と改題されている。サロンへの出品に際して、画家が題名においてバレエ作品に言及している以上、絵画と舞台との関連は明白である。《泉》とはレオン・ミンクスとレオ・ドリーブの作曲、シャルル・ニュイテルの台本によって、1866 年 11 月に初演された 3 幕 4 場のバレエであり、その翌年にドガは画題として取り上げた。実際、このバレエは大きな成功を収めた。それを裏付ける事実として、1866 年から 1876 年の間の上演回数は 73 回にも達し[15]、1875 年のオペラ・ガルニエの落成を記念した披露公演では、ジャック・アレヴィの《ユダヤの女》、シャルル・グノーの《ファウスト》、アンブロワーズ・トマの《ハムレット》などのオペラの一部抜粋に加えて、《泉》の第 2 幕もプログラムに組み込まれた[16]。

　［図 3］の絵画において画面中央に座り、馬の隣で頬杖を付いている女性が、当時人気を博した踊り子のウジェニー・フィオクルである。この絵の制作過

［図 3］
エドガー・ドガ
《バレエ「泉」のウジェニー・フィオクル嬢の肖像》
1867-68 年頃
画布・油彩　130 × 145cm
ブルックリン美術館
Photo: Brooklyn Museum, 21.111_SL1.jpg

Brooklyn Museum, 1988. 高波亮子「ドガ《バレエ『泉』のウジェニー・フィオクル嬢》について」『女子美術大学芸術学科紀要』3 号、2003 年 3 月、1～22 頁。伊集院元郁「上演の表象としてのドガ《E・F 嬢の肖像、バレエ「泉」について》」*Aspects of Problems in Western Art History*、12 号、2014 年、51～61 頁。
(15) Ann Dumas, op.cit., p. 11.
(16) O. le Trioux, "Inauguration du nouvel Opéra", *La Chronique musicale*, 15 janvier 1875, pp. 74-75.

程を検証すると、彼女の容姿や表情、従者の姿や衣装を捉えたデッサンが残されており、モデルとして画家の前で実際にポーズを取っていたことが判明する[17]。画面の下部に広がっている水辺には、人影や舞台装置の一部が映り込んでいるが、具体的にどのような場面であるかを示唆する要素は乏しい。なぜなら、舞台という設定でありながら、描かれているのはリハーサルの途中に休憩を取っている姿だからである。モデルが踊り子であることを示すのは、しなやかな身体や軽やかな衣装ではなく、水を飲む馬の２本の前脚の間から小さく覗いて見える薄いピンク色のバレエ・シューズだけである。ここでの場面設定は不可思議で、靴のモチーフを通して踊り子の存在を伝えているに過ぎない。それゆえ、この絵は舞台という形式を借り、それに関連する題名を選択しながら、物語を喚起する人物画を描いたと解釈することもできるだろう。舞台という設定でありながら、きらびやかな瞬間を写し取っているのではないという点で、いくらか斜に構えたドガの独特の制作態度が表れている。

3　オーケストラ・ピットというあわいの空間

1860年代の終わり頃から、ドガは劇場や舞台を画面に暗示するだけにとどまらず、客席、オーケストラ・ピット、舞台を同時に収める斬新な構図を生み出した。そのよく知られた作例が《オペラ座のオーケストラ》（1870年頃、オルセー美術館）［図4］である。オーケストラ・ピットを中心に、壁で仕切られた客席の空間が手前に広がり、画面の上部に舞台の一部が見えている。舞台自体ではなく、それを取り巻く環境を画中に組み込んだ構図は、同時代の絵画の領域ではほとんど類例を見ない。そして、ドガはこの絵を完成させた後に、カンヴァスの一部を自分で切断したと推定されている[18]。それゆえ、踊り子の表情はほとんど見えず、観者の視線はおのずとオーケス

---

[17] *Degas*, cat. exp., op. cit., pp. 133-136.
[18] Ibid., p. 162. 本作を論じた日本語論文を以下に挙げる。岩﨑余帆子「ドガ《オペラ座のオーケストラ》について」『女子美術大学紀要』26号、1996年3月、19〜35頁。

第4章　エドガー・ドガとオペラ

［図4］
エドガー・ドガ
《オペラ座のオーケストラ》
1870年頃
画布・油彩　56.5 × 45cm
オルセー美術館
Photo: ©RMN-Grand Palais (musée d'Orsay) / Hervé Lewandowski / distributed by AMF

トラ・ピットにいる演奏者に向けられる。中央の目立った場所に座るのはファゴット奏者のデジレ・ディオ、左隣のチェリストはルイ＝マリー・ピレというように、主要な演奏者の名前は同定できる。彼らはドガの作品にしばしば登場する馴染みの顔ぶれであった。また、その他には狂詩曲《エスパーニュ（スペイン）》の作曲で知られるエマニュエル・シャブリエが、左上の桟敷席から僅かに顔を覗かせている。彼は同時代美術のコレクターとしても知られ、エドゥアール・マネや印象派の画家と親交を結んでいた。残念ながら、シャブリエはドガの作品を蒐集していなかったようである[19]。しかし、ドガの画業の代表作に数えられる本作は、音楽家との交友録の一端を映し出しており、彼がオペラ座にしばしば通い、当時の音楽家や作曲家と知り合いであった様子を伝えている。

　この絵を描いている画家の視点と同じように、ドガが客席の最前列にいつも陣取っていたわけではない。また、オーケストラの編成、演奏者の人数や配置は当時と現在で大きく異なっているとはいえ、単独のファゴット奏者がチェロとフルートとコントラバスの演奏者に囲まれているという構図は、明らかに不自然である。実際にあった劇場の一場面を切り取っているように見えても、ここにはドガならではの演出が凝らされている。

---

(19) Anne Distel, *Les collectionneurs des impressionnistes*, Paris, Bibliothèque des arts, 1989, pp. 217-221.

第Ⅱ部　グランド・オペラを取り巻く文化

［図5］
オノレ・ドーミエ
《悲劇を演奏中のオーケストラ》
1852年
リトグラフ　26.1 × 21.7cm
メトロポリタン美術館
Photo: The Metropolitan Museum of Art, New York.

　ただし、すべての工夫をドガの創作に帰すわけにはいかない。例えば、より大衆的なイメージを生み出していた版画による諷刺画の世界では、オノレ・ドーミエの《悲劇を演奏中のオーケストラ》（1852年）［図5］のように、類似した構図は流布していた。演奏者が居眠りやあくびをする瞬間をドガも目にしたであろうが、［図4］の《オペラ座のオーケストラ》では団員による熱演ぶりに光を当てている。こうした制作の背景としては、本作がファゴット奏者ディオの肖像画として着手されたという事情があった[20]。完成後はディオの手元に届けられる予定であったため、画家は注文主の意向を無視できなかったのである。同時代の絵画は、芸術家の発意によってのみ制作されるのではなく、需要と供給のバランスの中で生み出される側面を持っていたという事情は、改めて想起されてよい。

4　絵画化された《悪魔のロベール》

　独創的な《オペラ座のオーケストラ》の延長線上に位置するのが、ジャコモ・マイヤベーアの作曲により、1831年に初演されたオペラ《悪魔のロベール》に基づく2点の絵画である。以下で検討する両作品は、1871年と1876

---

(20) *Degas*, cat. exp., op. cit., p. 162.

第 4 章　エドガー・ドガとオペラ

年にそれぞれ制作された。グランド・オペラに分類される《悪魔のロベール》は、今でこそ上演の機会は少ないが、1831 年の初演時の音楽批評をひもとくと、その成功が大きく取り上げられていた。

例えば『ジュールナル・デ・デバ』誌では、「作品について、これは驚嘆すべき結果をもたらし、熱狂は幕が進むごとに大きくなった。いかなる成功もこれほど見事で輝かしいことはなかった」と、大いに絶賛する音楽批評が掲載された[21]。また、『ルヴュ・ミュジカル』誌では、「マイヤベーアがこの作品に細心の注意を払ったのは疑いようがない。なぜなら、オペラの第1幕からパリで成功を収めることは、フランス、そしておそらくヨーロッパにおいて、外国人の芸術家が名声を得るために極めて重要であったからである」と説明し、ドイツ出身の作曲家が、パリを足掛かりに国際的に有名になる未来を予言したのである[22]。

1860 年代後半から 1870 年代初めにかけてのオペラ・ル・ペルティエにおける《悪魔のロベール》の上演回数を確認すると、表1のようにまとめられる[23]。公演のない年もあったが、全体として実演に接する機会は少なくなかった。このオペラを主題にしたドガの最初の絵画は、ニューヨークのメトロポリタン美術館に所蔵されているバージョン［図6］で、右下に

表1　ル・ペルティエのオペラ座における《悪魔のロベール》の上映回数

年代	上映回数
1866 年	15 回
1867 年	10 回
1868 年	2 回
1869 年	0 回
1870 年	12 回
1871 年	10 回
1872 年	20 回

---

(21) Castil-Blaze, "Chronique musicale", *Journal des débats,* 23 novembre 1831, p. 1. 本論で言及した《悪魔のロベール》の音楽批評に関する書誌情報は、以下を参照した。Merie-Hélène Coudroy, *La critique parisienne des grands opéras de Meyerbeer,* Saarbrücken, Edition Lucie Galland, 1988, pp. 7 et 227.
(22) Fétis, "Nouvelles de Paris : première représentation de Robert-Le-Diable", *Le revue musicale,* 26 novembre 1831, p. 336, cité dans ibid., p. 8.
(23) 《悪魔のロベール》の上映回数は以下に掲載された情報に依拠している。*Robert le Diable,* cat. exp., Paris, Théâtre national de l'Opéra de Paris, 1985, p. 105.

第Ⅱ部　グランド・オペラを取り巻く文化

[図6]
エドガー・ドガ
《「悪魔のロベール」のバレエ》
1871年
画布・油彩　66×54.3cm
メトロポリタン美術館
Photo: The Metropolitan Museum of Art, New York.

　1872年という制作年が書き込まれている。ただし、印象派の画家との結びつきが強い画商のデュラン＝リュエルが、1872年4月からロンドンで開いた展覧会に本作を出品しているため、実際の制作年は1871年であった可能性が高い[24]。

　《「悪魔のロベール」のバレエ》の画面を確認すると、下部にはオーケストラ席の最前列に座る男たちが並んでおり、中央にオペラグラスを片手に持って、あらぬ方向を注視した人物の姿が認められる。客席の間から、仕切り板を挟んだ先には演奏の様子が窺え、薄明りの中で浮かぶ白い譜面が、明暗のアクセントを生み出している。しかしながら、オーケストラ・ピットは臨場感に溢れているとはいえず、目を惹くのは舞台で繰り広げられる群舞であろう。白を基調とした衣装を身にまとった踊りはバレエ・ブラン（白いバレエ）と呼ばれ、《悪魔のロベール》に挿入されたこの場面は、バレエの歴史における先駆的な例の一つに数えられる[25]。ここに描かれているのは第3幕第2場である。具体的な物語を説明すると、廃墟となった修道院に赴いたベルトランの呼び掛けによって、墓石の下に眠る呪われた修道女の亡霊が列をなして起き上がり、ロベールを誘惑すべく踊りを舞う場面である。修道女たちは白い衣装と水色の頭巾を身にまとい、不気味ながらも優麗な動きで踊って

---

(24) *Degas*, cat. exp., op. cit., p. 171
(25) Peter Stoneley, *A Queer History of the Ballet,* London, Routledge, 2007, p. 22.

228

第 4 章　エドガー・ドガとオペラ

[図 7]
ウィレイス
《修道女のバレエの場面》
制作年不詳
版画　15.5 × 20.5cm
フランス国立図書館
Photo: Bibliothèque nationale de France.

いる。しなやかな肢体から繰り出される動きは舞台上で重なり合い、踊りは全体として不定形なフォルムを作り出している。

　制作年は不詳であるが、ほぼ同じ場面を描いたウィレイスによる版画［図7］と比較すると、大きな差異が認められるだろう。ここではオーケストラ・ピットや観客席は描かれず、純粋に舞台上の場面が選択されている。そこでは主人公ロベールの左右に2人、目線の先に2人の女性が描かれ、彼女たちはロベールを誘惑するように目線を送り、優美なダンスを踊っている。その一方でドガの絵画においては、ロベールとベルトランのどちらの姿もわかりやすいかたちで舞台上に登場しておらず、修道女は頭巾で顔の表情を隠し、その流麗な衣装の動きが不気味な雰囲気をより一層強めている。

　ウィレイスの版画では、庭園につながるバルコニーのような場所が舞台になっているのに対して、ドガの絵画では、人物の奥に修道院の内部を模した大掛かりな装置が設置されている。これを手掛けたのは、当時の舞台制作の第一人者として名高いピエール・シセリであった。後年、長らくシセリの弟子を務めたシャルル・セシャンは、「シセリが手掛けた舞台装飾の数は膨大である。しかし、もっとも高く評価され、最高の栄光の称号であり続けているのは、かの有名な聖ロザリー修道院の舞台装置である」と回想している[26]。「聖ロザリー修道院」とは、まさにドガが描いた《悪魔のロベール》の背景

---

(26) Charles Séchan, *Souvenirs d'un homme de théâtre, 1831-1851,* recueillis par Adolphe Badin, Paris, Calmann-Lévy, 1883, p. 8.

第Ⅱ部　グランド・オペラを取り巻く文化

[図8]
ピエール・シセリ
《悪魔のロベール、修道院》
1831年
リトグラフ
フランス国立図書館
Photo: Source gallica.bnf.fr /
Bibliothèque nationale de France.

にある建物を指している。シセリは装置の構想をリトグラフに描き残しているが[図8]、そこでは短縮法と呼ばれる遠近法の一種が用いられ、列柱とアーチの間から陽光が差し込み、建物の内部と外部が生み出す明暗のコントラストが舞台上の劇的な効果をさらに高めている。

　しかしながら、ドガが描いた[図6]においては、舞台の熱演や大規模な舞台装置の存在にもかかわらず、舞台ではない場所をオペラグラスで眺める男の姿が浮かび上がるような仕掛けになっている。おそらく、この人物は桟敷席にいる婦人や令嬢を品定めしているのだろう。先述した表1が示すように、《悪魔のロベール》は当時のオペラ座で定期的に上演されていた。しかし、ドガはドーミエの版画[図5]のようにいささか緊張感を欠いた公演にも遭遇しており、第三共和政に移行した時代にグランド・オペラを上演することの難しさを実感していたに違いない。それゆえ、不純な動機を押さえられない観客の存在を画面の中心に据えたのである。それはまた、オーケストラが奏でる音楽、壮麗な舞台装置、オペラに挿入されたバレエという要素に加えて、演目に集中していない観客を同一画面に収めることで、オペラ・ル・ペルティエが最後の輝きを放っていた時代における、グランド・オペラを取り巻く厳しい社会的状況をドガは描出したと考えられる。

　実際、ドガの親友で劇作家のリュドヴィック・アレヴィが、興味深い逸話を伝えている。アレヴィによると、1870年の《悪魔のロベール》の再演時に、作曲家シャルル・グノーが「この作品は10年後にはオペラ座のレパートリー

第 4 章　エドガー・ドガとオペラ

[図 9]
エドガー・ドガ
《「悪魔のロベール」のバレエ》
1876 年
画布・油彩　76.6 × 81.3cm
ヴィクトリア・アンド・アルバート美術館
©Victoria and Albert Museum, London.

から消えているだろう」と予言していたという[27]。初演から 40 年近い年月を経て、舞台と観客の乖離が顕著になってしまった劇場の様子を、ドガは絵画を通して表現したのであった。

　メトロポリタン美術館が所蔵する[図 6]が完成してしばらく経った 1876 年、ドガはジャン＝バティスト・フォールの求めに応じて、同じ主題の絵画を再び描いた[図 9]。フォールの本業はバリトン歌手であり、マネや印象派の画家たちの友人として、彼らの作品を早い時期から蒐集していた。「フォールはまちがいなく 1870 年代から 1880 年代には、もっとも重要な最初のドガの愛好家であり、10 点以上の絵画を所蔵していた」と書かれているように、コレクターであると同時に、マイヤベーアと親交のあった歌手という立場から、グランド・オペラを画題としたドガの作品に強い関心を示したのである[28]。

　1871 年に制作された最初のバージョン[図 6]と、フォールが注文した 2 番目のバージョン[図 9]を比較すると、基本的な設定に大きな変更は認められない。しかし、細かい箇所においては、後者では画面が縦長から横長になり、視点がいくらか高い位置に設定され、より入念に仕上げられている。観客の椅子の背もたれはわずかに見えるだけで、オペラグラスを持った観客

---

(27) Ludovic Halévy, *Carnets*, Paris, Calmann-Lévy, 1935, t. 2, p. 74, cité dans *Degas*, cat. exp., op. cit., p. 173.
(28) Anne Distel, op. cit., p. 89.

の姿は左端に移され、右下に新たに数人の男性客の姿が加筆されている。舞台で踊っている修道女はより客席の近いところまでせり出し、画面の中心部を占める構図に変わっている。曲線的な修道女の動きは、直線的なファゴットのシルエットと対照を成し、全体として舞台の迫力や臨場感がより鮮明に伝わる作品に変化した。

ロンドンのヴィクトリア・アンド・アルバート美術館は、《「悪魔のロベール」のバレエ》の習作を所蔵しているが、先述したどちらの絵画の準備素描なのかは判然としない。その内の1点を取り上げると、修道女の目鼻立ちは簡単に素描するだけで、衣服が生み出すひだやそれが生み出す影に画家の注意が向けられている［図10］。この描写を踏まえて《「悪魔のロベール」のバレエ》と題された2点の絵画を比較すると、［図6］においては頭巾で覆われた顔の表情や腕の動きはおぼろげなままで描かれているのに対して、［図9］では繊細なフォルムが浮かび上がるように見えてくる。何よりも、舞台に無関心な態度を示した男の姿を、中央から左端に移動した変更は注目に値する。そして、右下に熱心な様子で舞台を注視する観客の姿が新たに追加された。これらの変化は、マイヤベーアのオペラに1860年頃から出演を重ねてきたバリトン歌手で、本作の注文主であるフォールに対して、一定の配慮を示した結果であると考えられるだろう。

しかし、2点の制作時期の間には、オペラ・ガルニエの落成という音楽界における重要な出来事が挟まっていた。火災で失われたオペラ・ル・ペルティ

［図10］
エドガー・ドガ
《バレエの場面のための習作》
1871年、もしくは1876年
紙・油彩　28.3×45.4cm
ヴィクトリア・アンド・アルバート美術館
©Victoria and Albert Museum, London.

第4章　エドガー・ドガとオペラ

エの記憶を回想しながら、ドガはそこで目にしたグランド・オペラの輝きを画面で再現すべく、新たな修正を施したに違いない。ヴィクトリア・アンド・アルバート美術館のバージョンには、第二帝政期のオペラ・ル・ペルティエにおける昔日の記憶が刻まれているのである。

おわりに

　ドガがオペラ・ガルニエの定期会員となったのは、1885年から1892年までに限定されている。同時期については、いつどのような演目に来訪したのかを示す記録が残されている。この7年間に行われた《悪魔のロベール》の公演に際して、ドガが実際に足を運んだのは計5回であった[29]。しかしながら、この演目に基づく絵画制作に取り組んでいた1870年代については、正確な記録は乏しく、不明な点が多い。とはいえ、同じ舞台を繰り返し見ている以上、その十数年前からマイヤベーアに対する興味は継続していたと考えるのが自然であろう。ただし、一昔前の《悪魔のロベール》に対する関心は、純粋に作品としてのオペラではなく、そこに挿入された優麗なバレエという要素によるところが大きかったのかもしれない。

　《「悪魔のロベール」のバレエ》と題された2点の絵画に登場する、オペラグラスを手にした男性の姿は、すべての観客がグランド・オペラの世界に没入していなかった様子を伝えている。それと同時に、マイヤベーアが生み出した壮大な舞台の上演は続いており、かつての栄光は完全に失われてはいなかったというアンビヴァレントな状況が、ここに反映されている。初演から40年以上が経って制作されたドガの絵画は、七月王政の時代のグランド・オペラが、第三共和政初期にどのように受容されていたのかを端的に表現しているのである。

　実際のところ、この作曲家の功績は確かに記憶されていた。それを示す証拠として、彼の姿が現在のオペラ・ガルニエに残されている。オペラ大通りから建物のファサードを眺めると、モーツァルトやベートーヴェンの姿とと

---

(29) Henri Loyrette, op. cit., pp. 59-63. 例えば、1885年にドガは計55回オペラ座に通ったことが、残された記録から判明している。

第Ⅱ部　グランド・オペラを取り巻く文化

[図11]
ルイ＝フェリックス・シャボー
《マイヤベーアの胸像》
ブロンズ・金メッキ
パリ　オペラ・ガルニエ

もに、マイヤベーアの影像が並んでいる［図11］。ルイ＝フェリックス・シャボーの手になる金メッキを施された胸像は、グランド・オペラの作曲家の威光を伝えるシンボルとなっている(30)。ファサードの右側に置かれた小さな姿は、目を凝らさないと見つけられないかもしれない。しかし、その影像は確かにパリの街に刻まれている。《悪魔のロベール》の舞台を主題にした2点のドガの絵画と、オペラ・ガルニエに設置されたシャボーの手によるマイヤベーアの影像は、音楽史にその名を刻んだグランド・オペラを代表する在りし日の作曲家の存在を、今に伝える重要な手掛かりなのである。

---

(30) Jean-Marc Héry, *Louis-Félix Chabaud: paradoxes d'un sculpteur oublié,* Paris, Mare & Martin, 2011, p. 128.

第Ⅲ部

パリ・オペラ座という空間

第Ⅲ部　パリ・オペラ座という空間

第1章　近世近代のパリ・オペラ座の建築

中島　智章

はじめに

本書における本章の役割は、本書の主題である《悪魔のロベール》と同時代の、パリのいわゆる「オペラ座」の劇場建築の解説にあると考えている。19世紀の歌劇場は、基本的に17世紀以降のバロック様式の劇場建築を引き継いだものであり、バロック劇場建築は19世紀ヨーロッパの歌劇場の原型だといえる。そこで本章では、バロック様式の歌劇場とその各要素の名称、歴史、概要、特徴などを紹介したうえで、そこからグランド・オペラの時代に至るパリや宮廷の歌劇場の沿革を描き出しつつ、その歴史の中に《悪魔のロベール》の時代のパリ・オペラ座の建築を位置づける。さらに、その後継であり、19世紀の歌劇場の最高傑作の一つである第二帝政時代のパリ・オペラ座の劇場、すなわち、現存するガルニエ宮（Palais Garnier, 1861-74）の建築について取り上げる[1]。

1　近世以降の劇場建築の基本

歌劇場の誕生は「オペラ」そのものの誕生と正確に同時期というわけではない。そもそも「オペラ」は演劇の一ジャンルであり、オペラが誕生した16世紀末には様々な演劇ジャンルが存在した。そのような様々な演劇ジャ

---

[1] フランス語の「パレ」（palais）は、古代ローマ皇帝の邸宅群が建てられたパラティヌスの丘（MONS PALATINUS）という地名が語源であり、君主の邸宅を指す用語だったが、近代以降は大規模公共建築物のことも指すようになった。この意味での「パレ」を「宮」と邦訳するのは慣用であり、他に「シャイヨ宮」（Palais de Chaillot）のような例がある。

236

第1章　近世近代のパリ・オペラ座の建築

図1　テアトロ・オリンピコの舞台全景
　　（筆者撮影）

図2　テアトロ・オリンピコの観客席全景
　　（筆者撮影）

ンルの試みの中から、様々な仮設劇場が営まれ、やがては古代末期以来絶えて久しかった常設劇場建設の気運が盛り上がっていき、1580年代のヴィチェンツァにテアトロ・オリンピコ（Teatro Olympico, Vicenza, 1580-85）が現れたのである（図1、2）。つまり、常設施設としての劇場建築が、古代以来、再び登場したのは16世紀末のことだった。

　これは16世紀のヴェネツィア共和国の代表的な建築家アンドレア・パラーディオの遺作となった作品であり、劇場建築としては、古代ギリシア・ローマの劇場建築の直接の影響下にあるといってよい[2]。直接には、紀元前1世紀後半に活動したという建築家ウィトルウィウスの『建築十書』（De Architectura, Libri Decem）に記述された古代劇場に想を得ている[3]。ルネサンス人にとって古代劇場の姿は発想の大きな源だったのである。古代の劇場建築の特徴は、横長の舞台と「テアトロン／テアトルム」（theatron / theatrum）とよばれるほぼ半円形平面のすり鉢形の観客席が一体となった露天の劇場空間を持つことであり、舞台の奥には、内部に楽屋などを含みつつ背景となる建築「スカエナエ・フロンス」（scaenae frons）、または単に「スカエナ」（scaena）とよばれる建造物が屹立していた（図3）。「スカエナ」は古代ギ

---

(2) パラーディオについては、和書でも、西洋建築史の他の建築家に比べて研究書、一般書共に多い。テアトロ・オリンピコについては、近年の和書では、渡辺真弓『イタリア建築紀行　ゲーテと旅する7つの都市』平凡社、2015年、62〜66頁にまとめられている。
(3) ウィトルウィウス『ウィトルーウィウス建築書』森田慶一訳、東海大学出版会、1979年。

第Ⅲ部　パリ・オペラ座という空間

図3　オランジュの劇場の舞台・観客席全景
　　　（筆者撮影）

リシア語で「テント」を意味する言葉「スケーネー」(skene) に由来している[4]。テアトロ・オリンピコでも以上の要素、すなわち、横長の舞台、スカエナ、テアトルムは存在し、舞台と観客席が一体となった空間を実現している。この木造の劇場は露天ではなく室内に設けられたが、天井には青空が描かれており、屋外劇場であるという古代劇場の特徴を引き継ごうという意思がうかがえる。

　もちろん、テアトロ・オリンピコにおいて古代の劇場建築がそのまま再現されたわけではない。横長の舞台の奥には古代劇場にはみられない、一点透視図法的な奥行きの深い町並みが、パラーディオの後任の建築家ヴィンチェンツォ・スカモッツィによって3箇所に再現されている。それらの奥行きの深い舞台空間の両側の町並みのスケールは奥に行くほど低減されており、遠近感が強調されている。ゆえにその町並みの中を歩む登場人物は奥に行くほど身長が伸びていくように観客の目には見える。ルネサンスの特徴である透視図法を用いた、スカエナに穿たれたこれらの「街路」を表現した舞台装飾を「プロスペッティーヴァ」(prospettiva) という。ルネサンスの建築家たちにとって、これらはウィトルウィウスの『建築十書』第5書の劇場建築についての記述に由来するものだったのだが[5]、現代からみると、一点透視図法的な空間把握を特徴とするルネサンス建築・絵画・彫刻と同時代の産物として捉えられるだろう。

　本書の主題であるグランド・オペラ時代の歌劇場が属するバロック様式の劇場建築最大の特徴である「プロセニアム・アーチ」(proscenium arch) が

---

[4]　古代劇場の作例や特徴については、サイモン・ティドワース『劇場―建築・文化史』白川宣力・石川敏男訳、早稲田大学出版部、1997年、1～42頁によくまとめられている。
[5]　ウィトルウィウス前掲書、第5書を参照。

第1章　近世近代のパリ・オペラ座の建築

登場したのは、テアトロ・オリンピコから半世紀弱後のことである。1618年、ファルネーゼ家のパルマ＝ピアチェンツァ公ラヌッチョ1世（Ranuccio I Farnese, duca di Parma e Piacenza）が、ジョヴァンニ・バッティスタ・アレオッティの設計で建造着手したテアトロ・ファルネーゼ（Teatro Farnese, 1618-28）が、最初期の

図4　テアトロ・ファルネーゼのプロセニアム・アーチ（復元）（筆者撮影）

プロセニアム・アーチを備えた劇場といわれている（図4）[6]。プロセニアム・アーチとは、「スカエナ」（すなわち「シーン」）の前に位置する舞台の額縁のようなものであり、空間的には舞台と観客席を隔てる装置である。したがって、その導入は、舞台と観客席が一体となった古代劇場の空間とはまったく異なる劇場空間が求められるようになったことを意味する。すなわち、「見る者」＝観客と「見られる者」＝演者の完全なる分離である。

　もっとも、テアトロ・ファルネーゼは、テアトロ・オリンピコ経由で古代劇場の影響も受けている。4,500名収容可能な14段の階段形観客席、すなわち、テアトルムがU字形に平土間を囲み、U字形の開いた一方の端部に奥行きの深い舞台が配されている。ルネサンスの野外祝典のように、平土間では騎馬槍試合や水を引いて模擬海戦（Naumachia）も行われた。パラーディオの影響はテアトルム最上層に施された連続するパラディアン・モチーフによるアーケードにもうかがえる。一方、プロセニアム・アーチによって観客席から分離された舞台の両側には「テラリ」（telari）という舞台装置が、一点透視図法的効果を高めるために奥に向かって徐々に狭まるように配置されている。「テラリ」とは様々な場面を描いた縦長のパネルが重なったもので、パネルを素早く横にスライドさせることによって別の場面を描いたパネルが

---

[6] テアトロ・ファルネーゼについては、ティドワース前掲書、89〜93頁によくまとめられている。第2次世界大戦時の戦災で焼失したので、現在のものは復元。

見えるようになり、急速な場面転換を可能にしている[7]。

以上に述べたテアトロ・ファルネーゼの様々な特徴のうち、テアトルム形式の観客席はすぐに廃れ、プロセニアム・アーチを備えた、観客席から完全に分離された一点透視図法的な舞台空間の作り方、およびその舞台上での演出手法の方が後の劇場建築に継承されていった。例えば、テラリを用いたダイナミックな演出手法は、アレオッティの弟子ジャコモ・トレッリによりヴェネツィアの商業歌劇場にも導入された。観客席はというと、テアトルム形式に代わって、ボックス席を鉛直方向に積層させた形式が採用されていった。これはルネサンスの仮設劇場でもよくみられた形式である。実は、常設施設としての劇場建築の構成は、古代劇場の形態よりも、ルネサンス時代に盛んだった野外祝典のための仮設劇場に多くを負っていたのである。

かくして、1637 年、以上のような特徴を備えた公開歌劇場サン・カッシアーノ劇場（Teatro San Cassiano）がヴェネツィアに登場した。これは、不特定多数の市民が入場料を払ってオペラを観に行くという仕組みであり、要するに広く市民に公開された歌劇場としてはヨーロッパ史上初のものだった。1610 年以来、サン・マルコ礼拝堂楽長に就任していたクラウディオ・モンテヴェルディは《ウリッセの帰郷》、《ポッペーアの戴冠》を手掛け、その後、フランチェスコ・カヴァッリやアントニオ・チェスティなどの作曲家が活躍した。このヴェネツィア楽派の興隆と軌を一にして商業歌劇場が発展し、17 世紀末にはこの狭い島に 16 棟の劇場がひしめきあうこととなった[8]。これらの劇場は、テアトロ・ファルネーゼの形態を踏襲しつつも、階段席ではなく多層構成のボックス席を採用している。古代劇場の記憶をとどめるテアトルム形式の階段席の場合は前の方、つまり、下の方ほど良い席となるのに対して、中世の騎馬槍試合などのための施設に由来するボックス席では上段になるほど高級になり、平土間はもっとも安い立見用である。バロックの歌劇

---

[7] テアトロ・オリンピコ、テアトロ・ファルネーゼも含め、16 世紀から 18 世紀の劇場建築の歴史については、和書では、福田晴虔『建築と劇場―18 世紀イタリアの劇場論』中央公論美術出版、1991 年、3～111 頁によくまとめられている。
[8] 初期ヴェネツィア・オペラについては、和書では、戸口幸策『オペラの誕生』東京書籍、1995 年、85～105 頁が詳しい。

場は後者の例に含まれる。こうして、ボックス席がU字形または馬蹄形に平土間を囲み、プロセニアム・アーチに縁取られ、テラリなどの舞台装置をともなった一点透視図法的な奥行きの深い舞台が、観客席と同様の面積を占めるというバロックの歌劇場の定型が成立した。

17世紀後半から18世紀前半にかけて、語りのような朗唱によって劇の筋を進めるレチタティーヴォ（recitativo）と登場人物の感情を旋律も技巧も豊かな歌によって表現するアリア（aria）に二極分化した、いわゆるナポリ派のオペラがフランス以外のヨーロッパを席巻するに及んで、バロックの歌劇場は各地の中小都市に至るまで盛んに建設されていく。特にバイエルン選帝侯国などで多くの劇場を手がけたビビエーナ一族は、釣鐘形平面を描く多層構成のボックス席や、観客に対して斜め45度に傾けた成角透視図法の使用で名声を博した[9]。このようなバロックの歌劇場においては、ボックス席は薄い壁で細かく仕切られていたし、その平面形からうかがえるように舞台がほとんど見えない席もありえた（図5）。作品鑑賞という観点からはそういう席はあってはならないが、当時の人々は劇場にオペラを観に行くだけでなく、ボックス席の中の人間模様をも鑑賞の対象にしていた。また、ボックス席でも自宅の一部であるかのようにゲームや食事に興じて、ときにひいきの歌手に声をかけたりもする。レチタティーヴォとアリアに二分化された、アレッサンドロ・スカルラッティやヴィヴァルディ、ヘンデルらのオペラも、美しく官能的な女性歌手や高い声を保つために去勢したカストラートと呼ばれる男性スター歌手が引き立つように書かれたのである。

図5　キュヴィエ・テアーターの内観（筆者撮影）

---

(9) ビビエーナ一族などの18世紀の宮廷劇場については、和書では、ティドワース前掲書、113〜134頁によくまとめられている。本章では同時代の作例として、建築家フランソワ・ド・キュヴィリエ（François de CUVILLIES）によるミュンヘンのレジデンツ（都市内の宮殿のこと）内のキュヴィエ・テアーターを紹介する（図5）。

2 ルイ14世時代の歌劇場／テュイルリー宮殿の「サル・デ・マシーヌ」

以上の歌劇場で上演されたのは経済性を優先せねばならない商業オペラであり、祝典譲りの豪華な舞台の展開という点では自ずと限界があった。それゆえ、アレオッティやトレッリなどの華やかな舞台演出が十全に展開したのは絶対王政下のフランスだった[10]。トレッリも、フランスの事実上の宰相だった枢機卿ジュール・マザラン (Jules MAZARIN, cardinal) に招聘され、ルイージ・ロッシ作曲《オルフェーオ》で腕を振るった[11]。フランス王国にイタリアのバロック舞台芸術を初めて導入した功績は「魔術師」トレッリに帰せられるとしても、彼がフランスを去った後、すなわち、枢機卿マザラン亡き後にルイ14世が親政を始めた1660年代以降のフランス宮廷でこの分野を主導し、第一人者として活躍したのはカルロ・ヴィガラーニだった[12]。もともとは父ガスパーレに付いてモデナから来仏し、テュイルリー宮殿 (Palais des Tuileries) のサル・デ・マシーヌ (Salle des Machines, 1659) を父ガスパーレと共に手掛けた（図6）。その後、一族と共に帰国するが、単身フランスに再び戻って帰化している。

上述のテュイルリー宮殿の劇場「サル・デ・マシーヌ」は、ルイ14世 (Louis XIV, roi de France et de Navarre) の結婚の機会に制作されたカヴァッリ作曲《恋するエルコレ》上演のために建設された。枢機卿マザラン

---

(10) 本章は、拙稿「カルロ・ヴィガラーニによるテュイルリー宮殿付属劇場の舞台建築のリサイクル」日本建築学会年次大会『学術講演梗概集 F-2 建築歴史・意匠』2007、2007年7月、243〜244頁を基にしている。拙稿「バロック建築のリサイクル―カルロ・ヴィガラーニの舞台建築―」『日仏工業技術』Tome 53 No. 1、2007年、46〜50頁でも触れたことがある。
(11) イタリア・オペラのフランスへの導入については、和書では、今谷和徳・井上さつき『フランス音楽史』春秋社、2010年、130〜136頁にまとめられている。
(12) カルロ・ヴィガラーニについてのモノグラフとして、Jérôme de LA GORCE, *Carlo Vigarani, intendant des plaisirs de Louis XIV*, Éditions Perrin, Paris, 2005がある。Barbara COEYMAN, «Walking through Lully's opera theatre in the Palais Royal», in John Hajdu HEYER, *Lully Studies*, Cambridge University Press, Cambridge, 2000, pp. 216-242 でも、彼の舞台について論じられている。

第 1 章　近世近代のパリ・オペラ座の建築

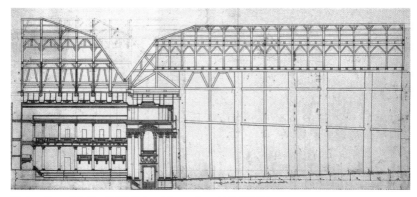

図 6　テュイルリー宮殿サル・デ・マシーヌの断面図

はパリにこの華やかな祝典に見合うだけの劇場がないことを憂慮し、テュイルリー宮殿の中に劇場を建てることを思い立ったのだった。設計は、王の首席建築家ルイ・ル・ヴォー、装飾はヴィガラーニが担当している。《恋するエルコレ》自体の舞台装置もヴィガラーニ親子に託された。しかし、1660年11月22日に上演されたのはカヴァッリの旧作《セルセ》だった[13]。新作もそれが上演されるはずだったこの劇場も完成していなかったからである。そして、1662年2月7日にテュイルリーの劇場でようやく初演にこぎつけたが、この時はマザランすでに亡く（1661年3月9日没）、ルイ14世は自ら政を司る意志を明らかにしていた。結局、この上演ははかばかしい成功を得ることはできなかった。イタリアの大家カヴァッリの成功が望まれていなかったのも事実だが、その理由の一端はテュイルリーの劇場自体にもあって、その音響は非常に悪く、また舞台装置の動く音が楽音を遮ることもしばしばだったという。そのようなわけでこの劇場は二度と用いられることはないだろうと思われた[14]。

---

(13) 表題はペルシアの王クセルクセスを示している。1654年または1655年、ヴェネツィアのサンティ・ジョヴァンニ・エ・パオロ劇場（Teatro Santi Giovanni e Paolo）で初演された。
(14) MOLIÈRE, Jean-Baptiste POQUELIN, dit, *ŒUVRES COMPLÈTES II*, Bibliothèque de la Pléiade-8, 9, textes établis, présentés et annotés par Georges COUTON,

第Ⅲ部　パリ・オペラ座という空間

　しかし、ルイ 14 世は 1671 年の謝肉祭のためにテュイルリーの劇場の舞台装置、特に地獄の場面のための機械仕掛けを大いに生かすことができる作品の制作を構想することとなった。テュイルリーの劇場で上演された《恋するエルコレ》では、第 5 幕冒頭にヘルクレスにより地獄に落とされた王たちが復讐を叫ぶ場面があり、王はとりわけこの場面を好んだ。ゆえに、その舞台装置は 10 年間近くも大事に保存されていた[15]。その際、王は 3 名の大作家たち、ジャン・ラシーヌ、フィリップ・キノー、モリエールにふさわしい主題を提示するよう求めた。それに対して、ラシーヌは《オルフェ》、キノーは《プロゼルピーヌの誘拐》、モリエールは《プシシェ》でもって応じた[16]。地獄から妻エウリュディケを連れ戻しにいったオルフェウス、冥界を支配するプルートーにさらわれて地獄の女王となったプロセルピナ、愛の神クピドに愛されながらその母である美と愛の女神ウェヌスに疎まれて地獄に落とされたプシュケ、いずれの主人公の物語でも地獄の場面が大きな意味を持っていた。

　結局、この中からモリエールの《プシシェ》が選ばれた。機会を物にしたモリエールはキノーとピエール・コルネイユに協力を仰いでいる[17]。《プシシェ》の序文によると、話の全体構想を練ったのはモリエールとしても、彼には十分な時間がなく、韻文にする作業はこの 2 名に託されたという。この共同作業は当時のフランス演劇の諸相を象徴している。《アンドロメード》、《金羊毛》といった「機械仕掛けをともなった悲劇」（tragédie représentée

---

Éditions Gallimard, 1971, p. 791 を参照。ただし、LA GORCE 前掲書、pp. 27-28 によると、《恋するエルコレ》は 1662 年 4 月 18 日に再演され、この時は完全な成功を収めたという。
(15) MOLIÈRE 前掲書、p. 792 を参照。
(16) ただし、前掲書、p. 792 によれば、その情報源（*Les Anecdotes dramatiques*, 1775, tome II, p. 443）はやや信頼性に欠ける。
(17) 前掲書、p. 821。「この作品は一人の手になるものではない。キノー氏が音楽で歌われる歌詞を書いた、イタリア語の哀歌を除いて。ド・モリエール氏は作品の筋立てを組み立て、その配列を定めたが、そこでは厳密に規則に従うことよりもスペクタクルの美しさと壮麗さに心を砕いた。作詞にあたっては、彼にはそれを成し遂げるだけの時間の余裕がなかった。謝肉祭が迫り、四旬節前に幾度もこの壮大なディヴェルティスマンを御堪能になりたいとお望みの陛下たっての御注文によって、彼は多少の助けを借りることもやむなき状況に立たされた。そういうわけで、プロローグ、第 1 幕、第 2 幕第 1 場と第 3 幕第 1 場だけが彼による詩句であり、残りの 15 場ほどをコルネイユ氏が担当した。こうすることで、陛下が命じられた時期にことは達成されたのである。」

avec les machines）を制作したコルネイユ、コメディ＝バレ（comédie-ballet）の創始者モリエール、そして後にオペラの台本作家として名を為すキノー、この3名が集ったこの作品は機械仕掛けを用いた演出とコメディ＝バレの結合であり、またオペラの萌芽をも含むものだった。当時の劇場作品、スペクタクルの制作はときに時間との勝負であり、多くの才能を結集した共同作業の形態を取ることが多く、そのため、《プシシェ》のように様々な演劇ジャンルを複合的に融合させた作品が生み出されていった。そして、時間との勝負がいよいよ抜き差しならぬ場合には、モリエールの《バレの中のバレ　エスカルバニャス伯爵夫人》や[18]、リュリとキノーの最初のオペラ《愛神とバッキュスの祝典》のように[19]、評判の良かった旧作を部分的に転用することもあった。このような方法は、様々な断片を一つの筋に統合して新しい作品を創造するキノーのような手腕と才能を必要とするものの、作曲と作詞の手間を大幅に省けるという利点がある。

　だが、さらに重要なのは、莫大な予算と十分な時間、人的資源を必要とする舞台装置や機械仕掛けを再利用できるという点である。確かに概念の上では舞台で展開する様々な場面や機械仕掛け、建築は「つかのまのもの」である。ときには魔女アルシーヌ（Alcine）やアルミード（Armide）の宮殿のようにその場限りで灰となってしまう舞台装飾もあった[20]。しかし、これらの舞台装置は多大な人的資源、予算、時間を要するものだったので、実は廃棄せずに後の機会のために取っておかれることも多かった。そして、本章で紹介した《プシシェ》の地獄の場面の例のように、そのリサイクルを目的としたスペクタクルが構想されることもあったのである。

---

[18] 1671年12月2日の初演は、新しい王弟妃ライン・プファルツ選帝侯国のエリザベート・シャルロット（Élisabeth-Charlotte du Palatinat）がサン・ジェルマン・アン・レ城館（Château de Saint Germain en Laye）に到着したことを祝って行われた。この姫はパラティーヌ妃つまりパラチナ妃（princesse palatine）とも呼ばれる。前掲書、pp. 949-950を参照。リブレットはpp. 953-972に掲載。
[19] 台本は *Recueil général des opéras représentés par l'académie royale de musique depuis son établissement*, Tome premier, Chez Christophe BALLARD, Paris, 1703に掲載。
[20] 例えば、1664年にヴェルサイユ宮殿で開催された野外祝典《魔法の島の歓楽》（Les Plaisirs de l'Île Enchantée）がある。

とはいえ、テュイルリー宮殿のサル・デ・マシーヌがあまり使われなかったのは確かである。では、当時、王のための劇場作品はどのような劇場で上演されていたのだろうか。実は常設の大規模劇場はルイ14世治世下には建設されなかった。オペラなどの劇場作品を上演する都度、ヴェルサイユ宮殿付属庭園などに仮設劇場が建設され、野外祝典の形で上演が実施されたのである。野外祝典は、ルネサンス時代以来、王侯の結婚式や戦勝などの機会にその宮殿の付属庭園などで行われたもので、都市への入場式もこの範疇に入る。バロック時代になると野外祝典の開催を前提としたかのように、城館と庭園が一体となった宮殿建築が建設されるようになった。フランスでは、パリの南東の小都市ムラン（Melun）付近に築かれたヴォー＝ル＝ヴィコント城館（Château de Vaux-le-Vicomte）、および同庭園が先駆けとなった（図7）。財務卿ニコラ・フーケ（Nicolas FOUQUET, surintendant des finances）のもと、城館設計はル・ヴォー、天井画などの内装はシャルル・ル・ブラン、庭園はアンドレ・ル・ノートルという3名の「ル」が集結した。

城館は楕円形のドームを中央に頂くイタリア風バロック建築であり、それに対する庭園は中央軸線が強調され、ほぼ左右対称を旨とするフランス式庭園と呼ばれるものだった。敷地の起伏を生かして人工の滝や洞窟装飾（グロット）も設けられた。これらは城館から見ることはできないが、中央軸に沿って歩いていくと眼下に現れてくることになり、視覚の驚きが巧みに演出されている。1661年8月17日、ここで王を招いての野外祝典が開かれ、モリエール、名舞踏手ピエール・ボーシャン、料理人フランソワ・ヴァテルが舞台や花火、豪勢な食卓で盛り上げた。しかし、同年3月9日に枢機卿マザランが没し、親政を宣言していた王は、マザラン没後の政界での栄達を狙っていたフーケを近い将来の側近リストから早々に外していて、

図7　ヴォー＝ル＝ヴィコント庭園（筆者撮影）

第1章　近世近代のパリ・オペラ座の建築

ヴォーの豪勢な城館、庭園と祝典はルイにフーケ粛正の口実を与えることになる。財務卿は王命を受けたダルタニャン（Charles de Batz de Castelmore, dit d'Artagnan）により逮捕され、ピニュロル牢獄（Pignerol / Pinerolo）に投ぜられた。直後、3名の「ル」はルイ14世の許で一層大きな仕事を任せられる。父王ルイ13世から受け継いだ小さな狩猟館（1623-24年建設、1631-34年増築）の拡張工事である。これが後の大宮殿ヴェルサイユ（Château de Versailles）の出発点となった。

以後、約30年にわたってヴェルサイユは大建設現場たり続けた。その間、大規模なものだけでも1664年、1668年、1674年の3度、庭園で祝典が行われている。庭園のボスケ（生垣）や泉水に木造の仮設建築が建てられ、演劇の上演や舞踏会、晩餐会、花火大会などが行われた。ヴォーの祝典で活躍した芸術家たちに加えて、当時、君寵を確かなものとしていた王の音楽監督ジャン・バティスト・リュリやカルロ・ヴィガラーニも参加し、《アルセスト》など華麗な機械仕掛けをともなう音楽悲劇（オペラ）も上演された（図8）。建築、文学、ガストロノミーから音楽まで様々な芸術が協働したのである。特に1674年の祝典は、2ヶ月の間に6日に分けて行われるという大規模なものだった。これは、同年のフランス軍によるスペイン領フランシュ＝コンテ（現在はフランス領）占領を祝うためのもので、上演された喜劇やオペラのプロローグでもルイの武勲や偉業が頌えられた。最終日の8月31日には夜の大運河をろうそくなどの照明で彩り、船で逍遙するという「静」の催しもあった[21]。

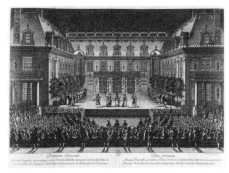

図8　《アルセスト》、1674年7月4日（祝典第1日目）夜に城館前庭で上演

---

(21) この祝典の正式名称は、Les Divertissements de Versailles donnés par le roi à toute sa cour au retour de la conquête de la Franche-Comté en l'année mille six cent soix-

3 ルイ15世時代の歌劇場／ヴェルサイユ宮殿付属歌劇場

ルイ14世がヴェルサイユ宮殿などで盛んに祝典を行っていた1660年代から、ヴェルサイユに常設劇場を設けようという構想は存在した。だが、彼の治世下にそれらの構想が実ることはなく、その曾孫ルイ15世（Louis XV, roi de France et de Navarre）の治世下の1768年になって、ようやくその宿願がかなうことになった[22]。設計したのは王の首席建築家アンジュ・ジャック・ガブリエルである。この劇場の柿落としは1770年5月16日の王太子ルイとオーストリアのハプスブルク家のマリア・アントニア、すなわち、後のルイ16世（Louis XVI, roi de France et de Navarre）とマリー・アントワネット（Marie-Antoinette d'Autriche, reine de France et de Navarre）の婚礼の機会を捉えて行われた。上演されたのはリュリ作曲キノー台本のオペラ《ペルセ》である。1682年の初演後、実に88年たっていた。当時は新作が重んじられていた時代であり、作曲家の死後にその作品が演奏されることは稀だった。そのような時代にリュリのオペラだけは、アンシャン・レジーム期を通じて尊重され上演され続けた。ラモーがいうようにリュリ当時の清新さを保って演奏されていたとは考えられないし、当時の作曲家たちによって新作との差し替えがかなり行われはしたけれども。海の怪物からエチオピ

---

ante-quatorze。フランシュ＝コンテ地方はブザンソン（Besançon）を中心とする現フランス東部の地方。スペイン王がブルゴーニュ公から引継いだ領地の一つだった。スペイン領低地地方帰属戦争（Guerre de Dévolution）の最中、1668年にも、コンデ大公（prince de Condé）率いるフランス軍がこの地方を占領したが、この時は、同年5月2日に結ばれたアーヘン講和条約によりスペインに返還された。そして、オランダ戦争時の1674年に再占領された後、1678年のネイメーヘン講和条約をもって正式にフランス王国領に編入され、現在に至っている。この野外祝典の概要と史料、先行研究等については、拙稿「ヴェルサイユ宮殿と1674年の祝典の劇場作品：ヴェルサイユ宮殿および付属庭園における絵画や彫刻を媒体とした寓意表現について その3」日本建築学会年次大会『学術講演梗概集 F-2 建築歴史・意匠』2004、2004年7月、29～30頁で触れたことがある。

(22) ヴェルサイユ宮殿付属劇場については、設計者ガブリエルの代表的なモノグラフである Christopher TADGELL, *Ange-Jacques Gabriel*, London, 1978 に詳しい。ティドワース前掲書、152～158頁でもまとめられている。

第1章　近世近代のパリ・オペラ座の建築

ア王女アンドロメダを救って彼女と結婚したペルセウスの神話は次代の王と王妃の結婚式にまことにふさわしい。

　ヴェルサイユ宮殿付属劇場の建築上の特徴は、いかなるものだっただろうか。当時の歌劇場ではU字型に多層の桟敷席が平土間を取り巻いているという

図9　ヴェルサイユ宮殿付属劇場の内観
　　　（筆者撮影）

構成がもっとも一般的だったが、この劇場の観客席は階段状になっている（図9）。ある意味、テアトロ・ファルネーゼへの先祖返りであり、古代の劇場建築の影響が再びみられるところは、当時の「新古典主義」（Neo Classicism）の現れともいえるだろう。最上層はもっとも豪華であり、イオニア式円柱で装飾されている。劇場としての収容人数は700名程度である。プロセニアム・アーチ周りはコリント式のジャイアント・オーダーが用いられている。当初、ロイヤル・ボックスは、イオニア式円柱が施された最上層の、中央部が半円形に窪んでいる部分に構想されていたが、ルイ15世が目立つことを嫌ったため、その直下に移された。見た目には色大理石をふんだんに用いた豪華な内装のようにみえるが、実は木製パネルに着色したものである。これは材料費をけちったという側面もあるが、劇場の内装は木で仕上げるというのが、当時の一般的な考え方でもあった。劇場空間＝弦楽器の内部というアナロジーは広く信じられていたのである。当時は科学的な音響学が存在せず、経験則がものをいった[23]。すなわち、音響の善し悪しは偶然の要素が強かったのだが、このヴェルサイユ宮殿付属劇場では吉と出た。

---

[23] 近世以降の劇場やコンサート・ホールの音響をめぐる歴史については、マイケル・フォーサイス『音楽のための建築—17世紀から現代にいたる建築家と音楽家と聴衆』別宮貞徳・長友宗重訳、鹿島出版会、1990年が詳しい。

第Ⅲ部　パリ・オペラ座という空間

4　グランド・オペラ時代までのパリ・オペラ座の劇場建築

　ここで時代をルイ14世治世下に戻し、いわゆる、パリの「オペラ座」の歴代劇場建築についてまとめてみよう。パリの「オペラ座」の淵源の一つは、1661年設立の王立舞踏アカデミー（Académie royale de Danse）である。さらに1669年、王立音楽アカデミー（Académie royale de Musique）が設立され、フランスにおけるオペラの導入が本格化した。この組織は、当時から「オペラ・アカデミー」（Académie d'opéra）、「オペラ座」（Opéra）とよばれることもあった。王立音楽アカデミーは、直接、王国からの助成を受けていたわけではないが、フランス国内における「音楽をともなった劇場作品」（pièces de théâtre en musique）の独占上演権を授けられていた。1672年にはリュリが総裁となり、1673年以来、リュリが1687年に亡くなるまで、ほぼ年に1作の割合で新作を発表していった[24]。当初のオペラ座の劇場建築は、ポーム場のような大空間を持つ既存建築を転用した仮設的なものだったが、1673年にはパレ・ロワイヤル（Palais royal）の中にヴィガラーニによって専用劇場が設えられた。なお、設立以来、ガルニエ宮竣工まで、パリ・オペラ座の置かれた劇場建築は以下のような変遷をたどっている[25]。

1670-72：サル・ド・ラ・ブテイユ（salle de la Bouteille）
1672-73：サル・デュ・ジュー・ド・ポーム・デュ・ベレール（salle du

---

(24) 王立音楽アカデミー成立の事情について、ルイ14世治世下の史料としては、*Recueil général des opéras représentés par l'académie royale de musique depuis son établissement*, Tome premier, Chez Christophe BALLARD, Paris, 1703の"Préface"（ページ番号記載なし）、和書では、今谷・井上前掲書、151～163頁にまとめられている。前者の該当部分の一部は、拙稿「ルイ14世時代のスペクタクルとヴェルサイユ宮殿」鈴木博之先生献呈論文集刊行会編『建築史攷』207～249頁、2009年、228～229頁で邦訳した。
(25) ガルニエ宮竣工以来、ガルニエ宮を解説する書籍などの冒頭で、オペラ座創設以来の歴代劇場建築が列挙されてきた。X.Y.Z., *Le nouvel opéra - monument - artistes*, Michel Lévy Frères et chez tous les libraires, 1875、Charles BOUVET, *L'Opéra - l'Académie de musique et de danse, le musée, la bibliothèque*, Éditions Albert Morancé, Paris, 1924などがある。

第1章　近世近代のパリ・オペラ座の建築

Jeu de paume du Bel-Air）
<u>1673-1763</u>：サル・デュ・パレ・ロワイヤル（salle du Palais-Royal）
1764-70：サル・デ・マシーヌ（salle des Machines）
<u>1770-81</u>：サル・デュ・パレ・ロワイヤル（seconde salle du Palais-Royal）
1781：サル・デ・ムニュ・プレジール（salle des Menus-Plaisirs）
<u>1781-94</u>：サル・ド・ラ・ポルト・サン・マルタン（salle de la Porte Saint-Martin）
<u>1794-1820</u>：サル・ド・ラ・リュ・ド・リシュリュー（salle de la rue de Richelieu）
1820-21：サル・ファヴァール（salle Favart）
1821：テアトル・ルーヴォワ（Théâtre Louvois）
<u>1821-73</u>：サル・ド・ラ・リュ・ル・ペルティエ（salle de la rue Le Peletier）
1873-75：サル・ヴァンタドゥール（salle Vantadour）
<u>1875-</u>：ガルニエ宮（Palais Garnier）

以上の例の内、10年以上、オペラ座があった劇場には下線を施した[26]。

リュリ以来、ブルボン王朝時代のほとんどはパレ・ロワイヤルにあったことがわかる（図10）。ここは元々、モリエールが喜劇を上演していた場所だが、1673年にこの喜劇作家が亡くなると、リュリの手で王立音楽アカデミーが占めることとなった。リュリ、カンプラ、ラモー、グルックの作品群が上演されたのはここである。

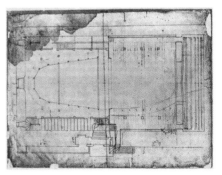

図10　ヴィガラーニによるサル・デュ・パレ・ロワイヤルの平面図

(26) 本章で頻出する「サル」（salle）は、狭義においては劇場の観客席が置かれる空間のことを指すが、広義においては舞台やホワイエ、サーヴィスのための諸室を含む劇場全体のことも指す。

第Ⅲ部　パリ・オペラ座という空間

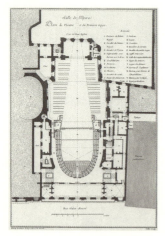

図11　モローによるサル・デュ・パレ・ロワイヤルの平面図

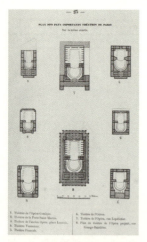

図12　18世紀末から19世紀半ばにかけてのオペラ座の歴代劇場建築の平面図比較

1763年に焼失し、その再建の間、テュイルリー宮殿のサル・デ・マシーヌも使用されることになった。パリのパンテオン（Panthéon）の設計者として名高い建築家ジャック・ジェルマン・スフロが劇場の改装を手掛けている。パレ・ロワイヤルの新劇場はモロー設計のオペラ専用劇場として、1770年6月20日に開場したが、1781年6月8日に再び焼失した（図11）。

ブルボン王朝末期から革命期、第一帝政期、王政復古初期にかけては、サン・マルタン門付近、次いで、リシュリュー通り（当時はラ・ロワ通り（rue de la Loi））に位置し、セーヌ川右岸の都心に設けられていた（図12）。サン・マルタン門の劇場は建築家ルノワールにより、かつてのオペラ座の装飾物倉庫の敷地に仮設的に建設された。リシュリュー通りの劇場の方は建築家ヴィクトル・ルイの手になるが、ルイ18世（Louis XVIII, roi de France et de Navarre, 1755-1824）の命令で取り壊されて現存しない。その後、1820年から翌年にかけて、オペラ＝コミック座（Opéra-Comique）のあったサル・ファヴァールやルーヴォワ広場の劇場が暫定的に使用された。

そして1821年、サル・ル・ペルティエが開場し、以後、半世紀にわたってパリ・オペラ座の所在地となった[27]。1831年、《悪魔

---

(27) サル・ル・ペルティエについては、ガルニエ宮竣工時に公刊されたX.Y.Z.前掲書、

第1章　近世近代のパリ・オペラ座の建築

のロベール》が初演されたのは、ここサル・ル・ペルティエである。建築家ドブレが設計し、その建設はわずか1年間で急速になされた。そのために、リシュリュー通りの劇場の取り壊しが並行して進められ、装飾品など主だった部材の再利用が図られている。観客席のデザインも概ね再現された。柿落しは1821年8月16日で、カテル作曲の《レ・バヤデール》が上演されている。建築としての特徴はどのようなものだっただろうか。基本的には、当初、「仮設劇場」（théâtre provisoire）としての性格が強く、少なくとも外観については本格的歌劇場建築というわけではない。ファサードは2層構成の端正なネオ・ルネサンス様式で、2層目はイオニア式オーダーに縁取られたパラディアン・モチーフの連なるデザインである（図13）。一方、平面や劇場の形式については、通常の「イタリア風」（à l'italienne）、すなわち、多層のボックス席が馬蹄形平面を描いて平土間を囲む一般的なバロック劇場の平面で、一点透視図法的な奥行きのある舞台と観客席の間にプロセニアム・アーチを設けた形式である（図14）。したがって、取り立てて指摘するような点は多くな

図13　サル・ル・ペルティエのファサード

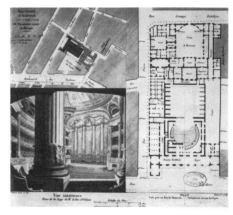

図14　サル・ル・ペルティエの平面図

pp. 7-12の他、設計者による図面集François DEBRET, *Plans de l'Opéra de la rue Le Peletier*, 1821といった史料もある。そこにはボックス席の平面図や断面図もあり、舞台に対する観客の視線の検討も行われていたことがわかる。

いが、木製の内装の美麗さと優れた音響は高く評価されていた。当初、「仮設劇場」として構想されていたため、現在のガルニエ宮所在地に本格的な新劇場建設が想定されていたが、王政復古期（Restauration, 1815-30)、七月王政期（Monarchie de Juillet, 1830-48）を通じて実施されることはなかった。後述するガルニエ宮建設中の 1873 年 10 月 28 日夜に出火し焼失している。

5　ナポレオン 3 世時代のパリのオペラ座／ガルニエ宮

現在、ヨーロッパ各都市にあるオペラ座の劇場のほとんどは 19 世紀の建造だが、パリのオペラ座の劇場こそ、歌劇団としての名声に勝るとも劣らない建築的質の高さを達成した随一の例である。バスティーユ広場の新オペラ座劇場（Opéra Bastille）に対し、設計者シャルル・ガルニエの名から「ガルニエ宮」（Palais Garnier）とよばれる[28]。ガルニエ宮と周辺道路の計画は、主に第二帝政期（Second Empire, 1852-70）に行われた、現在のパリの骨格となる新しい幹線道路網と広場の整備などの大改造の枠内で考えられ、いわば帝都パリに冠を戴かせるものだったといえる。

サル・ル・ペルティエに代わる新オペラ座劇場の建設は、1858 年 1 月 14 日、サル・ル・ペルティエにおけるナポレオン 3 世（Napoléon III, empereur des Français）と皇妃ウージェニー（Eugénie de Montijo, impératrice des Français）の暗殺未遂事件が勃発した翌日に決定したという[29]。1860 年 9 月 29 日、新劇場の建設に関する勅令が発布され、同年 12 月 29 日、帝立音楽舞踏アカデミー（Académie impériale de musique et de danse）の劇場の基本設計のための国際コンペ開催が翌 1861 年 1 月 31 日を締め切りとして

---

(28) ガルニエ宮竣工時に設計者自身による建築解説、および美麗な図面集 Charles GARNIER, Le nouvel Opéra de Paris, Paris, 1878-81 が刊行されている。ガルニエ宮の建築については、和書では、ティドワース前掲書、227～237 頁にまとめられている他、筆者も、拙著『図説パリ　名建築でめぐる旅』河出書房新社、2008 年、115～117 頁、および、拙著『図説バロック　華麗なる建築・音楽・美術の世界』河出書房新社、2010 年、128～132 頁で解説したことがある。
(29) ガルニエ宮竣工時に公刊された X.Y.Z. 前掲書、pp. 12-17 に 1860 年から 1861 年にかけて実施されたコンペの経緯が詳述されている。

第 1 章　近世近代のパリ・オペラ座の建築

実施されることが公表された。171 名の建築家が参加し、予備審査で 43 案、さらに 16 案、最終的に 7 案にまで絞り込まれた。この時点で、ナポレオン 3 世お気に入りの建築家シャルル・ロオー＝ド＝フルーリと皇妃ウージェニーの贔屓するヴィオレ＝ル＝デュクは選外となった。大賞（Grand Prix）は該当者なしとなり、ジナンが第 2 席で賞金 6,000 フラン獲得、ボトレルとクレピネの 2 名が第 3 席で 4,000 フラン獲得、ガルノーが第 4 席で 2,000 フラン獲得、デュクが第 5 席で 1,500 フラン獲得、ガルニエが第 6 席で 1,500 フラン獲得の結果を得た。この後、実施設計のための新たなコンペが、上記の 7 名のうちの 5 名によって実施され、1861 年 6 月 2 日、エコール・デ・ボザール（École des Beaux-Arts）のローマ大賞受賞者ながら、ほぼ無名の当時 35 歳の若手建築家ガルニエが金星を射止めている。ガルニエ案では、当時、ますます増えていった大量の観客を捌くための建築計画上の配慮がなされていた。実際、ガルニエ宮の規模は、当時、ヨーロッパ最大であり、面積 11,250 平方メートル、体積 428,700 立方メートルを誇った。

そのファサード構成はネオ・バロック様式の派手なもので[30]、基壇仕上げの 1 階の上に、コリント式ジャイアント・オーダーの双子柱による柱廊が載っている（図 15）。また、柱廊の両端が前方に突出してパヴィリオンを形成し、そのパヴィリオンは櫛形ペディメントを頂いている。柱廊のジャイアント・オーダーの手法はミケランジェロが始めたものだが、ここでガルニエは、ミケランジェロがパ

図 15　ガルニエ宮のファサード（筆者撮影）

---

(30) ここでは「ネオ・バロック様式」と記述したが、ガルニエが活躍した 19 世紀後半においては、現在よりも「ルネサンス」と捉えられている範囲が広く、現在、ルネサンス、バロック、新古典主義と称している建築様式はすべて「ルネサンス」とよばれていた。例えば、Banister FLETCHER, *A History of Architecture on the Comparative Method*, London, 1896 を参照。日本では、当時、この意味での「ルネサンス」を直訳した「ヨーロッパ復興式」という表現もみられた。

第Ⅲ部　パリ・オペラ座という空間

ラッツォ・デイ・コンセルヴァトーリ（Palazzo dei Conservatori）でジャイアント・オーダーとともに用いた手法も取り入れている。コリント式ジャイアント・オーダーの双子柱の脇に、もっと小さなスケールのコリント式円柱を配したのである。この小さなスケールのオーダーの上層には、マイアベーアを含むオペラ作曲家の胸像が並んでいて、19世紀後半にどのような作曲家が評価されていたのかを知る一つの指標となっている。劇場本体の上には、ひしゃげた玉葱の形状をしたドームが載っている。このドームはガルニエ宮前の広場からは見えず、少し離れたところからでないと拝めない。その位置から見るとドームの頂点に太陽神にして音楽の神アポロンの彫像が載っているように見えるが、実はドーム後ろの切妻屋根の破風の頂点に載っていることが横から見るとわかる。まさにバロック的な錯覚を活用した手法である。

　内装に関して最大の建築的力点は、バロック劇場を踏襲した、あるいはル・ペルティエ劇場の観客席のデザインに則った劇場本体以上に（図16）、色大理石や天井画を豪華に施した中央大階段と正面に面したホワイエに置かれている。ホワイエの天井には、太陽神にして音楽の神アポロンの神話や学芸の女神である9柱のミューズの女神たちが描かれている。ヴェルサイユ宮殿の鏡の間（Galerie des Glaces）やルーヴル宮殿のアポロンの間（Galerie d'Apollon）に勝るとも劣らないネオ・バロック様式によるすばらしいギャラリーである。ギャラリーの外側は正面ファサードを形成する柱廊になっていて、ガルニエ宮前の広場と道路網を一望の下におさめることができる。一方、中央大階段は、鑑賞の前後や休憩時間、着飾ったブルジョワたちの姿が、あたかも舞台上の俳優のように映え、大階段脇のバルコニーから一般市民が見下ろして鑑賞するという、社会の縮図が展開する第2の舞台だった。かつては桟敷席がその場だったが、この機能を特別に担

図16　ガルニエ宮の観客席
（筆者撮影）

第1章　近世近代のパリ・オペラ座の建築

う建築的場が新たに加えられたのである。大理石製のイオニア式オーダーの双子柱、大階段の吹き抜けに突き出たバルコニー、トップライト（天井採光）と天井画、曲線を描く大階段と欄干が華やかなハーモニーを奏でる壮大な空間である。

おわりに

　本章で紹介した17世紀半ば以降のパリとその周辺の歌劇場について、以下の2点を明らかにした。まず、マザランによるイタリア・オペラ導入の試みからガルニエ宮の竣工に至るまで、パリを中心としたオペラ上演の営みにおいて仮設劇場の果たした役割が大きいことが挙げられる。宮廷においては1768年まで常設劇場を持つことはなかったし、パリ・オペラ座においても、度々、既存の劇場や仮設的に建設された劇場が使用されてきた。グランド・オペラ時代にオペラ座の劇場として用いられたサル・ル・ペルティエも元々は「仮設劇場」だったのである。

　次に、劇場建築の形式としてみるなら、ここまで取り上げてきた常設劇場も仮設劇場も、17世紀前半にイタリアで確立した劇場形式に則り続けていることが挙げられる。それはガルニエ宮建設時にも当事者たちに意識されており、ガルニエ宮の観客席の設えは「イタリア風」と認識されていた。見る者と見られる者を峻別するこの劇場形式において、その舞台と演出はプロセニアム・アーチの反対側の観客席から一点透視図法的に見られることが前提であり、演出の根本的な部分が300年間変化しなかったことを意味する。その意味ではガルニエ宮は保守的な劇場建築であるともいえるし、17世紀以来続いてきたバロック的歌劇場の集大成ともいえるだろう。

第Ⅲ部　パリ・オペラ座という空間

第2章　パフォーマンスの空間、権力の空間
―― ル・ペルティエ劇場をめぐる諸考察

ミカエル・デプレ
（岡見　さえ　訳）

　パリや他のヨーロッパの大都市で、劇場やオペラ座は、19世紀を通しておそらく18世紀よりもなお、世俗的娯楽の空間である以上にきわめて政治的なショー（スペクタクル）の空間だった。それは劇場やオペラ座が、首都パリにおける権力を誇示する格別な空間の一つだったためである。劇場とは社交や集団活動の空間であり、教会と並んで社会の代表者が集まる典型的公共空間であるがゆえに、劇場空間は政治空間を取り込み、そこに新たな価値を付与したのである。こうした権力を誇示する空間としては他にもいくつかの政治的空間があるが、それらはもっぱら政治と権力の「機能」を行使するための場所であるので、政治的といってもごく当たり前の空間である。すなわち、テュイルリーやコンピエーニュ、シェーンブルンといった宮廷や、貴族院、立憲君主制下の下院などである。
　このように劇場が政治的性格を帯び、そこで政治が権力を発動させないまでも自らを誇示し、スペクタクル化したことは、19世紀に限った現象ではない。なぜならこれは、16世紀イタリア、ミラノのスフォルツァ家、さらに重要なフィレンツェのメディチ家、マントヴァのゴンザーガ家といった僭主の邸宅に作られた劇場の特徴を、都市空間において延長したものなのだから。よく知られるように、1565年にヴァザーリがヴェッキオ宮で、1586年にブオンタレンティがウフィツィ宮でその舞台装置を完成させた後、フィレンツェの宮廷では「イタリア風」と呼ばれるようになる視覚効果を施した劇場の建設が進められ、劇場空間は大公の視線を中心に据えて組織されていく[(1)]。こ

---

(1)「大公の目」あるいは「occhio del principe」（ただし両者ともに後世の表現である）

第2章　パフォーマンスの空間、権力の空間

うした劇場は、理想的視界、すなわち大公の目からの視界に対応し、舞台へ向かう消失線によって遠近法が実現されている。この"大公の目"は、客席中央の高さ50センチ（後に宮廷や都市の劇場で、王や皇帝のボックス席が多かれ少なかれ踏襲する象徴的な位置）にあって、劇場の観客と舞台のすべての視点と空間を組織する。つまり宮廷の劇場は、大公や王を劇場空間の中心に置くことで、彼らが社会と社会の多種多様な構成員の中心であり、心臓であり、主たる組織者であるという完全な幻覚（イリュージョン）を与えようとしている。同様に、君主の存在が、遠近法を通して、スペクタクルそのものを知覚する諸条件を決定するのだといえるだろう。17世紀から18世紀にかけてイタリア宮廷のモデルに複数の変更が加えられ、この「イタリア風」劇場は徐々に宮廷よりむしろ都市の劇場で勢力を伸ばす。地方では、18世紀に演劇やオペラの上演のための建造物が建設され、フランスにおける最初の舞台芸術の上演場だった、ジュ・ド・ポーム場を継承した客席を長方形に配した古い型の劇場（真の「フランス風」劇場）が放棄されていく。こうして起源であるイタリアの劇場が伝える客席内の王侯の存在は、象徴的であれ、フランスの都市や宮廷の劇場の内部に移入されていく。そしてこの図式は、権威と権力の質的変容（復古王政、ルイ＝フィリップの王政、その後の帝政）にもかかわらず、ほぼ19世紀を通して全面的に有効であり続ける。そしてそれは、ヨーロッパ随一の歌劇場、すなわちパリの新オペラ座、ル・ペルティエ劇場でも同様なのである[2]。

については、建築家で舞台美術家のニコラ・サバティーニ（Nicola Sabbatini）が次の著書で理論化している。*Pratica di fabricar scene e macchine ne'teatri*, Ravenne, 1638, édité par Elena Povoledo, Rome, 1955, au chapitre 34 «Come si debba accomodare il luogo per il Prencipe», p. 48. より一般的な著作は以下。　Dorothée Marciak, *La place du prince: perspective et pouvoir dans le théâtre de cour des Médicis*, Florence, 1539-1600, Paris, 2005.

(2) 18世紀から19世紀のイタリア式劇場がもたらす知覚とイリュージョンの美学およびその種類については、以下を参照。Georges Banu, *Le Rouge et or: une poétique du théâtre à l'italienne*, Paris, 1989.

第Ⅲ部　パリ・オペラ座という空間

1　王権からの資金調達

　権力は、なによりも財政面においてオペラ座に不可欠な存在だった。オペラ座は、1804年から帝立音楽アカデミー、1815年から1830年七月革命まで王立音楽アカデミー、ナポレオン3世治下の1854年7月1日に帝立オペラ劇場と名前を変えるが、他の王立または帝立の名を冠した劇場と同様に、ほぼ19世紀を通して経済的には君主に依存していた。オペラ座の管理、すなわちその権限（特に予算権限）は、国およびオペラ座総裁とその協力者（アソシエ）で分担されたため、オペラ座は権力と強く結びついた。第一帝政と第二帝政は、1791年から1792年のフランス立憲王政が修正したアンシャン・レジームの管理方式を踏襲したが、七月王政と短命に終わった第二共和政（1848～1851年、この時代に王立音楽アカデミーは国民オペラ劇場と名付けられた）は、アンシャン・レジームの管理方式から明白に断絶し、財政面におけるオペラ座と権力の関係を部分的に見直した。それによって、1833年に一部の大劇場やオペラ座への年間助成は王の直接管理を外れて内務省の管轄となり、この方式は第二帝政の開始まで続く。ルイ・フィリップの時代、オペラ座の経営管理と芸術面で主導権を握ったのは、オペラ座総裁だった。総裁は実業家から国が任命したが、なかでももっとも敏腕だったのが、1831年から35年に総裁の座にあった、出版業者、元医師であり権力の内幕に精通し、女性の扱いにも長けた実業家のルイ・ヴェロンだった[3]。他の王立劇場と同様に、オペラ座は公的委員会の監督下に置かれて、市場の自由競争に完全に巻き込まれることはなかったが、合資会社となり、経営管理を担う実業家である総裁も財政上のリスクを負うことになった。オペラ座は内務省から年額60万フランの助成金を受けてはいたが、その権力との関係は以前に比べて弱まった[4]。

---

(3) Jean Gourret, *Ces hommes qui ont fait l'Opéra*, Paris, 1984, pp. 117-125 et Jean-Louis Tamvaco, *Les Cancans de l'Opéra. Le Journal d'une habilleuse, 1836-1848*, tome 2, pp. 1130-1131, Paris, 2000.

(4) Sur ce moment, cf. John D. Drysdale, *Louis Veron and the Finances of the Academy*

第2章　パフォーマンスの空間、権力の空間

　この特殊な経済モデルと管理方式のゆえに、19世紀に王立音楽アカデミーとこのアカデミーの劇場（モンタンシエ劇場ことリシュリュー通りの劇場、それからル・ペルティエ劇場）は、その存在の大半の期間において、権力の関心事を象徴し、権力と一体になった。オペラ座の財政は君主が行使する権利の一部だったため、オペラ座は王や皇帝の監督の意思と、劇場を大公や王、皇帝の「鷹揚さ」を表現する特権的な場とする必然を象徴することになった。この鷹揚とは、偉大な者がその本質に含みもつ高貴さの典型的発露としての――アリストテレス的な意味での――徳である[5]。大型公営劇場のル・ペルティエ劇場で、少なくとも15世紀のフィレンツェ以降の西欧で権力と高貴の概念を形成するこの鷹揚の「徳」が容認された理由は、この君主の鷹揚さの概念と啓蒙時代の思想家の政治思想が付した留保とが一致していたためだった。諸公や王の鷹揚さは、必要とされる巨額の歳出が公共福祉や公的有益性と関係するならば、正当化されたのだ[6]。オペラ座への支出は、1791年の立憲君主制以降は、国民と国民の代表である議員によって管理された。その後の王政復古期も同様で、オペラ座への支出を賄う国家元首あるいは王室の特別歳費は、2つの議会（貴族院と下院）が議決する年間予算の項目に含まれていた。

　19世紀のほぼすべての行政組織と同様に、舞台芸術界、なかでもオペラ座の再組織を行ったのはナポレオンだった。彼は、フランス革命の期間中の1792年の後に、舞台興行、その中でも特にオペラが自由化および民営化されたことによって引き起こされた混乱に終止符を打ったのである。あまりにエリート主義的で、アンシャン・レジームの趣味に結びついているとされていたが故に、革命により多大なる痛手を被っていたのだった[7]。この改革で、

Royal of Music, Berlin, 2003.
(5) Aristote, *Ethique à Nicomaque*, livre IV, chap. 4-6.
(6) 啓蒙時代の特徴的な鷹揚の概念の定義の一例として、以下を参照。*Dictionnaire des sciences, arts et métiers*, tome second, I-Z, de Panckoucke, Paris, 1780, p. 163.
(7) Cf. Philippe Agid et Jean-Claude Tarondeau, *Gouvernance et performance, une analyse historico-économique de l'Opéra national de Paris*, in *Revue française de gestion*, 2008/8, pp. 239-269. 本書はオペラ座の管理方式を手早くかなり精緻に分析しているが、残念ながら王政復古期を除外し、この管理方式のより深い理解に重要な政治的コンテキストと時代の美学も一般に扱われていない。

ナポレオン1世は権力とオペラ座を緊密に結びつける。第一執政ナポレオンは、瞬時に権力装置としての舞台芸術界の重要性を理解し、1802年11月27日付け告示によってオペラ座の運営管理を改革した。オペラ座は帝立音楽アカデミーと名称を変更されて国の監督下に置かれ、ルイ14世の時代と同じくある程度の数の特権と一部の作品について上演を独占する状況によって経済的に存続可能となった。1807年から国はオペラ座の支出の50％から60％を補助し、さらなる皇帝・権力とオペラ界の紛れもない接近の印として1811年以降ナポレオンはアンシャン・レジームの君主にならって個人的財産、つまり帝室の特別歳費からオペラ座での初演作や新制作の補助を行うのである。オペラへの権力者の個人的興味と介入を示すもう一つの事象は、皇帝がオペラ座の新作選定を監視し続け——検閲である——、公演に何度も臨席して劇場に名誉を与えたことだ。皇帝と、お供の皇妃や宮廷の人々の来場は、事前に報道され、スペクタクルの中のもう一つのスペクタクルとなった。皇帝は、公演の開始時ではなく、バレエ・シーンの前に入場するならわしだった。ナポレオンが導入したこの習慣は、第二帝政が終わるまで非常に頻繁に行われた。皇帝が姿を見せた瞬間、上演は中断され、すべての動きは止まり、オペラ座はまさしく権力のスペクタクルの場に変容したのである。それから約半世紀後の1854年に、ナポレオン3世はオペラ座の管理をナポレオン1世方式に戻し、オペラ座を再び部分的に帝室の監督下に置いたが、それは1866年3月22日付の政令まで続く[8]。それ以後はルイ・フィリップ時代の管理方式を復活させ、オペラ座は帝室（その特別歳費）による直接管理を外れ、予算の一部は帝室からの補助を受け続けるが、ほぼ民営の独立企業になった。

　王立音楽アカデミーでは、ナポレオン1世が導入した管理方式が、諸変更を受けながら王政復古期も続いていた。権力側からの監督は相変わらず強く、一層強化されてすらいた。王立音楽アカデミーの財政と人材（人事における

---

[8] 娯楽産業の自由化（特に第二帝政期）については、次を参照のこと。Geneviève Faye, «Le Renouvellement des salles de théâtre à Paris, après le décret de 1865» in Les Spectacles sous le Second Empire, sous la direction de Jean-Claude Yon, Paris, 2010, pp. 61-71.

選択と採用)の管理は「ムニュ・プレジール」(王室娯楽監督局)の監督官の管轄だったが、その監督官は1789年まで続いたルイ14世の親政時の方式にならい、王室の侍従から選ばれた。監督官の権限が及ぶのはオペラ座だけではなかった。それというのもアンシャン・レジーム期と同様に、美術や市中の劇場を含む一部のスペクタクルの管理も担当していたからである。過去と根本的に異なるのは、ルイ18世、シャルル10世の治世では、ムニュ・プレジールの予算は君主の意志だけで決まるのではなく、1791年の時と同様に国民によって選出された機関(王政復古期では下院と貴族院)で議決されたことである。こうして王は、毎年両院が議決する2500万金フランの王室歳費から、監督官を通して、王立音楽アカデミーの活動の大半を補助した。限定的だが、王の私的予算である内帑金からも、オペラ座への補助を増すこともできた。

　ルイ14世が体系化した「ムニュ・プレジール」(ささやかな喜び)——すなわち王や王族が祝祭行事に充当する出費を受け持つ王室の部局——による監督方式が復活したことで、オペラ座は君主を個人として組織内に含むことになった。その起源において、ムニュ・プレジールによる行政は、都市のスペクタクルを、君主と権力の日常的・個人的生活と密接につながっていた宮廷のスペクタクルと同列に置くものなのである[9]。

---

(9) その概念と機能、その起源に関する正確な研究は、現代の感覚からかけ離れた当時のスペクタクルの暗黙の価値の体系を理解する基盤となるにもかかわらず、ムニュ・プレジールの研究は現在行われていない。「ムニュ・プレジール (les menus-plaisirs)」という表現は、遅くともフランソワ1世とそれ以降の王室会計において、ある種の宮廷の娯楽に関係すると思われる (この場合「menu」は「小さな」の意)。我々の知る最古の例は、1528年から1530年の王室会計である (パリ、国立古文書館、K 100)。1737年10月28日のパリの会計院アーカイヴの火災によって、残念なことに、王室会計の変遷に関する継続的体系的な研究すべてと、ムニュ・プレジールの概念的研究は不可能となっている。17世紀から18世紀については、Pierre Jugie et Jérôme de la Gorce, *Les Menus-Plaisirs du Roi, XVIIe-XVIIIe siècles*, Paris, 2013. 随行文書費は、ルイ14世の治世下と、おそらくはそれ以前から、王の議会の筆頭貴族の権限下に置かれ、王や大公が君主の体面を保つ用途のすべてに関係していた。

2 ダムナティオ・メモリアエ（記憶抹消）の場

　建築家フランソワ・ドゥブレが1820〜21年に建設し、1873年10月28〜29日の夜の激しい火災で破壊されたル・ペルティエ街のオペラ座の誕生は、首都パリの数多ある劇場の歴史記録の中で完全に異質な一例を示している。この劇場の誕生は権力とも不可分に結びついている。パリや他の都市では、劇場の建設、拡張、消失は、ほぼすべてが火災（1753年と1781年6月のパレ・ロワイヤル劇場、1887年5月25日のオペラ＝コミック座、1900年のコメディ＝フランセーズの悲劇的な火災）や、近代化と経済性の要請によるのだが、ル・ペルティエ劇場の例はまったく異なるのである。

　その起源からル・ペルティエ劇場は権力が作り上げた場であり、権力とその悲劇の歴史に結びついている。つまりこの劇場は、存在を権力に負っているのだ。グランド・オペラやロマンティク・バレエの揺籃の場となる舞台を擁するこの劇場は、なによりまず、政治のスペクタクルの空間として建設された。1821年、この新劇場は「盲目的狂信が引き起こした」「戦慄の犯罪」[10]のせいで建てられたのだから。

　その日、パリは謝肉祭の祭り騒ぎもたけなわだった。1820年2月13日の夜、シャルル＝フェルディナン・ダルトワ、すなわち後の国王シャルル10世の次男にして唯一のブルボン家直系子孫であるベリー公爵は、妻のマリー＝カロリーヌ・ドゥ・ブルボン＝シシルを伴って、8時に、狭隘なリシュリュー通り――現在は国立図書館入口の真正面に位置するルーヴォワ広場――に所在する王立音楽アカデミーに赴いた。このリシュリュー通りの劇場は、1794年にヴィクトール・ルイが、実業家にして策謀家である、当時の舞台に君臨していた女優モンタンシエ嬢のために建設した、1896名を収容する劇場だっ

---

(10) Jean Lions, *Histoire de S. A. R. le Duc de Berry assassiné*, Lyon, Savy et Lions, 1820, p. 7.
(11) 絶対王政末期から革命期の劇場界における、正真正銘の策謀化にして実業家だったモンタンシエ嬢については、比較的最近発表された3つの研究が新たな側面を明らかに

第 2 章　パフォーマンスの空間、権力の空間

た⁽¹¹⁾。

　この忌まわしき 2 月 13 日の晩、劇場は満員だった。ルブランの 1 幕のオペラ《ナイチンゲール》と、ミロンの 2 幕のバレエ＝パントマイム《ガマーシュの婚礼》、クレゼールの音楽によるもう一つのミロンの 2 幕のバレエ＝パントマイム《ヴェニスの謝肉祭、あるいは試練を受ける忍耐》の特別上演が行われていた。国王ルイ 18 世はオペラをほとんど愛好せず、健康問題から移動を減じてテュイルリー宮に留まることを好んでいたのだが、ベリー公夫妻は、他の王室のメンバーと同じく、劇場に専用ボックス席を所有していた。オルレアン公──後のルイ＝フィリップ王──も自分のボックス席から公演を鑑賞し、この機会を利用してベリー公に翌日の狩猟の計画を語っていた。

　公爵夫人は疲れを理由に、《ガマーシュの婚礼》第 2 幕の後で帰宅することを決めた。ベリー公は「その晩は最後まで公演を見ていたかったのだが」、夫人を馬車までエスコートする。その続きは、目撃者によれば次の通りだ。

> こうしてベリー公は夫人と一緒にボックス席を出た。クレルモン氏、ショワズル＝ボープレ氏、メナール氏という副官たちが公に伴った。馬車が、オペラ座の建物に可能な限り近くに寄せられ、建物と馬車の扉の距離はわずか 6.8 ピエ（訳注：1 ピエは 0.324 メートル）ほどで、扉近くには近衛隊の歩哨がいた。夫人が馬車に乗ると、ベリー公はいつもの礼儀正しさで、次に馬車に乗り込むベテジー伯爵夫人に片手を差し出した。従者が直ちに扉を閉めた。ベリー公はオペラ座に戻ろうと踵を返した。するとこの運命の瞬間、かなり離れたところで人目を避けて隅に潜んでいた一人の男、忌まわしいルーヴェルが、背を向けたベリー公に飛びかかり、電光石火で肩を強く掴むと、もう片方の手で右胸上部、第 5・第 6 肋骨の間に長さ約 7 プース（訳注：1 プースは約 2.7 センチ）の粗末な木の

している。Dicta Dimitriadis, *La Montansier. Biographie*, Paris, 1995; Patricia Bouchenot-Déchin, *La Montansier. De Versailles au Palais-Royal, une femme d'affaires*, Paris, 2007 et Manuel Bonnet, *La Montansier (1730-1820), la fameuse directrice*, Paris, 2009.

持手が付いた二枚刃の鋭い器具を突き刺し、逃走した。一撃の力は非常に強く、凶器はベリー公の体に5プース入り込み、心房を貫通し、隔膜もわずかに傷つけた。ベリー公は［…］叫んだ。「暗殺だ！」。叫び声を聞き、ベリー公夫人は馬車から外に飛び出そうとしたが、ベテジー夫人に咄嗟に引き止められた。[12]

致命傷を負ったベリー公は、オペラ座の役員室に運ばれた。いまわの苦しみは長く続いた。複数の医師の処置もむなしく、ベリー公は死を宣告され、臨終の秘跡を受けると、明け方6時30分頃に枕元に駆けつけた王、悲嘆にくれる王家や宮廷の人々が見守る中、殉教者のごとく立派に息をひきとった。この間に、暗殺者は尋問を受けていた。ボナパルト派の馬具職人、ルイ・ルーヴェルは単独犯で、外国軍を行使してフランス王座を復活させたブルボン家を国家の裏切者とみなし、「ブルボンの血統の壊滅」を望んでいた[13]。ルーヴェルの行動は、政治に甚大な影響を及ぼした。ドゥカーズ首相のリベラルな政府は倒れ、超王党派が権力の座に着くことになった。1814年憲章のリベラル精神の時代は終焉が近付いていた。より根底では、王座は直系の継承者を失い、「偉大なるフランス王家」の後継問題が再び問われることになった。

こうして娯楽の場である劇場は、国内政治の惨劇とブルボン家の不幸な運命と一つになった。歌や踊りのスペクタクルとまったく同様に、だがもはや芝居のイリュージョンではなく現実の事件に由来するために、オペラ座は国民の集団感情をより高い次元で揺さぶる場、革命とジャコバン派の残虐行為の記憶を蘇えらせる場となった。オペラ座という場でこの2つの現実が入り混じる様子をもっとも優れた筆で伝えるのは、この悲劇の場に駆けつけたシャトーブリアンである。その筆は、望まずして社会組織と国内平和のもろさの目撃者に、歴史の無力な証人になった観客たちを描写する。

---

(12) Jean Lions, *op. cit*, p. 8.
(13) Gilles Malandain, *L'Introuvable complot. L'affaire Louvel: évènement, enquête et rumeur dans la France de la Restauration*, Paris, 2011.

群衆はすでに劇場の外に出ていた。快楽は苦悶に場を譲っていた。街の人影は消えていた。沈黙が広がり、聞こえるのは衛兵と到着する宮廷の人々がたてる物音だけだった。楽しみの最中に虚を突かれて晴れ着姿で駆けつけた者もいれば、夜中に起こされて大慌てで駆けつけた者もいた。栄華の時には見かけなかったブルボン家の慎み深い友人たちが、どうゆうわけかこの不幸の日に集い、ここそこに行き交っていた。ベリー公のいる部屋に通じる廊下は人で埋まり、舞台上の虚構に笑ったり泣いたりするために押し掛けたのと同じ扉に人々は押し寄せた。扉が開くやいなや、人々は新しい情報を求めた。周囲の人間に質問し、新たな情報は出し抜けに肯定されたり、否定されたりして、恐怖は希望へ、希望は失望へ移り変わるのだった。(14)

現実離れした夢と幻想の場たるオペラ座は、19世紀を通して、歴史の悲劇的記憶に結びつくと同時に、逆説的だが「ダムナティオ・メモリアエ」（damnatio memoriae）すなわち記憶抹消の対象となるだろう。この事件後、オペラ座は、そこで上演される踊りと歌のフィクションという想像上の現実ではなく、実在の権力の悲劇や君主の苦悶のスペクタクルと共に存在することにもなる。19世紀をとおして、音楽アカデミーは王立、国立、帝立と名称を変えるが、他のどの劇場よりもなおさらに、舞台空間（歌手やダンサーが登場する現実の空間）、演劇空間（演じていることを歌手やダンサーに信じ込ませる想像上の空間）、歴史的な場所、建造物としての劇場という、複数の場の集積として記憶されるのだ。

ところでこの歴史的な場所、建造物としての劇場という2つの場は混同され、歴史の絶対的断絶（一つの王朝の終焉）という悲劇の記憶の場を形成し、それがル・ペルティエ劇場の特性になった。それはル・ペルティエ劇場の存在は、2月13日から14日にかけて起きたベリー公暗殺という歴史的悲劇に

---

(14) Chateaubriand, *Mémoires, lettres et pièces authentiques touchant la vie et la mort de S. A. R. Mgr Charles-Ferdinand d'Artois, fils de France, duc de Berry,* Paris, 1820, pp. 226-7.

直接由来しているからだ。それは「ルーヴェルの短刀」という「フランス王家」に唐突に終止符を打ったこの政治犯罪の重大さが、王と議会に記憶の保存を促したが、と同時に記憶の風化をも促したためである。

1820年3月12日に内密に開かれた委員会ですでに、下院議会はルイ18世の望みに基づく次の提案を作成していた。「陛下におかれましては当劇場（リシュリュー通りのオペラ座）の解体を命じ、このきわめて痛ましい記憶を喚起する建物を撤去した後には、この土地を公共の広場とし、施療院あるいは祈祷所を除く一切の住居建設を法律において禁止することを乞い願うものであります」。こうして劇場は解体され、ピノン通り（現在のロッシーニ通り）、ル・ペルティエ通りとショセ・ダンタン大通りの間にあるショワズル館の土地に、仮設的性格の新劇場が建設された。すぐにこの劇場は、建物正面の通りの名にちなんで「サル・ル・ペルティエ」と呼ばれるようになった[15]。用地選定と新劇場の建設は王令で承認された[16]。この新劇場の施工では、王の意志が中心的な役割を担った。王は例えばガス照明の財政と技術の便宜を図り、この大きな技術革新は舞台美術に恩恵を与えることとなった。ル・ペルティエ劇場は、旧劇場の資材の一部を用いて1821年8月16日に開場し、1873年10月28日から29日にかけて発生した火災で甚大な被害を受けるまで存続する。こうして政治の意思で、悲劇的な記憶と権力の場に、ヨーロッパ19世紀の音楽・舞踊の大いなる中心となる劇場が建設されたのだった。

3　オペラ座、権力発揚の場

ル・ペルティエ劇場は、権力の悲劇の記憶と権力のスペクタクルという二

---

(15) 1822年6月26日貴族院議会の証言によれば、新劇場を迅速に建設するべくリシュリュー劇場の部材が再利用され、劇場の完全な取り壊しは遅延したようである。Cf. *Archives parlementaires de 1787 à 1860*, seconde série, (1800 à 1860), tome 37, 25 juin 1822 au 31 juillet 1822, Paris, 1877, pp. 32-34. 1824年にも、リシュリュー劇場の近隣住民が解体の遅さに不満を表明している。

(16) Cf. Elsa Cherbuy, «La genèse de l'Opéra Le Pelletier, opéra provisoire pour le XIXe siècle» in *Livraisons d'Histoire et d'Architecture*, 2013, 26, pp. 157-173.

第 2 章　パフォーマンスの空間、権力の空間

項対立を、19 世紀のある時期に尖鋭化させることになるだろう。それにしては奇妙なことだが、その劇場建築の外面からは、この相反する二項の偏在を示すようなものは何も見つからない。実際に、ル・ペルティエ通りに面する劇場ファサードは偉大さ、荘厳さに欠けるというある種の非難の的になった[17]。ドーリア式やイオニア式の柱頭を頂く二列円柱を備えた柱廊を持つ 2 階建てアーケードは、ネオ・パラディオ様式に拠り、外観の豪華さや王・皇帝の権力への参照を排除し、見た目にも控えめだ[18]。

　1855 年の版画をはじめとする劇場客席を舞台側から描いた複数の版画から判断すると、宮廷の劇場が王や皇帝のボックス席を完全に個別化していたのに対し、ル・ペルティエ劇場は劇場内部でも権力に著しく目立つ位置を与えていない[19]。ル・ペルティエ劇場内の配置では、舞台に面して 3 層のボックス席（フォワイエのボックス席、中層ボックス席、上層ボックス席）が、ヴェルサイユ宮殿の劇場、ナポリのサン・カルロ劇場や 18 世紀のあらゆる宮廷の劇場で理論上の大公の位置とされていた中央のスペースを占めている。

　だが、君主のボックス席は消滅したわけではない。ただ位置を変えただけで、ル・ペルティエ劇場でもイタリア座でも、王や皇帝、皇妃は、通常、個人ボックス席を所有していた。王や皇帝のボックス席は舞台の脇にあり（舞台上手にある第 1 ボックス席か 1 階ボックス席）、日常的に使用され、その周りには従者や宮廷の人々のボックス席があった。このボックス席――「ステート・ボックス」――は、「王の方向」や「皇帝の方向」を指示し、客席空間を組織するようになる。さらにこの舞台脇の個人ボックス席は、装飾を施して注目を集めるようになる[20]。ル・ペルティエ劇場では紅のダマスク織の天蓋とカーテンと比較的簡素だが、イタリア座ではより趣向を凝らしてドレープを寄せたカーテンを幾重にも重ねた[21]。観客側から見ると、君主

---

(17) M. de Jolimont, «Sur la nouvelle salle de l'Opéra construite par M. Debret» in *Mémorial universel de l'industrie française*, Tome V, livraison 56, 1821.
(18) Cf. Illustration II.
(19) Cf. Illustration III.
(20) Cf. Illustration IV- Abdel kader, extrait de *Wiener allgmeine Zeitung*, commande mais pas numerise sur gallica.

269

第Ⅲ部　パリ・オペラ座という空間

図1　フィショ＝ポケ（コッソンの版画に基づく）《ロシア皇帝に敬意を表し、ナポレオン3世が開催したガラ公演の日の、ル・ペルティエ劇場》
L'Illustration、1867年6月、版画、31.2cm×48.1cm、パリ国立図書館

はすぐ脇の舞台上のスペクタクルと一体化した、あるいはスペクタクルの延長にある存在だった。君主の位置は舞台に近接するため、観客全員の視界に入った。こうして君主はオペラ座に偏在する存在となった。

　後に皇帝となるフランス第二共和国大統領、ルイ＝ナポレオン・ボナパルトが登場すると、ル・ペルティエ・オペラ座は、慎ましい建築の外観にもかかわらず、イタリア座や他の劇場と同様に、君主の視線に——たとえ君主が不在であろうと——完全に依存した場だということがいっそう明白に理解される[22]。1867年6月15日付け『イリュストラシオン』誌に掲載されたコッソンの有名な版画は、こうして可視化された権力がいかに迅速に効果を発揮するかを伝えている[23]。この版画は、ロシア皇帝アレクサンドル2世のパ

---

(21) Cf. Illustration V, Thomas W, graveur, The imperial Visit, The State Box at the Royal Italian Opera/ La visite impériale, La loge royale à l'Opéra royal italien, s. l. s. n.1855, in *The Illustrated London News*, April, 28, 1855 pp. 419-422.
(22) この点に関しては、次の論文を参照。Xavier Mauduit, «Les souverains au théâtre et le spectacle dans les palais impériaux sous le Second Empire» in *Les Spectacles sous le Second Empire*, sous la direction de Jean-Claude Yon, Paris, 2010, pp. 21-30.

第2章　パフォーマンスの空間、権力の空間

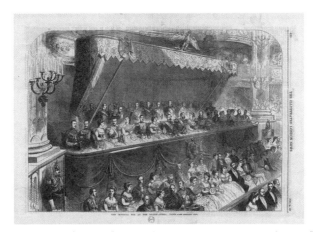

図2　ギュスターヴ・ジャネ、《パリ大歌劇場のインペリアル・ボックス》
The Illustrated London News、1867年6月22日、木版画、23.9cm×34.3cm、
パリ国立図書館

リ万国博覧会への外交訪問に際して、1867年6月4日に開催されたガラの舞台から見た、ル・ペルティエ劇場内部の景観を描いている。舞台に見えるのは《ジゼル》第2幕、おそらくバレエ・ブランの場面である。踊ったのは有名なアンジェリーナ・フィオレッティと名プリマのレオンティーヌ・ボーグラン、オーケストラの指揮はジョルジュ・エーヌだった[24]。

---

(23) Cf. Illustration, VI, Cosson, «Aspect de la Salle de l'Opéra le jour de la représentation de gala donnée en l'honneur de S M l'Empeur de Russie», in *L'Illustration*, 25e année, tome XLIX, (15 juin 1867), pp. 376-377.
(24) このガラ公演は、《ギヨーム・テル》序曲の他に、《ジゼル》第2幕と、マイヤベーアの《アフリカの女》の一部を上演した。役を心理的に解釈する才能に非常に恵まれ、喜劇的な役を巧みに踊ったアンジェリーナ・フィオレッティは、おそらくミラノで1843年から46年に生まれ、ミラノ・スカラ座バレエ団でカルロ・ブラジスに師事した後に、ヴェネツィアのガロ・サン・ベネデット劇場に1861年から62年の謝肉祭の期間に出演し、マリー・タリオーニに見出された。1863年12月28日にタリオーニはフィオレッティを、ロッシーニの《モーセとファラオ》再演時に《ディヴェルティスマン》（振付リュシアン・プティパ）でル・ペルティエ劇場にデビューさせた。フィオレッティはマダム・ドミニクことキャロリーヌ・ルシアに師事し、1864年10月3日に《ロンスヴォーのロラン》（音楽オーギュスト・メルメ）を踊り、1865年5月26日に《ネメア、あるいは愛の復讐》（振付アルチュール・サン＝レオン、音楽レオン・ミンクス）の主役、1865

しかしこの時の会場でのスペクタクルの本質は、舞台の正面の出来事だった。フォワイエの9つのボックス席は、皇帝の鷲の紋章を飾った巨大な天蓋と高台で延長されて、1つのボックス席に改造されている。その1列目の中央には仏露の皇帝が座り、ナポレオン3世の隣にプロイセン公妃、アレクサンドル2世の隣にマチルド・ボナパルト公妃がおり、そのほかにプロイセン皇子（後のフリードリヒ3世）、ロシア大公（後のロシア皇帝アレクサンドル3世）が見える。王家の人々の後ろで、宮廷の人たちは起立している(25)。劇場の観客の目には、この晩の公演と皇帝のボックス席の光景は、異国情緒のために一層魅惑的に映っただろう。おそらく、日本の君主の一族で最初にバレエ——ここでは《ジゼル》——を鑑賞した人物が、このボックス席の招待者の中に描かれている。招待者の右端、ザクセン・ワイマール大公とナポリ王妃カロリーヌ・ボナパルトの隣に描かれた、徳川家将軍の弟、徳川昭武である。伝統的な衣装に身を包んだ弱冠14歳の昭武は、万国博覧会に日本代表として公式に派遣されていたのだった(26)。

年に《イヴェットの王》（振付リュシアン・プティパ、音楽テオドール・ラバール）のテレサ役を踊った。1866年には、アレヴィのオペラ《ユダヤの女》再演時に上演された《ミツバチの踊り》（振付アルチュール・サン＝レオン）で主要な役の一人を務めて注目された。結婚で1870年に舞台を退き、ミラノで1879年7月7日に没した。Cf. Luca Conti, «Fioretti, Angelina» in *Dizionario biografico degli italiani*, 48, 1997, sub voc.

　レオンティーヌ・ボーグランは、1842年に生まれ、舞踊コンセルヴァトワールに入学し、1850年にオペラ座の年少クラスに入り、1857年に群舞として入団、マリー・タリオーニ、続いてマダム・ドミニクに師事した。そのキャリアはというと、オペラ座上層部からは能力を過小に評価され、二番手の役に甘んじることが多かった。1925年に没した。Cf. Ivor Guest, *The Ballet of the Second Empire*, Londres, 1955, p. 205 et pp. 226-229 et surtout, Louis de Fourcaud, *Léontine Beaugrand*, collection, «figures d'artistes», Paris, 1881.

(25) Cf. Illustration VI: Gustave Janet, graveur; The Imperial Box at the Grand Opera in *The Illustrated London News*, June 22, 1867, pp. 619-620. また、当時の新聞が報じた儀礼的な順序と、版画からうかがわれることがらは僅かに異なっている。皇帝のボックス席の他の顔触れは、プロイセン王子、ヘッセンのルイーズ妃、ロシアのウラジミール大公、ロイヒテンベルクのウジェニー妃とニコラ公とその兄弟であるジョアキン・ミュラ、ロシア皇帝の妹のマリア大公妃、ヘッセンのルイ王子とフレデリック王子であった。

(26) フランスとイギリスの新聞は徳川昭武の若さを強調し（1853年10月26日生まれ）、フランス外交筋の情報に基づいて彼を「prince Mim Boy Tayoun（プリンス民部太夫）」と呼んでいる。この若きプリンスは1867年に横浜港を出港したフランスの郵船艦アルフェ号に乗船し、輸送用に開通したばかりのスエズ運河を通ってアレキサンドリアで船を乗り継いだ。スエズ運河の正式開通は1869年11月17日だが、1867年2月から船舶

ところで、この版画が示す視点の転換は、スペクタクルの空間が、舞台から客席へ転換したことを物語っている。ここでの本質的な出来事は、国際色豊かなボックス席で展開するスペクタクルであって、舞台でのスペクタクルではない。いわば舞台上のスペクタクルは、この国際色を極めた権力のスペクタクルに価値を与える口実に過ぎないのだ。権力の絶頂、すなわち世界の関心の中心となったパリとナポレオン3世の帝国の絶頂こそが、舞台に乗せられているのである。

もう一つ、このスペクタクルの転換をさらに雄弁に証言しているのは、ウジェーヌ・ラミの水彩画に基づく版画である。描かれているのは、ヴィクトリア女王に敬意を表し、皇帝がオペラ座で1855年8月21日に開催したガラの光景だ。観客は起立し、同じく起立した君主たちに向けて拍手を送っている[27]。劇場を機能させるのは君主であり、観客が相対峙するのは、もはや舞台ではなく皇族、王族なのである。

結びに——オペラ座、権力が脆弱化する場？

首都パリの上流階級が集う他の劇場でも部分的には同じだろうが、特にル・ペルティエ劇場では、時としてオペラやバレエの娯楽が二義的な位置に追いやられるほどに、社会でもっとも影響力がある者を集め、スペクタクルを越える権力のスペクタクルを組織することが重要だった。ル・ペルティエ劇場と、その前身のリシュリュー劇場の使命は、劇場に政治の世界を集約することだったのだ。宮廷社会に比べて、君主や重要人物が臣民により"身近"で、より近付き易いために、政治の世界の存在は劇場でいっそう際立った。対する宮廷社会は宮廷作法というより特別なしきたりに支配されたが、この作法は、権力を行使する者とされる者の間に距離を導入する目的を持っていたのである。

は運河の通航が許されていた。徳川昭武は4月3日にマルセイユ港に到着し、4月11日にパリの地を踏み、4月28日にナポレオン3世に謁見した。Cf. 宮永孝『プリンス昭武の欧州紀行—慶応3年パリ万博使節』山川出版社、2000年。
(27) この水彩画は、ウィンザー城の英国王室コレクションに収蔵されている。Paris, Bibliothèque nationale, estampes et photographies, Res, QB-370 (158)-FT 4 folio 9.

しかし逆説的に、この特殊な権力の存在様式は、オペラ座を、その権力が著しく脆弱化する場、あるいは権力が破壊されずとも安定を失い、その脆さを露呈し、秩序の破壊が企まれる場にもした。劇場の客席では君主と臣民の距離が近く、君主夫妻の来席の有無は数日前から報道で告知されたので、テロ攻撃の準備は可能だった。つまりオペラ座はテロにうってつけの場所であり、狙いを定めたテロ行為は広く喧伝されることで、きわめてセンセーショナルかつ象徴的な事件になった。

こうして劇場、特にオペラ座は、19世紀には典型的な政治テロの場にもなった。パリでは、なかでもオペラ座とその周辺がテロリズムの暴力が発現する場だった(28)。革命派はこの場所に、効果的な宣伝と絶好の照準を見出したのである。1800年12月24日、革命暦9年雪月3日、20時、サン・トノレ通りに近いサン・ニケーズ通りを、ハイドンのオラトリオ《天地創造》の初演に列席するべくリシュリュー通りのオペラ座へ向かうボナパルトとジョゼフィーヌの馬車が通り過ぎたその時、火薬と散弾を混ぜた大量破壊装置（爆弾を仕掛けた二輪馬車）が爆発した。このテロで22人が死亡、約100人が負傷し、40棟近くの家屋が破壊される被害が出た。第一執政ボナパルトとジョゼフィーヌは暗殺を免れ、奇跡的にその場から無傷で逃れた。事件後には王党派の反政府主義者——ふくろう党とカドゥダル——がテロ首謀者として告発され、弾圧はジャコバン派と反ボナパルト主義者にまで及んだ(29)。

19世紀を通してテロ行為の実行方法は進化し、短刀（前出のベリー公暗殺）から大量破壊装置へと、殺傷方法は大きく変化した。1835年7月28日、ルイ＝フィリップは、タンプル通りでの国民衛兵の閲兵時に、フィエスキが首

---

(28) 地方都市でも同様の状況があったことを指摘しておく。1796年10月15日、レンヌで王党派が、フジェール通りの劇場から外に出た革命派のラザール・オッシュ将軍をピストルの銃弾2発で殺害することを試みたが、ふくろう党のモリオーは標的を仕留め損ねた。

(29) Jean Thiry, *La Machine infernale*, Paris, 1952 および Aurélien Lignereux, «Le Moment terroriste de la chouannerie: des atteintes à l'ordre public aux attentats contre le Premier Consul», in *La Révolution française*, 1, 2012.

謀した大量破壊装置によるテロを危うく逃れた。これは、君主や嫡子を標的とした点でそれまでの暗殺計画に連なっているが、オペラ座とまったく無関係の場所で起きている(30)。

その後、特にナポレオン3世の時代では権力が人格と結びついたため、オペラ座と陰謀家たちの世界は再び大衆の関心の的になった。この時代も、効果的な宣伝と大衆感情への影響を得るべく、オペラ座の至近で上流社会の集う時を狙ってテロ攻撃が行われ、社会全体を脅かすかに見えた。オペラ座は再度、無差別の暴力行為の場に選ばれた。こうしたテロ行為の意味合いは、間違いなく以前より強くなっていた。1858年1月14日20時30分、イタリア人革命家フェリーチェ・オルシーニとその共謀者たちが、ル・ペルティエ劇場前で爆弾5発を皇帝のベルリン型馬車に投げつけたテロは失敗に終わったが、革命を勃発させないまでも、フランスをイタリア統一運動に介入させ、国際政治の流れを変えることを目的としていた。

結びに、この襲撃から生還した皇帝ナポレオン3世夫妻の振る舞いに話を戻そう。皇帝は鼻に軽傷を負い、皇妃のドレスは血痕を浴びていたが、夫妻はテュイルリー宮に戻らず劇場のボックス席に姿を見せることを決めた。そして皇帝は、テロの報を受けた者、現場を目撃した者もいた観客の喝采に迎えられた。テロリストのメッセージに正面から対峙し、それを無力化するには、オペラ座というスペクタクルに自らを呈する以上に効果的なことはないと、権力は判断したのだった。統率するものとしての政治の秩序は、混乱に奇跡的に勝利し、もう一つのスペクタクルであるバリトン歌手ウジェーヌ・マソルの引退記念ガラの上演が続けられた。こうして1820年から21年にかけての状況が一種反復されるなか、この晩にナポレオン3世は、君主と権力にとってより安全な新オペラ座劇場を建設する計画を初めて思いつく。オペラ・ガルニエ構想の胎動である。

---

(30) Cf. Jean Lucas-Dubreton, *Louis-Philippe et la machine infernale (1830-1835)*, Paris, 1951.

第3章　文学の中のオペラ座
―― バルザックの《悪魔のロベール》論を中心に

澤田　肇

　オペラ座は19世紀の人間と社会を描く作家にとっては特権的な場所である。というのも歌劇場は都市文化の中心地であり、社交生活から芸術の創造、モードの発信まで時代の精神や特徴を体現する人物を登場させるのにふさわしい場だからである。文学はオペラ座にいかなる役割を担わせ、オペラ座を通してなにを表現しているのだろうか。われわれはこの問題を検討するためにオノレ・ド・バルザック（1799-1850）の執筆した91篇の作品全体の題名である『人間喜劇』を主たる対象にする。それは、19世紀社会の総体を示そうとしたバルザックの小説が「19世紀というのは、よく知られているように、大部分においてバルザックの発明である」[1]といわれるほどに人々のものの見方に影響を及ぼしたからであり、またバルザックとジャコモ・マイヤベーア（1791-1864）は2人とも1830年代から40年代にかけて創作の全盛期を送った同時代人だからである。

　われわれは、先ず、バルザックと音楽の結びつきを確かめ、オペラ座とそれに関わる作曲家、作品、観客などが小説の中にいかに現れているのかを調べる。次に、バルザックによる《悪魔のロベール》論ともいうべき考察が作品の中核となっている『ガンバラ』（1837）が伝えるものを読み解く。最後に、アレクサンドル・デュマ（1802-1870）、ギ・ド・モーパッサン（1850-1893）、マルセル・プルースト（1871-1922）の小説におけるオペラ座とその関連要

---

(1) これはイギリスの詩人オスカー・ワイルドの指摘である。澤田肇「バルザックのパリ――歴史・小説・神話」、澤田肇、北山研二、南明日香編『パリという首都風景の誕生　フランス大革命期から両大戦間まで』上智大学出版、2014年、214頁を参照のこと。

素を概観する。一連の検討を通じて、オペラ座と音楽が文学における大きな主題になっていること、また文学はオペラ座と音楽についての歴史的な証言録としての一面を持つことを明らかにしたい。さらにはバルザックとマイヤベーアは、前者が小説、後者がオペラにおいて諸芸術の交差を目指したことにより、それぞれの分野で「近代」の確立者であったことを確かめたい。

なお、オペラ座は才能の集団であり、「フランスの栄光のために、日々の営みのたまものであるオペラ座と呼ばれる記念碑的傑作を建立している」[2]という『そうとは知らぬ喜劇役者たち』(1846)の中で表明される考えは、パリを礼賛するために文明の首都パリを象徴するものとしてオペラ座を捉える見方に由来する。このパリ神話の側面は『パリという首都風景の誕生』の中で分析したので、本論においては上記の要点を指摘するのみにとどめる。

1　バルザックの世界における音楽とオペラ

バルザックは、「音楽の中に愛を感じ、生きる力を見いだし、その音楽を文章にして、幸福への夢の糧とすることが、人生の大きな部分を占めていた」[3]と考えられる。そのバルザックの父ベルナール＝フランソワは、南フランスの農家出身でパリに上京し陸軍の文官として経歴を積み、配属された地区の中心都市トゥールの助役も務めた。その時期の1799年にバルザックは生まれたが、これはフランス革命後の混乱を収拾すべくナポレオン・ボナパルト(1769-1821)が統領政府を樹立した年でもある。母アンヌ＝シャルロット＝ロール・サランビエは、パリのマレー地区の縁飾り業を営む商家の娘だが、1797年に18歳で32歳年上のベルナール＝フランソワと結婚した。バルザックは、この年の離れた両親からではなく、20代から30代にかけて知った上流階級の年上の恋人たちに感化され、また社交の場としてのオペラ座に

---

[2] Honoré de Balzac, *Les Comédiens sans le savoir*, in *La Comédie humaine*, Gallimard, «Bibliothèque de la Pléiade», 1977, t. VII, p. 1158. 日本語訳は本論執筆者による。
[3] 澤田肇「バルザックとゴーチエ—作家を創造する音楽とオペラ」、澤田肇、吉村和明、ミカエル・デプレ編『テオフィル・ゴーチエと19世紀芸術』上智大学出版、2014年、132頁。

通ううちに音楽の素養を蓄えていく。1832年からウクライナの大領主の夫人と文通が始まり生涯にわたる恋愛関係となるが、その女性エーヴ・ハンスカは1833年末からスイスのジュネーヴに滞在し、そこにバルザックが合流する。

1834年7月1日付けのパリからの手紙で、バルザックはウクライナに戻ったハンスカ夫人に宛てて次のように語る。

> 私はオペラ座の定期会員用のボックス席に座席を一つ確保しました。それで2日ごとに通っています。音楽というのは私にとっては思い出をいくつも呼び起こすものです。音楽を聞くというのは、愛するものをさらによりよく愛することです。それは秘密にしている喜びに心地よく想いを馳せることであり、好もしい情熱に満ちた視線の前に戻ることであり、愛する声を聞くことなのです。そういうわけで、月曜日、水曜日、金曜日の午後7時半から10時までは、私は恋の喜びに浸り、私の想いは旅立つのです。[4]

ジュネーヴで演奏会の合間に逢瀬を重ねたのだが、バルザックにとっては音楽に触れることがハンスカ夫人から得られた精神的肉体的快楽をよみがえらせるものだったのだ。19世紀前半のパリにおける二大歌劇場とは、フランス語の作品を上演するオペラ座とイタリア語の作品を上演するイタリア座であった。競合を避けるために、オペラ座では月曜日、水曜日、金曜日に、イタリア座では火曜日、木曜日、土曜日に公演が行われていた。午後7時半から10時までというのは言葉の綾であり、バルザックがいつも公演の開始時に着席していたわけでもなく、グランド・オペラ興隆期の公演が10時に終わるわけでもなかった。ともあれ音楽は理想の愛を求めるバルザックにとって自己の存在の本質に関わるものになっていく。

音楽はまた創作の大きな源となり、人間や社会について数多くの観察や表現を可能にしてくれる。登場人物の中にはヴァイオリンやピアノの名手が登

---

(4) Honoré de Balzac, *Lettres à Madame Hanska. 1832-1844*, Édition établie par Roger Pierrot, Robert Laffont, «Bouquins», 1990, p. 171. 日本語訳は本論執筆者による。

場し、読者の理解を助けるためにパガニーニ（1782-1840）やショパン（1810-1849）というバルザックが高く評価する同時代の音楽家の名前が出されることもある[5]。しかし『人間喜劇』の中でもっとも頻繁に出現して、物語を進めるうえで大きな役割を果たす音楽に関係するものといえば、歌劇場でありオペラの作品と作曲家あるいは歌手なのである。『人間喜劇』に単語としてオペラ座は259回、作品という意味でのオペラは85回出現する。まさに圧倒的に多いのだが、同様に作曲者の名前も頻出する。ロッシーニは82回、ベートーヴェンは42回で、それに次いでモーツァルトとマイヤベーアが多い[6]。

　バルザックは歌劇場と関わる架空および実在の人物を、初期から晩年の作品まで、小説の中に数えきれないほど登場させる。その初期小説の多くは名もない市井の人物が作品の主人公となりうることを文学史上初めて示したものだが、『二重の家庭』（1830）の冒頭に出現するカロリーヌ・クロシャールは刺繍の仕事を生業としている母子家庭の娘だ。1817年カロリーヌは、パリ郊外の行楽地モンモランシーで、彼女を貧窮から救い出してくれることになるロジェ・ド・グランヴィルに、母親はオペラ座の元合唱団員で、父親はオペラ座のダンサーだったと話し、父亡き後の身の上話を聞かせる[7]。ナポレオン帝政（1804-1814）下の1806年、結婚直後の若き検事ロジェがパリで新居を探す際、第一の候補に考えるのはショセ＝ダンタン通りである。これは現在のパリ・オペラ座の右手数十メートルのところを縦に走る通りだが、この周辺を含めてショセ＝ダンタン地区といわれる場所は、ナポレオンの産業振興政策のおかげで成長する新興ブルジョワ階級が大挙して居を定めたところである。人生を謳歌したい、都市が提供してくれる娯楽を満喫したいと思う若者にとって、オペラ座とイタリア座、オペラ＝コミック座のどれもが

---

(5) Cf. Honoré de Balzac, *Ursule Mirouët*, in *La Comédie humaine*, Gallimard, «Bibliothèque de la Pléiade», 1976, t. III, p. 891.
(6) こうした諸種のデータについては、澤田論文「バルザックとゴーチエ―作家を創造する音楽とオペラ」115-117頁を参照のこと。
(7) バルザック『二重の家庭』澤田肇訳、『バルザック　愛の葛藤・夢魔小説選集①』水声社、2015年、118頁参照。

間近にあるショセ＝ダンタン通りは理想の場所だった[8]。しかし新妻アンジェリックの願いに逆らえず、パリの古の中心部であり今は発展に取り残されて時間が止まったようなマレー地区に家庭を築く。アンジェリックとの結婚生活が破綻し、ロジェはカロリーヌと第二の家庭を設け、青春を取り戻したかのようだった。しかしカロリーヌも数年後ロジェの期待を裏切り、この本来情愛豊かな男が極度の人間不信に陥ってしまうのである。1833年ロジェは、青年医師ビアンションに言い放つ。

> 「わたしはあらゆる人間的な感情よりも、タリオーニ嬢の動作の方を尊敬する。人生もわたしが一人きりの世界もおぞましい」「何も、何も」と、伯爵は青年を震え上がらせた表情を浮かべながら付け加えた。「いや、何もわたしの心を動かしはしないし、わたしの関心を引かない」[9]

マリー・タリオーニ（1802-1884）は、ロマンティック・バレエを確立した作品《ラ・シルフィード》（1832）でヒロインとなったオペラ座のバレリーナである。『二重の家庭』の初版は1830年のことでその時のタイトルは『貞淑な女』だったのだが、フュルヌ社から『人間喜劇』として作品集が刊行された1842年に『二重の家庭』と改題され、『私生活情景』集の中に組み入れられた。この時にエピローグとして付け加えられた数ページの冒頭で、1833年の出来事が語られるのである。その前年に現実の出来事であるマリー・タリオーニ登場によってオペラ座バレエの歴史が変わることを知っている読者にとって、小説の中にこのロマン主義時代を代表するバレリーナが出てくることはロジェの存在感を一層現実化することに他ならない。

『幻滅』（1836-1843）は、第一部「二人の詩人」、第二部「パリにおける田舎の偉人」、第三部「発明家の苦悩」からなる、バルザックの創作中期を代表する長編小説である。主人公である美貌の青年詩人リュシアン・ド・リュバンプレがジャーナリズムの世界で活躍するのは、王政復古期（1814-1830）

---

[8] バルザック『二重の家庭』、157頁参照。
[9] 同上、188-189頁。

第 3 章　文学の中のオペラ座

のパリである。革命軍の軍医であったシャルドンは名門貴族ド・リュバンプレ家でただ一人生き残った娘をギロチンから救い、彼女と結婚してフランス南西部の小都市アングレームで薬局を開く。この 2 人の間の子どもがリュシアンで、父亡き後に家族の期待を一身に集めるほどの詩才を見せる。1821 年、アングレームのサロンの主宰者であるバルジュトン夫人は 23 歳になったリュシアンを伴ってパリに赴く。親類であるパリ社交界の女王の一人であるデスパール侯爵夫人を頼りに、パリ生活を謳歌しようと目論んでのことである。9 月末に到着した数日後、バルジュトン夫人はパリの親戚からオペラ座の最高級席の一つに招かれる。

　　リュシアンはバルジュトン夫人のあとからついていった。夫人はオペラ座のひろい階段を上りながら、話題にしていたリュバンプレさんをいとこに紹介した。観客席の奥に二つの区切りがしてあって、一等侍従官の桟敷はその一方の区切りのなかに設けられてあった。で、そこからは場内が見わたせるかわりに、またこちらも見られるわけだ。[…]
　　「リュバンプレさん」と侯爵夫人はあいそのいい口調でいった。「オペラ座にはじめていらっしたのですから、場内をよく御見物なさらなくちゃ。この席をどうぞ。前の方にいらっしゃい、わたしたちいいのですから」
　　リュシアンはすすめにしたがった。オペラの第一幕が終わりかかっていた。[10]

1820 年に国王シャルル 10 世の次男ベリー公爵の暗殺事件が起きたリシュリュー通りのオペラ座は直ちに解体され、ル・ペルティエ通りに新しい歌劇場が完成したのは 1821 年 8 月のことだった。リュシアンが初めて訪れたオペラ座はこけら落としが行われてから一月ほどたったばかりで、会場の内外はまばゆい輝きに満ちていた。オペラ座は社交生活の軸となる場であったた

---

(10) バルザック『幻滅（上）』（バルザック全集　第 11 巻）生島遼一訳、東京創元社、1974 年、142 頁。

め、そこで誰をも見ることができ、誰からも見られることができるボックス席を使えるのは特権的な行為であった。また特権的な地位にいる上層貴族の多くの人は第 1 幕の開演前から会場に来るというのも稀なことだった。通常の歌劇作品では名場面は第 2 幕以降に現れるものであり、幕間の社交が始まる前に自分たちがボックス席というもう一つの舞台に登場すれば役者は揃ったのである。

　そうした幕間が一度、二度と来るごとに、リュシアンの父は平民の出身であり、社交界に存在を認められるような資産もない無名の詩人であることを知ったデスパール夫人はバルジュトン夫人をうながして幕の途中で退出する。2 人の貴婦人がなぜ急にいなくなったのかわからないリュシアンは、公演の最後まで観劇する。

　　　休憩室をぶらついている人たちを見て、自分の身なりがずいぶんこっけいだということがなっとくいったリュシアンは、桟敷の席にもどって、そのあと『地獄』の場面で有名な第五幕のバレーのはなやかな光景に見とれたり、桟敷から桟敷へと視線をうつしながら観客席を見わたしたり、あるいはまた、パリの社交界を目前にしてふかい思索にふけったりした。
　　　《これがおれの王国なんだ。これがおれの支配せねばならぬ世界だ！》と彼は心のうちで叫んだ。[11]

　『地獄』の場面で有名というのは、18 世紀末にウィーンを代表する音楽家となったイタリア人のアントニオ・サリエリ（1750-1825）が作曲したフランス語オペラ《ダナオスの娘たち》（1784）のことである。ギリシア神話をもとにしたこの作品で、エジプト王の息子ダナオスは自分の 50 人の娘を双子の兄弟アイギュプトスの 50 人の息子と結婚させるが、初夜の晩に夫を殺害せよと命じる。ただ一人その言いつけに従わず夫を救ったヒュペルムネーストラーを除いて、ダナオスの娘たちは地獄で永遠に満ちることのない甕に

---

(11) バルザック『幻滅（上）』、153 頁。

水を入れる定めとなる。《ダナオスの娘たち》は、パリ初演後ヨーロッパ中で人気を博し、王政復古期におけるパリ・オペラ座人気演目の一つとなっていたものである。バルジュトン夫人に見放されたリュシアンは、その後職業、友情、恋愛のいずれの世界でも歓喜と絶望の極限を味わうことになる。

バルザック晩年の二大傑作の一つ『従妹ベット』(1846) は、ナポレオン帝政時代に陸軍の会計担当官吏として有能であり度外れな女好きでもあったエクトール・ユロが、七月王政（1830-1848）の下で、陸軍省に高官として復帰するが、老いたドン・ジュアンとして転落の道を突き進むのが物語の一つの軸となっている。1834年に63歳のユロは歌の才能のある20歳のジョゼファを愛人にするとともに、彼女をイタリア座に送り込む。その後スター街道を駆け上がるジョゼファのパトロンであるには膨大な資金が必要となるが、ユロはもはや破産状態となっていた。1838年、ル・ペルティエ通りのオペラ座に入ろうとして、休演になっていることに気づくことからユロの人生は急展開する[12]。人気歌手となりオペラ座に移籍していたジョゼファに捨てられたユロは、小市民階級の若い人妻を愛人にするがこれはかえって高くつき、国家の財産横領の責任を負って美しく貞淑な妻アドリーヌの伯父が自殺し、自身の兄も軍と家の名誉を守った果てに病死する。1841年、無一文となったユロは、借金の取り立てを逃れるため、家族の元から立ち去る。頼った先は、今やオペラ座の若きプリマドンナとなったジョゼファだった。気っ風の良い歌姫は現パトロンに元パトロンがしばらくパリで身をひそめるための生活資金を出させ、16歳の美しいお針子を愛人としてあてがう。1843年、夫を必死に探していたアドリーヌは、見つける鍵はジョゼファが握っているのかもしれないと気づき、歌姫の豪邸に駆けつける。訪問客の名を聞いたジョゼファは、「美徳と対決する悪徳は、武装しなくっちゃ！」とつぶやいた後に、化粧にとりかかりながら「気高き不幸の犠牲者！…」とパリで活躍したイタリア人作曲家アントニオ・サッキーニ（1730-1786）の旧体制以来の人気オペラ《コロノスのオイディプス》（ヴェルサイユ宮、1786

---

[12] バルザック『従妹ベット―好色一代記　上』（バルザック「人間喜劇」セレクション第11巻）、山田登世子訳、藤原書店、2001年、111頁参照。

年初演；パリ・オペラ座1787年初演）の曲を歌うのである[13]。1828年にパリでジョアキーノ・ロッシーニ（1792-1868）の《セミラーミデ》（1823）のタイトルロールでデビューし、短い生涯の間ヨーロッパでもっとも人気のある歌姫となったマリア・マリブラン（1808-1836）は、当時のロマン主義世代の人間にとってまだ記憶に新しいとともにすでに永遠のディーヴァとなっていた。アドリーヌはジョゼファをマリブランのような天才と想像して常軌を逸した行動を恐れるのだが[14]、真摯で気高いアドリーヌに対して歌姫は行方不明になってしまったユロを見つけるためにすぐに行動を起こすと言う。

　　　ジョゼファは男爵夫人の手を取り、相手がとめようとするのも聞かずにうやうやしく接吻すると、ひざまずいてへりくだった。それから彼女は、舞台でマチルドを演じるときのように誇らかに立ち上がり、呼び鈴を鳴らした。[15]

マチルドは、ロッシーニの最後のオペラ《ギヨーム・テル》（1829）の中で、オーストリアの圧政に抵抗するスイスの愛国者ウィリアム・テルの若き友人アルノールと恋におちいるハプスブルク家の王女である。自尊心と謙虚さと決断力を兼ね備えた女性が、相手の不幸のうちにある偉大さを認めた時の振舞いとしてマチルドに言及されれば、誰もが納得する人物といえよう。

音楽をこよなく愛する文芸批評家マルセル・シュネデールは、バルザックについて「少なくとも1831年から1837年の6年間は、彼はオペラ座に足繁く通い、当時のフランス及びイタリアのレパートリーを何度も聞いている。［…］音楽は彼にとって何の役に立ったのだろうか？」[16]と問いかけている。

---

(13) バルザック『従妹ベット―好色一代記　下』（バルザック「人間喜劇」セレクション第12巻）、山田登世子訳、藤原書店、2001年、523頁参照。
(14) 同上、525頁参照。
(15) 同上、527頁。
(16) マルセル・シュネデール『空想交響曲　幻想文学者の音楽ノート』加藤尚宏訳、東京創元社、1986年、151頁。

シュネデールは読者がもちろん知っている答えをはっきりと意識できるように疑問文にした。バルザックにとって、音楽は愛する声を聞かせてくれることで生きる力をもたらし、さらにフランス文学史上これも初めての本格的な音楽小説を創作する道へと導いてくれたのである。

2　バルザックの音楽小説『ガンバラ』

　バルザックは音楽そのものが主題である小説を2点執筆した。一つは『マッシミラ・ドーニ』(1839)で、1820年のヴェネチアを舞台としたヒロインのマッシミラの恋物語を枠にしながら、内容の大半は複数の人物が交わす人間の歌声に関する考察と彼女がフェニーチェ劇場で同席するフランス人医師に上演中のロッシーニの《モーゼ》(1818)を幕ごとにその要点を解説することからなっている。この作品は、もともとジョルジュ・サンド（1804-1876）のサロンで自分の《モーゼ》観を語っていたら[17]、彼女からそれを書くべきだといわれたことが始まりだと、ベルリンから来てパリで楽譜出版業を始めたモーリス・シュレザンジェ（1798-1871）への1837年5月29日の手紙で明かしている[18]。シュレザンジェが経営する音楽雑誌『ルヴュ・エ・ガゼット・ミュジカル』への寄稿を約束していた『マッシミラ・ドーニ』の執筆を中断せざるをえない事態が生じたため、先に完成させて提供したのがもう一つの音楽小説『ガンバラ』(1837)である。

　1831年のパリ、ミラノから亡命してきたアンドレア伯爵は魅力的な女性を追って貧民街に入り込む。その女性マリアンナの夫はイタリア出身の作曲家ガンバラで、自分が発明した楽器を用いた革新的な作品を完成させようとする。だが、しらふの時の演奏は聞くに耐えないものだと自分ではわからない狂気の中にいる。音楽通のアンドレアは《悪魔のロベール》の初演を見せ

---

[17] バルザックに次いで本格的な音楽小説を世に出したのがサンドである。『コンスエロ』(1843)では、ヒロインのヴェネチアに住むスペイン出身の少女が、不世出の声楽教師ポルポラ（1686-1768）から教育を受けた後、オペラ歌手として数奇な運命をたどる。
[18] Cf. Balzac, *Correspondance. Tome III (1836-1839)*, Édition de Roger Pierrot, Garnier Frères, 1964, p. 293.

るためにオペラ座へガンバラを連れて行き、その口から音楽論を展開させるなどして親しくなり、マリアンナを奪う算段をする。このようなあらすじなのだが、マイヤベーアにとって初めてのフランス語オペラであるとともに、ロマン主義時代のオペラ座を代表する人気作となる《悪魔のロベール》への評価が中核となっている。

11月21日に、アンドレアはガンバラを夕食で酔わせた後、歌劇場へ同伴する。

> 音楽家は羊のようにおとなしくオペラ座へ連れてゆかれた。序奏の最初の音が鳴り始めるとガンバラの酔いはさめ、いつも一致しないがために狂気を引き起こしていた彼の判断力と想像力を時々和解させてくれるあの熱っぽい興奮状態がとって代わったように見えた。壮大な音楽劇の中心となる思想が、輝かしくも簡素な姿で彼の目に映った。［…］思い出の翼に乗って、若く活発な理性が豊かすぎる想像の恍惚にまだ乱されていなかった時代へと戻り、宗教的な態度で一言も発しようとせずに聴いた。そこで伯爵は、この魂の内面で起きている作用を尊重した。夜中の十二時半まで、ガンバラはまったく不動のままだった。オペラの常連客は、彼のことをそのものずばり、酔っぱらいだと思ったに違いない。[19]

アンドレアは、館へ戻ると、半睡状態にいるようなガンバラを覚醒させようと、観劇したばかりの《悪魔のロベール》を攻撃し始める。その脚本は「悪夢のような劇」を生み出し、「マイアベーアは悪魔に立派な役割を与えすぎ」で、「心地よいモチーフに出会うこともなければ、［…］胸の奥に優しい印象を残すような素朴な歌が聴けることもない」などの断定に加えて、和声や不協和音、音楽的統一や真実味までの技術論から全体評価まで否定的な展開をする[20]。

---

(19) バルザック『ガンバラ』博多かおる訳、『バルザック芸術／狂気小説選集② 音楽と狂気篇』水声社、2010年、71頁。
(20) 同上、72-73頁参照。

これに対し、ガンバラはマイヤベーアの音楽は今まで聞いたことのない類のものだと説明する。

> 「わたしはまだ、メガホンがおどろおどろしさを倍増している素晴らしい地獄の歌にうっとりしているんですから。新しい楽器編成法ですねえ！ロベールの歌にあれだけエネルギーを与えている偽終止や、第四幕の小詠唱や、第一幕の終曲が、わたしを今でも超自然の力の魅惑の虜にしています。いや、グルックの朗唱法も、こんな目の覚めるような効果を上げたことは一度もなかった。これほどの学には驚嘆しますよ」[21]

　アンドレアはこの判断にも異を唱え、マイヤベーアのオペラは学識の産物であり、決定的な反論として地獄の歌に言及する。

> 「あなたがお話しになったメガホンの件はと言えば、ドイツではだいぶ前から知られています。マイアベーアがわたしたちに、ほら新しいだろう、と差し出すものは、みなモーツァルトによって使われていました。モーツァルトは同じ方法で『ドン・ジョヴァンニ』の悪魔の合唱を歌わせたのです」[22]

　アンドレアは、酩酊すると素晴らしい演奏をするガンバラにワインの杯を重ねさせて、この無名の天才音楽家が真に取るべき生き方を説こうとする。しかしガンバラは、マイヤベーアの音楽が既存のものから選び取られたものであることはわかっていると言う。この後、ワインで元気づいた男は、ピアノで《悪魔のロベール》の中で強い印象を受けた曲を繰り返したり、変奏したりしながら、10 ページ以上にわたり、幕ごとの様々な場面や主題を解説するのである。
　この小説の中核となる《悪魔のロベール》論において、もっとも注目すべ

---

(21) バルザック『ガンバラ』、73 頁。
(22) 同上、74 頁。

き個所は最初と最後におかれた評価であろう。最初にガンバラは愛や信仰において心を大きく揺さぶられたことのない人間にはこの音楽は理解できないと主張する(23)。愛と信仰はまさしくモーツァルトの代表作でも問題となることだが、ガンバラは次のように2つの作品の違いを説明する。

> 「『ドン・ジョヴァンニ』は、作品としての完成度は上です。その点は認めましょう。『悪魔のロベール』は想念を表現し、『ドン・ジョヴァンニ』は感覚を刺激します。『ドン・ジョヴァンニ』は今のところ、和声と旋律が適切なバランスをとっている唯一の音楽作品です。実はそれだけが『ロベール』にまさっている理由です。『ロベール』の方が表現豊かですから。でもこんな比較が何の役に立つでしょう、それぞれの作品が独自の美しさを持っているとしたら?」(24)

「想念」と翻訳された語はフランス語では〈idées〉であり、聴く者のうちにある様々な想い、思考が現出することを意識させる言葉使いとなっている。モーツァルトの作品の方がより感覚的、すなわち直接的に人を捉えることは認めつつも、《悪魔のロベール》は《ドン・ジョヴァンニ》と並ぶ傑作であることに変わりはないのである。

ガンバラは、第4幕でヒロインのイザベルが歌う〈神があなたをお助けくださいますよう!〉の小詠唱(カヴァティーナ)の素晴らしさを称え、「この一曲だけでもオペラは成功をおさめるに違いない」(25)と断言した後、すぐに第5幕での曲のフィナーレに関する見解を述べるのだが、これがガンバラによる《悪魔のロベール》論の最後の部分となる。結婚式の支度をして大聖堂で待つイザベルのもとへ向かうロベールを遮り、彼を地獄に連れ去ろうとするベルトランの前に息子への手紙を預かったアリスが現れ、3人の間で始まる緊迫した歌の掛け合いについて、ガンバラは雄弁に語る。

---

(23) バルザック『ガンバラ』、75頁。
(24) 同上、76頁。
(25) 同上、85頁。

「壮大な三重唱にたどりつきます、オペラはここに向かって歩んできたのです。物質に対する魂の勝利、悪の精霊に対する善の勝利です。信仰の歌が地獄の歌をかき消します。幸福が壮麗な姿で現れます。ですが、ここで音楽はちょっと弱々しくなりました。幸せな天使たちの合唱や、ロベールとイザベルの結婚に喝采を送る、解放された魂の聖なる祈りは聞こえず、代わりにカテドラルが見えました。我々は地獄の魅惑の重さに打ちひしがれたままではなく、心に希望を抱いて曲を聴き終えねばならなかったはずです。[…]ですがこんな些細な欠点があったにしても、これだけ中身のつまった五時間の音楽の後では、パリ人は音楽的傑作を聴くより見事な舞台装置を見たいだろうと作曲家が思っても無理はない。この作品に浴びせられた拍手をお聞きになりましたね、あれは五百回は上演されるでしょう。もしフランス人がこの音楽を理解したなら……」
　　「それは、この音楽が想念を与えてくれるからですね」と伯爵は言った。
　　「違います、多くの人がその中で死んでしまう闘いの姿を堂々と示したからです。そしてすべての個人が思い出を通してそこにつながりうるからです。ですからわたしのように不幸な者は、何度想像したか知れない天の声を聞かせてもらえたら、すっかり満足したでしょうに」[26]

　こう話した後に、ガンバラは歌劇の最後に聴くことができればよかったと思う曲を自ら即興で弾くのである。
　ところが翌日、アンドレアがガンバラの家を訪れると、酔いの醒めた音楽家は前夜称賛したマイヤベーアのオペラをあっさりと切り捨てる。

　　「あれは切り刻まれた楽句で、わたしにはその元の姿が見えるのです。《神の摂理に栄光あれ！》の曲は、ヘンデルの曲にちょっと似すぎています。戦いに赴く騎士たちの合唱は、『白衣の貴婦人』の中のスコットランドの歌と同類です。つまり、このオペラがうけるとしたら、それは

---

[26] バルザック『ガンバラ』、86-87 頁。

音楽が誰にでもわかりやすいからでして、人気が出るのももっともでしょう」[27]

これについて、カロリーヌ・ブージュは、《悪魔のロベール》特集での論文で、ガンバラの熱狂は酩酊から生まれたものであり、この小説の主人公による評価の逆転は《悪魔のロベール》談義の冒頭におけるアンドレアの非難のうちに用意されていて、バルザックはマイヤベーアが真の創造の道に十分踏み込まなかったと示唆しているのだと論ずる[28]。さらに論考の結論では、小説が掲載された音楽誌の社主はマイヤベーアの版元であり、サンドやエクトール・ベルリオーズ（1803-1869）という近しい人物がマイヤベーアを賛美する中で、バルザックが《悪魔のロベール》において同時代的に評価されるべきものを分析すると同時に、後世が非難することになるものを予見していたのだと判断の明晰さを指摘している[29]。

われわれは、バルザックがマイヤベーアの作品を高く評価していなかったかのようにも解釈できるこうした推論には賛同しない。それは小説が表す真実から、またマイヤベーアとの交流から、バルザックは《悪魔のロベール》に深く傾倒していたと考えるためである。先ずは『ガンバラ』という小説であるが、主人公の作曲家が天才的な演奏家となる、かつ炯眼の評論家となるのは酒に酔った時だけということである。凡庸な人間にはわかりやすいことしか見えず、わからないことは欠点としか、大きな意義があることは狂気の沙汰としか映らない。しかし真実は狂人の側にあるというのが『人間喜劇』に頻出するテーマであり[30]、ガンバラもまた普段は酒のおかげで「熱っぽい興奮状態」の中で天才の狂人となるのである。様々な作品で天才にしか天才を理解できない場面を見せるバルザックが、しらふのガンバラと酔っ払っ

---

(27) バルザック『ガンバラ』、93頁。
(28) Cf. Caroline Bouju, «Balzac critique de Meyerbeer», in *L'Avant-Scène Opéra : Meyerbeer. Robert le Diable*, N°. 76, 1985, pp. 79-81.
(29) Cf. Ibid, p. 81.
(30) 典型的な例が、狂人として幽閉されることになる『ルイ・ランベール』（1832）や『絶対の探求』（1834）の主人公である。

たガンバラのどちらの側に真実をおくのか明らかであろう。

《悪魔のロベール》は破格の人気作になるとガンバラが言うのは、この作品が「多くの人がその中で死んでしまう闘いの姿を堂々と示したからです。そしてすべての個人が思い出を通してそこにつながりうるからです」と考えたためである。立身の道であれ、愛の成就であれ、芸術の創造であれ、多くの者は理想を抱いた経験があり、一部の者は至上を求めてやまない。理想を諦めた者もかつて自分が闘ったことを、絶対を追いながら果たせずに亡くなった人を思い出すことがある。マイヤベーアの主人公はイザベルやアリスによって救われるが、悪の誘惑によって闘いに負ける別のロベールが数多くいたであろうと観客は直感し、それは自分であったのかもしれないとつながりを見出すのである。マイヤベーアにロベールの闘いは「すべての個人」の闘いであることを示す意図はなかったであろうが、それは問題にはならない。作品が何を言っているのかが重要であって、ロベールの苦悩と闘いは普遍的なものであることを語るのが小説の真実なのである。

求めるものが高ければそれだけ悪の誘惑も大きいが、その誘惑を体現するのが悪魔ベルトランである。このロベールの父親は、バルザックの代表作『ゴリオ爺さん』(1835) において社会全体を敵に回して闘い、「地獄の詩」[31]ともなる脱獄徒刑囚ヴォートランの生成に大きく貢献したことをわれわれはすでに別の場で論証した[32]。この小説の一つの軸は、栄光を夢見る青年ラスティニャックが何度も悪の誘惑に流されそうになるのだが、愛と友情に苦難を救われ、自らの運命を切り開いていくというものである。その悪の誘惑を仕掛けるのが何度となく悪魔と呼ばれるヴォートランなのだが、彼はラスティニャックに対し父親に等しい愛着を抱き、自分と契約を結べば望むものはなんでも得られると迫る。このベストセラーとなった「『ゴリオ爺さん』においては「父親である悪魔」と「悪魔との契約」がテーマであると気づけ

---

[31] バルザック『ゴリオ爺さん (下)』高山鉄男訳、岩波書店（岩波文庫）、1997 年、80 頁。
[32] 澤田肇「《悪魔のロベール》と『ゴリオ爺さん』―ヴォートランのモデルとしてのベルトラン―」、『Les lettres françaises』上智大学フランス語フランス文学会、2017 年 9 月 28 日、37 号、55-73 頁。

ば、誰しも思い浮かべるのは《悪魔のロベール》である」[33]ことは計算のうえで、バルザックはヴォートランとラスティニャックの関係を築くのである。

個人的な交流にも留意しておこう。『ゴリオ爺さん』公刊後間もない1836年2月29日にパリ・オペラ座で初演されたのが、ウジェーヌ・スクリーブおよびエミール・デシャンの台本によりマイヤベーアが作曲した《ユグノー教徒》である。バルザックはこの19世紀最大の人気作品となるグランド・オペラを観劇してもらいたいと、1836年4月に初演後間もない《ユグノー教徒》の桟敷席予約券を進呈するという手紙をマイヤベーアから受け取るのである[34]。《ユグノー教徒》は、カトリーヌ・ド・メディシス摂政下の1572年8月24日、聖バルテルミーの祝日に起きたフランスの新教徒（ユグノー）虐殺という歴史的事件のさなかに愛し合うラウルとヴァランティーヌが命を落とすという展開である。バルザックは『カトリーヌ・ド・メディシスのこと』（1830-1842）で、「宮廷に出入りする商人の目を借りて、虐殺の黒幕だとされることの多いカトリーヌ・ド・メディシスの偉大さをつまびらかにする」[35]ことを目指した。マイヤベーアとバルザックは、2人とも聖バルテルミーの虐殺を対象とし、登場人物の個人の視点から出来事を語ることに等しく関心を寄せていたのである。

共通するのは一つのテーマだけではない。美学と方法論においてもバルザックとマイヤベーアとの間には強い関連がある。ティエリー・サンテュレンヌは、これを次のように説明する。

> オペラというスペクタクルにおける、音楽、詩、ドラマ、絵画などの諸要素の共感覚的な結合は、その訴える力をこの一つの芸術に全面的に付与する。オペラが得られた広汎な表現力は感性界の制御が可能になることを望み、現実のさらなる高度な次元へと到達しようとする。バルザッ

---

(33) 澤田肇「《悪魔のロベール》と『ゴリオ爺さん』」、69頁。
(34) Cf. Balzac, *Correspondance Tome III (1836-1839)*, textes réunis, classés et annotés par Roger Pierrot, Garnier, 1964, p. 67.
(35) 澤田肇『フランス・オペラの魅惑 舞台芸術論のための覚え書き』、上智大学出版、2013年、122頁。

クは同時代の歌劇の美学に自らの芸術的所産が目指すものを見出すのである。[36]

『人間喜劇』におけるバルザックの創作技法には2つの基軸がある。一つは、文学史の本では必ず言及される「人物再登場法」である。もう一つは、近年研究が質量ともに大きく進んだ「諸芸術の交差」である。われわれは、その例として『人間喜劇』は、読者がテーマ別に絵画が分類された部屋が並ぶ美術館を訪れるように、また筋立てから心理までいくつものレベルで歌劇場とオペラ作品を意識するように体系的に構築されていることを明らかにした[37]。ボードレールは「現実のさらなる高度な次元」から世界を捉えるバルザックを「幻視者」（visionnaire）と呼んだが、その世界では様々な芸術のつながりが登場人物の存在感を強固にし、彼らが生きる小説空間を現実よりも現実らしいものにしている[38]。それはマイヤベーアが目指したものを小説において実現したスペクタクル＝人間喜劇なのである。

これまでの小説の読解や人間関係、2人の芸術観の確認を踏まえると、バルザックは曖昧なマイヤベーア観を表明しているのではなく、《悪魔のロベール》に対し最大限の敬意を払って論評していることが浮き彫りとなるのである。

3　デュマ、モーパッサン、プルースト

バルザックにおいては、これまでに検討してきた登場人物の他にも数多くの人間がオペラ座に現れ、様々なドラマに直面する、あるいはスペクタクル

(36) Thierry Santurenne, *L'Opéra des romanciers. L'Art lyrique dans la nouvelle et le roman français (1850-1914)*, L'Harmattan, «Univers musical», 2007, p. 94.
(37) Cf. Hajime Sawada, «Balzac au croisement des arts —peinture, opéra et danse—», in *L'Année balzacienne 2011*, Presses Universitaires de France, janvier 2011, pp. 125-144. この『2011年バルザック年報』での特集の題名は「バルザックと対比される諸芸術」（Balzac et les arts en regard）であり、様々な視点から小説と他の芸術との関係が論じられている。
(38) この問題についてより詳しくは、アルベール・ベガンの著作に収められている論考を参照のこと。Albert Béguin, *Balzac lu et relu*, Éditions du Seuil, 1965; «Balzac visionnaire», pp. 19-137.

の一員となる光景を見せる。また歌劇場とそこで上演される作品は『人間喜劇』の世界を構成する一つの中軸となっている。バルザックのように多数の小説にわたるのではなく、単一の小説の中だけでオペラ座が重要な役割を果たす物語を書いた作家は多い。17世紀を舞台にした『三銃士』(1844)で知られるアレクサンドル・デュマ(1802-1870)が、新聞連載小説で国民的な人気を博したもう一つの代表作は『モンテ=クリスト伯』(1845-1846)である。日本でも明治時代から『巌窟王』という名の翻訳で知られたこの小説は、マルセイユの若き船乗りエドモン・ダンテスが無実の罪で23年間の投獄と逃亡の後、自分をおとしいれ恋人を奪い父親を餓死させた3人の男たちに復讐する行動が描かれている。その復讐が始まる場所が1838年のパリであり、オペラ座なのである。その章のタイトル自体が《悪魔のロベール》とされ、冒頭の段落は初演時からベルトラン役で人気を集めたニコラ=プロスペール・ルヴァサール(1791-1871)が長い病気療養の後復帰したので社交界の面々はオペラ座に勢揃いしていたという文から始まる。その公演の場に復讐劇の当事者が揃うのである[39]。

　ギ・ド・モーパッサン(1850-1893)は自然主義作家といわれるのにふさわしい『脂肪の塊』(1880)と『女の一生』(1883)の2つの小説で、20世紀の日本文学にも大きな影響を与えた。短い作家生活の最後に書いた作品の一つが長編小説『死の如く強し』(1889)である。ベル・エポックと呼ばれることになる、普仏戦争の打撃から立ち直り、経済も文化も発展する時代を迎えたパリの社交界が主な舞台となる。富と名誉を得た画家オリヴィエ・ベルタンは、愛人であるアンヌ・ド・ギルロワの18歳になる娘アネットと数年ぶりに再会し、その美しい変貌に驚く。若かった頃のアンヌが目の前に現れたような幻覚に襲われるベルタンは、アネットに恋い焦がれる思いを抱く自分を抑えられない。ベルタンはギルロワ家に近しい者をオペラ座の舞台横の特別ボックス席に招くのだが、《ファウスト》公演の間にアネットとその婚約者を見るにつけ嫉妬と絶望に襲われる。この場面は小説の第二部六章の

---

(39) アレクサンドル・デュマ『モンテ・クリスト伯 II』山内義雄訳、新潮社（世界文学全集4)、1971年；53章『ロベール・ル・ディアブル』、219-238頁参照。

冒頭で展開されるが[40]、そのオペラ座とは、ヨーロッパの首都パリの顔となるべく構想され、1875 年に完成したガルニエ宮である。演目は 1859 年にオペラ・コミックとしてリリック座で初演され、好評なためにオペラ座が 1868 年にレパートリーに組み入れたシャルル・グノー（1818-93）の作品である。台詞がレチタティーヴォに、第 5 幕では有名なバレエ・シーン〈ヴァルプルギスの夜〉が追加されてグランド・オペラに変わった《ファウスト》は、ガルニエ宮でもフランス・オペラを代表する人気作品となる。老いた画家は初めてファウストの嘆きを理解し、その後半ば自殺のような形で死を迎える。

　マルセル・プルースト（1871-1922）は、20 世紀文学の最高傑作の一つである『失われた時を求めて』（1913-27）を創造した。隠喩を多用する文体により自我の内部世界の豊かさを無意識的想起からよみがえらせる営みは、人間に対する新しいヴィジョンをもたらすものであった。19 世紀末から 20 世紀初頭のパリや避暑地での社会風俗の描写を背景にして、主人公マルセルの恋愛と芸術に関わる出来事が語られる。裕福な中産階級の家に生まれたマルセルは徐々に上流階級の社交界にも出入りするようになるので、サロンでの音楽会とオペラ座は全編を通じて頻出する人間観察と芸術考察のための特権的な場となる。そのもっとも典型的であり長大な展開がなされるのは、『失われた時を求めて』の第三篇『ゲルマントのほう』（1920）の前半で、主人公がオペラ座で行われた演劇の特別公演を見に行ったことを物語る個所である。そこでは女優ラ・ベルマによる『フェードル』の真髄から、ボックス席にいる貴族たちの海の女神や半神たちに似る様相、真似ても身につかないセンスとファッション論まで、歌劇場の中で目につくことから様々な思索が示される[41]。『失われた時を求めて』の第四篇『ソドムとゴモラ』の後半では、1900 年前後に時代が設定される避暑地でヴェルデュラン夫人が借りている

---

(40) モーパッサン『死の如く強し』宮原信訳、『世界の文学 24　モーパッサン』中央公論社、1963 年、423-433 頁。
(41) プルースト『ゲルマントのほう I』吉川一義訳、『失われた時を求めて 5』岩波書店（岩波文庫）、2013 年、82-132 頁。

別荘での音楽会の様子が語られる。参会者の一人は、ヴァイオリンの演奏家モレルにドビュッシーの「祭」をリクエストし、出だしの音を聴いて最高だと歓声をあげる。ところが「祭」はドビュッシーの管弦楽組曲《夜想曲》の第２曲で発表間もない作品（1900年初演）であったため、意外な事態が生じる。

> モレルは、最初の数小節しか憶えていないことに気づき、だますつもりは微塵もなく、ただのいたずら心から、つづけてマイヤベーアの行進曲を弾きはじめた。あいにくモレルはこの転換にほとんど間を置かず、予告もしなかったので、だれもがいまだにドビュッシーが演奏されているものと想いこみ、「崇高！」の声もつづいていた。モレルがこの曲は『ペレアス』の作者のものではなく、『悪魔のロベール』の作者のものだと明かすと、一座はしらっとした。[42]

流行は名前を判断基準にして価値を宣言する。現代芸術を支援するサロンに集う人間にとってマイヤベーアの音楽は過去の遺物でしかない。それゆえそのグランド・オペラの最後の人気作《預言者》（1849）の４幕２場で、預言者ジャンが皇帝となる場面での「戴冠式行進曲」は、ドビュッシーのものと誤解されているうちは賞賛され、帰属が明らかになると否認されるのである。

『失われた時を求めて』の第五篇『囚われの女』（1923）では、長大なワーグナー論の中で有名な『人間喜劇』と《ニーベルングの指環》に共通する点に言及され、語り手は自己の作品群に回顧的に統一性をもたらしたバルザックとワーグナーという２人の創造者の偉大さを称える[43]。プルーストの小説は、19世紀末から20世紀初頭のフランスにおいて、マイヤベーアの存在

---

(42) プルースト『ソドムとゴモラII』吉川一義訳、『失われた時を求めて9』岩波書店（岩波文庫）、2015年、240-241頁。
(43) プルースト『囚われの女I』吉川一義訳、『失われた時を求めて10』岩波書店（岩波文庫）、2016年、358-360頁参照。

第3章　文学の中のオペラ座

が無視され始めていること、ワーグナーが大きな影響を及ぼしていること、新たなる光明としてドビュッシーが注目されていることを、登場人物の声を通して証言している。

おわりに

　小説において、オペラ座や歌劇作品は登場人物の心理と密接なつながりを持つこともあるし、小説の舞台装置として背景をなす場合もあり、小説の筋立ての中で新たな出来事の起点となることもあり、また本格的な音楽論あるいはオペラ論を展開する機会をもたらすものともなる。こうした役割を果たしていることはバルザックからプルーストまでの小説の抜粋を見ていくと明らかになる。

　真実という観点から見ると、文学は特定の時代における人間の精神と社会の風俗を切り取り、その特質を鮮やかに映し出す役割をしばしば担う。真実の断片を拡大して読者に示すのだが、そのための道具立てとしてオペラ座と歌劇作品は重要な構成要素であり続けた。19世紀はグランド・オペラの時代であることは、バルザックやデュマの作品における《悪魔のロベール》とモーパッサンの小説における《ファウスト》が描き出す。またその時代の終わりは間近であることを、プルーストのワーグナーやドビュッシーについての観察が物語る。

　マイヤベーアが求めた「共感覚的な結合」は、近代小説を確立したバルザックの作品においては実現している。『人間喜劇』を読み進めると、絵画が浮き出て、詩が立ち上がり、音楽が鳴り響き、ドラマが繰り広げられるという思いに何度となくとらわれる。近代オペラも、その生成において音楽とそれ以外の要素が相互に引き立つようにという意識がはたらいた。視覚的な工夫が派手になることは近代オペラの美学が新しい観念へ移行していることを示すものだとするティエリー・サンテュレンヌは、「その新しい観念においては、視覚的側面が音楽や歌唱と同等に観客の注意を引くものであらねばならなかった」[44]

---

(44) Thierry Santurenne, Op. cit., p. 94.

と主張する。視覚が重視されるがゆえに、写実性を高めるために、様々なディテールが厳密に考証されて復元されるのである。近年の一部のオペラ演出家は、写実を超越して作品の真実を表象する舞台装置を構想しようとする。文学において可能であった諸芸術の交差による新たなるヴィジョンは、今日のオペラ上演でも可能なのだろうか。

　文学によってわれわれは生きた感覚を持ってある時代に音楽作品やオペラ座がどのように受け入れられたのかを言わば追体験できる。過去を知ることは未来へのヴィジョンを抱く手掛かりともなる。総合的なスペクタルであった19世紀のグランド・オペラが現在ではいかなる再生と変貌を遂げ、意味のあるメッセージを送り出せるかを測る一つの物差しは過去との対話が成立するかどうかということにある。バルザックの『ガンバラ』における《悪魔のロベール》論は、マイヤベーアのオペラが再評価されるにふさわしいことを語るための言葉を提供するのである。

第4章　パリ・オペラ座初演作品一覧（1820～90）

岡田安樹浩・上山典子・永井玉藻・安川智子

　ここに掲載するのは、グランド・オペラの時代ともいえる1820～90年に、パリ・オペラ座で初めて上演されたオペラを、オペラ座初演年順に整理し、基本情報と簡単な解説をつけた作品一覧である。すでに何度か言及されているとおり、オペラ座は19世紀の間に拠点とする劇場を変化させているが、その詳細については例えば第Ⅲ部第1章をご参照いただきたい。

　本書では、グランド・オペラをパリ・オペラ座で上演されたオペラに限っていないため、この作品一覧に含まれていない重要なグランド・オペラも存在する。例えばベルリオーズの《トロイアの人々》などがその一例である（全5幕、1863年にリリック座で、第3～5幕のみ初演）。一方で、該当期間にパリ・オペラ座で上演されていたオペラも、グランド・オペラに限られるわけではない。本一覧ではできる限りその実態を示すため、あくまでパリ・オペラ座に焦点を当て、バレエやオラトリオを除いて、19世紀に初めてオペラ座で上演された作品を、データで確認できる限り、選別することなく掲載した。なおここには、他の劇場で初演済みのオペラも含まれている。

　作品一覧の基本情報は、主に以下の資料を参考とした。
Agnès Terrier, *L'Orchestre de l'Opéra de Paris.* Edition de la Martinière, 2003.
Chronopera（オペラ座上演作品検索サイト）
　http://chronopera.free.fr//index.php?menu=accueil&contenu=accueil_questce

　永井玉藻氏には、上記の資料情報のほか、すでに個人で作成されていたリストの叩き台をデータでご提供いただいた。これにより、労力を大幅に縮減

することができた。

　各作品の解説は、年代別に4等分したうえで、4名で手分けして担当し、あらたに執筆した。それぞれの大まかな担当箇所は、初演年の古い方から上山・永井・岡田・安川の順である。タイトル、作曲家、台本作家については初出箇所のみ、原語を併記した。原語タイトル冒頭の冠詞（Le, La など）は、タイトル末尾に（　）で記した。また作曲家の初出には、生没年も加えた。本リストに登場する人名・作品名は、本書の他の章で言及されているものを除いて、索引には組み込まれていない。　　　　　　　　　　　　（安川記）

第4章　パリ・オペラ座初演作品一覧（1820～90）

初演日	タイトル	作曲家	台本作家	幕数	解説
1820/07/17	Aspasie et Périclès アスパシアとペリクレス	ルイ＝ジョゼフ・ドゥソワーニュ＝メユール（Louis-Joseph Daussoigne-Méhul, 1790-1875）	ジャン＝ギヨーム・ヴィエネ（Jean Pons Guillaume Viennet）	1	ドゥソワーニュ＝メユールはパリ音楽院で教鞭を執りながらいくつかのオペラを完成させるも、上演には至っていないが、本作はオペラ座で上演された彼の最初のオペラコミックで、題材は古代ギリシアの政治家ペリクレスとその愛妾アスパシア。
1821/02/07	Mort du Tasse (La) タッソの死	マヌエル・ガルシア（Manuel Garcia, 1775-1832）	エリアス・キュヴリエ（Hélias Cuvelier）	3	作曲者は19世紀の著名なパリトン歌手マヌエル・ガルシア Jr. の父親。自身もテノール歌手として活動した。16世紀イタリア、フェラーラの宮殿で活動した叙事詩人トルクァート・タッソの波乱に満ちた生涯を題材とする。
1821/05/03	Blanche de Provence, ou la cour des fées ブランシュ・ド・プロヴァンス	アンリ＝モンタン・ベルトン（Henri-Montan Berton, 1767-1844）、フランソワ＝アドリアン・ボイエルデュー（François-Adrien Boïeldieu, 1775-1834）、ルイージ・ケルビーニ（Luigi Cherubini, 1760-1842）、ロドルフ・クレゼール（クロイツェル）（Rodolphe Kreutzer, 1766-1831）、フェルディナンド・パエール（Ferdinando Paër, 1771-1839）共作	エマニュエル・テオーロン（Emmanuel Théaulon）、ド・ランセ（De Rancé）	3	ボルドー公爵（シャンボール伯）の誕生を祝して、オペラ座初演の2日前にチュイルリー宮殿で初演されている。本作上演の翌年にパリ音楽院長に就任するケルビーニの作曲部分は第3幕。

301

第Ⅲ部　パリ・オペラ座という空間

初演日	タイトル	作曲家	台本作家	幕数	解説
1822/02/06	Aladin, ou la lampe merveilleuse アラジン、または魔法のランプ	ニコラ・イズアール (Nicolas Isouard, 1773-1818)、アンジェロ・マリア・ベニンコーリ (Angelo Maria Benincori, 1779-1821) 補筆	シャルル=ギヨーム・エティエンヌ (Charles-Guillaume Etienne)	5	生涯で40作以上のオペラ（とくにオペラ・ブッファ）を完成させたイズアールの遺作。死後、同じイタリア出身で、1803年以降フランスで活動していたベニンコーリによって補筆された。（しかしベニンコーリも、本作初演の2か月前にこの世を去った。）
1822/06/26	Florestan, ou le Conseil des Dix フロレスタン、または十人委員会	ガルシア	エティエンヌ=ジョゼフ=ベルナール・デルリュー (Etienne-Joseph-Bernard Delrieu)	3	題材はヴェネチア共和国時代の行政機構「十人委員会」で、舞台設定も同地の宮殿やサン・ジョーレ・マッジョーレ周辺。
1822/12/16	Sapho サッフォー	アントワーヌ・レイハ (Antoine Reicha, 1770-1836)	クルノル・エンピス (Cournol Empis)	3	器楽曲を中心に膨大な数の曲を残したレイハは音楽理論家としても知られ、1817年以降パリ音楽院の対位法とフーガの教授を務めていた。しかしオペラの領域では成功を収めず、実際に上演されたのは本作を含めわずか3曲で、興業的にはいずれも失敗に終わった。サッフォーは古代ギリシアの女流詩人で、グノーも1851年に同じ題材でオペラを作曲する。
1823/06/11	Virginie ヴィルジニー	ベルトン	Désaugiers l'ainé (兄) デゾージェ	3	ベルトンの多くの作品はオペラ=コミック座で上演されていたが、この悲劇はオペラ座で初演され、合計39回の上演を数えた。ベルトンは1818年以降パリ音楽院で教鞭を執っており、亡くなる1844年まで務めた。

302

第4章　パリ・オペラ座初演作品一覧（1820～90）

初演日	タイトル	作曲家	台本作家	幕数	解説
1823/09/08	Lasthénie ラステニー	フェルディナン・エロルド (Ferdinand Hérold, 1791-1833)	クロード=エティエンヌ・シャイユー・デ・バール(Claude-Étienne Chaillou des Barres)	1	オペラ・コミックの領域で数々の作品を仕上げていたエロルドのオペラ座デビュー作だが、この1幕劇。上演は26回を数え、まずまずの成功を収めた。
1823/12/05	Vendôme en Espagne スペインのヴァンドーム	ダニエル=フランソワ=エスプリ・オベール (Daniel François Esprit Auber, 1782-1871)、エロルド共作	アドルフ=シモニ・エンピス (Adolphe Simonis Empis)、エドゥアール・メヌシェ (Édouard Mennechet)	1	スペイン立憲革命の王党派を支援するためにトロカデロの戦いに進軍し、反乱軍を制圧したフランス軍、アングレーム公爵の武功を称えるために作られたオペラ。
1824/03/31	Ipsiboé イプシボエ	クレゼール	アレクサンドル・モリーヌ・ド・サン=ヨン (Alexandre Moline de Saint-Yon)	4	原作は、1820年代のフランスで大ブームを起こした小説家シャルル・ヴィクトル・プレヴォ・ダルランクールの同名の小説 (1823年)。
1824/07/12	Deux Salem (Les) 2つのエルサレム	ドンフーニュ＝メユール	ポーラン・ド・レスピナス (Paulin de Lespinasse)	1	古代ローマ時代の劇作家、プラウトゥスの作とされる喜劇『メナエクムス兄弟』が原作のオペラ・フェリ。
1825/03/02	Belle au bois dormant (La) 眠れる森の美女	ミケーレ・カラファ (Michele Carafa, 1787-1872)	ウジェーヌ・ド・プラナール (Eugène de Planard)	3	シャルル・ペローの物語を原作とするオペラ・フェリ。1829年には同じ題材に基づくエロルド作のバレエが上演される。初演を1825年3月9日とする資料もある。

303

初演日	タイトル	作曲家	台本作家	幕数	解説
1825/06/10	Pharamond ファラモン	ボイエルデュー、ベルトン、クレゼール、ドワノーニュ=メユール	アレクサンドル・スーメ（Alexandre Soumet）、ジャック＝フランソワ・アンスロ（Jacques-François Ancelot）、アレクサンドル・ギロー（Alexandre Guiraud）	3	同年5月29日にランスの大聖堂で行われたシャルル10世の戴冠式の祝賀関連行事の一環として初演され、王自身も観劇した。当初6月7日の初演が予定されていたが準備が間に合わず、3日後に順延された。
1825/10/17	Don Sanche, ou le Château d'amour ドン・サンシュ、または愛の館	フランツ・リスト（Franz Liszt, 1811-1886）	テオロン、ド・ランシェ	1	14歳の誕生日を迎える5日前に初演されたリストの唯一のオペラだが、わずか4回の上演で姿を消した。オーケストレーションにまったく不慣れだった13歳の少年が一人で作曲したとはにわかに信じがたく、当時作曲を習っていたフェルディナン・ド・パエールの作とする説が有力である。
1826/03/29	Zelmira ゼルミーラ	ロッシーニ	トットーラ	2	ロッシーニのナポリ時代の最後を飾るこのオペラ・セリアは、1822年2月16日に同地のサン・カルロ劇場で初演されたが、その2か月後のウィーン上演を念頭に、管弦楽パートを充実させた全曲書き下ろしで作曲された。
1826/10/09	Siège de Corinthe (Le) コリントの包囲	ロッシーニ	ルイージ・バロッキ（Luigi Balocchi）、スーメ	3	1820年12月3日にサン・カルロ劇場で初演された2幕の《マオメット2世》のフランス語改作だが、序曲とバレエ音楽、そのほかいくつかのナンバーは新しく書き下ろされ、オペラ座では3幕のトラジェディ・リリックとして初演された。

第4章　パリ・オペラ座初演作品一覧（1820～90）

初演日	タイトル	作曲家	台本作家	幕数	解説
1827/03/26	Moïse et Pharaon モイーズとファラオン（エジプトのモーゼの改作）	ロッシーニ	エティエンヌ・ド・ジュイ (Victor-Joseph Étienne de Jouy), バロッキ	4	1818年にサン・カルロ劇場で初演された《エジプトのモーゼ》（3幕）をフランス語に訳し、大幅に改作したオペラ。旧約聖書の「出エジプト記」とフランチェスコ・リンギエーリの戯曲「オジリデ」(1760)に基づく悲劇。
1827/06/29	Macbeth マクベス	イポリット=アンドレ＝バティスト・シェラール (Hippolyte-André-Baptiste Chélard, 1789-1861)	クロード・ジョゼフ・ルジェ・ド・リール (Claude Joseph Rouget de Lisle)	3	当初1825年の4月頃に上演される予定だったが、オペラ座がロッシーニ作品を優先させたため、初演はおよそ2年も遅れた。アドルフ・ヌーリをはじめとする第一級の歌手陣が出演したが、作品は失敗に終わり、わずか5回の上演で打ち切りとなった。
1828/02/29	Muette de Portici (La) ポルティチの物言わぬ娘	オベール	ジェルマン・ドラヴィーニュ (Germain Delavigne), ウジェーヌ・スクリーブ (Eugène Scribe)	5	舞台は1647年のポルティチとナポリで、対スペイン一揆（ナポリの反乱）を題材とする。革命色の強かった初稿台本だが、数回の検閲の後、徐々に弱められていった。台本・作曲・演出・衣装・舞台美術など、オペラ担当者の共同作業による壮大華麗なグランド・オペラの幕開けとなった作品で、初演以降およそ半世紀の間に、500回の上演を数える大人気作となった。口のきけない娘フェネッラは、パントマイムのみで演じられた。

305

初演日	タイトル	作曲家	台本作家	幕数	解説
1828/08/20	Comte Ory (Le) オリー伯爵	ロッシーニ	シャルル=ガスパール・ドレストル=ポワルソン (Charles-Gaspard Delestre-Poirson), スクリーブ	2	台本は二人の作家による1幕のヴォードヴィル《オリー伯爵》(1816年, パリ・ヴォードヴィル座初演) の転用 (第2幕), 音楽は1825年による書下ろし (第1幕)。音楽は1825年にフランス国王の戴冠式のために作曲した《ランスへの旅》を第1幕に転用した。1200年頃の十字軍時代に実在した伯爵の好色劇。
1828/11/17	Barbier de Séville (Le) セビーリャの理髪師	ロッシーニ	チェーザレ・ステルビーニ (Cesare Sterbini)	2	1816年2月20日にローマのアルジェンティーナ劇場で初演。原作は18世紀のとティーリャを舞台とするボーマルシェの同名の戯曲で, ロッシーニ以前にも多くの作曲家が題材としてきた。こんにちにいたるまで, ロッシーニの最も人気のあるオペラ・ブッファの傑作。
1829/08/03	Guillaume Tell ギヨーム・テル	ロッシーニ	イポリット・ビス (Hippolyte Bis), ジュイ	4	シラーの戯曲『ヴィルヘルム・テル』(1804年, ヴァイマル初演) のフランス語訳に基づいて, オペラ座のために作曲された。リハーサルの最中から初演後にも複数版が存在する。14世紀, ハプスブルク家の支配に苦しむスイス・アルプス地方の民衆を解放し, 独立へと導くロッシーニ最後の壮大なオペラ。

第4章　パリ・オペラ座初演作品一覧（1820〜90）

初演日	タイトル	作曲家	台本作家	幕数	解　説
1830/01/08	Matrimonio segreto (Ⅱ) 秘密の結婚	ドメニコ・チマローザ (Domenico Cimarosa, 1749-1801)	ジョヴァンニ・ベルターティ (Giovanni Bertati)	2	1792年2月7日、ウィーンのブルク劇場で初演され、その後18世紀末までに同地で70回以上も上演されたオペラ・ブッファ。初演直後からヨーロッパ中の主要都市で上演され、パリでもオペラ座の初演以降、絶大な人気を集めた。
1830/03/15	François Ier à Chambord シャンボールのフランソワ1世	プロスペル・ド・ジネステ (Prosper de Ginestet, 1794-1860)	サン＝ヨン	2	舞台は16世紀初頭、ルネサンス期を代表するフランソワ1世の富と権力を象徴するシャンボール城。このオペラの2年後に初演されたヴィクトル・ユゴーの戯曲『王は愉しむ』(Le Roi s'amuse) もフランソワ1世の享楽的生活が題材だが、上演禁止に追い込まれた。
1830/10/13	Dieu et la bayadère (Le), ou la courtisane amoureuse 神とバヤデール、または情熱的なクルチザンヌ	オベール	スクリーブ	2	バレエとパントマイムが重要な位置を占めるオペラ＝バレエ。初演ではバレエをマリー・タリオーニ、振付はその父親フィリップ・タリオーニが担当した。パリ以外の各地でも人気の演目となったが、1837年にフィラデルフィアで上演された際のタイトルは、《カシミールの娘》(The Maid of Cashmere) だった。
1831/04/06	Euryanthe オイリアンテ	カール・マリア・フォン・ウェーバー (Carl Maria von Weber, 1786-1826)	エルミーナ・フォン・シェジー (Helmina von Chézy)	3	1823年10月25日に、ウィーンのケルトナー劇場で作曲者自身の指揮で初演された「英雄的・ロマン的大オペラ」。タイトルは、当時17歳のヘンリエッテ・ゾンタークが務めた。評価の低いシェジーの合本は、中世フランスのロマンスに基づく貴族や騎士たちの物語。

307

初演日	タイトル	作曲家	台本作家	幕数	解　説
1831/06/20	Philtre (Le) 媚薬	オベール	スクリーブ	2	舞台設定は18世紀のモレトン。初演で大成功を収め、1862年までオペラ座のレパートリーであり続けるとともに、ヨーロッパの各都市で上演された。翌1832年にドニゼッティがミラノで初演した《愛の妙薬》は、このスクリーブの台本を原作にフェリーチェ・ロマーニが台本を手がけたイタリア・オペラ。
1831/11/21	Robert le Diable 悪魔のロベール	ジャコモ・マイヤベーア (Giacomo Meyerbeer, 1791-1864)	ドラヴィーニュ、スクリーブ	5	本書の中心的な主題であるグランド・オペラの象徴的作品。詳細は本文の各論考を参照。あらすじは巻末の参考資料に掲載。
1832/06/20	Tentation (La) 誘惑	ジャック=フロマンタル・アレヴィ (Jacques-Fromental Halévy, 1799-1862)、カジミール・ジッド (Casimir Gide, 1804-1868)	イジンニ=オーギュスト・カヴェ (Hygin-Auguste Cavé)、アンリ・デュポンシェル (Henri Duponchel)	5	アレヴィの成功作の一つ。様々な誘惑から逃れようとする隠者と、彼を誘惑するために悪魔によって作り出された地獄の娘ミランダをめぐる物語を描いている。歌手とバレエダンサーの双方が主要な役を演じるオペラ=バレエであり、作品中にはベートーヴェンの作品から音楽を引用した箇所もある。
1832/10/01	Serment (Le), ou les faux-monnayeurs 誓い、あるいは贋金作り	オベール	スクリーブ	3	旅籠の娘マリーと村の青年エドモンとの恋物語を中心とする作品。舞台装置と衣装を、同時期に初演されたロマンティック・バレエの嚆矢《ラ・シルフィード》と同じ、シセリとデュミが担当した。最終幕の合唱は、カール・チェルニーによってピアノ変奏曲に編曲され、広く親しまれた。

第4章　パリ・オペラ座初演作品一覧（1820〜90）

初演日	タイトル	作曲家	台本作家	幕数	解説
1833/02/27	Gustave III, ou le bal masqué キュスターヴ3世 [グスタヴ3世]、あるいは仮面舞踏会	オベール	スクリーブ	5	18世紀末に実在したスウェーデン王、グスタフ3世を主人公とする、オベールの代表作の一つ。王が暗殺される前日の1792年3月15日から、翌16日にストックホルムのオペラ座で行われた仮面舞踏会、またそのオペラ座で起こった王の暗殺を描いた作品である。バレエシーンは特に人気が高い演目だった。
1833/07/22	Ali Baba, ou les quarante voleurs アリ・ババ、あるいは40人の盗賊	ケルビーニ	スクリーブ、メレヴィル（アンヌ=オノレ=ジョゼフ・デュヴェイリエ）(Mélesville/Anne-Honoré-Joseph Duveyrier)	4	『アリババと40人の盗賊』のストーリーを基にしたオペラ。ケルビーニのオペラの中で上演時間が最も長い作品であり、また彼にとって最後のオペラ作品となった。オペラでは、アリ・ババの娘デリアと、彼女との結婚を望む貧しい青年ナディール、そしてアリ・ババの3人を中心とする物語になっている。プロローグつきの4幕。
1834/05/04	Dame blanche (La) 白い貴婦人	ボイエルデュー	スクリーブ	3	ボイエルデューの名を一躍広めた、彼の代表作。初演はオペラ=コミック座で1825年に行われた。「白い貴婦人」の幽霊が取り付いたと噂される古城を買収から守るべく立ち上がった、娘アンナと若い兵士ジョルジュ・ブラウン（実は城の所有者だったアヴナル伯爵家の子孫ジュリアン）を主人公とする物語。ビゼーやシャブリエ、ドリーブなど、のちのフランス・オペラの作曲家たちに大きな音楽的影響を与えた作品である。

309

第Ⅲ部 パリ・オペラ座という空間

初演日	タイトル	作曲家	台本作家	幕数	解説
1835/02/23	Juive (La) ユダヤの女	アレヴィ	スクリーブ	5	グランド・オペラ作品の中でも極めて人気が高く、繰り返し再演されてきた代表作の一つ。ユダヤ教徒とキリスト教徒の対立を軸にした宗教的対立と恋愛、親子の絆を織り交ぜた大スペクタクルである。1875年にオペラ座がパレ・ガルニエに移転した際の開場ガラ公演でも上演されたオペラ座の代表作で、近年、再演も多く行われている。
1836/02/29	Huguenots (Les) ユグノー教徒	マイヤベーア	スクリーブ、エミール・デシャン (Émile Deschamps)	5	マイヤベーアの2作目のグランド・オペラで、《悪魔のロベール》に続く大ヒット作。あらすじは、1572年8月24日に起こった、フランスのカトリック教徒がプロテスタント教徒を虐殺した「サン=バルテルミーの虐殺」に基づいている。初演時には当時の大スター歌手が勢ぞろいし、19世紀を通してオペラ劇場でも新演出による上演が行われるなど、作品を再評価する動きが高まっている。
1836/11/14	Esméralda (La) エスメラルダ	ルイーズ・ベルタン (Louise Bertin, 1805-1877)	ヴィクトール・ユゴー (Victor Hugo)	4	ユゴーの『ノートルダム・ド・パリ』を原作に、作家本人がオペラ用台本を作成した。女流作曲家ルイーズ・ベルタンによるオペラ。

310

第 4 章　パリ・オペラ座初演作品一覧（1820〜90）

初演日	タイトル	作曲家	台本作家	幕数	解　説
1837/03/03	Stradella ストラデッラ	アブラアム・ルイ・ニーデルメイエール (Abraham Louis Niedermeyer, 1802-1861)	デジャン、エミリアン・パチーニ (Émilien Pacini)	5	17世紀に実在した作曲家、アレッサンドロ・ストラデッラの生涯を題材にしたグランド・オペラ。1830年代にパリで高まったストラデッラへの関心を契機に作曲されたとされている。初演の主役はアドルフ・ヌーリが務めるはずだったが、コルネリーとファルコンが務めた。2回目の上演の最中にファルコンの声が急に出なくなり、このことがきっかけで彼女の歌手キャリアが終わった、というエピソードが知られている。
1838/03/05	Guido et Ginevra, ou la peste de Florence ギドとジネヴラ、あるいはフィレンツェのペスト	アレヴィ	スクリーブ	5	アレヴィとスクリーブが組んだグランド・オペラだが、同コンビによる《ユダヤの女》ほどの大成功とまではいかず、今日では滅多に上演されない作品。フェッラーラ公が結婚することになっているジネヴラは、毒が仕込まれたヴェールによって気絶したことから、疫病に犯されていると見られる。メディチ家の金庫室に捕らえ出されたギドは、彼女と結婚する、という物語である。
1838/09/10	Benvenuto Cellini ベンヴェヌート・チェッリーニ	エクトール・ベルリオーズ (Hector Berlioz, 1803-1869)	レオン・ド・ヴァイー (Léon de Wailly), オーギュスト・バルビエ (Auguste Barbier)	2	16世紀に実在したイタリアの破天荒な彫刻家、ベンヴェヌート・チェッリーニを題材としたオペラ。教皇から注文されたペルセウス像の製作を巡り争いに、チェッリーニとテレーザの恋が関わる波乱万丈の物語である。序曲はコンサート・ピースとして今日でも親しまれている。

311

第Ⅲ部　パリ・オペラ座という空間

初演日	タイトル	作曲家	台本作家	幕数	解説
1839/04/01	Lac des fées (Le) 妖精たちの湖	オベール	スクリーブ, メレヴィル	5	ヴァルプルギスの夜に魔女たちが集う、ドイツのハルツ山脈を舞台に展開するオペラ。ドイツで伝承された物語詩による。オベールのオペラ作品の中では知名度が低く、オペラ座作品の中でも最後に1840年を最後にレパートリーから外れた。
1839/09/11	Vendetta (La) ヴェンデッタ	アンリ＝カトリーヌ＝カミーユ・リュオル＝モンシャル (Henri-Catherine-Camille Ruolz-Montchal, 1808-1887)	レオン・ピエ (Léon Pillet). アドルフ・ヴォーノワ (Adolphe Vaunois)	3	1796年ごろのコルシカ島を舞台とするオペラ。3幕構成だが、バレエシーンもある。作曲者のリュオルはモンシャルはロッシーニに師事していた。作品数は極めて少ないが、主にオペラを作曲していたことが知られている。
1839/10/28	Xacarilla (La) ザカリラ	マルコ＝アウレリオ・マルリアーニ (Marco Aurelio Marliani, 1805-1849)	スクリーブ	1	ミラノ出身のイタリア人作曲家であるマルリアーニのオペラ。彼は一時期、政治的な理由からパリに亡命しており、声楽教師をしていた一方で、ロッシーニに作曲を師事していた。作品は今日ほとんど知られていないが、《ザカリラ》は彼の最も成功した作品である。
1840/01/06	Drapier (Le) シーツ売り	アレヴィ	スクリーブ	3	アレヴィとスクリーブのコンビによる、悲劇とバーレスクが一体となった3幕のオペラ。当時、オペラ座の看板歌手の一人だったアメリカ出身のソプラノ歌手、マリア・ノーが、キャリアの頂点を築いた作品として知られている。

312

第 4 章　パリ・オペラ座初演作品一覧（1820〜90）

初演日	タイトル	作曲家	台本作家	幕数	解説
1840/04/10	Martyrs (Les) 殉教者たち	ガエターノ・ドニゼッティ (Gaetano Donizetti, 1797-1848)	スクリーブ	4	コルネイユの悲劇「ポリューイクト」を題材としたオペラ。ドニゼッティに作曲の座を提案したのは、オペラ座のスター歌手の座を追われたアドルフ・ヌーリで、当初はヴェネツィアのサン・カルロ劇場で初演される予定だった。この時の台本を元にスクリーブがフランス語版の標準的な幕構成に合わせたのが《殉教者たち》で、作品はのちに、《ポリウト》というタイトルでイタリアでも上演された。
1840/12/02	Favorite (La) ファヴォリット［ラ・ファヴォリータ］	ドニゼッティ	アルフォンス・ロワイエ (Alphonse Royer). ギュスターヴ・ヴァエーズ (Gustave Vaëz), スクリーブ	4	ドニゼッティがパリで手がけた2作目のオペラ座のオペラ。当時のオペラ座総裁、レオン・ピレの愛人だったメゾ・ソプラノ歌手のロジーヌ・シュトルツが主要な役を演じることを前提に制作された。修道士のフェルナンドに恋する名前も知らない美しい女性は、実は彼女はレオノーラだったことから起こる悲劇の物語である。11世紀の愛人レオノーラだったことから起こる悲劇の物語である。19世紀後半からは、イタリア語でも上演されている。
1841/04/19	Comte de Carmagnola (Le) カルマニョーラ伯爵	シャルル=ルイ＝アンブロワーズ・トマ (Charles Louis Ambroise Thomas, 1811-1896)	スクリーブ	2	トマの5作目のオペラであり、初めてオペラ座の舞台にかかった作品でもある。《カルマニョーラ伯爵》が、スクリーブと組んだの最初で最後となった。作品に対する評価は初演当時からあまり高くなく、8回上演されたのみでオペラ座のレパートリーから消えている。

313

初演日	タイトル	作曲家	台本作家	幕数	解説
1841/06/07	Freischütz (Le) 魔弾の射手	ウェーバー	ヨハン・フリードリヒ・キント (Johann Friedrich Kind), パチーニ	3	ウェーバーの代表的なオペラ作品。初演は1821年にベルリンの王立劇場で行われ、フランス初演は1824年にオデオン座で行われた。1841年のバレエシーンは当時から人気のあった第2幕のバレエのために加えられた場面で、この場面が、ベルリオーズがウェーバーの《舞踏への勧誘》をオーケストレーションしている。
1841/12/22	Reine de Chypre (La) キプロスの女王	アレヴィ	ジュール=アンリ=ヴェルノワ・ド・サン=ジョルジュ (Jules Henri Vernoy de Saint-Georges)	5	15世紀後半のヴェネツィアとキプロスを舞台とした、アレヴィの代表作の一つ。ヴェネツィアの愛国者の娘カタリーナ、その恋人でフランス人騎士のジェラール、カタリーナと政略結婚させられたキプロス王ジャック・ド・ルシニャンの複雑な三角関係が展開する物語である。初演では、歌手にロジーヌ・シュトルツとジュフェラール・デュプレという当時の2大スターと、マリウス・プティパ、アデル・デュミラットなどのスターダンサーを揃えたことが話題となった。
1842/06/22	Guerillero (Le) ゲリラ	トマ	テオドール・アンヌ (Théodore Anne)	2	《ゲリラ》は《カルマニョーラ伯爵》に続くトマの2作目のオペラ座初演作品だったが、彼はこの作品でも大きな成功を獲得することができなかった。オペラ座では、41回上演されたことが判明している。

第4章 パリ・オペラ座初演作品一覧（1820〜90）

初演日	タイトル	作曲家	台本作家	幕数	解説
1842/11/09	Vaisseau fantôme (Le) 幽霊船	ピエール＝ルイ・ディーチュ (Pierre-Louis Dietsch, 1808-1865)	リヒャルト・ワーグナー (Richard Wagner), ベネディクト＝アンリ・レヴォワル (Bénédict-Henry Révoil), ポール・フーシェ (Paul Foucher)	2	ワーグナーが執筆し、のちに《さまよえるオランダ人》になる原案をオペラ座が買い取り、フーシェとレヴォワルが完成した台本にディーチュが作曲したオペラ。その為、物語の大筋は《オランダ人》と類似しているが、登場人物の名前などは異なっている。近年では演奏や録音もされている。
1843/03/15	Charles VI シャルル6世	アレヴィ	カジミール・ドラヴィーニュ (Casimir Delavigne), ジェルマン・ドラヴィーニュ	5	15世紀の百年戦争の時代にフランスを統治した狂気の王、シャルル6世の時代を舞台としたオペラ。ジャンヌ・ダルクをモデルとした女性オデットが、フランス女王イザベルとイギリスの貴族ベッドフォード公によって計画された王太子すり替え計画を阻止する物語。アレヴィの成功作の一つで、19世紀中には、フランス国内だけでなく、ヨーロッパ各国や南米でも上演されていた。
1843/11/13	Dom Sébastien, roi de Portugal ポルトガルの王ドン・セバスティアン	ドニゼッティ	スクリーブ	5	ドニゼッティが最後に完成させたオペラ。実在したポルトガル王セバスティアン1世を主人公としており、ボール・フーシェがオペラ台本を作品に基づいてスクリーブが台本を執筆した。1578年のリスボンとモロッコを舞台とし、セバスティアン王と北アフリカの姫ザイダの愛、そしてポルトガルがスペインのザイダの支配下に置かれるまでを描く。

315

初演日	タイトル	作曲家	台本作家	幕数	解説
1844/03/29	Lazzarone, ou le bien vient en dormant (Le) 怠惰者、あるいは財産は寝ながらやってくる	アレヴィ	サン＝ジョルジュ	2	オペラ座総裁のレオン・ピエが、愛人であるシュトルツのためにアレヴィに作曲を提案した作品。アレヴィの音楽に対する初演時の評価は芳しくなく、あまり成功しなかった。イタリアのナポリを舞台に、怠け者のペッポと、実は大きな財産を相続する予定の花売り娘バプティスタとの恋を描くドタバタ劇。
1844/09/02	Othello オテロ	ロッシーニ	ベリオ・ディ・サルサ (Berio di Salsa)	3	ロッシーニの悲劇作品として、バレヴィの同名の作品以前に人気を誇った作品。作品の初演は1816年にナポリで行われた。ヴェルディの作品とは細部が異なり、ロッシーニの《オテロ》の舞台はヴェネツィアで、オテロとデスデモーナは結婚しておらず、恋人同士であるなどの違いがある。
1844/10/07	Richard en Palestine パレスチナのリシャール	アドルフ＝シャルル・アダン (Adolphe-Charles Adam, 1803-1856)	フーシェ	3	19世紀ロマンティック・バレエの代表作である《ジゼル》の作曲家アダンが初めて作曲したグランド・オペラ。作品に対する観客の関心はあまり高くなく、結果的に、初演の翌年にかけて13回上演されたのみとなった。
1844/12/06	Marie Stuart マリー［メアリー］・スチュアート	ドニゼッティ	アンヌ	5	ドニゼッティが1834年に作曲したイタリア語のオペラを、オペラ座には1844年にレパートリー入りした。16世紀に実在したスコットランド女王、メアリー・スチュアートの悲劇を描いており、今日でもしばしば上演の機会がある。

316

第 4 章　パリ・オペラ座初演作品一覧（1820～90）

初演日	タイトル	作曲家	台本作家	幕数	解説
1845/12/17	Etoile de Séville (L') セビーリャの星	マイケル・ウィリアム・バルフ (Michael William Balfe, 1808 – 1870)	イポリット・リュカ (Hyppolite Lucas)	4	17世紀スペインを代表する劇作家、ロペ・デ・ベガの劇作品『セビーリャの星』に基づく4幕のオペラ。作曲家のバルフはアイルランドのダブリン出身で、オペラ歌手としても活躍し、少なくとも29作品のオペラを残している。《セビーリャの星》は彼の代表作ではないが、当時のオペラ座のスター歌手、ロジーヌ・シュトルツが初演のタイトル・ロールを歌った。
1846/02/20	Lucie de Lammermoor ランメルモールのルチア	ドニゼッティ	サルヴァトーレ・カマラーノ (Salvatore Cammarano), ヴァエーズ, ロワイエ	3	ドニゼッティが1835年に作曲したオペラ。オペラ座では、ロワイエとヴァエーズによるフランス語版による上演でレパートリー入りした。物語はスコットランドの作家、ウォルター・スコットの小説『ラマムアの花嫁』を原作としている。主人公のルチアにはエドガルドという恋人がいるが、二人の家は敵対関係にある。兄の計略によって政略結婚させられたことを知ったルチアが、発狂して歌う「狂乱の場」は、特に親しまれている場面の一つである。

317

初演日	タイトル	作曲家	台本作家	幕数	解説
1846/06/03	David ダヴィッド	オーギュスト・メルメ (Auguste Mermet, 1810-1889)	スクリーブ、フェリシアン・マルフィーユ (Félicien Mallefille)	3	ベルギーのブリュッセル出身で、主にフランスで活動した作曲家、メルメの作品。台本は、1822年にオデオン座で初演された、フランスの劇作家アレクサンドル・スーメの戯曲『サウル』を基に、旧約聖書のダヴィデとゴリアテの物語を描いている。メルメは他にもオペラを作曲しているが、《ダヴィッド》同様、ヒットは作とはならなかった。
1846/12/30	Robert Bruce ロバート・ブルース	ロッシーニ、ニデルメイエール（編曲）	ロワイエ、ヴァエーズ	3	ロッシーニのオペラ《湖上の美人》や《セルミーラ》などの音楽を使用した、3幕からなるパスティッチョ。物語はウォルター・スコットの「スコットランド物語」に基づいており、14世紀に実在したスコットランド王ロバート1世を主人公とする。ジョゼフ・マジリエによる振付のバレエシーンには、リュシアン・プティパ、アデル・デュミラットらが出演した。
1847/05/31	Bouquetière (La) 花売り娘	アダン	リュカ	1	アダンが、1844年の《パレスチナのリシャール》以来、2度目にオペラ座用に作曲した作品。今作もまた、アダンにオペラ座での成功をもたらすことはなかった。
1847/11/26	Jérusalem エルサレム	ジュゼッペ・ヴェルディ (Giuseppe Verdi, 1813-1901)	ロワイエ、ヴァエーズ	4	1843年2月11日にミラノ・スカラ座で初演された《第1回十字軍のロンバルディア人たち》をオペラ座用に改作したもの。

第4章　パリ・オペラ座初演作品一覧（1820～90）

初演日	タイトル	作曲家	台本作家	幕数	解説
1848/11/06	Jeanne la folle 狂気のジャンヌ	アントワーヌ＝ルイ・クラピソン (Antoine-Louis Clapisson, 1808-1866)	スクリーブ	5	1838年以来オペラ＝コミック座に作品を提供していたクラピソンによる最初にして最後のグランド・オペラ。
1849/04/16	Prophète (Le) 預言者	マイヤベーア	スクリーブ	5	マイヤベーアのグランド・オペラ第3作。16世紀前半にミュンスターで起こった宗教対立を題材におかれており、筋の中心は個人の恋愛におかれており、預言者として反乱を煽動した動機も、主人公ジャンの個人的な復讐心にある。第3幕のバレエ〈スケートをする人たち〉でのローラースケートを使用した振り付けや、第4幕における大規模なサクソルン楽隊を使用した〈戴冠式行進曲〉、第5幕の火薬庫の爆発による壮絶な幕切れなど、演出、音楽の両面で画期的な試みがなされ、グランド・オペラの歴史に残る作品となった。
1849/12/24	Fanal (Le) ファナル [道しるべ]	アダン	サン＝ジョルジュ	2	アダンによるオペラ座向けの第3作。同年11月にテアトル・ナシオナルを開場するアダンにとって、最後のオペラ座向けに作曲したオペラ作品となった。

319

初演日	タイトル	作曲家	台本作家	幕数	解説
1850/12/06	Enfant prodigue (L') 放蕩息子	オベール	スクリーブ	5	ルカの福音書第15編にある「放蕩息子のたとえばなし」に基づくグランド・オペラ。オベールがオペラ座のために作曲した「5幕」のグランド・オペラとしては最後のもの。コンスタント・ランベールが1933年に《ラ・ンデヴー》において、このバレエ音楽を使用したことでも知られている。
1851/03/17	Démon de la nuit (Le) 夜の悪魔	ヤーコブ・ローゼンハイン (Jacob Rosenhain, 1813-1894)	ジャン=フランソワ・ベイヤール (Jean-François Bayard)	2	マンハイム出身の作曲家・ピアニストであるローゼンハインが1841年にパリで初演した1幕オペラ《リスヴェンナ》を、オペラ座の上演用に2幕に改訂した作品。
1851/04/16	Sapho サッフォー	シャルル・グノー (Charles Gounod, 1818-1893)	エミール・オージェ (Guillaume Victor Émile Augier)	3	後に《ファウスト》でオペラ史に名を残すことになるグノーの最初のオペラ。紀元前6世紀のオリンピアを舞台に、女流詩人サッフォーが青年ファオンに恋し、海に身を投じたという伝説に基づく内容。初演後9回の上演で外されたが、1858年に改訂されて2幕構成で再演、さらに後年の1884年に4幕構成に改訂されて再び上演にかけられ、合計で48回の上演が記録されている。
1851/05/16	Zerline, ou la corbeille d'oranges ゼルリーヌ	オベール	スクリーブ	3	オベールがオペラ座のために作曲した最後のオペラ。パレルモを舞台に、ロッカネラの王と王子、オレンジ売りのゼルリーヌという娘のゲマ、海軍将校ロドルフをめぐる恋愛物語。

第4章　パリ・オペラ座初演作品一覧（1820～90）

初演日	タイトル	作曲家	台本作家	幕数	解説
1852/04/23	Juif errant (Le) さまよえるユダヤ人	アレヴィ	スクリーブ, サン=ジョルジュ	5	1190年のアマスエルスを舞台に、ユダヤ人アハスヘルスを主人公とする内容。リブレットはウジェーヌ・シューの小説『さまよえるユダヤ人』（1844～45年に連載）をベースとしており、翌々シーズンまでに48回の上演を記録した。
1853/02/02	Louise Miller ルイザ・ミラー	ヴェルディ	パチーニ, バンジャマン・アラッフル (Benjamin Alaffre)（翻訳・改作）	4	1849年12月8日にナポリのサン・カルロ劇場で初演された3幕のオペラ《ルイザ・ミラー》（台本：サルヴァトーレ・カンマラーノ）のオペラ座用改訂版。同作品は、すでに1852年12月7日にイタリア座で上演されてパリに紹介されていたが、オペラ座での上演に際して4幕構成に変更された。
1853/05/01	Fronde (La) フロンドの反乱	ニデルメイエール	ジュール・ラクロワ (Jules Lacroix), オーギュスト・マケ (Auguste Maquet)	5	ニデルメイエールによる最後のグランド・オペラ。17世紀半ばにフランスで起こった貴族の反乱を題材としている。

321

初演日	タイトル	作曲家	台本作家	幕数	解説
1853/10/17	Le Maître-chanteur, ou Maximilien à Francfort マイスタージンガー	アルマンド・リムナン デル・ヴァン・ニーウェンホーヴェ (Armand Limnander van Nieuwenhove, 1814–1892)	アンリ・トリアノン (Henry Trianon)	2	ヘント生まれの作曲家ニーウェンホーヴェは、1849年にオペラ・コミック《モンテネグロの人たち》で成功を収め、本作でオペラ座デビューを果たした。前作ほどの成功は得られなかったが、1857年にも再演された。フランクフルト・アム・マイン伯の息子ロドルフが、父の命令に背いて金細工師の娘マルグリートを得ようとするが、それを手助けした謎の名歌手マキシミリアンを取り入れた最初期のオペラの1つとしても知られる。1874年にブリュッセル、76年にヘントで改訂再演された。
1853/12/28	Betly ベトリー	ドニゼッティ	リュカ（翻訳）、アダン（改作）	2	1836年8月24日にナポリで初演されたオペラ・ブッファ《ベトリー》をアダンがオペラ座用にアレンジしたもの。
1854/10/18	Nonne sanglante (La) 血まみれの修道女	グノー	スクリーブ、ヴェニーヌ	5	グノーの2作目のオペラ。リブレットはマシュー・グレゴリー・ルイスのゴシック小説『マンク』(1796) を基に、自由に上演が行われたもの。1ヶ月間に11回の上演が行われたが、大きな成功にはつながらなかった。

第4章 パリ・オペラ座初演作品一覧（1820～90）

初演日	タイトル	作曲家	台本作家	幕数	解説
1855/06/13	Vêpres siciliennes (Les) シチリア島の夕べの祈り	ヴェルディ	スクリーブ、ドゥヴェーニュ	5	ヴェルディが初めてオペラ座での上演のために作曲したグランド・オペラ。1282年にパレルモで起こった暴動と虐殺事件を題材としている。1865年までオペラ座のレパートリーとして残り、合計62回の上演を記録している。1863年には、第3幕と第4幕の一部が作曲者の手によって改訂されている。
1855/09/27	Sainte Claire セント・クレア	エルンスト2世（ザクセン＝コーブルク＝ゴータ公）(Ernst II. Sachsen-Coburg und Gotha, 1818-1893)	シャルロッテ・ビルヒ＝プファイファー (Charlotte Birch-Pfeiffer)、ギュスターヴ・オッペル (Gustave Oppelt)（翻訳・翻案）	3	1854年4月2日にゴータ宮廷劇場において、フランツ・リストの指揮で初演されたオペラ《サンタ・キアラ》のオペラ座版。エルンスト2世の代表作で、パリでは60回以上も再演された。
1855/12/24	Pantagruel パンタグリュエル	テオドール・ラバール (Théodore Labarre, 1805-1870)	トリアノン	2	ナポレオン3世の異母兄弟であるラパール が初めてオペラ座用に作曲した「オペラ・ブフ」。
1856/11/10	Rose de Florence (La) フィレンツェのバラ	エマニュエル・ビレッタ (Emanuele Biletta, 1825-1890)	サン＝ジョルジュ	3	ロンドンでバレエ作曲家として成功していたビレッタがオペラ座向けに作曲したオペラ。当地での評判は芳しくなかったが、1875年にフィレンツェで制作されたイタリア語版が成功した。

323

第Ⅲ部　パリ・オペラ座という空間

初演日	タイトル	作曲家	台本作家	幕数	解　説
1857/01/12	Trouvère (Le) トロヴァトーレ	ヴェルディ	サルヴァトーレ・カンマラーノ (Salvatore Cammarano), バチーニ (翻訳)	4	1853年1月19日にローマのアポロ劇場で初演されたドラマ・リリコ《イル・トロヴァトーレ》のオペラ座版。パリでは、すでに1854年12月23日にイタリア座でオリジナル版が上演されていたが、ヴェルディはオペラ座での上演のために第3幕にバレエを追加したほか、アスチューチャ役を歌ったアディニータ・ボルギ＝マーモのために、このパートにも変更を加えた。
1857/04/20	François Villon フランソワ・ヴィヨン	エドモン・マンブレ (Edmond Membrée, 1820-1882)	フランソワ・ジュール・エドモン・ゴット (François Jules Edmond Got)	1	ナポリ派のオペラ作曲家ミケーレ・カラファに学んだマンブレによる、15世紀半ばに実在した詩人フランソワ・ヴィヨンを題材としたオペラ。
1857/09/21	Cheval de bronze (Le) 青銅の馬	オベール	スクリーブ	4	1835年3月22日にオペラ＝コミック座で初演された同名の夢幻オペラ (opéra-féerie) を、リュシアン・プティパの振り付けでオペラ＝バレエ化した作品。
1858/03/17	Magicienne (La) 女魔術師	アレヴィ	サン＝ジョルジュ	5	リブレットは15世紀にクードレットが記した『メリュジーヌ物語』をベースとしている。1859年2月2日までに45回の上演を記録した。

324

第 4 章　パリ・オペラ座初演作品一覧（1820〜90）

初演日	タイトル	作曲家	台本作家	幕数	解　説
1859/03/04	Herculanum ヘルクラネウム	フェリシアン・ダヴィッド (Félicien David, 1810-1876)	ジョゼフ・メリ (Joseph Méry), テランス・アド (Terence Hadot)	4	ダヴィッドのオペラ座デビュー作。舞台は西暦79年のヘルクラネウム、終幕でヴェスヴィオ火山が噴火する《ポルティチ》を想起させる。1870年までに74回の上演が記録されている。2014年にブリュッセルで蘇演、録音されている。
1859/09/07	Roméo et Juliette ロメオとジュリエット	ヴィンチェンツォ・ベッリーニ (Vincenzo Bellini, 1801-1835)	ロマーニ、ニュイテル（翻訳）	2	ベッリーニのオペラ《カプレッティ家とモンテッキ家》にヴァッカイのオペラ《ジュリエッタとロメオ》を混合した作品。その発案者はロッシーニとされる。
1860/03/09	Pierre de Médicis ピエロ・デ・メディチ	ユゼフ・ミハウ・クサヴェリ・フランチシェク・ヤン［ジュゼッペ］・ポニャトフスキ (Jozef [Giuseppe] Poniatowski, 1816-1873)	サン=ジョルジュ、パチーニ	4	ポニャトフスキは1830年代にテノール歌手としてイタリアのオペラでロッシーニやドニゼッティのオペラに出演した後、40年以降はオペラ創作も手がけるようになった。彼のパリ・デビュー作かつ唯一のグランド・オペラ。
1860/07/09	Sémiramis セミラーミデ	ロッシーニ	ガエターノ・ロッシ (Gaetano Rossi), ガストン・メリ (Gaston Méry)（翻訳）	4	1823年2月3日にヴェネツィアのフェニーチェ劇場で初演された2幕のオペラ《セミラーミデ》のオペラ座版。同作のパリ初演は1825年のイタリア座版であったが、このオペラ座版は4幕構成に変更され、ミナーレ・カラファによってバレエ音楽が追加された。なお、ロッシーニはカラファにこの版の権利を譲っている。

325

初演日	タイトル	作曲家	台本作家	幕数	解説
1861/03/13	Tannhauser タンホイザー	リヒャルト・ワーグナー (Richard Wagner, 1813-1883)	ワーグナー、ニュイテル（翻訳）	3	1845年10月19日にドレスデンの宮廷劇場で初演された《タンホイザー》のオペラ座版。ワーグナーはオペラ座での上演のために、第1幕第1場をバレエとして作曲し直し、同第2場も根本的に書き改めるなど、全体に大幅に手を加えたが、3回の上演の後にみずから作品を撤回した。後に、このパリ上演版に基づいてさらなる改訂を加えた上演が1875年にウィーンで行われた。
1861/12/30	Voix humaine (La) 人間の声	ジュリオ・アラリ (Giulio Alary, 1814-1891)	メレヴィル	2	アラリはミラノの音楽院に学び、スカラ座のフルート奏者を経て1835年（あるいは38年）にパリに移住し、1853年にはイタリア座の監督になった人物である。すでにオペラ作曲家としてのキャリアも積み重ねていたが、オペラ座用に作曲したのは本作が最初で最後であった。
1862/02/28	Reine de Saba (La) シバの女王	グノー	ジュール・バルビエ (Jules Barbier)、ミシェル・カレ (Michel Carré)	4	グノーによる3作目のオペラ座用作品。リブレットはジェラール・ド・ネルヴァルの『東方紀行』(1851)を基に、ジュール・バルビエとミシェル・カレが共作した。ネルヴァルはゲーテの『ファウスト』をフランス語に翻訳して紹介した人物であり、2人の合本作者は、グノーの代表作《ファウスト》(1859)の合本作者でもある。

第 4 章　パリ・オペラ座初演作品一覧（1820〜90）

初演日	タイトル	作曲家	台本作家	幕数	解　説
1863/03/06	Mule de Pedro (La) ペドロの雌らば	ヴィクトール・マセ (Victor Massé, 1822-1884)	フィリップ・デュマノワール (Philippe Dumanoir)	2	パリ音楽院でアレヴィに学び、1844 年にローマ賞も受賞し、数多くのオペラ・コミックを作曲したマセが最初にしてオペラ座最後にオペラ座のために作曲した作品。
1864/03/09	Docteur Magnus (Le) ドクター・マニュス	エルネスト・ブーランジェ (Ernest Boulanger, 1815-1900)	ウジェーヌ・コルモン (Eugène Cormon)、カレ	1	エルネスト・ブーランジェは、1835 年にローマ大賞を受賞し、主にオペラ・コミックを作曲する作曲家であった。本作は 1 幕のため、他作曲家のバレエ作品と組み合わせて、1864 年に 9 回上演されている。エルネストはその後パリ音楽院声楽科教授となり、結婚して、音楽史上名高いナディア／リリの父親となった。
1864/10/03	Roland à Roncevaux ロンスヴォーのローラン	メルメ	メルメ	4	父親がナポレオン軍の大佐であったメルメのオペラ作品は、フランスの歴史に題材をとった愛国的なものが多い。本作は 8 世紀にフランク王国とバスク軍の間で起きたロンスヴォーの戦いで戦死したローランを扱ったもので、1867 年には急な人気を得て 65 回上演された。彼の作風はアレヴィとマイヤベーアを受け継いでいる。

327

初演日	タイトル	作曲家	台本作家	幕数	解説
1865/04/28	Africaine (L') アフリカの女	マイヤベーア	スクリーブ	5	マイヤベーアの最後のグランド・オペラ。海軍士官ヴァスコ・ダ・ガマと、恋人のイネス、奴隷となるアフリカの国の女王セリカをめぐって、愛と自己犠牲、そして探検力が描かれる。初演時にはスクリーブもマイヤベーアも亡くなっており、フェティスが上演の陣頭指揮をとった。作曲家と台本作家の契約は1837年に遡るが、その後改訂時に題名が《ヴァスコ・ダ・ガマ》となり、舞台もポルトガルとインドになった。フェティスが題名を《アフリカの女》に戻し、最後の2幕の舞台をインド洋のセリカの国に変更した。
1867/03/11	Don Carlos ドン・カルロス［ドン・カルロ］	ヴェルディ	カミーユ・デュ・ロークル (Camille du Locle)、メリ	5	シラーの戯曲「スペインの王子ドン・カルロス」を原作として、オペラ座の新作としてヴェルディに依頼されたグランド・オペラ。イタリア語への翻訳版のほか、4幕に改訂された版があり、こちらは1884年にミラノのスカラ座で初演された。16世紀のフランスとスペイン国王フェリペ2世に愛し合う息子の王子ドン・カルロスと国王の妻となるエリザベトをめぐる愛と政治、さらにはフランドルにおける宗教改革が絡み合う。

第4章 パリ・オペラ座初演作品一覧（1820～90）

初演日	タイトル	作曲家	台本作家	幕数	解説
1867/10/22	Fiancée de Corinthe (La) コリントの花嫁	ジュール・デュプラート (Jules Duprato, 1827-1892)	デュ・ローケル	1	ゲーテの同名の詩を原作とする1幕のオペラ。デュプラートは1848年にローマ大賞を受賞した作曲家で、1850年代にオペラ・コミックやオペレッタで成功を収めたが、本作をはじめ、その後の作品は成功を見ず忘れられた。
1868/03/09	Hamlet ハムレット	トマ	カレ、バルビエ	5	シェイクスピアの名作を原作とするトマの代表作。全5幕の典型的なグランド・オペラで、台本は、アレクサンドル・デュマとポール・ムーリスが翻訳した仏語版『ハムレット』に基づいて作成された。第4幕のオフェリー（オフィーリア）による長大な狂乱の場が聴かせどころである。
1869/03/03	Faust ファウスト	グノー	カレ、バルビエ	5	ゲーテの『ファウスト』第1部とカレの戯曲に基づき、はじめはオペラ・コミックとして作曲され、1859年にリリック座で初演された。その後合唱をレチタティーヴォに変更し、フランスの地方劇場やドイツ、イタリア、イギリスなどで相次いで上演された。さらにバレエを加えたグランド・オペラ版として、1869年にオペラ座で初演され、大々的な成功を収めた。オペラ座でマイヤベーアの作品を超える上演回数を獲得した。

329

初演日	タイトル	作曲家	台本作家	幕数	解説
1871/10/16	Erostrate エロストラート [ヘラストラトス]	エルネスト・レイエ (Ernest Reyer, 1823-1909)	メリ, パチーニ	2	初演はドイツ語で、1862年8月21日にバーデン=バーデンで行われた。新劇場のための委嘱作品である。ミロのヴィーナスが大きな腕を失ったのかというエピソードを語るに腕を失ったのかというエピソードを語る。初演は成功したが、オペラ座では大きな成功は得られなかった。
1873/01/10	Coupe du roi de Thulé (La) トゥーレの王の杯	ウジェーヌ・ディアズ (Eugène-Émile Diaz de la Peña, 1837-1901)	ルイ・ガレ (Louis Gallet), エドゥアール・ブロー (Edouard Blau)	3	1867年の万国博覧会に際して、政府主催で行われたコンクールで受賞した脚本に、ディアスのほか、ビゼー、マスネ、ギローらが音楽をつけた。ビゼーの作品は未完であり、上演されていない。題材の「トゥーレの王の杯」は、ゲーテ『ファウスト』に含まれる詩で、シューベルトの歌曲やグノーのオペラ《ファウスト》のなかの1曲としても有名である。1873年に22回上演された。
1874/07/15	Esclave (L') 奴隷	マンブレ	ゴット, エドモン・フーシエ (Edmond Foussier)	4	サル・ル・ペルティエが消失し、ガルニエ宮が建設されるまでの仮設劇場（サル・ヴァンタドゥール）で上演された。もともと5幕の悲劇としてフーシエが書いたものが、ゴットの提案でグランド・オペラ化されることになり、依頼を受けたマンブレは1851年に着手、1852年には完成していた。しかし実績のない若手の5幕オペラに躊躇する支配人や、パリの惨禍による紆余曲折を経て、最終的に4幕で上演された。初演日を7月21日と記す文献もある。

第 4 章　パリ・オペラ座初演作品一覧（1820〜90）

初演日	タイトル	作曲家	台本作家	幕数	解説
1876/04/05	Jeanne d'Arc ジャンヌ・ダルク	メルメ	メルメ	4	新しいオペラ座（ガルニエ宮）で上演されたメルメの最初のオペラ作品であるが、あまり成功しなかった。
1877/01/13	Un bal masqué 仮面舞踏会	ヴェルディ	アントニオ・ソンマ (Antonio Somma)	3	1859年2月17日ローマのアポロ劇場で初演。フランス初演は1861年1月13日、イタリア座にて。スクリーブがオベールのために書いた《ギュスターヴ3世、あるいは仮面舞踏会》に着想を得て、最初はナポリのサン・カルロ劇場のために書かれた。しかし厳しい検閲により断念し、ローマでいくつかの設定を変更することで初演された。主人公はスウェーデン国王グスタフ3世ではなく、ボストン総督とされ、17世紀末のボストン周辺を舞台として物語が展開する。
1877/04/27	Roi de Lahore (Le) ラオールの王	ジュール・マスネ (Jules Massenet, 1842-1912)	ガレ	5	マスネのオペラ座デビュー作。11世紀のパキスタンの都市ラオールを舞台に、ラオールの王アリムと、インドラ神を祭る寺院（ヒンドゥー教）の尼僧シータの愛を描く。第2幕でアリムは殺されるが、神の慈悲で地上に戻り、シータとともに昇天して結ばれる。この作品の成功により、マスネは1878年にパリ音楽院作曲家教授に就任した。

331

初演日	タイトル	作曲家	台本作家	幕数	解説
1878/10/07	Polyeucte ポリュクト［ポリュクトス］	グノー	カレ、バルビエ	5	古代ローマ時代のキリスト教の聖人ポリュクトスを題材とする。殉教したポリュクトスの物語を、17世紀にコルネイユが悲劇として描いている。バルビエがそれをもとに台本を書いた。ようやく上演にいたったが、前年のマスネの《ラオールの王》の成功の陰に隠れる結果となった。作曲は普仏戦争を挟んで遅れ、
1878/12/27	Reine Berthe (La) 王妃ベルト	ヴィクトラン・ジョンシエール (Victorin Joncière, 1839-1903)	バルビエ	2	台本は、13世紀のトルヴェールが作った詩に登場する糸紡ぎの娘ベルトのエピソードに着想を得て書かれた。ジョンシエールのオペラはリリック座で上演されていたが、ことごとく失敗に終わり、オペラ座で初めて上演された《王妃ベルト》も、3度しか上演されなかった。
1880/03/22	Aida アイーダ	ヴェルディ	アントニオ・ギスランツォーニ (Antonio Ghislanzoni)、ニュイテル、デュ・ロークル（翻訳）	4	古代エジプトを舞台とするヴェルディの代表作のひとつ。アイーダはエチオピアの奴隷である。1871年にカイロで初演され、イタリアでも成功を収めていた。パリ・オペラ座初演に際して、オペラ座のダンサー兼振付師であるルイ・メラントが振り付けを行ったが、ヴェルディ（マエストロ）は同時期のマスネ、グノー、トマ、サン＝サーンスのオペラ座初演作品の振り付けも担当している。

332

第 4 章　パリ・オペラ座初演作品一覧（1820〜90）

初演日	タイトル	作曲家	台本作家	幕数	解　説
1881/04/01	Tribut de Zamora (Le) ザモラの貢ぎ物	グノー	アドルフ・デヌリ (Adolphe d'Ennery)	4	グノーの最後のオペラである。初演は成功したとする記述もある一方で、引退勧告ともいえる酷評を受けたという記述もある。実際このの作品を最後にグノーはオペラから離れた。ムーア人占領下のスペインを舞台に、気を狂わせた女の理性の回復を描く。
1882/04/14	Françoise de Rimini フランソワーズ・ド・リミニ［フランチェスカ・ダ・リミニ］	トマ	カレ、バルビエ	4	トマの最後のオペラである。プロローグとエピローグを伴う4幕オペラ。ダンテの『神曲』地獄編に登場するフランチェスカのエピソードを基にしている。初演はグノー《ザモラの貢ぎ物》と同様に、賛否両論であったが、1882年、1884年に再演されたのち、レパートリーから消えた。2011年にリヴァイヴァル上演されている。
1883/03/05	Henry VIII ヘンリー8世	シャルル・カミーユ・サン＝サーンス (Charles Camille Saint-Saëns, 1835-1921)	レオンス・デトロワイヤ (Leonce Détroyat)、アルマン・シルヴェストル (Armand Silvestre)	4	スペインの劇作家カルデロンの戯曲『イングランド国教会分裂』に主に基づく。ローマ・カトリック教会からイングランド国教会を分離させた16世紀のイングランド王ヘンリー8世を主人公に、キャサリンとの結婚、アン・ブーリンとの愛などが絡み合い劇的に展開する。サン＝サーンスはすでに1877年にヴァイマルで初演された《サムソンとダリラ》が大成功を収めており、それに次ぐ成功作となったが、《サムソンとダリラ》がオペラ座で初演されるのは、1892年11月23日である。

333

初演日	タイトル	作曲家	台本作家	幕数	解説
1885/01/12	Tabarin タバラン	エミール・ペサール (Émile Pessard, 1843-1917)	ポール・フェリエ (Paul Ferrier)	2	ペサールは1866年にカンタータ《ダリラ》でローマ大賞を受賞し、この作品は1867年2月21日に、オペラ座で初演されている。ペサール自身は、オペラ・コミックやオペレッタの作曲を得意としている。《タバラン》は1874年にコメディ・フランセーズで上演されたフェリエの劇をオペラ化したもの。タバランは、シャルル9世治下に実在したイタリア人ジョヴァンニ・タバリーニをモデルとしている。
1885/02/27	Rigoletto リゴレット	ヴェルディ	フランチェスコ・マリア・ピアーヴェ (Francesco Maria Piave), エドゥアール・デュプレ (Édouard Duprez) (翻訳)	4	ヴィクトル・ユゴーの戯曲「王は愉しむ」に基づくオペラ。1851年にヴェネツィアのフェニーチェ劇場で初演された。翌年からイギリス、アメリカ等諸国で上演されているが、パリ・オペラ座では1883年にグノーの《ファウスト》などと合わせて一部上演されたのち、1885年に全曲初演された。以後は今日に至るまで、ほぼ途切れることなくオペラ座で上演されている。
1885/06/12	Sigurd ジゲール[ジークフリート]	レイエ	ブロー, デュ・ロクル	4	1884年1月7日ブリュッセルのモネ劇場で初演。「ニーベルンゲンの歌」と「エッダ」の伝説に基づく。スケッチは1862年に開始され、67年には草稿が完成していた。フランスでは1861年にドイツ語の「ニーベルンゲンの歌」がフランス語に翻訳され、1862年には、ルコント・ド・リールが「ジグテール[ジグルの死]」を含む詩集を出版している。

第4章　パリ・オペラ座初演作品一覧（1820〜90）

初演日	タイトル	作曲家	台本作家	幕数	解説
1885/11/30	Cid (Le) シッド	マスネ	ブロー、デヌリ、ガレ	4	マスネ最後のグランド・オペラ。コルネイユの戯曲を原作とする。11世紀のスペインを舞台として、「シッド」こと騎士ロドリーグと彼を愛するシメーヌ、そして両者の父親を中心に物語が展開する。1919年までレパートリーとして定期的に上演されていたが、その後上演されなくなった。
1886/12/16	Patrie! 祖国よ！	エミール・パラディール (Émile Paladilhe, 1844-1926)	ヴィクトリアン・サルドゥ (Victorien Sardou)、ガレ	5	初演日を12月20日とする資料もある。1919年9月8日までに、実に95回、オペラ座で公演されている。パラディールは1860年に史上最年少でローマ大賞を受賞し、オペラ作曲家の道に進んだ。ビゼーやグノーとも親交を結んだ。
1888/1/30	Dame de Monsoreau (La) モンソローの奥方	ガストン・サルヴェール (Gaston Salvayre, 1847-1916)	マケ	5	サルヴェールは1872年にローマ大賞を受賞。《モンソローの奥方》はマケとアレクサンドル・デュマによる戯曲に基づく。オペラ座からの委嘱作品だったが、8回の上演で姿を消した。
1888/11/28	Roméo et Juliette ロメオとジュリエット	グノー	カレ、バルビエ	5	1867年4月27日にリリック座で初演され、大成功を収めた。シェイクスピアの『ロミオとジュリエット』に忠実に作られている。リリック座が閉鎖したあとは、オペラ座で上演するために一部改訂し、オペラ座初演に際しては、第3幕のロメオの一節と、第4幕のバレエが付け加えられた。オペラ座にレパートリー入りしてから今日まで、ほぼ途切れることなく上演されている。

335

初演日	タイトル	作曲家	台本作家	幕数	解　説
1890/3/21	Ascanio アスカニオ	サン=サーンス	ガレ	5	アレクサンドル・デュマの小説『アスカニオ』をもとに、ポール・ムーリスが1852年に戯曲化した『ベンヴェヌート・チェッリーニ』に基づくグランド・オペラである。ベルリオーズの同名のオペラと区別して、タイトルは《アスカニオ》とされた。大きな成功は得られず、初演年とその翌年に上演されたのち、1921年まで公演がなかった。
1890/5/28	Zaïre ザイール	ポール・ヴェロンジュ・ド・ラ・ニュクス (Paul Véronge de La Nux, 1853-1928)	ブロー、ルイ・ベッソン (Louis Besson)	2	ヴォルテールの原作に基づく。ニュクスは1876年にローマ大賞を受賞している(イル・マシェール)が、オペラは《ザイール》を含めて3作品のみで、歌曲を数多く残している。《ザイール》はオペラ座で10回再演された。

■参考資料

澤田　肇

1　《悪魔のロベール》あらすじ

◎主要登場人物
　ロベール（ノルマンディー公爵）
　ベルトラン（ロベールの年上の親友、ロベールの実の父親である悪魔）
　イザベル（シチリア国王パレルモ公の娘）
　アリス（ロベールとは乳兄妹）
　ランボー（アリスの婚約者）

◎あらすじ
●第 1 幕
　中世のシチリア島パレルモが舞台。ノルマンディー公のロベールとその年長の友人ベルトランは、馬上試合が開催されるため集まってきた各国の騎士たちが催している酒宴に立ち寄る。余興としてフランスからやってきた大道芸人の一行が登場するが、その中にいたランボーが悪魔のロベールの話を当人がその場にいることに気づかないまま語り始める。ロベールは母ベルトと悪魔との間にできた子供だと明かすと、会場には嘲笑の声が上がる。怒ったロベールはランボーを処刑しようとするが、芸人は婚約者と待ち合わせをしていると知り、命を奪う代わりに婚約者が騎士たちの慰みものになるのを見るだけで満足しようと言う。ランボーを訪れた若い娘が自分とは乳兄妹の間柄であるアリスだと認めたロベールは、彼女を騎士たちから救い出す。

　ロベールと二人きりになったアリスは、彼の母が亡くなったことを知らせる。ロベールは熱愛するパレルモ公の娘イザベルを誘拐する企てに失敗したのだと告白する。打ちひしがれるロベールを慰め、アリスは恋の仲介役を買って出る。ベルトランが現れると、アリスは悪魔だと感づくが、ロベール

に安心しろと見送られる。ベルトランは自分とロベールとの間の強い絆を保証し、元気づけながら、ロベールが過ちを繰り返すように仕向ける。ロベールは賭博で財産も武器も失ってしまう。

● 第2幕

　パレルモ公の宮殿では、イザベルがもう二度とロベールに会えないのではと嘆く。王女への謁見に訪れた若い娘たちの集団に紛れ込んだアリスは、ロベールからの手紙をイザベルに渡す。姿を現したロベールはイザベルと思いを通わせ、さらに彼女から馬上試合に参加するために欠かせない武器を贈られる。馬上試合の勝者は王女の夫になること、天下無敵と評判のグラナダ大公が試合に参加することをイザベルは恋人に教える。ロベールは恋敵を呪い、決闘で倒したいと大声を上げる。途端に使者が到着し、グラナダ大公が一対一の闘いを望んでいると告げ、ロベールを連れ去る。
　一人きりのベルトランが、この決闘はロベールが試合に参加することを妨げるための作り話であったことを明らかにする。城では参加者の点呼が始まるが、ロベールの応答はなく、イザベルとアリスは不安にかられる。ベルトランは思ったように事が運ぶのを目にしてロベールが悪魔の仲間入りをする日は近いと喜ぶ。

● 第3幕

　サン＝ティレーヌの山中で、ランボーはアリスと待ち合わせ、それから結婚式に向かうつもりだ。ベルトランが現れランボーに放蕩三昧の楽しさを吹き込み、金を与えて町へ向かわせる。純朴な人間を堕落させたこの勝利を喜ぶベルトランは、ロベールが自分の息子であり、彼と共にいるためにはいかなることもすると語り、悪魔たちが潜む洞窟の中に入る。アリスが到着するが、ランボーが見当たらないので、失恋したのかと嘆く。悪魔たちがロベールの名を呼ぶ声を耳にし、アリスは洞窟の入り口から奥を覗き込み、一時気が遠くなる。ベルトランが出てくるが、呆然としている。翌日の午前零時までにロベールを地獄の世界に引き入れなければならないと堕天使の王に言い

渡されたのだ。ベルトランはアリスに気づき、彼女が何もかも見聞きしたのだと悟り、脅しの言葉を浴びせる。

　ロベールは、再びイザベルの心を征服するために、ベルトランの助けを求める。ベルトランは、女子修道院に眠る聖女ロザリーの棺の上にある魔法の小枝を手に取るよう勧める。先に修道院に入ったベルトランは、墓の中にいる修道女たちに外に出てきて、息子が魔法の小枝を奪うように誘惑しろと呼びかける。修道女たちはバッカナーレを踊って応えるが、到着したロベールは小枝の持つ邪悪な力を感じて手にするのをためらう。修道女たちは酩酊、賭博、性愛という3つの誘惑の踊りで、ロベールに冒涜の行為に踏み切らせる。悪魔と亡霊たちが地獄の勝利を祝う。

●第4幕

　宮殿の室内でイザベルはその日の朝結婚式を迎えた新婦たちの謁見を受ける。華やかな式典の最中に誰もが突然眠りに落ちる。魔法の小枝を手にしたロベールが現れ、しばし眠るイザベルを見つめる。目覚めさせられた王女はロベールを馬上試合に来なかったと非難するが、その恋人は彼女を熱愛しているから誘拐したいと言うばかりである。イザベルはロベールが邪悪な力に操られていると見て、二人の愛にかけて彼女の意思を尊重するようにと懇願する。自分とロベールのために恩寵を乞うイザベルを見て、悪魔の子は心を動かされ、魔法の小枝を折ってしまう。たちまち宮廷人たちは目を覚まし、ロベールに襲いかかる。それを見たイザベルは気絶する。

●第5幕

　パレルモ大聖堂の中では修道士たちに囲まれた神父が、イザベルの危難を救った神に感謝している。ロベールはベルトランが助けに来てくれたおかげで脱出することができた。イザベルを取り戻したいロベールに、ベルトランは契約を持ちかける。署名しようというときに修道士たちの合唱が聞こえ、ロベールは母と過ごした幼年時代を思い出す。躊躇するロベールを見て、ベルトランは自分が父親であると明かし、悪魔として運命を共にしようと説得す

る。

　その時アリスが現れ、イザベルはロベールの犯した大罪を許したと告げる。ベルトランは地獄との契約書に署名するようロベールに迫るが、アリスはロベールの母ベルトの遺言を見せ、誘惑に落ちないようにとその内容を読む。ロベールは善と悪の選択に心が引き裂かれるが、午前零時の鐘が鳴る。ベルトランは裂けた地面から地獄へと落下し、アリスはロベールをその場から遠ざける。空に響きわたる合唱が天上の地獄に対する勝利を祝福する。大聖堂ではイザベルが婚約者としたロベールを祭壇の前で待っている。

2　原作について

　原作の題名もオペラと同じく『悪魔のロベール』である。原作とオペラには受容において共通するところがある。両者ともに19世紀末に人気が低迷し、20世紀末に復活を遂げたのである。オペラの方は、1893年8月28日に758回目の公演をガルニエ宮で行ったのを最後にオペラ座のレパートリーから外された。復活公演は1985年のことである。原作の方は、19世紀後半には新たな出版が途絶え、世紀末には大きな図書館に行かないと目に触れることもできなくなる。1996年にフラマリオン社が副題をつけて『悪魔のロベール　12世紀の物語』として文庫本を刊行した[1]。

　この副題から推測できるように、『悪魔のロベール』は中世に広く流布していた伝承なのである。その民間伝承を写本に書き留めたものが原典となるが、最も古いものはフランス国立図書館に収蔵されている13世紀後半及び14世紀末の写本である。それによると、物語のあらすじは次のようになる。残虐な行いを繰り返すロベールは、母であるノルマンディー公爵夫人から自分が悪魔の子であることを聞き出す。改悛したロベールはローマ教皇に許しを求め、隠修士が定める償いの生活を森の中で送るよう言い渡される。ロー

---

(1) Cf.『悪魔のロベール』天沢退二郎訳、『フランス中世文学集3　笑いと愛と』白水社、1991年。

マが異教徒に包囲された時には救国の英雄となるが、皇帝の娘との結婚を断り、再び隠者の生活に戻る。老いて死を迎える時は聖人のようであった。

青表紙本(la bibliothèque bleue)とは、フランス中を巡り歩く行商人が民衆に売りさばく騎士道や恋愛物、聖書関係の物語で、安い仕上げのために表紙が青い本のことである。『悪魔のロベール』は近代にいたるまで青表紙本の人気作の一つとなり、様々な改変が施されたヴァリアントも登場した。参考画像にある17世紀の青本の木版画の表紙に記

17世紀の青本木版画の表紙

載されている題名は『恐ろしくも不思議な悪魔のロベールの人生』となっている。18世紀に出版されたものには、ロベールが皇帝の娘と結婚し、ノルマンディーに戻って父の後を継ぐという結末が全く異なる版もある。民衆に広く愛されてきた『悪魔のロベール』の物語は、16世紀の文豪ラブレーや18世紀の思想家ヴォルテールなど、時代を代表する作家の支持も受けてきた。19世紀前半の中産階級の青少年にとってフェヌロンの『テレマックの冒険』(1699)が公の場で読むことのできる小説なら、青表紙本の傑作は隠れてでも読みたい物語だったのだ。そうした若者の一人である近代小説の確立者バルザックも『悪魔のロベール』に熱中し、自分の創作のために活用した。

バルザックは青年期の小説『百歳の人』(1822)の中に、若い娘をさらう不死の老人と対決するベランゲルト将軍を登場させる[2]。この貴族は領地では「悪魔の子」と呼ばれたが、それは母親が長年子宝に恵まれずついに神以外のものに祈願したためである。バルザックはこうした再創造をする他に、『悪魔のロベール』を小説の筋立ての中に直接組み込む場合もある。『幻滅』

---

[2] Cf.『バルザック幻想・怪奇小説選集1 百歳の人—魔術師』私市保彦訳、水声社、2007年。

第3部の「エーヴとダヴィッド」(1843) の中で、画期的な印刷術の発明に熱中する夫ダヴィッドに代わって、破綻が間近い印刷所を経営するエーヴは、1822年青表紙本として誰もが知っているものを一層の低価格で印刷し行商に出す方策を見つける。その挿絵入り本の一つが『悪魔のロベール』なのである。だが1830年前後に印刷技術と製紙法が大幅に改善されることを知っているバルザックは、『ゴーディサール』(1833) において今や行商人ではなくセールスマンがフランスの隅々まで回り、新聞の予約購読を勧誘する時代となったことを明らかにした。

大量印刷が可能となったことから、両方とも1836年創刊の『ラ・プレス』紙と『ル・シエクル』紙が代表する、低価格の新聞各社が予約を取るために目玉にしたのが連載小説である。ウジェーヌ・シューの『パリの神秘』 (1842-43) とアレクサンドル・デュマの『三銃士』(1844) は、そうした新聞から国民的人気が沸騰した小説の例である。大都市から辺鄙な田舎まで、読者は連載小説の続きを待ち望むようになってしまう。青表紙本にとって決定的な打撃は19世紀後半にやってくる。それは後にSF小説と呼ばれることになる新しいジャンルの文学の出現であり、大人ばかりでなく子供も夢中にさせるものとなる。こうした創作の代表者が、『海底二万里』(1870)、『八十日間世界一周』(1873)、『十五少年漂流記』(1888) など、数多くの青少年向けの作品を世に出したジュール・ヴェルヌである。これ以後、「悪魔の子」は地獄から来る悪魔によってではなく、狂気の科学者によって生み出されることになる。

3 《悪魔のロベール》とマイヤベーア

―初演、見どころ・聴きどころ、参考 DVD / YouTube / CD、作曲家―

1 パリ・オペラ座での初演と最終公演・復活公演

初　　演：1831年11月21日、オペラ座（サル・ル・ペルティエ）
ジャンルと構成：グランド・オペラ、5幕

作　　曲：ジャコモ・マイヤベーア
台　　本：ウジェーヌ・スクリーブとジェルマン・ドラヴィーニュ
演　　出：アンリ・デュポンシェル
舞台装置：ピエール・シセリ
指　　揮：フランソワ＝アントワーヌ・アブネック
主な配役：アドルフ・ヌーリ（ロベール）
　　　　　ロール・サンティ＝ダモロー（イザベル）
　　　　　ニコラ＝プロスペール・ルヴァスール（ベルトラン）
　　　　　ジュリー・ドリュ＝グラ（アリス）
　　　　　マルスラン・ラフォン（ランボー）
　　　　　マリー・タリオーニ（女子修道院長エレナ）

―――――

最終公演：1893年8月28日、オペラ座（ガルニエ宮）758回目の公演
復活公演：1985年6月24日、オペラ座（ガルニエ宮）

2　見どころ・聴きどころ

1) 第3幕　〈呪われた尼僧のバレエ〉（le ballet des nonnes damnées）
　　　　　廃墟の女子修道院でベルトランに呼び出された尼僧たちが踊る場面
2) 第4幕　〈ロベール、私の愛する人〉（Robert, toi que j'aime - Air de grâce）
　　　　　魔法の小枝を使って自分を誘拐しようとするロベールに向けて慈悲を乞うイザベルのカバティーナ
3) 第5幕　〈ベルトラン、ロベール、アリスの三重唱〉（Grand Trio）
　　　　　地獄に息子を連れて行こうとするベルトランと天上の母からの手紙を読むアリスを前にして、善と悪との間で引き裂かれるロベール

3 参考 DVD / YouTube / CD

● DVD

ジャコモ・マイヤベーア《悪魔のロベール》(2012年12月ロイヤル・オペラハウスにて収録／3時間31分／Opus Arte OA1106D／字幕：英・仏・独・日・韓）ダニエル・オーレン指揮、コヴェント・ガーデン王立歌劇場管弦楽団、ローラン・ペリ演出：ブライアン・ヒメル（ロベール）、パトリツィア・チョーフィ（イザベル）、ジョン・レリエ（ベルトラン）、マリーナ・ポプラフスカヤ（アリス）

● YouTube

1) ジャコモ・マイヤベーア《悪魔のロベール》(1985年パリ・オペラ座公演、全編を3部に分けて公開している）トーマス・フルトン指揮オペラ座管弦楽団および合唱団、ペトリカ・イヨネスコ演出；ロックウェル・ブレーク（ロベール）、サミュエル・レイミー（ベルトラン）、ジューン・アンダーソン（イザベル）、ミシェル・ラグランジュ（アリス）

→ YouTubeで次の語を入力すると見つけられる：Opéra de Paris Robert le Diable 1985

2)《悪魔のロベール》第3幕〈呪われた尼僧のバレエ〉復元公演（1972年1月1日テレビ放送初演）ピエール・ラコット復元振付、ギレーヌ・テスマー（女子修道院長エレナ）、モンテ・カルロバレエ団

→ YouTubeで次の語を入力すると見つけられる：Ballet Robert le Diable Pierre Lacotte

● CD

1) ジャコモ・マイヤベーア《悪魔のロベール》(Brilliant Classics 94604) 2012年3月サレルノ・ヴェルディ劇場にて収録：ダニエル・オーレン指揮、サレルニターナ・ジュゼッペ・ヴェルディ・フィルハーモニー管弦楽団、サレルノ・ヴェルディ劇場合唱団；ブライアン・ヒメル（ロベール）、パトリツィア・チョーフィ（イザベル）、アラステア・マイルズ（ベルトラン）、

カルメン・ジャンナッタージオ（アリス）―《悪魔のロベール》全曲
2) ディアナ・ダムラウ《マイヤーベーア　グランド・オペラ》（Erato WPCS-13671）2017 年：エマニュエル・ヴィヨーム指揮リヨン国立歌劇場管弦楽団＆合唱団―マイヤベーアの名アリア選集
3) ヒョールディス・テボー、ピエール・イヴ・プルヴォー《マイアベーア　オペラアリア集》（Brilliant Classics BRL94732）2016 年：ディディエ・タルパン指揮ソフィア・フィルハーモニック・オーケストラ―マイヤベーアのアリアとデュエット選
4) ジョイス・エル・コーリー《Echo オペラ・アリア名曲集》（Opera Rara）2017 年：カルロ・リッツィ指揮ハレ管弦楽団―グランド・オペラの名歌手ジュリー・ドリュ＝グラの持ち歌のアルバム
5)《マイアベーア　オペラからのバレエ音楽集》（Naxos 8.573076）2012 年 7 月バルセロナ・パウロ・カザルス・ホールにて収録：ミハル・ネステロヴィチ指揮バルセロナ交響楽団―《悪魔のロベール》から第 2 幕「5 人の踊り」、第 3 幕「尼僧たちのバレエ」を含む

4　作曲家について

ジャコモ・マイヤベーア（1791-1864）は、ベルリン生まれのユダヤ系ドイツ人である。この町の富裕な知的エリート層の一員として幼い頃から芸術に親しみ、とりわけピアノの才能は注目された。ベルリンでは、高名な音楽教師であるカール・フリードリヒ・ツェルター（1758-1832）の門弟となり、音楽活動の一大拠点であったジングアカデミーという協会にも入団していた。1810 年から 12 年にかけては、南西ドイツのダルムシュタットの音楽学校で、創設者であり優秀なオルガニストでもあったドイツきって

ジャコモ・マイヤベーア

の音楽理論家と賛辞されるゲオルク・ヨーゼフ・フォーグラー (1749-1814) の指導を受けるが、学友には《魔弾の射手》(1821) によりドイツ・ロマン主義を代表するオペラ作曲家となるカール・マリア・フォン・ウェーバー (1786-1826) がいた。

　その後、ウィーンでもピアニストとして評判になったが、おそらく宮廷楽長のアントニオ・サリエリ (1750-1825) にイタリアの声楽の作曲法を学ぶように勧められ、1816年にイタリアに向かう。そこでロッシーニのオペラ・セリア《タンクレディ》(1813) を見て感激し、自分の将来を作曲家と定める。イタリア滞在の間に数多くのイタリア語オペラを作曲し、名声を高めるが、中でも大成功を収めたのが《エジプトの十字軍騎士》(1824) である。この作品は同年にパリのイタリア座音楽監督として招聘されたロッシーニにも注目され、1825年にはそのイタリア座でも上演の運びとなる。これの成功を見てマイヤベーアは音楽活動の本拠地を世界都市に定める決心をし、1826年にパリへと移住する。

　パリでは、ロッシーニのほかに、パリ音楽院院長のルイジ・ケルビーニの保護も受け、フランス語オペラの創作に取りかかる。同い年の人気台本作者ウジェーヌ・スクリーブ (1791-1861) の知己を得て1826年末からとりかかるのが、《悪魔のロベール》である。スクリーブとその制作協力者ジェルマン・ドラヴィーニュ (1790-1868) が用意した台本は、古くからのフランスの伝説『悪魔のロベール』をオペラ・コミックにしたものだった。マイヤベーアもその構想に賛同し、当時フェドー劇場を拠点にしていたオペラ＝コミック座の支配人で友人でもあるルネ＝シャルル・ギルベール・ド・ピクセレクール (1773-1844) にオペラ・コミックの真価を見せることができるだろうと語る。ところが1828年の夏に突然オペラ＝コミック座の支配人が交代するという事態が起こる。その後の紆余曲折を経て作品はオペラ座で日の目を見ることになるが、それは「グランド・オペラ」と呼ばれることになる形式に変わってのことだ。ダニエル＝フランソワ＝エスプリ・オベール (1782-1871) 作曲の《ポルティチの物言えぬ娘》は、1828年2月29日に初演されてから人気は続いていた。複数の一流歌手と大勢の合唱団、さらに精鋭のバレエダ

ンサーがそれぞれに重要な役割を果たし、管弦楽団と舞台装置も目覚ましい働きを見せ、歴史ドラマの中で個人の運命が翻弄される、フランス風大スペクタクル歌劇の原型とも言えるものだが、この作品の台本を制作したのがスクリーブとドラヴィーニュのコンビなのである。二人の作家がオペラ座で上演されるものとして作り直した《悪魔のロベール》のために、マイヤベーアは最高の歌手陣が揃うことを求め、歌と音楽とドラマが完璧に結合するよう作曲者は努力を続けた。ようやく1831年11月21日に初演を迎えた《悪魔のロベール》は圧倒的な歓迎を受けた。

その後、この作品は歓迎され続け、パリだけでも10年間で230回の上演がなされ、オペラ座の看板演目となる。諸外国でもフランス語で上演されるばかりでなく、1840年までにドイツ語（ベルリン）、英語（ダブリン）、デンマーク語（コペンハーゲン）、ロシア語（サンクトペテルブルク）、ハンガリー語（ブタペスト）、ポーランド語（ワルシャワ）、スウェーデン語（ストックホルム）、イタリア語（フィレンツェ）での初演が相次ぐ[3]。ロラン＝マニュエルが著書の中で紹介しているように、「ドイツ風の和声と、イタリア風の旋律と、フランス風のリズム」を巧妙に化合したその音楽はパリばかりでなく、フランス各地と欧米各国の聴衆を魅了するのである。マイヤベーアはフランス・オペラとパリ・オペラ座の新時代の旗手となる。

マイヤベーアのグランド・オペラ第2作は5年後にようやく完成するが、それが史上空前のヒット作となる《ユグノー教徒》（1836）である。その後、1842年から46年までプロイセンの王立歌劇場の音楽総監督となり、ドイツ語オペラ《シュレージエンの野営》（1844）の作曲や指揮活動をした。パリに戻ってからは、一部の場面でオペラ史上初めて電気による照明が使われたことでも歴史に名をとどめる《預言者》（1849）、スクリーブとマイヤベーアの死後に初演された《アフリカの女》（1865）も、オペラ座の威光を保つグランド・オペラとして成功する作品となった。この二人の協働はオペラ・コミックでも、人気作となる《北極星》（1854）と《プロエルメルのパルドン

---

[3] Cf. « Calendrier des premières représentations », in *L'Avant-scène Opéra : Meyerbeer. Robert le Diable*, No. 76, Premières Loges, 1985, p. 102.

祭(ディノラ)》(1859) という成果を上げた。ロッシーニが1836年に音楽界を引退した後は、現役作曲家の中でヨーロッパの第一人者となり、世紀半ばにかけてマイヤベーアの時代を築いたのである。[4]

---

(4) 以上の紹介は、澤田肇『フランス・オペラの魅惑　舞台芸術論のための覚え書き』中の《ユグノー教徒》解説に含まれる「作曲者について」をもとに修正・補筆したものである。

基本文献

① 日本語文献

今谷和徳・井上さつき『フランス音楽史』春秋社、2010年（特に、第8章「王政復古と七月王政」の「5 グラントペラの展開」、294～300頁）。

ヴァルター、ミヒャエル『オペラハウスは狂気の館——19世紀オペラの社会史』小山田豊訳、春秋社、2000年（第2章「フランス——パリとオペラ座」、55～97頁）。（原書：Walter, Michael. *»Die Oper ist ein Irrenhaus«. Sozialgeschichte der Oper im 19. Jahrhundert.* Stuttgart / Weimar: Metzler, 1997.）

岸純信『オペラは手ごわい』春秋社、2014年（特に、第2章「マイヤーベーアの衝撃——グラントペラの歴史を拓く」、41～66頁）。

サムソン、ジム（編）『市民音楽の抬頭 後期ロマン派Ⅰ』（西洋の音楽と社会8）三宅幸夫監訳、音楽之友社、1996年（特に、ジェームズ・ハーディング「第4章パリ：オペラの君臨」高橋宣也訳、116～141頁）。（原書：Samson, Jim [Ed.]. *The Late Romantic Era: From the Mid-19th Century to World War I.* London: Macmillan, 1991）

澤田肇『フランス・オペラの魅惑 舞台芸術論のための覚え書き』上智大学出版、2013年（特に、第1部7「グランド・オペラは19世紀の華」、36～40頁、および第2部7「《ユグノー教徒》」、113～122頁）。

鈴木晶『オペラ座の迷宮——パリ・オペラ座バレエの350年』新書館、2013年（特に、第5章「オペラ座の黄金時代」、125～170頁）。

ロラン＝マニュエル、アレクシス『音楽のたのしみ4——オペラ』吉田秀和訳、白水社（白水Uブックス）、2008年（特に、第18話「マイヤーベーアのオペラ」、210～220頁）。（原書：Roland-Manuel, Alexis. *Plaisir de la musique.* Tome 4: l'opéra. Paris : Seuil, 1955.）

② 外国語文献

1) 英語

Charton, David (Ed.). *The Cambridge Companion to Grand Opera*. Cambridge: Cambridge University Press, 2011.

Everist, Mark. *Giacomo Meyerbeer and Music Drama in Nineteenth-Century Paris*. Farnham: Ashgate, 2008.

—— (Ed.). *Meyerbeer and Grand Opéra from the July Monarchy to the Present*. Turnhout: Brepolis, 2016.

Letellier, Robert Ignatius. *An Introduction to the Dramatic Works of Giacomo Meyerbeer: Operas, Ballets, Cantatas, Plays*. Farnham: Ashgate, 2008.

——. *Meyerbeer's Robert le Diable: The Premier Opéra Romantique*. Cambridge: Cambridge Scholars, 2012.

2) フランス語

Anger, Violaine. *Giacomo Meyerbeer*, Paris : Bleu Nuit, 2017.

Barbier, Patrick. *La Vie quotidienne à l'Opéra au temps de Rossini et de Balzac. Paris / 1800-1850*, Paris : Hachette, 1987.

Branger, Jean-Christophe / Vincent Giroud. *Aspects de l'opéra français de Meyerbeer à Honegger*, Lyon : Symétrie, 2009.

Kahane, Martine. *Robert le Diable. Catalogue de l'exposition par Martine Kahane, Théâtre National de l'Opéra de Paris, 20 juin-20 septembre 1985*, Paris : Bibliothèque Nationale, 1985.

Lacombe, Hervé. *Les voies de l'opéra français au XIXe siècle*, Paris : Fayard, 1997.

Meyerbeer. *Les Huguenots*, Paris : Premières Loges (L'Avant-scène Opéra, n° 305), 2018.

Meyerbeer. *Le Prophète*, Paris : Premières Loges (L'Avant-scène Opéra, n°

298), 2017.

Meyerbeer. *Robert le Diable*, Paris : Premières Loges (L'Avant-scène Opéra, n° 76), 1985.

Santurenne, Thierry. *L'Opéra des romanciers. L'Art lyrique dans la nouvelle et le roman français (1850-1914)*, Paris : Harmattan, 2007.

Thiellay, Jean-Philippe. *Meyerbeer*, Arles : Actes Sud, 2018.

3) ドイツ語

Döhring, Sieghart. Robert le diable / Robert der Teufel. In: Carl Dahlhaus (Hrsg.), *Pipers Enzyklopädie des Musiktheaters*. Bd. 4. München: Piper, 1991, S. 123-130.

Döhring, Sieghart / Arnold Jacobshagen (Hrsg.). *Meyerbeer und das europäische Musiktheater*. Laaber: Laaber, 1998.

Gerhard, Anselm. *Die Verstädterung der Oper. Paris und das Musiktheater des 19. Jahrhunderts*. Stuttgart / Weimar: Metzler, 1992.

Henze-Döhring, Sabine / Sieghart Döhring. *Giacomo Meyerbeer. Der Meister der Grand Opéra. Eine Biographie*. München: Beck, 2014.

Oberzaucher-Schüller, Gunhild / Hans Moeller (Hrsg.). *Meyerbeer und der Tanz*. Meyerbeer-Studien 2. Paderborn: University Press / München: Ricordi, 1998.

Zimmermann, Reiner. *Giacomo Meyerbeer. Eine Biografie nach Dokumenten*. 2. verb. Aufl. Berlin: Parthas, 2014.

あとがき

　本書の出発点となったのは、2016年11月19日（土）に開かれた上智大学フランス語フランス文学会の第37回研究発表会において催されたシンポジウム「グランド・オペラから19世紀を読み直す──《悪魔のロベール》における文学と音楽の交差」である。コーディネーターをつとめる私自身を含め、4名の参加者の発表は順に以下の題目のもとに行われた。

　　澤田　肇「グランド・オペラの誕生
　　　　　　　──《悪魔のロベール》とバルザックを中心に」
　　安川　智子「フランス・オペラとしての《悪魔のロベール》
　　　　　　　──博物館化するオペラとマイヤベーアの位置づけ」
　　黒木　朋興「悪魔表象から見た《悪魔のロベール》
　　　　　　　──カトリックとプロテスタントの間に」
　　岡田　安樹浩「マイヤベーア《悪魔のロベール》における楽器法および
　　　　　　　管弦楽法」

　発表内容には参加者お互いが啓発されるばかりでなく、聴衆の質問も活発で、「グランド・オペラ」は様々な発見をもたらす問題であることが誰にも実感できる場となった。
　この幸いな出来事がきっかけとなり、われわれはシンポジウムの成果とその発展を書物の形で多くの人々に知ってもらうことは大きな意義があると考えた。発展というのは、政治、社会、文化、文学、音楽など様々な要素のつながりを見ることで初めて「グランド・オペラ」の理解が進むという確信のもとに新たな研究陣を加えて、《悪魔のロベール》を軸にしながら研究対象を拡大することである。このおかげで、われわれはオペラを通して19世紀という時代の心性（mentalité）の核心に迫ることができたと考える。それは、

あとがき

　逆の方向から言えば、19世紀の人々が生み出した社会文化の特質を把握することなしに当時のオペラを十全に理解も評価もできないということである。19世紀の芸術文化に関心のある人々にとって、本書が新たな疑問やさらなる考察の出発点になれば幸いである。

　シンポジウムを開きたいと思ったのは私自身の知的好奇心からであった。その好奇心が生まれたのは時間を大きく遡る。1982年から86年まで、私は19世紀を代表する小説家バルザックについての博士論文を準備するためパリ第3大学に留学していた。その期間の一時期にオペラ座の学生向け定期会員となったが、ガルニエ宮で観劇したものの中で最も強く印象に残った公演が二つある。一つは1983年に世界初演されたオリヴィエ・メシアンの《アッシジの聖フランチェスコ》で、小澤征爾が指揮をし、聖フランチェスコをジョゼ・ヴァン・ダムが歌った。もう一つは、1985年に復活公演が行われたジャコモ・マイヤベーアの《悪魔のロベール》で、サミュエル・レイミー（ベルトラン）とジューン・アンダーソン（イザベル）の歌が素人にとっても感動的だった。帰国後のしばらくの間は文学研究に追われていたが、パリ・オペラ座で慣れ親しんだオペラとバレエの両方を楽しむ趣味をいつしか日本でも再開した。楽しむうちに、自分が面白い、あるいは知る価値があると思うことを学生たちにも伝えたいという気持ちが募り、フランス文学科同僚の協力を得て私が担当する「舞台芸術論」という授業科目を新設した。この授業の中で数回グランド・オペラやマイヤベーアについて講義をすることがあり、自分自身が疑問に思うことや自分が発見したことを明瞭な形で人に伝えるためにもシンポジウムの形で報告と議論をする場が必要だと感じたのである。発表者の人選にあたっては黒木氏が大いに助けとなり、また安川氏と岡田氏は快く呼びかけに応じてくれた。この場を借りて感謝したい。

　上智大学出版からは、すでに『フランス・オペラの魅惑』（単著、2013年）と『舞台芸術の世界を学ぶ』（編著、2018年）というオペラやバレエに関する書物を刊行させてもらった。私が計画した舞台芸術三部作の掉尾を飾るのが、本書『《悪魔のロベール》とパリ・オペラ座』である。扱う問題の多様さと困難さを考慮して共編の作業をすることで完成にこぎつけたが、佐藤氏

は途中から編集委員会の一員となり様々な問題を整理してくれた。また本書の刊行に際しては、上智大学より「2018年度個人研究成果発信奨励費」の支給を受けた。一般の出版社では採算が取れないものについても、学術的価値が高ければ少部数の刊行をするというのは大学出版の名を高めるものだが、実際の業務にたずさわる人には大きな負担がかかる。上智大学出版とぎょうせいの担当者、および様々な形で本書の実現に協力してくれたすべての人々に感謝する。そして本書を手にとる読者にも感謝したい。読むということを通して、あなたがたが知の前進のための一歩となるのだから。

2019年3月

澤田　肇

人名索引

■ア

アダン, アドルフ＝シャルル　Adolphe-Charles Adam　33, 37, 42, 116
アッシャー, ヨゼフ　Joseph Ascher　131
アリストテレス　Aristote　152, 261
アレヴィ, ジャック＝フロマンタル　Jacques-Fromental Halévy　1, 19, 26, 33, 39, 40, 42, 44, 77, 78, 126, 223, 272
アレヴィ, リュドヴィク　Ludwic Halévy　230
アレオッティ, ジョヴァンニ・バッティスタ　Giovanni Battista Aleotti　239, 240, 242
アングル, ドミニク　Dominique Ingres　217
イズアール, ニコラ　Nicolas Isouard　55
ヴァイー, ジュール・ド　Jules de Wailly　49
ヴァイー, レオン・ド　Léon de Wailly　49
ヴァエーズ, ギュスターヴ　Gustave Vaëz　39, 41
ヴァテル, フランソワ　François Vatel　246
ヴァレリー, ポール　Paul Valéry　220
ヴィアルド, ポーリーヌ　Pauline Viardot　45
ヴィヴァルディ, アントニオ　Antonio Vivaldi　241
ヴィオレ＝ル＝デュク, ウジェーヌ＝エマニュエル　Eugène-Emmanuel Viollet-Le-Duc　255
ヴィガラーニ, ガスパーレ　Gaspare Vigarani　242, 243
ヴィガラーニ, カルロ　Carlo Vigarani　242, 243, 247, 250, 251
ウィトルウィウス　Vitruvius　237, 238
ウィレイス　Willaeys　229
ウェーバー, カール・マリア・フォン　Carl Maria von Weber　12, 29, 38-40, 57, 63-65, 78, 79, 82, 94, 167, 169, 346
ヴェストリス, ガエタン　Gaëtan Vestris　101
ヴェルディ, ジュゼッペ　Giuseppe Verdi　11, 14, 24-27, 35, 38, 40, 55, 75, 78, 80, 95, 116, 117, 138, 344
ヴェロン, ルイ　Louis-Désiré Véron　16, 32, 49, 60-62, 102, 183, 260
ヴォラール, アンブロワーズ　Ambroise Vollard　221
エーヌ, ジョルジュ　Heine Georges　271
エスキュディエ, レオン；エスキュディエ, マリー　Léon et Marie Escudier　55
エッカーマン, ヨーハン・ペーター　Johann Peter Eckermann　96, 197, 199-201, 213
エルスラー, テレーズ　Therese Elssler　101
エルスラー, ファニー　Fanny Elssler　107
エルツ, ジャック　Jacques Hertz　131
エロルド, フェルディナン　Ferdinand Hérold　39, 40, 44, 79, 169
オット, ゲオルク　Georg Ott　173
オッフェンバック, ジャック　Jacques Offenbach　31, 43, 55, 61
オベール, ダニエル＝フランソワ＝エスプリ　Daniel-François-Esprit Auber　12, 19, 24, 26, 33, 34, 36-38, 40, 42, 43, 61, 77, 78, 81, 83, 97, 108, 111, 126, 167, 171, 183, 346
オメール, ジャン＝ルイ　Jean-Louis Aumer　108

■カ

カヴァッリ, フランチェスコ　Francesco Cavalli　240, 242, 243
カスティル＝ブレーズ　Castil-Blaze　39
カステッリ, イグナツ・フランツ　Ignaz Franz Castelli　173, 174
カゾット, ジャック　Jacques Cazotte　160
カテル, シャルル＝シモン　Charles-Simon Catel　253
ガブリエル, アンジュ＝ジャック　Ange-Jacques Gabriel　248
カマルゴ, マリー　Marie-Anne de Camargo　101
カラファ, ミケーレ　Michele Carafa　40

カルクブレンナー, フリードリヒ　Friedrich Kalkbrenner　120, 131
ガルニエ, シャルル　Charles Garnier　6, 219, 254, 255
カンプラ, アンドレ　André Campra　251
キノー, フィリップ　Philippe Quinault　244, 245, 248
キュヴィエ, フランソワ・ド　François de Cuvilliés　241
グノー, シャルル　Charles Gounod　1, 19, 40, 71-73, 97, 114, 116, 223, 230, 295
クラーマー, アンリ　Henri Cramer　137
グラズノフ, アレクサンドル　Aleksandr Konstantinovich Glazunov　114
クラピソン, アントワーヌ＝ルイ　Antoine-Louis Clapisson　3
グリザール, アルベール　Albert Grisar　30, 33, 3
グリジ, カルロッタ　Carlotta Grisi　101, 103, 108
グリンカ, ミハイル　Mikhail Glinka　96
グルック, クリストフ・ヴィリバルト　Christoph Willibald Gluck　15, 27, 41, 55, 63, 65, 66, 72, 74, 75, 97, 179, 251, 287

■サ

シェイクスピア, ウィリアム　William Shakespeare　104, 200, 202, 205, 214, 216
シェレ, ジュール　Jules Chéret　216
シスレー, アルフレッド　Alfred Sisley　217
シセリ, ピエール　Pierre Cicéri　229, 230, 343
ジナン, レオン　Léon Ginain　255
シャブリエ, エマニュエル　Emmanuel Chabrier　225
シャボー, ルイ＝フェリックス　Louis-Félix Chabaud　234
シューベルト, フランツ　Franz Schubert　121, 127, 128, 185
シューマン, ロベルト　Robert Schumann　52, 128, 169-171, 176, 195
ジュスタマン, アンリ　Henri Justamant　115
シュタウディーグル, ヨーゼフ　Joseph Staudigl　187
シュトラウス1世, ヨハン　Johann Strauss I.　131
シュトラウス2世, ヨハン　Johann Strauss II.　131
シュネデール, マルセル　Marcel Schneider　284, 285
シュピンドラー, フリッツ　Fritz Spindler　131
シュポーア, ルイ　Louis Spohr　91, 169, 180
ジュリアン, アドルフ　(Jean Lucien) Adolphe Jullien　52, 72
シュレザンジェ, モーリス　Maurice Schlesinger　57, 285
ショーソン, アメデ＝エルネスト　Amédée-Ernest Chausson　42
ジョナス, エミール　Émile Jonas　40
ショパン, フレデリック　Frédéric Chopin　127, 130, 131, 135, 138, 139, 279
ジョフロワ, ジュリアン・ルイ　Julien Louis Geoffroy　51, 52
シラー, フリードリヒ　Friedrich Schiller　197, 205
シンケル, カール・フリードリヒ　Karl Friedrich Schinkel　167, 174
スカモッツィ, ヴィンチェンツォ　Vincenzo Scamozzi　238
スカルラッティ, アレッサンドロ　Alessandro Scarlatti　241
スクリーブ, ウジェーヌ　Eugène Scribe　13, 34, 35, 40-44, 57, 61, 144, 173, 175, 183-187, 189, 192, 193, 200, 203, 292, 343, 346, 347
スタンダール　Stendhal　47, 48
ストラダル, アウグスト　August Stradal　133
スフロ, ジャック＝ジェルマン　Jacques-Germain Soufflot　252
スポンティーニ, ガスパーレ　Gaspare Spontini　12, 55, 77, 129, 177
スミス, シドニー　Sydney Smith　137
セシャン, シャルル　Charles Séchan　229
セミラミス　Sémiramis　221, 222

人名索引

■タ

タールベルク, ジキスモント Sigismond Thalberg 120, 131, 135
タリオーニ, フィリッポ Filippo Taglioni 15, 175, 186
タリオーニ, マリー Marie Taglioni 101, 107, 108, 111, 171, 186, 271, 272, 280, 343
ダレラック, ニコラ Nicolas-Marie d'Alayrac（Nicolas Dalayrac） 37
ダンディ, ヴァンサン Vincent d'Indy 42
チェスティ, アントニオ Antonio Cesti 240
チェリート, ファニー Fanny Cerrito 101
チェルニー, カール Carl Czerny 131
チマローザ, ドメニコ Domenico Cimarosa 220
チャイコフスキー, ピョートル・イリイチ Pyotr Ilyich Tchaikovsky 113, 116
ツェルター, カール・フリードリヒ Karl Friedrich Zelter 198, 199, 203, 345
ティーク, ルートヴィヒ Ludwig Tieck 174, 184
ディオ, デジレ Désiré Dihau 225, 226
デシャン, エミール Émile Deschamps 292
デュプレ, ルイ Louis Dupré 101
デュポンシェル, アンリ Henri Duponchel 49, 62, 63, 102, 343
デュマ, アレクサンドル Alexandre Dumas 276, 293, 294, 297, 342
デュラン＝リュエル, ポール Paul Durand-Ruel 228
トゥールーズ＝ロートレック, アンリ・ド Henri de Toulouse-Lautrec 216
トゥチェック, レオポルディーネ Leopoldine Tuczeck 190, 193
ドーミエ, オノレ Honoré Daumier 226, 230
ドガ, エドガー Edgar Degas 112, 216-234
ドガ, オーギュスト Auguste Degas 221
ドガ, マルグリット Marguerite Degas 221
ドニゼッティ, ガエターノ Gaetano Donizetti 24, 33, 37, 41, 43-45, 48, 55, 77, 78, 108, 126, 136

ドビュッシー, クロード Claude Debussy 74, 296, 297
ドブレ, フランソワ François Debret 253
トマ, アンブロワーズ Ambroise Thomas 37, 73, 223
ドラヴィーニュ, ジェルマン Germain Delavigne 61, 144, 343, 346, 347
ドラクロワ, ウジェーヌ Eugène Delacroixx 15, 216
ドリーブ, レオ Léo Delibes 19, 40, 55, 116, 223
ドルティーグ, ジョゼフ Joseph d'Ortigue 52, 61, 63, 64, 67, 79
トレッリ, ジャコモ Giacomo Torelli 240, 242

■ナ

ニデルメイエール, アブラアム・ルイ Abraham Louis Niedermeyer 39
ニュイテル, シャルル Charles Nuitter 223
ネルヴァル, ジェラール・ド Gérard de Nerval 71, 142
ノヴェール, ジャン＝ジョルジュ Jean-Georges Noverre 106
ノブレ, リーズ Lise Noblet 108

■ハ

ハーフィズ Hāfiz 202
バイエル, フェルディナント Ferdinand Beyer 131
ハイドン, フランツ・ヨーゼフ Franz Joseph Haydn 274
ハイネ, ハインリヒ Heinrich Heine 129, 195
バイロン, ジョージ・ゴードン George Gordon Byron 214
パエール, フェルディナンド Ferdinando Paër 40
パガニーニ, ニコロ Niccolò Paganini 120, 138, 279
バジール, フレデリック Frédéric Bazille 217
バットン, デジレ＝アレクサンドル Désiré-Alexandre Batton 40

357

バッハ, ヨハン・セバスティアン　Johann Sebastian Bach　133
パラーディオ, アンドレア　Andrea Palladio　237-239
バランシン, ジョージ　George Balanchine　117
バルザック, オノレ・ド　Honoré de Balzac　17, 18, 276-294, 296-298, 341, 343, 352, 353
ピエ, レオン　Léon Pillet　102
ピクシス, ヨハン・ペーター　Johann Peter Pixis　57, 136
ビゼー, ジョルジュ　Georges Bizet　40
ピッチンニ, ニッコロ　Niccolò Piccinni　15, 55
ビルヒ=プファイファー, シャルロッテ　Charlotte Birch-Pfeiffer　173, 193
ピレ, ルイ=マリー　Louis-Maris Pilet　225
ファンタン=ラトゥール, アンリ　Henri Fantin-Latour　216
フィオクル, ウジェニー　Eugénie Fiocre　223
フィオレッティ, アンジェリーナ　Angelina Fioretti　271
ブーランジェ, ナディア　Nadia Boulanger　45
ブーランジェ, マリー=ジュリー　Marie-Julie Boulanger　45
フェーヴル, ジャンヌ　Jeanne Fèvre　220
フェティス, フランソワ=ジョゼフ　François-Joseph Fétis　39, 52, 55, 57-60, 63, 65-67, 76, 167
フォーグラー, ゲオルク・ヨーゼフ　Joseph Georg Vogler/Abbé Vogler　10
フォール, ジャン=バティスト　Jean-Baptiste Faure　231, 232
フォス, シャルル　Charles Voss　131
フォントネル, ベルナール・ル・ボヴィエ・ド　Bernard Le Bouyer de Fontenelle　151
プジャン, アルトゥール　Arthur Pougin　52, 64, 65
プティパ, マリウス　Marius Petipa　101
プティパ, リュシアン　Lucien Petipa　101, 115, 271, 272

フマガッリ, アドルフォ　Adolfo Fumagalli　138
ブラジス, カルロ　Carlo Blasis　271
ブランジーニ, ジュゼッペ・マルコ・マリア・フェリーチェ　Giuseppe Marco Maria Felice Blangini　40
フランショーム, オーギュスト　Auguste Franchomme　39
プリューダン, エミール　Émile Prudent　136
プルースト, マルセル　Marcel Proust　276, 293, 295-297
ブルックナー, アントン　Anton Bruckner　133
フンボルト, アレクサンダー・フォン　Alexander von Humboldt　174, 175, 177, 178, 181, 184, 185, 194
ベイヤール, ジャン=フランソワ=アルフレッド　Jean-François-Alfred Bayard　42
ベーア, ミヒャエル　Michael Beer　194
ベートーヴェン, ルートヴィヒ・ヴァン　Ludwig van Beethoven　54, 64, 79, 84, 128, 133, 194, 233, 279
ベガン, アルベール　Albert Béguin　293
ベッリーニ, ヴィンチェンツォ　Vincenzo Bellini　33, 37, 41, 126, 136, 138, 169
ペラン, エミール　Émile Perrein　104
ペラン, ピエール　Pierre Perrin　97
ベルタン, アルマン　Armand Bertin　48, 49
ベルトン, アンリ=モンタン　Henri-Montan Berton　40
ベルリオーズ, エクトール　Hector Berlioz　15, 36, 38, 40-42, 45, 47-49, 52, 65, 79, 86, 88, 90, 94, 114, 290, 128
ペロー, ジュール　Jules Perrot　101
ペロー, シャルル　Charles Perrault　151
ヘンゼルト, アドルフ・フォン　Adolf von Henselt　137, 13
ヘンデル, ゲオルク・フリードリヒ　Georg Friedrich Händel　198, 241, 289
ボイエルデュー, フランソワ=アドリアン　François-Adrien Boieldieu　36, 37, 40, 45, 55, 167

人名索引

ボーシャン, ピエール　Pierre Beauchamp　246
ボードレール, シャルル　Charles Baudelaire　218, 293
ボーグラン, レオニーヌ　Léonine Beaugrand　272
ボブ・ディラン　Bob Dylan　215
ホフマン, エルンスト・テオドール・アマデウス　Ernst Theodor Amadeus Hoffmann　51, 54, 160
ホメロス　Homèros　202
ボワロー, ニコラ　Nicolas Boileau　143, 151, 152
ポンキエッリ, アミルカーレ　Amilcare Ponchielli　96

■マ

マーロー, クリストファー　Christopher Marlowe　208
マイアー, ヨハン・ジモン　Johann Simon Mayr　92
マイヤベーア, ジャコモ　Giacomo Meyerbeer　1, 2, 13-16, 19, 22-26, 33, 34, 36-40, 42, 43, 45, 49-51, 57, 59, 61, 63-68, 70-72, 74-83, 86, 88-92, 94, 95, 97, 111, 114, 123, 124, 126, 129, 144, 156-158, 161, 165-187, 189-204, 207, 208, 213-215, 221, 226, 227, 231-234, 271, 276, 277, 279, 286, 287, 289-293, 296-298, 342-348, 352, 353
マジリエ, ジョゼフ　Joseph Mazilier　101, 102
マスネ, ジュール　Jules Massenet　19, 55, 73
マソル, ウジェーヌ　Eugène Massol　275
マダム・ドミニク（キャロリーヌ・ルシア）　Madame Dominique (Caroline Lessiat)　271
マネ, エドゥアール　Edouard Manet　225, 231
マリブラン, マリア　Malia Malibran　284
マルシュナー, ハインリヒ・アウグスト　Heinrich August Marschner　180
ミケランジェロ・ブオナローティ　Michelangelo Buonarroti　255

ミュザール, フィリップ　Philippe Musard　131
ミルトン, ジョン　John Milton　150, 160
ミロン, ルイ　Louis Milon　265
ミンクス, レオン（リュドヴィク）　Léon (Ludwig) Minkus　116, 223, 271
メユール, エティエンヌ・ニコラ　Etienne Nicolas Méhul　81
メルメ, オーギュスト　Auguste Mermet　42, 271
メンツェル, アドルフ・フォン　Adolph von Menzel　184
メンデルスゾーン＝バルトルディ, フェリックス　Felix Mendelssohn-Bartholdy　129, 175-177, 184
モーツァルト, ヴォルフガング・アマデウス　Wolfgang Amadeus Mozart　33, 41, 99, 126, 169, 179, 194, 199, 200, 207, 209, 214, 233, 279, 287, 28
モーパッサン, ギ・ド　Guy de Maupassant　276, 293-295, 297
モネ, クロード　Claude Monet　217
モリエール, 本名ジャン＝バティスト・ポクラン　Molière, Jean-Baptiste Poquelin, dit　244, 245, 246, 251
モロー＝デプルー, ピエール＝ルイ　Pierre-Louis Moreau-Desproux　252
モンテヴェルディ, クラウディオ　Claudio Monteverdi　90, 240
モンプー, イポリット　Hippolyte Monpou　30, 33, 37

■ヤ

ユゴー, ヴィクトル　Victor Hugo　15, 17, 142, 143
ヨアキム（フィオーレの）　Ioachim Florensis（羅）; Joachim de Flore（仏）　147-150

■ラ

ラシーヌ, ジャン　Jean Racine　142, 151, 152, 154, 244
ラバール, テオドール　Théodore Labarre　272
ラファエロ　サンティ　Raffaello Santi　200

359

ラモー, ジャン゠フィリップ　Jean-Philippe Rameau　4
ラモット, ルイ　Louis Lamothe　217
ラングハンス, カール・フェルディナント　Karl Ferdinand Langhans　181
リヴリー, エマ　Emma Livry　101
リスト, フランツ　Franz Liszt　114, 120, 121, 125-135, 138, 140, 175
リストーリ, アデレード　Ristori Adelaide　221
リュリ, ジャン゠バティスト　Jean-Baptiste Lully　12, 72, 81, 97, 152, 245, 247, 248, 250, 251
リンド, ジェニー　Jenny Lind　187, 190, 193
ル・ヴォー, ルイ　Louis Le Vau　243, 246
ル・ノートル, アンドレ　André Le Nostre　246
ル・ブラン, シャルル　Charles Le Brun　246
ルイ, ヴィクトル　Victor Louis　252
ルヴァサール, ニコラ゠プロスペール　Nicolas-Prosper Levasseur　294
ルグー, イジドール゠エドゥアール　Isidore-Edouard Legouix　40
ルター, マルティン　Martin Luther　148, 170, 172, 175
ルノワール, ピエール゠オーギュスト　Pierre-Auguste Renoir　217

ルノワール, ニコラ　Nicolas Lenoir　252
ルブラン, ルイ゠セバスティン　Louis-Sébastian Lebrun　265
レイエ, ルイ・エティエンヌ・エルネスト　Louis Étienne Ernest Reyer　52
レルシュターブ, ルートヴィヒ　Ludwig Rellstab　129, 185-187, 190, 193
ロオー゠ド゠フルーリ, シャルル　Charles Rohault De Fleury　255
ローゼンタール, モーリツ　Moriz Rosenthal　132
ロクプラン, ネストール　Nestor Roqueplan　102
ロッシ, ルイージ　Luigi Rossi　242
ロッシーニ, ジョアキーノ　Gioachino Rossini　12, 19, 33, 36-41, 43, 61, 63, 64, 69, 75, 77-79, 81, 83, 90, 92, 94, 123, 126, 167, 169, 171, 175, 183, 215, 221, 222, 268, 271, 279, 284, 285, 346, 348
ロワイエ, アルフォンス　Alphonse Royer　39, 41

■ワ

ワーグナー, リヒャルト　Richard Wagner　11, 12, 14, 24-27, 36, 42, 50, 75, 80, 82, 84, 86, 90, 91, 95, 96, 99, 128, 133, 176, 180, 195, 216, 217, 296, 297

作品索引
===

■ ア

アイーダ　Aida　117
愛神とバッカスの祝典　Les fêtes de l'Amour et de Bacchus　245
アヴェ・マリア　Ave Maria　127
悪魔のロベール　Robert le Diable　1, 2, 11, 13, 15-19, 27, 38, 43, 50, 51, 53, 57-72, 76-81, 83, 84, 86, 88, 90-92, 95, 97, 111-115, 117, 122-127, 131-135, 138-140, 142-145, 147, 152, 153, 155, 156, 161, 163, 164, 167, 169, 183, 196, 200, 201, 203, 204, 208-216, 221, 226-234, 236, 276, 285-288, 290-294, 296-299, 337, 340-342, 344-347, 352, 353
［悪魔のロベールより］カヴァティーナ　Cavatine　126
悪魔のロベールの三重唱による幻想曲　'Robert le Diable' grand trio transcrit pour le piano　136
悪魔のロベール　劇的幻想曲　'Robert le Diable' fantaisie dramatique　137
悪魔のロベール　幻想曲　Fantaisie sur l'air de grâce de 'Robert le Diable'　136
悪魔のロベールによる劇的奇想曲　Caprice dramatique sur 'Robert le Diable'　136
悪魔のロベールの主題によるピアノとチェロのための協奏的大二重奏曲（ショパン）Grand duo concertant sur des thèmes de 'Robert le Diable'　138
悪魔のロベールのメランジュ　Mélange sur 'Robert le Diable'　137
悪魔のロベールのモティーフによる幻想曲　Fantaisie sur des motifs favoris de l'opéra 'Robert le Diable'　135
［悪魔のロベールの］「私がノルマンディを離れる前に」に基づく演奏会用変奏曲　Variations de concert sur l'air favori 'Quand je quittai la Normandie'　137
アダムの死　La mort d'Adam et son apothéose　90

アタリー　Athalie　151
アデレード　Adelaide　44
アドルフとクララ　Adolphe et Clara　37
アフリカの女（ヴァスコ・ダ・ガマ）L'Africaine　39, 64, 76, 271, 347
アルセスト　Alceste　74, 247
アンジューのマルゲリータ　Margherita d'Anjou　43, 167
アンドレアス・ホーファー　Andreas Hofer　171
アンドロメード　Andromède　244
許婚のティロリエンヌによる大幻想曲　Grande fantaisie sur la tyrolienne de l'opéra 'La fiancée'　126
イヴァノエ　Ivanhoé　39
イヴェットの王　Le Roi d'Yvetot　271
イェラ　Yella　44
怒れる若き女　La Jeune femme colère　37
イシスの神秘　Les Mystères d'Isis　41 →魔笛
泉　La Source　19, 223
従妹ベット　La Cousine Bette　283, 284
イポリットとアリシー　Hippolyte et Aricie　74
ヴァスコ・ダ・ガマ　Vasco da gama　76 →アフリカの女
ヴァルプルギスの夜　Walpurgisnacht Ballet　117
ヴィルヘルム・マイスターの修業時代　Wilhelm Meisters Lehrjahre　206
ヴェスタの巫女　La Vestale　12, 40, 55, 81, 90
ヴェニスの謝肉祭, あるいは試練を受ける忍耐　Le Carnaval de Venise ou la constance à l'épreuve　265
ウェルテル　Werther　55, 73
ヴェルフとギベリン　Die Welfen und Gibellinen　173, 174
失われた時を求めて　À la recherche du temps perdu　295, 296
ウリッセの帰郷　Il Ritorno di Ulisse　240

361

英国国教徒と清教徒　Die Anglicaner und Puritaner　173
エジプトの十字軍騎士　Il crociato in Egitto　65, 92, 167, 172, 182, 197, 346
エジプトのモーゼ　Mosè in Egitto／モイーズ／モーセとファラオ　Moïse et Pharaon　41, 271, 285
エステル　Esther　151
エスパーニュ（スペイン）　Espagne　225
エルサレム　Jérusalem　41
エルナニ　Hernani　15, 142
オイリアンテ　Euryanthe　12, 38, 39, 41
オシアン　Ossian, ou les bardes　81, 90
オテロ　Otello　25, 117
オニュフリウス　Onuphrius　160
オペラ座のオーケストラ　L'orchestre de l'Opéra　224-226
オリー伯爵　Le Comte Ory　36
オルフェーオ（ロッシ）　Orfeo　242
オルフェオ（モンテヴェルディ）　Orfeo　90
オルフェ　Orphée　244
オルフェオとエウリディーチェ　Orphée et Eurydice　55

■カ
回想録（パリの一ブルジョワの）　Mémoires d'un bourgeois de Paris　16
海賊　Le Corsaire　101
ガマーシュの婚礼　Les Noces de Gamache　265
神とバヤデール　Le Dieu et la Bayadère　111
仮面舞踏会　Un ballo in maschera　35, 55
ガンバラ　Gambara　276, 285-290, 298
キャプテン・フラカス　Le Capitaine Fracasse　47
ギュスターヴ3世　Gustave III　34, 35
ギヨーム・テル　Guillaume Tell　12, 19, 27, 36, 40, 41, 60, 61, 81, 83, 90, 92, 171, 183, 271, 284
ギヨーム・テル序曲　Ouverture de l'opéra 'Guillaume Tell'　126-129
金羊毛　La Toison d'or　244
グスタフ3世、あるいは仮面舞踏会　Gustave III,

ou le bal masqué　108 →ギェスターヴ3世
結婚の時　Une Heure de Mariage　37
ゲルマントのほう　Le Côté de Guermantes　296
幻想交響曲　Symphonie fantastique　15, 79, 86
幻滅　Illusions perdues　280-282, 341
恋する悪魔　Le Diable amoureux　160
恋するエルコレ　Ercole amante　242-244
皇帝に捧げた命　Жизнь за царя　96
ゴリオ爺さん　Le Père Goriot　291, 292
コリントの包囲　Le Siège de Corinthe　41
コロノスのオイディプス　Œdipe à Colone　283
コンスエロ　Consuelo　285
婚約者　La Fiancée　36

■サ
さまよえるオランダ人　Der fliegende Holländer　180
三銃士　Les Trois Mousquetaires　294, 342
3人のピント　Die drei Pintos　39, 40
詩学　Poétique　39, 40
地獄のオルフェ　Orphée aux Enfers　31, 55
ジゼル　Giselle　101, 109, 112, 271, 272
シチリア島の夕べの祈り　Les Vêpres Siciliennes　40, 116
失楽園　Paradise Lost　150, 160
死の如く強し　Fort comme la mort　294, 295
死の舞踏　Totentanz　134
死の都　Die tote Stadt　114
シバの女王　La Reine de Saba　116
詩法　L'Art poétique　143
十字軍戦士たち　Die Kreuzfahrer　180
シュレージエンの野営（野営）　Ein Feldlager in Schlesien　166, 187-189, 191-194, 347
ジョコンダ、あるいは冒険を追い求める人々　Joconde ou les coureurs d'aventures　55
ジョゼフ　Joseph　81
シルヴァン　Silvain　55
白い貴婦人　La Dame Blanche　36, 45
親和力　Die Wahlverwandtschaften　210
ストルーウンセ　Struensee　194

清教徒　I Puritani　37, 41, 129
清教徒追想　Réminiscences des 'Puritains'　126, 128
絶対の探求　La Recherche de l'absolu　290
セミラミス　Sémiramis／セミラーミデ Semiramide　221, 222, 284
セルセ　Xerce　243
セレナード　Ständchen ［Leise flehen meine Lieder］　127, 185
そうとは知らぬ喜劇役者たち　Les Comédiens sans le savoir　18, 277
ソドムとゴモラ　Sodome et Gomorrhe　295, 296

■タ

第1回十字軍のロンバルディア人　I Lombardi alla prima crociata　40
戴冠式行進曲　Marche du sacre　296
ダナオスの娘たち　Les Danaïdes　282, 283
タンホイザー　Tannhäuser　41, 84, 96, 99
血まみれの修道女　La Nonne Sanglante　1, 116
ディヴェルティスマン　Divertissement　271
貞淑なスザンヌ　La Chaste Suzanne　30
ディドン　Didon　55
ティドレル　Tydorel　155
ディノーラ　Dinorah →プレールメルの巡礼
天地創造　Die Schöpfung　274
ドガ・ダンス・デッサン　Degas, danse, dessin　220
囚われの女　La Prisonnière　296
トリスタンとイゾルデ　Tristan und Isolde　90
トロイアの人々　Les Troyens　94
ドン・カルロス　Don Carlos　40, 117
ドン・キホーテ　Дон Кихот　116
ドン・ジョヴァンニ　Don Giovanni　41, 127, 200, 287
ドン・ジョヴァンニ追想　Réminiscences de 'Don Juan'　126, 128, 129
ドン・セバスティアン　Dom Sébastien　43
ドン・パスクァーレ　Don Pasquale　41, 55

■ナ

ナイチンゲール　Rossignol　265
ニーベルングの指環　Der Ring des Nibelungen　296
ニシドの天使　L'Ange de Nisida　43, 44
二重の家庭　Une double famille　279, 280
人間喜劇　La Comédie humaine　17, 276, 279, 280, 283, 284, 290, 293, 294, 296, 297
眠れる森の美女　Спящая красавица　113
ネメア, あるいは愛の復讐　Néméa ou l'amour vengé　271
ノルマ　Norma　37
ノルマ追想　Réminiscences de 'Norma'　126, 127, 129

■ハ

パウロ　Paulus　17
パキータ　Paquita　101
バグダッドの太守　Le calife de Baghdad　55
白鳥の湖　Лебединое озеро　113
バビロンを建設するセミラミス　Sémiramis construisant Babylone　222
ハムレット　Hamlet　223
バヤデール　Les Bayadères　253
パルジファル　Parsifal　25, 90
パルムの僧院　La Chartreuse de Parme　47
バレエ「泉」でのE・F嬢の肖像　Portrait de Mlle E. F. dans le ballet « La Source »　222, 223
バレエ「泉」でのウジェニー・フィオクル嬢の肖像　Portrait de Mlle Eugénie Fiocre dans le ballet « La Source »　223
バレの中のバレ　エスカルバニャス伯爵夫人　Ballet des Ballets, Comtesse d'Escarbagnas　245
半音階的大ギャロップ　Grand galop chromatique　127-130
ピアノ協奏曲第5番変ホ長調（ベートーヴェン）　Klavierkonzert Nr.5　128
悲劇を演奏中のオーケストラ　L'orchestre pendant qu'on joue une tragédie　226
ピサのギベリン　Die Gibellinen in Pisa

363

173
左手のための悪魔のロベール大幻想曲 Grande fantaisie pour la main gauche sur 'Robert le Diable' 138
媚薬　Le Philtre　38
ファウスト　Faust
  （グノー）　19, 71-73, 97, 114, 115-117, 223, 294, 295, 295, 297
  （シュポーア）　91
ファウストの劫罰　La damnation de Faust　90
フィエルカ　Vielka　193
フィデリオ　Fidelio　84
フェードル　Phèdre　154, 295
フェルナン・コルテス　Fernand Cortez　12, 81
フォースタス博士　The Tragical History of Doctor Faustus　20
プシシェ　Psyché　244, 245
舞台袖の3人の踊り子　Trois danseuses dans les colisses　218, 219
フラ・ディアヴォロ　Fra Diavolo　36
ブランヴィリエ侯爵夫人　La Marquise de Brinvilliers　40, 57
プレールメルの巡礼（ディノーラ）　Le Pardon de Ploërmel　43
プロゼルピーヌの誘拐　L'Enlèvement de Proserpine　244
ベアトリクス　Béatrix　17
ベアトリスとベネディクト　Béatrice et Bénédic　42
ヘクサメロン　Hexaméron　126, 129
ペルセ　Persée　248
ペレアスとメリザンド　Pelléas et Mélisande　74
ベンヴェヌート・チェッリーニ　Benvenuto Cellini　36, 38, 48
ホーエンシュタウフェン家のアグネス　Agnes von Hohenstaufen　94
北極星　L'Étoile du Nord　43, 193, 347
ポッペーアの戴冠　L'incoronazione di Poppea　240
ポルティチの物言えぬ娘　La Muette de Portici　12, 19, 27, 36, 38, 43, 60, 61, 81, 83, 92, 97, 108, 109, 111-113, 171, 183, 346
ポルティチの物言えぬ娘のタランテラ　Tarantelle di bravura d'après 'La muette de Portici'　126, 132

■マ

マールボロは戦場に行った　Marlbrough s'en va-t-en guerre　40
魔王　Erlkönig　128, 129
魔眼　Jettatura　160
マゼッパ　Mazeppa　127
魔弾の射手　Der Freischütz　12, 41, 57, 65, 82, 94, 346
マッシミラ・ドーニ　Massimilla Doni　285
祭　Fêtes　296
マノン　Manon　73
魔笛　Die Zauberflöte　41, 199
魔法の島の歓楽　Les Plaisirs de l'île enchantée　245
魔法の水　L'Eau Merveilleuse　30
マホメット2世　Maometto II　41
マリーノ・ファリエーロ　Marino Faliero　41
民衆を導く自由の女神　La Liberté guidant le peuple　15
夢遊病の女　La Sonnambula　37, 137
夢遊病の女の動機による幻想曲　Fantaisie sur des motifs favoris de l'opéra 'La sonnambula'　126
メサイア　Messiah　198
メデ　Médée　81
メフィスト・ワルツ　Mephisto-Walzer　134
モイーズ　Moïse（モーゼ／モーセとファラオ）→エジプトのモーゼ
モンテ＝クリスト伯　Le Comte de Monte-Cristo　294

■ヤ

夜想曲　Nocturnes　296
ユグノー教徒（ユグノー）　Les Huguenots　1, 13, 19, 34, 36, 41, 64, 66, 76, 123, 129, 166-170, 172-177, 186, 191, 193, 292, 347, 348
ユグノー教徒の主題による大幻想曲　Grande fantaisie sur des thèmes de l'opéra 'Les

Huguenots' 126
ユダヤの女　La Juive　1, 19, 42, 44, 223, 272
ユダヤの女追想　Réminiscences de 'La juive'　126
妖精たちの湖　Le Lac des Fées　37
預言者　Le Prophète　1, 13, 40, 64, 66, 76, 94, 123, 137, 184, 191, 296, 347

■ラ

ラ・ジョコンダ　La Gioconda　96
ラ・シルフィード　La Sylphide　1, 17, 101, 106, 112, 280
ラ・ファヴォリット　La Favorite　40, 41, 43, 108
ライモンダ　Раймонда　114
ラインの黄金　Das Rheingold　84
ラクメ　Lakmé　55
ランメルモールのルチア　Lucia di Lammermoor　43
ランメルモールのルチアの行進曲とカヴァティーナ　Marche et cavatine de 'Lucie de Lammermoor'　126
ランメルモールのルチア追想　Réminiscences de 'Lucia di Lammermor'　127-129

リュドヴィク　Ludovic　39, 44
ルイ・ランベール　Louis Lambert　290
ルクレツィア・ボルジア追想　Réminiscences de 'Lucrezia Borgia'　126
ルチアとパリジーナの動機によるカプリッチョ風ワルツ　Valse à capriccio sur deux motifs de 'Lucia et Parisina'　126
レスブルゴのエンマ　Emma di Resburgo　167
連隊の娘　La Fille du Régiment　43, 45
ローエングリン　Lohengrin　2, 90, 91
ロバート・ブルース　Robert Bruce　39
ロバン・デ・ボワ（森のロバン）　Robin des bois　57
ロメオとジュリエット　Roméo et Juliette　116
ロンスヴォーのロラン　Roland de Roncevaux　271

■ワ

我が叔父ドガ　Mon oncle, Degas　220
ワルキューレ　Die Walküre　82
われらが神は堅き砦　Ein' feste Burg ist unser Gott　170, 172

執筆者紹介

(＊肩書は執筆時現在)

【編　者】

澤田　肇（さわだ・はじめ）

　1952 年生まれ。上智大学卒業、パリ第 3 新ソルボンヌ大学大学院博士課程修了（文学博士）。現在、上智大学文学部教授。専門はフランス文学。

　主な著書に、『フランス・オペラの魅惑　舞台芸術論のための覚え書き』（上智大学出版、2013 年）、『舞台芸術の世界を学ぶ　オペラ・バレエ・ダンス・ミュージカル・演劇・宝塚』（共著、上智大学出版、2018 年）など。主な翻訳に、『二重の家庭』（『バルザック愛の葛藤・夢魔小説選集①』水声社、2015 年）、『鞠打つ猫の店』（『バルザック芸術／狂気小説選集 1』水声社、2010 年）など。主な論文に、«Balzac au croisement des arts —peinture, opéra et danse—»（*L'Année balzacienne 2011*, Presses Universitaires de France)、「《悪魔のロベール》と『ゴリオ爺さん』　―ヴォートランのモデルとしてのベルトラン―」（『Les lettres françaises』第 37 号、上智大学フランス語フランス文学会、2017 年）など。

佐藤　朋之（さとう・ともゆき）

　1960 年生まれ。上智大学大学院文学研究科博士後期課程単位取得満期退学。富山大学人文学部助教授、上智大学文学部助教授を経て、現在同教授。専門はドイツ文学（ロマン主義）。

　著作に『キリスト教・カトリック独和辞典』（上智大学出版、2016 年）など。

黒木　朋興（くろき・ともおき）

　1969 年生まれ。上智大学卒業、フランス国立ル・マン大学博士課程修了（文学博士）。現在、慶應義塾大学等非常勤講師。専門は比較修辞学。

主な著書に、『グローバリゼーション再審―新しい公共性の獲得に向けて―』（共編著、時潮社、2012年）、『マラルメと音楽―絶対音楽から象徴主義へ』（水声社、2013年）、『マラルメの現在』（共著、水声社、2013年）など。主な論文に、«L'allégorie chez Walter Benjamin- à travers Baudelaire et Mallarmé»（*Allégorie*, Publications de l'Université de Provence）、「フランス革命期におけるパトリ（祖国）のアレゴリー」（『戦争と近代―ポスト・ナポレオン200年』、社会評論社、2011年）、「黄昏の文学教育、レトリック教育の可能性／テクスト論を越えて」（『可能性としてのリテラシー教育―21世紀の〈国語〉の授業に向けて』、ひつじ書房、2011年）、「平均律の普及の思想的背景について」（『歴史知と近代の光景』、社会評論社、2014年）など。

安川　智子（やすかわ・ともこ）
　1976年生まれ。東京藝術大学音楽学部楽理学科卒業、パリ第4大学（パリ・ソルボンヌ）メトリーズ課程修了、東京藝術大学大学院音楽研究科博士後期課程修了（音楽学博士）。現在、北里大学一般教育部専任講師。専門は音楽学（フランス音楽、音楽理論史）。
　主な著書に、『ハーモニー探究の歴史』（共編著、音楽之友社、2019年）、『舞台芸術の世界を学ぶ』（共著、上智大学出版、2018年）、『マラルメの現在』（共著、水声社、2013年）。主な翻訳に、フランソワ・ポルシル『ベル・エポックの音楽家たち』（水声社、2016年）、リシャール・マルテ『偉大なるオペラ歌手たち』（共訳、ヤマハミュージックメディア、2014年）、ダランベール『ラモー氏の原理に基づく音楽理論と実践の基礎』（共訳、春秋社、2012年）など。主な論文に、「〈モダリテ〉概念の形成と近代フランスの旋法語法――国家と宗教の関係から」（東京藝術大学博士学位論文）など。

岡田　安樹浩（おかだ・あきひろ）
　1985年生まれ。桐朋学園大学音楽学部作曲理論学科（音楽学専攻）卒業、慶應義塾大学大学院文学研究科博士課程修了。博士（美学）。桐朋学園大学、国立音楽大学、慶應義塾大学ほか非常勤講師、日本ワーグナー協会理事。専

門は西洋音楽史・音楽理論。

主な著書・論文に、「なぜベートーヴェンか？——音と思想が交叉する音楽家」（『ニュクス』第3号所収、堀之内出版）編集主幹、「《ラインの黄金》におけるワーグナーの音響作曲の試み」（日本ワーグナー協会賞受賞論文、『ワーグナーシュンポシオン』東海大学出版部、2014年）、「《タンホイザー》パリ上演のための改変とその管弦楽法」（『音楽学』第62巻1号、2016年）、「ワーグナー時代の『ライトモティーフ』受容」（『音楽学』第64巻1号、2018年）など。

【執筆者】

マーク・エヴェリスト（Mark Everist）

サウサンプトン大学音楽学部教授。王立音楽協会前会長（2011～2017年）。オックスフォード大学で博士号を取得。専門はオペラと西洋中世音楽。

主要著書に、『13世紀のフランス語モテット *French Motets in the Thirteenth Century*』（Cambridge, 1994）、『モーツァルトの亡霊 *Mozart's Ghosts: Haunting the Halls of Musical Culture*』（Oxford, 2012）など。また主な編集著書に、『分析法と音楽解釈 *Analytical Strategies and Musical Interpretation*』（Cambridge, 1996）、『ケンブリッジ中世音楽史 *The Cambridge History of Medieval Music*』（Cambridge, 2018）、『ケンブリッジ・コンパニオン中世音楽 *The Cambridge Companion to Medieval Music*』（Cambridge, 2011）など。2018年現在、19世紀パリにおけるグルック受容に関する著書を執筆中である。

井上　果歩（いのうえ・かほ）

1990年生まれ。東京藝術大学大学院音楽研究科修士課程修了（音楽学）。平成27年度日本学術振興会特別研究員DC1。現在、同大学院音楽研究科博士後期課程およびサウサンプトン大学人文大学院音楽専攻博士課程在学中。野村財団音楽部門ほか奨学生。専門は西洋中世・ルネサンス音楽。音楽学をマーク・エヴェリスト教授に師事。

主な論文に「イングランドにおける2分割システムの成立と計量音楽論の再興—16世紀後半を中心に—」(『音楽文化学論集』第6号、東京藝術大学、2016年)。

永井　玉藻（ながい・たまも）

1984年生まれ。桐朋学園大学卒業、慶應義塾大学大学院前期博士課程を経て、パリ第4大学大学院博士課程修了（音楽および音楽学博士）。2009～11年度独立行政法人日本学生支援機構留学生交流支援制度による長期派遣留学生、2012年度フランス政府給費生、2013～14年度独立行政法人日本学術振興会特別研究員（DC2）。現在、公益財団法人東京フィルハーモニー交響楽団ライブラリアン、武蔵野音楽大学非常勤講師。専門は西洋音楽史。

主な論文に、«L'accueil de la musique de Poulenc au Japon» (*Fortune de Francis Poulenc. diffusion, interprétation, réception.* 2016, Presses Universitaires de Rennes)、「19世紀後半のパリ・オペラ座におけるバレエ伴奏者—フランス国立文書館及びオペラ座図書館の資料に見る実態—」(『音楽学』第63巻2号、2018年）など。

上山　典子（かみやま・のりこ）

東京芸術大学楽理科卒業、同大学院博士課程修了。博士（音楽学）。現在、静岡文化芸術大学准教授。専門は西洋音楽史（特に19世紀）。

共著書に『音楽表現学のフィールド2』(東京堂出版、2016年)、『ワーグナーシュンポシオン』(アルテスパブリッシング、2018年)、翻訳にウィーン原典版楽譜『リスト コンソレーション』、『愛の夢』、『超絶技巧練習曲』(音楽之友社、2013-15年)、主な論文に「リストの《ベートーヴェンの交響曲　ピアノ・スコア》考」(『音楽表現学』No. 6、2008年)、「オーケストラツィクルスとしてのリストの12の交響詩」(『音楽学』第57巻、2011年)、「フランツ・ブレンデルの『新ドイツ派』とその概念の変遷」(『音楽学』第59巻、2013年）など。

浅井　英樹（あさい・ひでき）

　1971年生まれ。1999年、東京大学大学院人文社会系研究科欧米系文化研究専攻ドイツ語ドイツ文学専門分野博士課程修了、博士（文学）の学位取得。現在、東京理科大学理工学部准教授。専門はドイツ文学。

　主な論文に、「ゲーテ『親和力』におけるオティーリエの拒食のモチーフについて」（『ゲーテ年鑑』第44巻、日本ゲーテ協会、2002年）、《Arkadien und Archivierung. Goethe und Brinkmann》（*Neue Beiträge zur Germanistik Band 5/ Heft 1 2006* ［『ドイツ文学』第129号、日本独文学会］）、「方法としてのイロニー——ゲーテ自然科学における観察と理論」（『東京理科大学紀要（教養篇）』第48号、2016年）など。

小泉　順也（こいずみ・まさや）

　1975年生まれ。東京大学教養学部卒業、東京大学大学院総合文化研究科博士後期課程修了。博士（学術）を取得。現在、一橋大学大学院言語社会研究科准教授。専門はフランス近代美術史、博物館学。

　共著に『個人的なことと政治的なこと：ジェンダーとアイデンティティの力学』（彩流社、2017年）、『ジェンダーにおける「承認と再配分」』（彩流社、2015年）、『西洋近代の都市と芸術：パリⅠ 19世紀の首都』（竹林舎、2014年）など。翻訳監修としてギィ・コジュヴァル『ヴュイヤール　ゆらめく装飾画』（創元社、2017年）を担当。最近の論文に「オルセー美術館におけるナビ派のコレクション——作品の収蔵数の変遷と最近の動向」（『人文・自然研究』一橋大学大学教育研究開発センター、2019年）、「一橋大学大学院における学芸員養成——言語社会研究科の取り組みの課題と可能性」（『言語社会』一橋大学大学院言語社会研究科、2019年）など。

中島　智章（なかしま・ともあき）

　1970年生まれ。東京大学工学部建築学科卒業、東京大学大学院工学系研究科建築学専攻博士課程修了。博士（工学）。現在、工学院大学建築学部准教授。専門は西洋建築史。

主な著書に、『世界一の豪華建築バロック』（エクスナレッジ、2017年）、『図説バロック 華麗なる建築・音楽・美術の世界』（河出書房新社、2010年）、『図説ヴェルサイユ宮殿 太陽王ルイ14世とブルボン王朝の建築遺産』（河出書房新社、2008年）など。主な翻訳に、『世界の城の歴史文化図鑑』（チャールズ・スティーヴンソン著、中島智章監修、村田綾子訳、柊風舎、2013年）など。主な論文に、「戦争の間、鏡の間、平和の間の関係の多様性の中にみられるヴェルサイユ宮殿のグランド・デザインへの指向」（『日本建築学会計画系論文集』Vol. 83 No. 149、日本建築学会、2018年）、「ルイ14世時代のスペクタクルとヴェルサイユ宮殿」（『建築史攷』鈴木博之先生献呈論文集刊行会、中央公論美術出版、2009年）など。

ミカエル・デプレ
　上智大学文学部フランス文学科准教授。専門は、近代初頭のヨーロッパ演劇史（フランス、イタリア、イギリス、スペイン）。演劇の物質的側面（上演地、伝播、経済、俳優の生活、テキストと声）や、演劇の上演地と権力（政治・宗教権力）の関係を研究領域とする。現在は、演劇テキストの研究を行うと同時に、アーカイヴの未発表資料に基づく、16世紀末から17世紀初頭のフランス演劇史の新たな総合的研究に取り組んでいる。

岡見　さえ（おかみ・さえ）
　上智大学およびトゥールーズ・ミライユ大学博士号取得（文学博士）。現在、慶應義塾大学、上智大学、立教大学等にて非常勤講師。専門は視覚詩および舞踊。主な著書に『テオフィル・ゴーチエと19世紀芸術』（澤田肇、吉村和明、ミカエル・デプレ編、上智大学出版、2014年、共著）、『舞台芸術の世界を学ぶ―オペラ・バレエ・ダンス・ミュージカル・演劇・宝塚』（澤田肇編、上智大学出版、2018年、共著）。

《悪魔のロベール》とパリ・オペラ座
―― 19世紀グランド・オペラ研究

2019年4月1日　第1版第1刷発行

編　者：澤　　田　　　　　肇
　　　　佐　藤　　朋　之
　　　　黒　木　　朋　興
　　　　安　川　　智　子
　　　　岡　田　　安樹浩

発行者：佐　久　間　　　勤
発　行：Sophia University Press
　　　　上 智 大 学 出 版
　〒102-8554　東京都千代田区紀尾井町7-1
　　URL：http://www.sophia.ac.jp/

制作・発売　㈱ぎょうせい
〒136-8575　東京都江東区新木場1-18-11
TEL　03-6892-6666　FAX　03-6892-6925
フリーコール　0120-953-431
〈検印省略〉　URL：https://gyosei.jp

©Ed. Hajime Sawada, Tomoyuki Sato, Tomooki Kuroki,
Tomoko Yasukawa, Akihiro Okada, 2019
Printed in Japan
印刷・製本　ぎょうせいデジタル㈱
ISBN978-4-324-10605-1
(5300281-00-000)
［略号：（上智）悪魔のロベール］

Sophia University Press

　上智大学は、その基本理念の一つとして、「本学は、その特色を活かして、キリスト教とその文化を研究する機会を提供する。これと同時に、思想の多様性を認め、各種の思想の学問的研究を奨励する」と謳っている。

　大学は、この学問的成果を学術書として発表する「独自の場」を保有することが望まれる。どのような学問的成果を世に発信しうるかは、その大学の学問的水準・評価と深く関わりを持つ。

　上智大学は、(1) 高度な水準にある学術書、(2) キリスト教ヒューマニズムに関連する優れた作品、(3) 啓蒙的問題提起の書、(4) 学問研究への導入となる特色ある教科書等、個人の研究のみならず、共同の研究成果を刊行することによって、文化の創造に寄与し、大学の発展とその歴史に貢献する。

Sophia University Press

One of the fundamental ideals of Sophia University is "to embody the university's special characteristics by offering opportunities to study Christianity and Christian culture. At the same time, recognizing the diversity of thought, the university encourages academic research on a wide variety of world views."

The Sophia Universitiy Press was established to provide an independent base for the publication of scholarly research. The publications of our press are a guide to the level of research at Sophia, and one of the factors in the public evaluation of our activities.

Sophia University Press publishes books that (1) meet high academic standards; (2) are related to our university's founding spirit of Christian humanism; (3) are on important issues of interest to a broad general public; and (4) textbooks and introductions to the various academic disciplines. We publish works by individual scholars as well as the results of collaborative research projects that contribute to general cultural development and the advancement of the university.

Robert le Diable à l'Opéra de Paris
Recherches sur le grand opéra au XIXe siècle

©Ed. Hajime Sawada, Tomoyuki Sato, Tomooki Kuroki,
Tomoko Yasukawa, Akihiro Okada, 2019

published by
Sophia University Press

production & sales agency : GYOSEI Corporation, Tokyo
ISBN978-4-324-10605-1
order : https://gyosei.jp